AF815870

आधुनिक हिन्दी कविता में विचार

आधुनिक हिन्दी कविता में विचार

डॉ. बलदेव वंशी

वाणी प्रकाशन

वाणी प्रकाशन

4695, 21-ए, दरियागंज, नयी दिल्ली 110 002

शाखा

अशोक राजपथ, पटना 800 004

फ़ोन: +91 11 23273167 फ़ैक्स: +91 11 23275710

www.vaniprakashan.in

vaniprakashan@gmail.com

AADHUNIK HINDI KAVITA MEIN VICHAR

by Dr. Baldev Vanshi

ISBN : 81-7055-953-7

Criticism

© लेखकाधीन

प्रथम संस्करण 2002

आवृत्ति संस्करण 2015

मूल्य : ₹ 450

इस पुस्तक के किसी भी अंश को किसी भी माध्यम में प्रयोग करने के लिए प्रकाशक से लिखित अनुमति लेना अनिवार्य है।

ओम ऑफ़सेट, दिल्ली-110 093 में मुद्रित

वाणी प्रकाशन का लोगो मक़बूल फ़िदा हुसेन की कूची से

आदरणीय

डॉ. रमेश कुंतल मेघ को

अनुक्रम

प्रस्तावना

आधुनिक हिन्दी कविता में उत्तरोत्तर बढ़ता विचाराग्रह और प्रभाव अपने आप में एक तथ्य है । विचारतत्त्व की प्रभावी भूमिका के परिणामस्वरूप आज कविता जहाँ सामाजिक दायित्वों के निर्वाह की भूमिका की ओर बढ़ी है, वहाँ उसके संरचनात्मक और कलात्मक प्रतिमानों, सौंदर्यरूपों में भी पर्याप्त परिवर्तन हुए हैं । विचारतत्त्व बाह्य या गौण तत्त्व न होकर केन्द्रीय स्थिति में अवस्थित हुआ है और उसने भाव एवं कल्पना को गौण स्थिति में डालकर अपने हित में अपनी शर्तों पर स्वीकार किया है । विचारतत्त्व की इस प्रमुखता के फलस्वरूप कविता में एक नए तात्विक समीकरण का उदय हुआ है, जिसकी अपनी युगीन अनिवार्यता और विशिष्टता को हमने आधुनिक हिन्दी कविता में पहचाना । विचारतत्त्व की हमने पाँच विशिष्ट अवस्थाएँ और विशेषताएँ मानी हैं : (1) परिज्ञान (2) अनुचिन्तन (3) द्वंद्वात्मक तनाव (4) निर्णय, और (5) संवेदनात्मक उद्देश्य ।

काव्यविचार की तात्विक बनावट में उक्त पाँच अनिवार्य अवस्थाएँ हैं, जिनसे गुजर कर ही वैचारिक सरोकार काव्य में अपनी विशिष्ट युगीन पहचान खड़ी कर सकते हैं । आधुनिक हिन्दी कविता के विशद विश्लेषण से ही विचार की पहचान के उक्त निष्कर्षों पर पहुँचा गया है । आधुनिक हिन्दी कविता को विचारतत्त्व ने अवश्य ही नए संघर्षकारी आयामों से जोड़कर समाज-जीवन के अति निकट ला दिया है ।

आधुनिक हिन्दी कविता में उत्तरोत्तर विकसित होता हुआ विचारतत्त्व युगीन बोध की अनिवार्य परिणति के रूप में आज भाव एवं कल्पना की अपेक्षा अधिक महत्त्व पाकर संरचनात्मक दृष्टि से केन्द्रीय स्थिति में आ गया है । पूर्ववर्ती काव्यधाराओं में, भारतेंदुकालीन कविता में विचारतत्त्व एक बाह्यतत्त्व के रूप में एकायामी प्रकृति का रहा है । छायावादी-रहस्यवादी काव्यधाराओं में दार्शनिक विचार अपनी सूक्ष्मता, धारणात्मक वायवीयता के कारण समाज-जीवन से प्रमाणित न होकर दार्शनिक प्रमाणों तक सीमित रहा है । समष्टि की अपेक्षा व्यष्टिमूलक व्यवहारों के फलस्वरूप उसमें बाह्य जीवन से उदासीनता एवं दार्शनिक चिन्ताओं में सार्थकता की खोज की उत्सुकता मिलती है । प्रगतिवादी काव्यधारा में विचारतत्त्व की प्रकृति विचारधारात्मक एवं प्रचारात्मक होने के कारण बाह्य आरोपित तत्त्व जैसी ही रही है । प्रयोगवादी-नकेनवादी काव्यधाराएँ विचारतत्त्व की अपेक्षा बुद्धितत्त्व की ओर झुकी रही हैं । नई कविता में बुद्धिसंवलित भावना की

अतिशयता में विचारतत्त्व से परहेज ही मिलता है । हाँ, नई कविता के कुछ कवि जरूर विचार के काव्यगत गंभीर एवं कारगर स्वरूप से परिचित हो चुके थे और उन्होंने इसका एक आदर्श रूप भी विकसित किया, जिनमें मुक्तिबोध सर्वप्रमुख हैं । समकालीन हिन्दी कविता अपनी सामाजिक, राजनीतिक, आर्थिक स्थितियों से एकात्म हो गई । व्यक्तिस्थितियाँ और काव्यस्थितियाँ एकात्म हो गईं । तब स्थितिज, पारिवेशिक एवं मनोवैज्ञानिक आधारों पर कविता की संरचनात्मक उठान वैचारिक व्यवहारों से परिनिष्ठित होने लगी, जिससे विचारतत्त्व मूलगामी आयामों तक व्याप्त हो गया । उसकी अलग-थलग स्थिति समाप्त हो गइ । वह रचना का निकष और अनिवार्य घटक बन गया ।

विचारतत्त्व का प्रसार अत्यन्त व्यापक है । वह बिम्ब, प्रतीक, मिथक, व्यंग्य और भाषा के साथ अंतःसम्बन्धित होकर नए अर्थों, संकेतों और ध्वनियों को गुंजाकर युगीन विसंगतियों, विडंबनाओं, विरोधाभासों और आधुनिक स्थितियों की अनेक तहों-चेहरों को उद्‌घाटित कर रहा है ।

विचारतत्त्व और संवेदना के नए रिश्तों के द्वारा वर्तमान व्यक्ति और उसकी विभिन्न जीवनस्थितियाँ नए अर्थों में खुली हैं । संवेदनात्मक ज्ञान का धरातल आज के व्यक्ति को परस्पर निकट लाकर संघर्ष का एक समवेत आधार प्रदान करता है । अतः 'अनुभूति की प्रामाणिकता' की, नई कविता की, मिथ आज खंडित हो चुकी है और उसके स्थान पर संवेदनात्मक ज्ञान का निकष उभरा है ।

विचारतत्त्वानुशासित अनुभूति के नए समीकरण के उदय के साथ कविता के नए सौंदर्यात्मक रूप उभर कर सामने आए हैं, जिनमें लम्बी कविताओं की विशिष्ट विधा एक उपलब्धि है। लम्बी कविता अपनी विधागत विशिष्टता में प्रबंधात्मकता का विकल्प प्रस्तुत करती है ।

विचारतत्त्व को विचारधारात्मक प्रवृत्तियों से पृथक् करके पहचानने की आज सर्वाधिक आवश्यकता है । शुद्ध विचार को काव्यविचार में परिणत करने या कवितांतर्गत वैचारिक व्यवहारों को अर्जित करने के लिए विचारतत्त्व की पाँच अवस्थाओं को दृष्टिगत रखना जरूरी है । अन्यथा विचारधारात्मक विचार अपनी रूढ़, बनी बनाई एवं धारणात्मक प्रकृति के कारण न केवल कविता के लिए अनुपयोगी होता है, अपितु वह संबद्ध विचारधारा को भी हानि पहुँचाता है ।

विचार को कर्म के साथ जोड़ने या सामाजिक कर्म में उसके रूपांतरण की सम्भावनाएँ अभी अनुद्‌घाटित-सी ही हैं । विचार को जब तक सामाजिक कर्म के साथ नहीं जोड़ा जाता तब तक विचार अपनी शक्ति को सिद्ध नहीं कर सकता । विचार की अमित शक्ति की वैधता और परीक्षा सामाजिक कर्म के साथ उसके व्यावहारिक रूप से जुड़ने में निहित है।

ए-3/283 पश्चिम विहार
नई दिल्ली - 110063

बलदेव वंशी

1

आधुनिकता, आधुनिकीकरण और विचारतत्त्व

आधुनिकता की अवधारणाएँ

आधुनिकता हमारे समय की सर्वाधिक चर्चित एवं विवादी धारणाओं में से एक है । कई दशकों के सतत विवाद के बाद भी, विद्वान लोग, किसी एक निर्विवाद व्याख्या को स्वीकार नहीं कर सके, क्योंकि नैतिकताबोध, सौंदर्यबोध आदि के समान यह सतत विकासमान एवं अनेकपक्षीय अवधारणा है । विद्वानों का इसको लेकर एकमत न हो पाना आधुनिकता की चरित्रगत विशेषता है । साथ ही युगीन मूल्यों एवं मूल्यदृष्टियों के आग्रहों के कारण भी वह विवादों में घिरी है । आधुनिकता की अवधारणागत प्रतीतियाँ एवं अनेकपक्षीयता, जो भिन्न-भिन्न प्रेक्ष्य बिन्दुओं से इसे जाँचने को बाध्य करते हैं, भी विवाद बनाए हुए हैं । अतः आधुनिकता एक संकुल-संश्लिष्ट एवं सतत विकासमान अवधारणा है : इसमें अनेक तत्त्व एक साथ मिले हुए हैं । इसी से इसकी पहचान सरल नहीं ।

आधुनिकता : अनेक पक्ष

वैज्ञानिक दृष्टिकोण : आधुनिकता को अनेक विद्वानों ने अपने-अपने ढंग से व्याख्यायित किया है । रामधारीसिंह दिनकर ने अपनी एतद्विषयक पुस्तक में खोजपूर्ण तथ्य प्रकट किए हैं । उनका कथन है : 'यूरोप और अमेरिका में जो आधुनिकता फैली है, उसका असली कारण वैज्ञानिक दृष्टिकोण की प्राथमिकता और प्राबल्य है ।'[1] इस वैज्ञानिक दृष्टिकोण को भी दिनकरजी ने स्पष्ट करते हुए लिखा है कि 'निष्ठुर होकर सत्य को खोजने की व्याकुलता' और 'इस खोज के क्रम में श्रद्धा-विश्वास, परम्परा और धर्म किसी भी बाधा को बुद्धि सहने को तैयार नहीं है ।' वैज्ञानिक दृष्टि क्योंकि तर्क की भौतिक कसौटियों पर विषय को कसकर स्वीकार करती हैं इस कारण उक्त अमूर्त आध्यात्मिक मूल्यों को वह सहज ही अस्वीकार कर देती है । दिनकर आधुनिकताबोध में वैज्ञानिक दृष्टिकोण को प्राथमिक, अनिवार्य और प्रबल मानते हैं ।

आधुनिकता : एक प्रक्रिया : डॉ. इन्द्रनाथ मदान का कथन है : 'प्रश्नचिन्ह की निरंतरता में आधुनिकता की प्रक्रिया है जो समसामयिकता के माध्यम से व्यक्त हो रही है।'[2] और कि प्रत्येक स्थापित सत्य एवं मूल्य को प्रश्नाकुल मानसिकता से लेना है, उसे शाश्वत-स्थायी मानकर आँखें मूँद स्वीकार कर लेने में आधुनिकता नहीं है । सामंजस्यमूलकता के विरुद्ध द्वंद्वमूलकता ही आधुनिक दृष्टि का आधार है । वह आधुनिकता को एक प्रक्रिया मात्र मानते हैं, जो मध्यकालीन संस्कृति की मान्यताओं के विरोध में उदित तथा विकसित हुई हैं ।[3]

डॉ. नगेन्द्र 'विवेकयुक्त वैज्ञानिक दृष्टिकोण'[4] को आधुनिकता का अनिवार्य तत्त्व स्वीकार करते हैं । जीवनदृष्टि की व्यावहारिकता, यथार्थपरकता एवं भावुकता के स्थान पर विवेक का नियंत्रण होने के कारण दृष्टिकोण का बौद्धिक (वैज्ञानिक) हो जाना आधुनिकता की पहचान है । उन्होंने आधुनिकता के तीन मुख्य तत्त्व भी गिनाए हैं : कालावधि, ऐतिहासिक चेतना तथा समसामयिकता । साथ ही आधुनिकता को साहित्यसर्जना की विधि का ही अंग माना है ।

गुणात्मक धारणा : आधुनिकता की धारणा को स्पष्ट करते हुए हरिवंशराय बच्चन ने दार्शनिकों और इतिहासज्ञों की एतद्विषयक धारणा से स्वयं को प्रभावित बतलाते हुए भी अपनी आधुनिकता की धारणा को कालगत न मानकर गुणात्मक माना है और समस्त समसामयिक विचारणा एवं अभिव्यक्ति को भी आधुनिक कहा है । साथ ही उन्होंने दार्शनिकों और इतिहासज्ञों के आधुनिकता संबंधी दृष्टिकोण को भी स्पष्ट किया है कि दार्शनिकों की दृष्टि में यह कालगत अर्थों में समय की सततता की अवधारक है; जो भूत और भविष्य के मध्य पड़ता है और इतिहासकारों के लिए समय का महज एक सुविधाप्रद विभाजन है ।[5]

आधुनिकता : एक वृत्ति : धनंजय वर्मा ने आधुनिकता की पहचान को स्पष्ट करते हुए कई पक्षों को उद्घाटित किया है । किन्तु विज्ञान के बढ़ते प्रभावों से आधुनिकता में प्रेरणा और गतिशीलता को उन्होंने स्वीकार किया है । इसे मात्र प्रवृत्ति ही नहीं, वृत्ति भी कहा है । इस वृत्ति की पहचान स्थापन की अपेक्षा विस्थापन में अधिक निहित है । 'विज्ञान का नये से नया अन्वेषण पहले हमें एक नई व्यवस्था के लिए विवश करता है और पुरातन की पर्तें आप से आप टूट-बिखर जाती हैं'[6] और 'ऐसी अवस्था में व्यवस्था से पहले विस्थापन होता है ।' स्पष्ट है कि धनंजय वर्मा भी विज्ञानजनित ज्ञान और उपलब्धि को आधुनिकता का अनिवार्य तत्त्व मानकर चले हैं । विज्ञान जो दिशादृष्टि देता है उससे पुरातन के प्रति हमारी समझ और पसन्द में एक गुणात्मक परिवर्तन होता है, जिससे पुरातन ज्ञान-रुचि-समझ के बन्धन स्वमेव मुक्त हो जाते हैं । इससे पुरातन और प्रतिष्ठित प्रपित्तियों-धारणाओं को धक्का लगता है ।

आधुनिकता की वास्तविक टकराहट सबसे पहले धर्म और अध्यात्म से हुई, क्योंकि कोई भी नया बोध पहले स्थापित बोध से टकराता है । इस दृष्टि से पुरातन और

मध्ययुगीन बोधदृष्टि के धर्म-अध्यात्म द्वारा अनुशासित होने के कारण विज्ञानजनित नए बोध की टकराहट भी इसी से हुई । 'आधुनिकता का प्रथम विस्फोट धर्म और अध्यात्म के क्षेत्रों में हुआ था जो आधुनिकता को समझने में आज भी सहायक हो सकता है ।'[7] किन्तु यह आधुनिकता की सीमा न मान ली जाए । यह जरूर हुआ कि तत्कालीन व्यक्ति की सोच पर धर्मप्रेरित आस्था-विश्वास, श्रद्धाभाव का जो साम्राज्य था विज्ञानसम्मत तर्कदृष्टि ने उसकी नींवें पूरी तरह हिला दीं, उसके बाद उसकी एक-एक दीवार ढहती गई । इससे मध्यकालीन जीवन और बोध उत्तरोत्तर अप्रासंगिक एवं व्यर्थ होता गया ।

ऐतिहासिक दृष्टि : आधुनिकता को ऐतिहासिक दृष्टि के रूप में भी देखने का प्रयत्न किया गया है । इसके अंतर्गत ये धारणा कार्यरत है कि प्रत्येक युग की अपनी एक आधुनिकता होती है जो पुरातन पर विजय प्राप्त कर नए प्रगतिशील मूल्यों को स्थापित करके समाज-जीवन में प्रगति लाती है । 'आधुनिक होना आधुनिक मनुष्य का ही एकाधिकार नहीं रह जाता क्योंकि आधुनिक मनुष्य (अर्जुन, कौटिल्य, कबीर) भी हुए हैं और इसके पहले भी आधुनिक युगों की कौंध हुई है ।'[8]

निषेधवादी दृष्टि : आधुनिकता में परंपराविरोध के साथ प्रत्येक स्थापित मूल्य-मान्यता, यहाँ तक कि सामाजिक-नैतिक मर्यादा का खुल्लमखुल्ला उल्लंघन, अस्वीकार एवं नकार भी एक नए आधुनिकतावादी दर्शन के रूप में अपनाया गया है । बीट जैनेरेशन, भूखी पीढ़ी, श्मशानी पीढ़ी, अकविता आदि द्वारा ग्रहीत नकार या निषेध का दर्शन ही आधुनिकता का प्रमाण मान लिया गया है । इसमें वैयक्तिकता सामाजिक, सांस्कृतिक, ऐतिहासिक नकारवाद के रूप में सामने आई है । प्रत्येक प्रकार के दायित्व और दाय से विमुख आत्मसुख और क्षणिक उन्माद, आवेश, आक्रोश और नितांत भौतिक सुखभोग का दर्शन इस धारणा के अंतर्गत आधुनिक कहलाने लगा है । इतना ही नहीं इस अवधारणा के अंतर्गत आधुनिकता को देश-काल से भी निरपेक्ष एक विशिष्ट मूल्य के रूप में मान लिया गया है ।

नई मानसिकता : आधुनिकता के आग्रहों के अधीन कृति का कथ्य ही नहीं बदला अपितु रूपविधान, शिल्प और भाषा की बनावट भी आधुनिकता की दृष्टिपरक तब्दीली का परिणाम हैं । परंपरित रूपविधान के ढाँचे-रीतियाँ तक बिखर गए हैं, क्योंकि आधुनिकता प्रत्येक पूर्वनियत एवं निर्धारित को नकार कर आधुनिक स्थिति-गतिसापेक्ष दृष्टि को रचना में प्रतिफलित देखना चाहती है । इसी नवीन दृष्टि के कारण जो नवीन तथ्य और सत्य कवि को उपलब्ध होते हैं, वे परंपरित साहित्य रूपों की जकड़न को अपने लिए अनुपयोगी ही नहीं, व्यर्थ अनुभव करते हैं । इन्हीं कारणों से प्रबंधकाव्य (महाकाव्य) के रूपविधान के समांतर लंबी कविता की नई, आधुनिक काव्य विधा का विकास होता गया है और प्रबंध कृतियों में भी प्रबंध के बंध उत्तरोत्तर ढीले-लचीले हो कर अंततः पूर्ण तिरस्कृत हो गए हैं । प्रमाण हैं : कामायनी (जयशंकर प्रसाद), राम की शक्तिपूजा (निराला), अंधायुग (धर्मवीर भारती), अंधेरे में (मुक्तिबोध), असाध्य वीणा (अज्ञेय), आत्मजयी (कुँवर नारायण), संशय की एक रात (नरेश मेहता), इतिहास पुरुष (देवराज), आत्महत्या के विरुद्ध

(रघुवीर सहाय), अलविदा (विजयदेव नारायण साही), मुक्तिप्रसंग (राजकमल चौधरी), पटकथा (धूमिल) आदि ।

रचना में आधुनिकता का प्रतिफलन : रूपविधान की तरह भाषा भी रचनादृष्टि की शर्त पर रचना की अपनी विशिष्ट प्रकृति-प्रक्रिया के दौरान उपलब्ध की जाती है । रचना में सर्जनात्मक प्रयोग रहता है । आधुनिक चेतना किसी बनी-बनाई चालू भाषा या मुहावरेबाजी को भी नकार कर रचना की आंतरिकता-अनिवार्यता के बल पर अर्जित की जाती है । इसे रचना से भिन्न करके नहीं देखा जा सकता । इसलिए भाषा के साथ उससे नए अर्थ ग्रहण करने कि लिए, परिवर्तित उत्सुक व्यवहार के अधीन भाषा में पर्याप्त परिवर्तन आ गया है । आधुनिक भाषा व्यवहार भाषा को यथार्थ में से उपलब्ध, साधारण बोलचाल को भाषा के निकट लाने में तथा भाषा की फिजूलखर्ची कम करने में विश्वास रखता है । भाषा की दुर्बोधता कम करके उसे सुबोध और लड़ने में मनुष्य की सहायक बनाने के प्रयत्न भी आधुनिकता की धारणा के ही प्रयास हैं । इन प्रयासों में बाह्य जीवन के साक्षात्कार में भीतरी 'संघर्ष और साधना' को रूपाकार देने के कारण शिल्प भी तद्रूप ढलता चला गया है । इससे भावनाओं की तराश-खराश, चमक, तेजी और गर्मी भी नए रूप में ढलती चली गई है ।

परंपराविरोध : आधुनिकता को परंपरा के साथ विरोध और संघर्ष में भी जाना जाता है । आधुनिकता का परंपरा से विरोध उन्हीं अर्थों और सीमाओं में है, जिन अर्थों-सीमाओं तक परंपरा में रुग्ण, रूढ़ तत्त्व समा गए हों । अन्यथा आधुनिकता के समक्ष समस्त परंपरा व्यर्थ कभी नहीं होती । आधुनिकता के लिए समूची परंपरा को अस्वीकार करना आवश्यक समझने वाले आधुनिकता को भी ठीक से नहीं समझ पाए, ऐसा प्रकट होता है; क्योंकि मनुष्य के आज तक के अर्जित ज्ञान एवं अनुभव राशि को नकार कर आधुनिकता स्वयं के लिए क्या बचा लेना चाहती है ? 'परंपरा बिल्कुल ही निरर्थक है और परंपरा के संचित अनुभवों की मनुष्य के लिए कोई उपयोगिता नहीं रह गई है, ऐसा तो किसी भी दशा में स्वीकार नहीं किया जा सकता ।'[9] इसके कारण भी बहुत स्पष्ट हैं; क्योंकि आधुनिक विश्व के साथ वैज्ञानिक आविष्कारों, उपलब्धियों, ज्ञान-विज्ञान के अन्य वर्तनों में तो हम अंतर्राष्ट्रीय आधुनिकता की साझेदारी कर सकते हैं "किंतु संस्कृति और कला के क्षेत्र में कालिदास के 'ऋतुसंहार' का अनुभव, खजुराहो के मिथुनों का अनुभव और प्रेमचंद के जातीय अनुभव को उतने ही सरल ढंग से न तो विदेशी भूमि पर आरोपित कर सकते हैं और न ही विदेशों के ऐसे ही साहित्यिक-कलात्मक अनुभवों को जातीय भूमि पर हमेशा अंकुरित कर सकते हैं ।"[10] अतः परंपरा का सर्वस्वीकार सा सर्वनकार युक्तियुक्त नहीं ।

आधुनिकता तथा समसामयिकता

कई लोग आधुनिकता तथा समसामयिकता में भेद नहीं कर पाते और दोनों को पर्याय

समझने की गलती करते हैं, जबकि आधुनिकता और समसामयिकता में बहुत अंतर है । कोई रचना आधुनिक हुए बिना समसामयिक हो सकती है, जबकि समसामयिक होने भर से यह आवश्यक नहीं कि वह आधुनिक भी हो । इस संदर्भ में ए. के. सरन का कथन है कि समसामयिकता कालबोध है : कालचेतना जिसमें व्यक्ति रहता है । आधुनिकता भी कालसंदर्भित होती है परंतु यह एक ऐसी आनुषंगिक धारणा है जिस अर्थ में समसामयिकता नहीं हो सकती ।[11] इसलिए आधुनिकता को समसामयिकता से अलग करके पहचानना होगा । इन दोनों को पर्याय समझना भी उतना ही गलत होगा जितना कि इन्हें परस्पर अन्योन्याश्रित या आधुनिकता को मात्र कालसापेक्ष समझना । और न ही आधुनिकता को मात्र परिवेशगत वैज्ञानिक उपलब्धियों के सन्दर्भ में जोड़ा जा सकता है । हाँ, ये उपलब्धियाँ आधुनिकता का एक सन्दर्भ हो सकती हैं, किंतु ये ही मात्र आधुनिकता की पहचान नहीं कही जा सकतीं ।

आधुनिकता : एक विशिष्ट दर्शन

सर्वप्रथम पश्चिम में आधुनिकता का विस्फोट हुआ । उसे जिस वैयक्तिकतावादी दर्शन के रूप में ग्रहण किया गया उसे नितांत आत्मनिष्ठ एवं व्यक्तिनिष्ठ माना गया । इस धारणा के अंतर्गत व्यक्तिमन का विश्लेषण मुख्य रहता है और सामाजिक सन्दर्भ व्यक्तिमन के अध्ययन से ही प्रकट होते हैं, जिनमें मानव व्यक्तित्व की स्वतंत्रता का प्रश्न सर्वोपरि रहता है । वास्तव में पश्चिमी धारणा के अनुसार अस्तित्ववादी दर्शन ही आधुनिकता की बुनियाद है । वह व्यक्ति के स्वच्छंद आत्मनिर्णय से जुड़ा है न कि किन्हीं सामाजिक-राजनीतिक वादों से । व्यक्ति तथा उसका संकट, संघर्ष तथा नियति ही चिंत्य विषय हैं । धर्मवीर भारती के शब्दों में "इस बात से पूर्णतया सहमत हूँ कि आधुनिकता वर्तमान सन्दर्भों में 'पूर्णता' की खोज है और उसकी अनिवार्य परिणति है आंतरिकता का पूर्ण प्रस्फुटन । उस स्तर पर पूर्व और पश्चिम का अंतर भी उतना महत्त्वपूर्ण नहीं रह जाता है क्योंकि अंततोगत्वा आधुनिक साहित्य कि चिंता और आधुनिक मानव की नियति विभाजित नहीं है ।"[12] आधुनिक मानव ने एक ओर धर्म, ईश्वर को चिंतन के क्षेत्र से निकाल बाहर किया दूसरी ओर उसके समक्ष मानव को केंद्र में रखने पर नई समस्याएँ पैदा हो आईं । नैतिकता, स्वतंत्रता, अस्तित्व की सार्थकता आदि के प्रश्न उतने ही गहरे और गंभीर रूप में उठ खड़े हुए, जिनके उत्तरों की खोज में वह लगा है । 'विज्ञान की उन्नति के साथ-साथ मानव का मूल्य बढ़ गया है और मानवेतर का मूल्य घटता गया है विज्ञान ने नैतिकता को ईश्वरपरक न मानकर मानवसापेक्ष मान लिया है, मानव की इसकी परिकल्पना चाहे कितनी भी विस्तीर्ण हो ।'[13] अतः नैतिकता की भावना के इस बदलाव का कारण भी मनुष्य के महत्त्व का बढ़ना है । इस महत्त्व वर्धन के साथ व्यक्तिचेतना ने सामाजिक चेतना के दबाव से स्वयं को मुक्त कर लिया और उससे आगे बढ़ गई है । इसका एक कारण यह भी है कि मध्यकालीन चेतना में व्यक्तिचेतना और सामाजिक चेतना की धाराएँ मिली हुई

समेकित रूप में प्रवाहित थीं । आधुनिक युग की बाह्य परिवेशगत व्याधियों (युद्ध, विज्ञान, प्रौद्योगिकी, तकनीकी विकासजन्य तथा भौतिक विकासजन्य स्थितियों से मूल्यह्रास आदि) से पश्चिमी देशों में व्यक्तिचेतना अंतर्मुखी भी हो गई । इस अंतर्मुखी हो जाने की प्रवृत्ति के परिणाम-स्वरूप उसके आग्रह कथ्य से हटकर शिल्प पर एकाग्र हो गए ।

आधुनिकता के इस दर्शन को स्थापित और व्यवस्थित गति जर्मन विद्वान ओस्वाल्ड स्पेंगलर की सन् 1918 में प्रकाशित पुस्तक 'डिक्लाइन आव दि वेस्ट' से प्राप्त हुई मानी जाती है । इस दर्शन को व्यापक बनाने वालों में डी. एच. लारेंस, फ्रांज काफ्का, टी. एस. इलियट, अलड्स हक्सले, जार्ज आरवेल और एच.जी. वेल्स आदि नाम प्रमुख माने जाते हैं । ईश्वर को स्थगित करने के पश्चात् मनुष्य को अपने प्रयत्नों पर तो भरोसा था किंतु स्पेंगलर की स्थापनाओं से वह भरोसा भी बिखर गया । स्पेंगलर के अनुसार पेड़-पौधे और मनुष्यों के समान संस्कृतियाँ भी जैव (आर्गेनिक) नियमों के अधीन हैं । जैसे आर्गेनिक चीजें बढ़कर विनाश को प्राप्त होती हैं उसी प्रकार संस्कृतियाँ भी एक निश्चित सीमा तक विकास के बाद स्वमेव नष्ट हो जाती हैं । इस प्रकार किसी भी देश के ग्राम-देहात, नगर, महानगर में विकसित होते और विनाश की ओर बढ़ते हैं । प्रत्येक संस्कृति विकसित होने पर अपने अनुरूप सभ्यता को जन्म देती है । और पूर्ण विकास के बाद क्षय होने लगती है ।

इस प्रकार उक्त स्थितियों में पश्चिम की आधुनिकता विकसित हुई । ऐसे में आत्मचेतन (सेल्फकांशस) होना आधुनिक साहित्यकार का अभिशाप है । किंतु दूसरी ओर आत्मचेतना के बहाने इस तीव्र बहाव में बहते हुए वे आधुनिकता को मूल्य मान बैठे हैं और इसे देश-काल निरपेक्ष श्रेष्ठ सिद्धांत समझकर 'स्व' पर आरोपित करने की प्रतिस्पर्धा में संलग्न प्रतीत होते हैं । इसीलिए "मृत्यु-बोध, संत्रास, भय, व्यक्ति संकट, काम आदि की परिवेश-निरपेक्ष आयातित 'आधुनिकता', अकविता या ठोस कविता जैसे 'अनुकरणधर्मी' काव्य पाखंडों द्वारा वमित कर रहे हैं ।"[14] इस रोग के निदानस्वरूप महावीर दाधीच भारतीय 'आधुनिक' की अपनी स्थापना देते हैं : 'जैसे सार्त्र फ्रांस का आधुनिक है, गिंसवर्ग धनबहुल अमेरिका का आधुनिक है और ओस्बोर्न 'गुडीगुडी' ब्रिटेन का, उसी प्रकार का भारतीय आधुनिक भविष्य की संभावना है ।'[15] यह एक नए प्रकार की आधुनिकता है जिसमें लगता है, आधुनिकता को देश-काल सापेक्ष माना जा सकता है ।

किन्तु हुआ इसके एकदम विपरीत । हिन्दी कविता में सन् 1960 के बाद आधुनिकता का ज्वर चढ़ना शुरू हुआ । इस पाश्चात्य, ओढ़ी हुई आधुनिकता का ज्वर 'निषेध'[16] के प्रकाशन के साथ शमित हुआ । 'निषेध' से मानो पूर्णाहुति ही मिल गई । अकवि 'नस्लहीन नगर और अधनंगे लोग'[17] की धारणा 'चौदह हजार वनमानुषों के बीच' सर्वनिषेधी मुखौटा लगाए 'कास्मिक मानव की उपज' 'आत्मकेंद्रित', और 'एक घोर वैयक्तिक काव्यप्रक्रिया' की पुरानी रटी-रटाई बातों को दोहराते रहे । घोर-व्यक्तिवादी स्वर में सुदूर पश्चिमी सभ्यता के पतन एवं नाश की प्रतीक्षा भारत में बैठकर करने वाले ये नकलची अपने परिवेश और

समस्याओं को पीठ दिए मूढ़ता के राग अलापते रहे। नहीं ! कवि 'कुत्तों के एक झुंड के साथ मिलकर भौंकता रहा लगातार' 'माँ और बहिन और पत्नी और प्रिया में अब कोई अंतर/नहीं दीखता है मुझे'[18] का स्वीकार भी उसे करना पड़ा तो यह विक्षिप्तता के रोगाणु ही थे जिन्हें उसने बलात् अपना रखा था, क्योंकि समय के अंतराल के बाद समाजोन्मुखी आधुनिकता की स्वस्थ दिशा-दशा के प्रवर्तन के पश्चात् वे ही कवि आज इतिहास परंपरा और संस्कृति की स्थापनाओं में रचनाएँ कर रहे हैं ।[19]

आधुनिकता तथा मार्क्सवादी दर्शन

आधुनिकता को मार्क्सवादी अर्थों में मानव एवं समाज सापेक्ष दृष्टि से व्यापक स्वीकार मिला है । मानवीय विचारों के समाजशास्त्रीय रूप में चेतना के द्वंद्वात्मक विकास से संबद्ध करके देखा जाता है । आधुनिकता को मानवमुक्ति एवं सामूहिक हितों के लिए 'संघर्ष' के रूप में अपनाया जाता है । इन अर्थों में उसे मार्क्सवादी समाजदर्शन एवं सामाजिक यथार्थ से जोड़कर देखने के आग्रह प्रबल हुए हैं, क्योंकि पश्चिम में गृहीत व्यक्तिवादी आधुनिकतावाद पूँजीवादी हितों और पाश्चात्य समाज के आंतरिक विघटन, संकट और पतन की उपज होने के कारण ह्रासशील प्रवृत्तियों का पोषक एवं पक्षधर बन जाता है, इसलिए मार्क्सवादी दृष्टि से गृहीत आधुनिकता के साथ स्वाभाविक टकराहट और विरोध स्पष्ट है ।

यह नया आधुनिकताबोध उक्त अर्थों में वामोन्मुखी, क्रांति-मुक्ति के मानवीय आशयों से जुड़ा हुआ है । मार्क्सवाद-लेनिनवाद की ओर उन्मुख आधुनिकीकरण क्रांतिधर्मी आधुनिकीकरण है । इन अर्थों में विकासशील, अविकसित देशों के लिए हितकारी आधुनिकीकरण मात्र एक सुधारात्मक प्रक्रिया न रहकर निश्चित उद्देश्यपरक क्रांतिकारी प्रक्रिया बन जाती है । अपने दार्शनिक आधार और दिशा के ग्रहण के कारण यह एक गहन वैचारिक परिवर्तन प्रक्रिया से संबद्ध संपूर्ण परिवर्तन है, जिसमें समाज की सुनिश्चित गति के ऐतिहासिक नियमों के अधीन समाज का वैचारिकीकरण भी होता जाता है । वस्तुतः आधुनिकीकरण-नगरीकरण-उद्योगीकरण की प्रक्रिया में किसी भी समाज में वृहत्तर-सामूहिक प्रस्थान एवं प्रवर्तन होते हैं, अतः आधुनिकता की वास्तविक समस्याएँ सामाजिक मूल्यों से जुड़ी हुई हैं । वे व्यक्ति की स्थितियाँ-समस्याएँ बाद में हैं, सामाजिक पहले । मनुष्यों के वर्ग या समूह के अनुभवों में उद्भूत समुच्चयबोध ही सामाजिक मूल्यों का निर्माण करता है ।

मार्क्सवादी आलोचकों का कहना है कि पश्चिम का आधुनिकतावाद पूँजीवादी संकटापन्न समाज की संघटना है । इस कारण यह मानवताविरोधी है और मनुष्य के विवेक को कुंठित करता है । मानवीय मूल्यों की स्थापना के स्थान पर अंधकार, अंधविश्वास, निराशावाद, अंधी नियति, अंध विद्रोह और फूहड़ता को बढ़ावा देता है । इनका विवेकहीन अनुकरण करना विकासशील, अविकसित देशों के लिए सर्वथा अहितकर होगा ।

आधुनिकीकरण की सही दिशा

वस्तुस्थिति को समक्ष रखकर देखने पर आधुनिकता को सही परिप्रेक्ष्य में समझा जा सकता है । व्यक्तिवादी धारणासंवलित आधुनिकता वाली दृष्टि की अपनी सीमाएँ एवं अतियाँ हैं जो उसे देश-काल से विच्छिन्न करके देखती हैं । विशेषकर विकासशील देशों के लिए यह अवधारणा सर्वथा उपयुक्त सिद्ध नहीं हो सकती । समाजचेतना से विच्छिन्न व्यक्तिनिष्ठता के घेरे में बंदी हो जाने से फिर जो रास्ता शेष रह जाता है वह परंपरा-विरोधी, इतिहासविरोधी और समाज विरोधी ही साबित होता है; जबकि आवश्यकता व्यक्तिवाद की अपेक्षा उस वैयक्तिकता की है जो आत्मिक स्तर पर इतिहासबोध की समवर्ती स्थिति तक उठ जाए । व्यक्ति अपनी चेतना को परिवेश से संबद्ध करके युगीन संवेदनाओं को नया स्वरूप दे । वैचारिक स्तर पर समाज परिवर्तन और क्रान्ति की दृष्टि भीतर से विकसित होकर रचना में घुली-मिली रहे । बाह्यारोपण की दशा में कवि के लिए कोई सा भी आधुनिकता बोध स्वीकार्य नहीं । यह आधुनिकता की भी माँग है, क्योंकि अप्रतिबाधित दृष्टि आरोपणविहीन, तर्कसम्मत विवेकदृष्टि ही आधुनिकता की सच्ची पहचान हो सकती है । उक्त दोनों प्रकार की आधुनिकता की धारणाएँ व्यक्ति की सोच को प्रतिबाधित करती हैं ।

हाँ, यह जरूरी है कि बुनियादी रूप में व्यक्ति को चयन करते समय अपने देश-काल की अनिवार्यताओं को ही प्रमुखता देनी है । चयन में वरीयता की दृष्टि के कारण ही आज भारत जैसे विकासोन्मुख एवं आधुनिकीकरण की तीव्रगति की लपेट में आए देश में आधुनिकता की सही दिशा की ओर अब प्रस्थान हुआ है । सन् पैंसठ तक की कविता में निरर्थकताबोध, आत्मनिर्वासन, व्यर्थताबोध, आत्महीनता, निष्कासन भावना, आत्मपरायण, अस्वीकृति बोध आदि घोर व्यक्तिवादी-अराजकतावादी जीवनदृष्टियों का विस्फोट हुआ । इन दृष्टियों का ग्रहण समाज की वास्तविक स्थितियों के यथार्थ के विपरीत पाश्चात्य आधुनिकताबोध की नकल के कारण सम्भव हुआ । अकवितावाद जैसी प्रवृत्तियाँ इसी रुग्ण आधुनिकतावाद का परिणाम हैं । अमृतराय का मत, इस सन्दर्भ में उद्धृत करना हमें संगत लग रहा है । उनका कथन है कि 'अस्तित्ववाद के दर्शन पर आधारित आज का यह जो आधुनिक भावबोध है, उसके सत्य से आँख नहीं चुराई जा सकती । पर मेरा दृढ़ विश्वास है कि वह एकांगी दृष्टि है और यह उसकी एकांगिता का ही आग्रह है, जो उसका पूर्वग्रह बन गया कि वह मनुष्य का, मनुष्य की नियति का कुत्सित और अन्धकारपूर्ण रूप ही चित्रित करता है ।'[20] हिन्दी की साहित्यिक विधाओं, अ-कहानी, अ-कविता, अ-नाटक को अमृतराय ने, अंग्रेजी शब्दों – ऐंटी स्टोरी, ऐंटी पोयट्री, ऐंटी प्ले के भोंडे अनुवाद कहा है । हमारे लिए वास्तविक आधुनिकताबोध भारतीय परिवेश में उत्पन्न समस्याओं के सीधे, वैज्ञानिक, विवेकसम्मत अभिज्ञान से उत्पन्न दृष्टि में निहित है, जो उनका समाधान भी स्वयं खोजे ।

भारतीय स्थितियों को समक्ष रखकर, यथार्थ के आग्रहों को बिना ओझल किए, बढ़ने पर समाजसंबद्धता की दिशावाला वैज्ञानिक चिन्तन ही स्वीकार्य होता है । विमुक्ति और क्रान्ति से जुड़ा हुआ यह आधुनिकताबोध राष्ट्रीय तथा अन्तर्राष्ट्रीय अनुभव का गुणात्मक उत्कर्ष है जो समय के बदले हुए सामाजिक यथार्थ को उसके वास्तविक रूप में समझता है । यह आधुनिकताबोध अब नई परिस्थिति और वैचारिक अनिवार्यता का स्वतः परिणाम है ।[21] किन्तु देखना यह है कि आधुनिकताबोध इस दृष्टि का यान्त्रिक स्वीकार, कलात्मक धरातलों पर, कलामूल्यों को गौण और कथ्यप्रधान प्रचारी मुद्राओं के स्वीकार से अपने ध्येय-धर्म और कर्म से ही च्युत न हो जाए । और न ही समाजगत वैचारिक उपज के रूप में उत्पन्न 'विसंगति', 'विडंबना' आदि के गहरे अन्तर्विरोधों को 'व्यक्तिवादिता के भ्रम' कह कर टाल दे । कथ्य की प्रमुखता के साथ अभिव्यक्ति की सार्थकता शैली, प्रतीक, रूपक, बिम्ब आदि भी साध्य का अविच्छिन्न, अविभाज्य रूप बन कर आए । गहरे वैचारिक सरोकारों का अनिवार्य अंग बनकर शैली और कलात्मक उपकरणों का अभिग्रहण होना अपेक्षित है । यही सच्ची, संगत, सार्थक आधुनिकता का तकाजा है ।

आधुनिकता और आधुनिकीकरण में अन्तर है । कुछ लोग इन्हें समझने में गलती करते हैं । वे दोनों में भेद न करके दोनों को एक ही समझ बैठते हैं । आधुनिकता विज्ञान जनित बुद्धि या मनोवृत्ति को कहते हैं जो तर्काश्रित होती है, जबकि आधुनिकीकरण विशेष अर्थों में नगरविकास, औद्योगिक तकनीकी उन्नति की प्रक्रिया को कहते हैं । दिनकर के शब्दों में 'आधुनिकता बुद्धिवादी मनोवृत्ति को कहते हैं । आधुनिकीकरण का अर्थ उद्योग, समृद्धि, सैन्यबल, साक्षरता और अवकाशहीनता है । जितने भी अविकसित देश हैं, वे आधुनिकता नहीं, आधुनिकीकरण की ओर लोभ से देख रहे हैं । यूरोप में आधुनिकता पहले आई थी । आधुनिकीकरण बाद में प्रकट हुआ । पहले बुद्धिवादी दृष्टिकोण की प्रधानता हुई, विज्ञान उसके बाद बढ़ा । यानी यूरोप का मन पहले बदला, शरीर बाद को ।[22] यानी मन बदलना आधुनिकता है और शरीर बदलना आधुनिकीकरण । आधुनिकीकरण का संबंध समाज के आर्थिक ढाँचे से ही अधिकांशतः संबंधित होता है । आर्थिक ढाँचा विकास के अनेक तत्त्वों से निर्मित होता है । उसमें वैधानिक-औद्योगिक-तकनीकी प्रगति का विशेष हाथ रहता है । इन तीनों पक्षों की उन्नति के केन्द्र में नगरों-महानगरों के विकासतंत्र स्थित रहते हैं । नगरों-महानगरों का परिवेश विशिष्ट अर्थों में आधुनिकता का परिवेश एवं सन्दर्भ कहा जा सकता है ।

आधुनिकीकरण की अवधारणा के परिप्रेक्ष्य को सही अर्थों में रखने के लिए और नगरीकरण एवं उद्योगीकरण को पृथक् करके समझने के लिए यह जान लेना भी जरूरी है कि पश्चिम से आए हुए ज्ञान-विज्ञान की इस तीव्र आँधी का उद्‌गम कहाँ-किन स्थितियों से जुड़ा है । आधुनिकीकरण की प्रक्रिया भारत में अंग्रेजी प्रशासनकाल में ज्ञान-विज्ञान के प्रसार, संचार साधनों के विकास और बड़े औद्योगिक नगरों की निर्माण प्रक्रिया से संबद्ध है । इस प्रक्रिया को पश्चिमीकरण के रूप में, आरम्भ में जाना गया था और इसके प्रभावों

का भी गहराई से अनुभव किया गया । यह बात अलग है कि बाद में आधुनिकीरण के अमरीकी और रूसी आदर्श भी भारत में गृहीत हुए हैं ।

अतः भारत के सन्दर्भ में आधुनिकीकरण की अवधारणा को समझने के लिए उसके पर्याय पश्चिमीकरण को भी समझ लेना होगा । एम. एन. श्रीनिवास के शब्दों में "किसी पश्चिमी देश के प्रत्यक्ष या परोक्ष सम्पर्क के कारण किसी गैर-पश्चिमी देश में होने वाले परिवर्तन के लिए प्रचलित शब्द है आधुनिकीकरण । उदाहरण के लिए, डेनियल लर्नर ने, 'पश्चिमीकरण' और 'आधुनिकीकरण' को स्वीकार किया है । उसके अनुसार 'आधुनिकीकरण' में 'सार्वजनिक संस्थाओं और निजी आकांक्षाओं' को स्पर्श करने वाली एक 'विक्षोभकारी प्रत्यक्षवादी भावना' निहित है । पर प्रत्यक्षवादी भावना ही पर्याप्त नहीं है; संचारव्यवस्था में क्रान्ति भी आवश्यक है । आधुनिकीकरण की विशेषता बढ़ता हुआ नगरीकरण भी है, जिसके परिणामस्वरूप साक्षरता का प्रसार होता है । साक्षरता से 'माध्यमजन्य संघात' बढ़ता है, और अंत में माध्यमों का बढ़ा हुआ संघात अधिक व्यापक आर्थिक साझेदारी (प्रतिव्यक्ति आमदनी) और राजनीतिक साझेदारी (मतदान) से संबद्ध है । आधुनिकीकरण में सामाजिक गतिशीलता भी निहित है ।"[23]

सामाजिक गतिशीलता, सामाजिक वर्गों का गाँव-देहात से नगर क्षेत्रों में आवागमन और प्रभावग्रहण पर निर्भर करती है । आमतौर पर नगर में रहने वाले समुदायों पर देहात में रहने वालों की अपेक्षा आधुनिकीरण का प्रभाव गहरा और व्यापक होता है । नगर के बड़े-छोटे होने के अनुपात से ही संघात अधिक-कम होता है ।

एम. एन. श्रीनिवास का कथन पर्याप्त तथ्यपूर्ण है कि 'भारत के राजनीतिक और प्रशासनिक एकीकरण ने ऐसी प्रक्रिया जो बीसवीं शताब्दी के सातवें दशक में भी चालू है जिसके लिए संचार-साधनों का विकास, उद्योगीकरण का आरम्भ और कृषि संबंधी विकास आवश्यक था, स्थानमूलक और सामाजिक गतिशीलता को न केवल विशिष्ट वर्ग बल्कि देहातों के गरीब लोगों के लिए भी, बढ़ा दिया और परवर्ती राष्ट्रव्यापी पश्चिमीकरण की नींव डाली ।'[24]

यह भी ध्यातव्य तथ्य है कि 'अत्यधिक नागर क्षेत्र आमतौर पर अत्यधिक उद्योग प्रधान क्षेत्र भी होते हैं, फिर भी नगरीकरण उद्योगीकरण का मामूली कार्यमात्र नहीं ।'[25] पुराने नगर उद्योगप्रधान न होने पर भी अपने आस-पास के कृषिक्षेत्र को अपने महत्त्व और प्रसार का आधार बनाए हुए थे । आधुनिकीकरण की प्रक्रिया में आधुनिक नगर औद्योगिक केन्द्र भी होना चाहिए । कृषि पर आधारित छोटे समुदायों का वृहत्तर समुदायों की ओर स्थानान्तरण भी जरूरी है, जिससे उद्योग, व्यवसाय, सैन्य, प्रशासन तथा अन्य संबन्धित कार्य सम्मिलित हों और उन्हें चलाने हेतु आस-पास के प्रदेशों के छोटे समुदायों को लगाया जा सके । 'उद्योग और व्यवसाय जिस सीमा तक कृषि तथा कृषिप्रभाव से मुक्त होंगे, नगरीकरण उतना ही सुदृढ़ होता जाएगा ।'[26]

अतः आज के समृद्ध महानगरों में उच्च स्तर पर स्थापित उद्योग तथा यान्त्रिकी द्वारा

नगरसमुदाय कृषि से भिन्न वस्तुओं का इतना अधिक मात्रा में उत्पादन कर सकने की क्षमता रखता है कि जिससे ग्रामजीवन से अधिक सुख-सुविधाएँ जुटाई जा सकें । परिवहन तंत्र के सुलभ एवं लाभकर प्रयोग से अतिरिक्त कृषि उपज आदि एवं अन्य कच्चे माल को महानगरों की ओर लाने में सुविधाएँ भी उपलब्ध हैं ।

इतना ही नहीं, कृषि एवं परिवहन की सुलभता एवं प्रगति से नए व्यापारिक केन्द्रों के रूप में महानगरों के विकास की संभावनाएँ इतनी व्यापक हो गई हैं कि इनसे एक ओर कल-कारखानों के जाल बिछ गए हैं, तो दूसरी ओर वाणिज्यिक-व्यापारिक विकास ने सीमित अंतर्देश एवं संभरण क्षेत्र की समस्याओं को प्रायः समाप्त सा कर दिया है । किंग्सले डेविस के कथनानुसार आज के नगरों का संभरण क्षेत्र तथा अंतर्देश केवल कुछ मीलों तक सीमित न रहकर संपूर्ण विश्व ही बन गया है ।[27] इससे राष्ट्रों की दूरियाँ तो कम हुई हैं किंतु अन्य प्रकार की समस्याएँ बढ़ी हैं । व्यापारिक हितों के कारण राष्ट्रों में व्यापारिक केन्द्रों पर कब्जे और जिंसों को अस्त्र के रूप में प्रयोग करने से जो नए तनाव और टकराहटें पैदा हुई हैं, वे भी कम दुखद नहीं ।

एक ओर नगर समाज में आवासीय सुविधाओं के रूप में पनपी नई बस्तियों-उपनगरों में देश के विभिन्न प्रदेश के लोगों से परस्पर विभेद एवं विशिष्टता समाप्त होती है, ऊँच-नीच के वर्गीय भाव छूटते हैं तो दूसरी ओर सहानुभूति, साझेदारी, बिरादरीपन और भावुक लगाव आदि को स्थान भी नहीं रह जाता । आलस्य और अवकाश को कोई स्थान नहीं । जीवन की अंधी-निर्मम होड़, निर्दयी, स्वार्थोन्मुख दृष्टि व्यक्तियों में अलगाव, उपेक्षा, कटाव और दुराव की भावना भर जाती है ।

महानगरों में अनेक सामाजिक-वैयक्तिक आधि-व्याधियों का अजीब जमघट दृष्टिगोचर होता है । टूटे-बिखरे परिवार, अपराध को बाध्य उपेक्षित बच्चे, वैवाहिक अस्थिरता से नारकीय गृहस्थ, विकृत यौन व्यवहारों का प्रसार, निर्बाध बढ़ती अपराध वृत्ति, अवैध धन्धे, वेश्यावृत्ति, मानसिक विकृति के आंकड़ों में वृद्धि, मृत्यु, संत्रास, भय, आशंका, असुरक्षा की हर समय लटकती तलवार एक ओर होती है तो दूसरी ओर ऐश-आराम-मनोरंजन के साधनों की भरमार का अचूक आकर्षण । हर नैतिक-सामाजिक बंधन को तोड़कर व्यक्ति नंगा, अनैतिक हो जाता है । उसे अकेलापन, अजनबीपन का सतत पीछा करता चक्र भीतर ही भीतर छलनी कर देता है ।

अतः नगरीकरण यदि एक ओर आधुनिक मनुष्य की स्वाभाविक औद्योगिक-यान्त्रिक उपलब्धि आर्थिक-सामाजिक विकास की अनिवार्य सीढ़ी है, मध्यकालीनता धर्म-अध्यात्म के पुरातन खोलों को उतार फेंकने की प्रक्रिया है, वैज्ञानिक-ऐतिहासिक बोध और मानवीय अन्तःसंबंधों के नए क्षितिजों के विस्तार, सुख-उपभोग के साधनों की भरमार और इस प्रकार मानव इतिहास की विकास परम्परा में महत्त्वपूर्ण उपलब्धि है, तो दूसरी ओर ऐसा विक्षोभकारी, आतंक, भय, मृत्यु, अकेलापन और अजनबीपन का महाकाय भुतहा एहसास है जो व्यक्ति से उसकी पहचान, संवेदना, नैतिकता और मानवीयता, आस्था, विश्वास,

विवेक और बलिदान की बहुमूल्य मानवीय उपलब्धियों को छीन रहा है । किन्तु हिन्दी कविता में महानगरबोध की आरम्भिक उतावली प्रतिक्रियाओं में मात्र निषेधवादी अविवेकी, ऊलजलूल, अनापशनाप, अराजक प्रयोगों के बाद एक नई स्वस्थ और विवेकसम्मत इतिहासबोध-सापेक्ष वैज्ञानिक दृष्टि का समावेश हुआ है, जिससे अराजक विचारों का घटाटोप छँटा है, पविर्तनकारी सामाजिक दृष्टि का और कर्म का संयोग हुआ है । इससे नगरबोध आधुनिकीकरण और आधुनिकता को सही परिप्रेक्ष्य मिले हैं । परिवर्तनकारी विचारदृष्टियों का अपेक्षतया अधिक ठोस, कारगर, सर्जनात्मक पुनरोदय हुआ है ।

विचार की आंतरिक संघटना का स्वरूप

विचार का अर्थ

सांकेतिक प्रक्रियाओं की सहायता से 'विचार' जगत का मानसिक एकालाप है । स्मृति, कल्पना एवं तर्क के सहयोग से समस्याओं को हल करने में विचार का उपयोग होता है। विचार के प्रमुख लक्ष्य अनुसंधान और आविष्कार हैं । मनोविज्ञान की शब्दावली में 'विचार वह प्रक्रिया है, जिसमें हम पुराने अनुभव को वर्तमान समस्याओं के हल करने के काम में लाते हैं ।'[28] इस दृष्टि से मनोवैज्ञानिक आधार संवलित विचार वर्तमान काल के साथ भूतकाल और भविष्यत्काल तक अपनी पहुँच रखता है ।

प्रथमतः विचार ऐंद्रिक प्रत्यक्ष से सम्बद्ध रहते हैं, तत्पश्चात मूर्त अथवा शाब्दिक प्रतिक्रियाओं के माध्यम से कल्पनात्मक विचार के स्तर पर उठ जाते हैं । इन्हें भाषा द्वारा अभिव्यक्ति मिलती है । किसी समस्या के उपस्थित होने पर विचार उपस्थित हो जाते हैं। लक्ष्य के निर्धारित होने की स्थिति में उसके समाधान की ओर प्रवृत्ति लगती है । समाधान के उपायों की ढूँढ़ होती है । तत्पश्चात पूर्व परीक्षित या निरीक्षित अनुभवों की स्मृति जागती है । स्मृत तथ्यों का नई दशाओं के अनुसार उपयोग करना तथा अंत में आंतरिक भाषण ये प्रमुख पाँच तत्त्व विचार की प्रक्रिया के अंग माने गए हैं । इस प्रक्रिया से स्पष्ट है कि समस्या की उपस्थिति की दशा में साहित्य में विचार की भी वही प्रक्रिया है, जो व्यावहारिक जगत में सामान्यतः अपनाई जाती है । किन्तु यह प्रक्रिया इतनी तेजी से घटित होती है कि हमें इसका प्रायः भान नहीं होता ।

विचार के लक्षण

मनोवैज्ञानिकों द्वारा विचार के निर्धारित लक्षणों को जदुनाथ सिंह ने इस प्रकार गिनाया है :[29]

1. विचार का सदा किसी न किसी समस्या, लक्ष्य या उद्देश्य से संबंध रहता है, समस्या-समाधान, लक्ष्यप्राप्ति या उद्देश्यपूर्ति के निमित्त किया गया चिन्तन ही वस्तुतः विचार होता है, अन्यथा वह कल्पना मात्र रह जाता है ।
2. विचार के सामान्यतः दो प्रकार के लक्ष्य होते हैं नए सत्यों का अनुसंधान किसी

सैद्धान्तिक समस्या के समाधान के लिए होता है, जबकि नई योजनाओं का आविष्कार मुख्यतः किसी व्यावहारिक समस्या के हल के लिए होता है । इसी आधार पर तर्कशास्त्र के दो भेद हो जाते हैं : (क) आगमनात्मक (जिसमें व्यावहारिक तथ्यों के आधार पर सिद्धान्त की स्थापना होती है), (ख) निगमनात्मक (जिसमें सिद्धान्त के आधार पर व्यावहारिक तथ्यों की व्याख्या होती है) । आगे इन पर विस्तार से विचार होगा ।

3. विचार में सदा पूर्व अनुभवों एवं पूर्व उपलब्ध ज्ञान का उपयोग नए रूप में होता है । अतः पूर्व उपलब्ध अनुभव एवं ज्ञान के अभाव में भी विचार नहीं हो सकता ।
4. विचार सदा से स्थूल से सूक्ष्म की ओर या मूर्त से अमूर्त की ओर गतिशील होता है । वह स्थूल पदार्थों एवं वस्तुओं के संबंध में – स्वयं उन वस्तुओं के माध्यम से नहीं, अपितु सूक्ष्म संकेतचिन्हों या शब्दों के माध्यम से – निष्कर्ष प्रस्तुत करता है ।

प्रामाणिक शब्दकोष के अनुसार विचार के शाब्दिक अर्थ हैं : (क) मन में सोचा हुआ या सोचकर निश्चित किया हुआ तत्त्व, (ख) मन में उत्पन्न होने वाली बात, (ग) किसी बात के सब अंगों को देखना-परखना, (घ) परीक्षा, (ङ) जाँच ।[30] क्रिया के रूप में इसके अर्थ हैं विचारना या विचार करना । इस रूप में इसके विभिन्न अर्थ ग्रहण किए जाते हैं – सोचना, निर्णय करना, ढूँढ़ना, मनन करना, ध्यान देना, गौर करना आदि ।[31]

गणपतिचन्द्र गुप्त ने विचार के संज्ञा और क्रिया रूपों में अन्तर करते हुए लिखा है : "वस्तुतः 'विचार' संज्ञा और 'विचार' क्रिया में अर्थ की दृष्टि से विशेष अन्तर नहीं है । एक ओर विचार बुद्धि के द्वारा उपलब्ध होता है या गृहीत विशेष मानविक तत्त्वों का नाम है तो दूसरी ओर उन तत्त्वों की उपलब्धि के लिए जो बौद्धिक क्रिया की जाती है वही विचारना या विचार करना है । विचार के अँग्रेजी पर्याय 'थिंकिंग' और 'थाट' से भी प्रमाणित होता है कि थिंकिंग (विचारक्रिया) द्वारा उपलब्ध तत्त्व ही 'थाट' (विचार) है ।"[32]

मनोविज्ञान के अनुसार प्रत्येक मानसिक क्रिया के तीन पहलू हैं : ज्ञान, इच्छा और क्रिया । ये तीनों तत्त्व एक दूसरे पर आश्रित रहकर क्रियाशील होते हैं । मन की वृत्तियों की तीव्रता के अनुसार इनकी स्थिति को नाम दिया जाता है । इन तीनों की स्थिति वृत्तिधर्मी है । इसलिए मूल वृत्तियों के संयोग में ज्ञान, संवेदना, प्रत्यभिज्ञान, ध्यान, स्मृति, कल्पना, विचार, तर्क, निर्णय, चिन्तन आदि मन की ज्ञानात्मक क्रियाएँ होती हैं ।

प्रसिद्ध विद्वान विलियम जेम्स के अनुसार विचार के निम्नलिखित पाँच लक्षण हैं :[33]

1. प्रत्येक विचार निजी चेतना का अंग होता है ।
2. प्रत्येक निजी चेतना में विचार सदा परिवर्तमान रहता है ।
3. प्रत्येक निजी चेतना में विचार सचेतन रूप में सतत क्रियमान रहता है ।
4. पदार्थों के साथ इसका व्यापार परिज्ञानशील (काग्निटिव) होता है ।
5. यह सदा अपने विषय के एक पक्ष से अपेक्षतया अधिक संबद्ध रहता है । और इसकी प्रक्रिया में स्वीकार-नकार या चयनवृत्ति को अपनाया जाता है ।

परिज्ञान का स्वरूप : इस प्रकार विचार चेतन मस्तिष्क का अंग होता है एवं निजी चेतना की संश्लिष्ट क्रिया के रूप में सदा एक स्थिति में न रहकर परिवर्तित होता रहता है । पदार्थों के साथ इसका व्यापार भी परिज्ञान पर आधारित होता है । यह परिज्ञान निजी आवश्यकतानुसार अपेक्ष्य दृष्टिकोण एवं पक्ष से अधिक वास्ता रखता है । इस स्वपक्षीय व्यापार में भी विचार की प्रवृत्ति चयनधर्मी विश्लेषणात्मक तथा निजी स्वीकार-नकार वाली होती है । आत्मनिरीक्षण- प्रधान तथा तर्काश्रित निर्णययुक्त प्रवृत्ति बुद्धिविकास एवं विवेकसम्पन्नता की परिचायक है । इसका अभाव विवेकशून्यता को दर्शाता है ।

इच्छा एवं इच्छाशक्ति

पदार्थज्ञान के उपरान्त 'इच्छा' जाग्रत होती है । इच्छा क्रियात्मक मनोवृत्ति का अवदान है । हमारे मन में चेतन-अवचेतन रूप में ऐसी कई मनोवृत्तियाँ प्रकाशित-अप्रकाशित अवस्था में स्थित रहती हैं, जो फ्रायडवादियों के अनुसार साहित्यकार में सृजन-माध्यम से व्यक्त होती हैं । इन अनेक इच्छाओं में से किसी एक का साथ देकर निर्णय तक पहुँचाने वाली इच्छाशक्ति का भी विचार के क्षेत्र में बड़ा हाथ रहता है । विरोधी या भिन्न इच्छाओं में उठे हुए द्वन्द्व को समाप्त करना इच्छाशक्ति का सबसे महत कार्य है । यह निश्चयात्मक कार्यव्यापार की शासिका है । मनुष्य जीवन के लिए 'इच्छा' और 'ज्ञान' दो कारगर तत्त्व हैं । 'इच्छा' क्रियात्मक एवं भावात्मक मनोवृत्ति है । 'ज्ञान' इसी 'इच्छा' के द्वारा वृद्धि पाता है । जिस ओर इच्छा क्रियमान होगी, ज्ञान उसी ओर वृद्धि पाएगा ।

हम उन्हीं बातों पर विचार करना अभीष्ट समझते हैं, जिन्हें हम उपयोगी समझते हैं । विचार करते समय हम कई प्रकार की युक्तियाँ भिड़ाते हैं । ये युक्तियाँ भी इच्छापूर्ति की ओर प्रवृत्त रहती हैं । अतः तर्कापन्न विचार सदा अपेक्षायुक्त स्वार्थमय एवं एकपक्षीय होता है । इच्छा के विरुद्ध जाने पर विचारों में विक्षप की स्थिति उत्पन्न होती है, किन्तु विचारवान, दार्शनिक, विवेकी पुरुष 'ज्ञान' के अनुसार 'इच्छा' को प्रवर्तित करते हैं । 'इच्छा' विचार द्वारा अनुशासित रहती है । 'इच्छा' को वश में करके चलने वाला विचार उच्चकोटि का होता है ।

'इच्छा' के ज्ञान और विचार की अधीनता में आने से अभिप्राय है कि जब हम अपने स्वार्थमय आचरण की, समाजसापेक्षता में भी विचारना करने लगते हैं, तब जो कार्य निष्पन्न होगा वह लोकमंगलकारी भी होगा । इसी प्रक्रिया में ऊँचे विचार जन्म लेते हैं । ये ऊँचे विचार ही महान कृतियों को जन्म देते हैं । इससे यह भी स्पष्ट होता है कि नितान्त निजी, घोर वैयक्तिक, स्वार्थापन्न साहित्य का पोषण करना विचार के विकास की दिशा नहीं । यहीं यह जान लेना भी अवांछित न होगा कि किसी भी आवेशभाव में बह जाना या संवेगों की लपेट में आकर निर्दिष्ट से च्युत होना, हठवश किसी एक पक्ष से चिपटे रहना, ढुलमुलपन या अनाप-शनापपन इच्छाशक्ति-रहित एवं विवेक-बुद्धि-स्खलित कार्य हैं ।

निर्णय की स्थितियाँ

यह माना गया है कि प्रबल संवेगात्मक प्रवाह या इच्छा का प्रबल दबाव भी 'योग्य विचार' में बाधा बनता है । विवेकयुक्त निर्णय तक पहुँचने की स्थिति में मन को निश्चयात्मक क्रिया विधात्री मन की पाँच स्थितियाँ पार करनी पड़ती हैं : (1) दो प्रकार की प्रवृत्तियों का चेतना के समक्ष आना; (2) इन प्रवृत्तियों की पूर्ति की कल्पना उठना, उस पर विवेचना होना; (3) उनके संभावी परिणामों का कल्पना में आना, मूल्यांकन होना; (4) इनके मूल्यांकन की तुलना के बाद निर्णय पर पहुँचना; (5) निर्णय को कार्यरूप देना ।[34]

विवेकयुक्त निर्णय हमारे स्वैच्छिक-सामाजिक कार्यों की नींव होते हैं । इस प्रकार के निर्णय चिंतन का प्रतिफलन हैं । सर्जनात्मक क्रिया में आनन्दप्राप्ति का साधन चिंतन ही बनता है । कवि-कलाकार से लेकर दार्शनिक-आविष्कारक-वैज्ञानिक तक चिंतन के द्वारा अपने कार्यों का संशोधन, परिवर्धन, परीक्षण करते हैं । संशोधन-चिंतन की यह प्रक्रिया पूर्व अनुभव एवं विचार के आधार पर चलती है । चिंतन में तर्क, प्रत्यय, कल्पना, चिंतना, ध्यान की एकाग्रता आदि मानसिक प्रक्रियाएँ सहयोगी होती हैं ।

नए विचारों के उदय के साथ उनके साहित्यिक प्रयोग की नई वर्तनी भी अनिवार्य है । जटिल भाव बोध एवं मनःस्थितियों, सामाजिक संबंधों को वैचारिक आयामों में अभिव्यक्त करने वाली भाषा भी नई आवश्यकताओं के अनुरूप शब्दों की तलाश और विचार अनुभूति के नए रिश्तों-समीकरणों की ब्योंत स्वमेव करती चलती है । नए शब्दों की तलाश नए प्रत्ययों तक पहुँचने की प्रक्रिया है, क्योंकि शब्दज्ञान वस्तुतः अर्थज्ञान है, जो विषय के इन्द्रिय या भावपक्ष से जुड़ा हुआ है । शब्दबोध के लिए अनुभूति जरूरी तत्त्व है, जो दोनों को जोड़ती है । अतः ज्ञान तक पहुंचने वाली मानसिक प्रक्रिया, चाहे वह प्रत्यक्ष बोध पर आधारित हो या कल्पनात्मक या प्रत्ययात्मक बोध पर, 'विचार' कहलाती है । मानस प्रत्ययों द्वारा चलने वाली यह प्रक्रिया उस विचार को सम्भव बनाती है, जो साधारण विचार से भिन्न होता है ।

विचारों के भेद

लालजीराम शुक्ल ने विचार के तीन स्तर भेदों का उल्लेख किया है : (1) प्रत्यक्षात्मक विचार, (2) कल्पनात्मक विचार, (3) प्रत्ययात्मक विचार ।[35]

1. प्रत्यक्षात्मक विचार : यह प्रत्यक्ष ज्ञान पर आधारित होता है । इसमें वस्तुगत अनुभूति की मात्रा निहित रहती है, कल्पनात्मक या प्रत्ययात्मक अनुभूति नहीं । मनोविज्ञान के अनुसार यह विचार अन्य दो प्रकारों की अपेक्षा निम्न कोटि का माना गया है किन्तु काव्य में यह अपेक्षतया अधिक प्रेय है, क्योंकि यह दृश्य पदार्थों के अनुभव पर निर्भर है । इस प्रकार के विचार में शब्दों की पदार्थों के नामों की आवश्यकता नहीं होती, जबकि इससे ऊपर की कोटि के विचार में अनुपस्थित पदार्थों के लिए नाम की जरूरत होती है ।

अनुभवों में आए अदृश्य पदार्थों को हम नामों के द्वारा ही स्मरण करते हैं । यह कार्य पशु व छोटे बच्चे नहीं कर सकते ।

2. कल्पनात्मक विचार : कल्पना के द्वारा मन में उद्‌भूत विचार इस कोटि में आते हैं । इनमें प्रत्यक्ष अनुभव का आधार नहीं लिया जाता । अतः यह मुख्यतः स्मृति का आधार ग्रहण करता है । मानसपट पर पुराने अनुभवों की प्रतिमाओं के सहारे इसका अवबोधन होता है । ये प्रतिमाएँ अपने नामों के कुछ लम्हों के लिए मनःपटल पर ठहर भी जाती हैं, किन्तु इन विचारों में प्रत्ययों से भिन्नता को भी रेखांकित किया जा सकता है । साधारणतया कल्पनात्मक विचार नामरूप संज्ञाओं का अवलंबन अपनी प्रकृतिगत प्रक्रिया में नहीं लेता और मानसिक प्रतिक्रियाओं के आधार पर चलता है । इसमें मुख्य अंश कल्पना का ही रहता है ।

3. प्रत्ययात्मक विचार : इस प्रकार के विचार का मुख्य आधार प्रत्यय होते हैं । कल्पना और अनुभूति का स्थान प्रत्यय ले लेते हैं, तो भी कल्पना और अनुभूति निःशेष नहीं रहतीं । गौण अवस्था में वे कुछ न कुछ अस्तित्व रखती ही हैं; क्योंकि शब्दज्ञान आदि और प्रत्ययों के अभिन्न संबंध को नकारा नहीं जा सकता । वस्तुतः शब्द और कुछ नहीं पदार्थों के नाम ही हैं, उन्हें एक-दूसरे से पृथक् नहीं किया जा सकता । शुद्ध विचार की धारणा और विचार का सर्वोच्च रूप प्रत्ययों में ही अवस्थित है ।

विचारों के आपसी संबंध

विचारों के आपसी संबंधों को संस्कारों के साहचर्य, समानता और विरोध के रूप में जाना जाता है ।

पुराने अनुभव, जो मन पर अपना प्रभाव छोड़ चुके होते हैं, पुनः उत्तेजित होकर सामने आ जाते हैं । उत्तेजना की प्रकृति से मेल खाने पर पुराने अनुभूत विचार जाग्रत हो आते हैं । एक विचार किसी दूसरे विचार को स्मृतिपट पर ले आता है, तो यह उसका साहचर्यभाव ही है । एक साथ जब दो विचारों का ज्ञान हमें प्राप्त हुआ होता है तब किसी एक के समक्ष आने पर दूसरे का स्वमेव स्मरण हो आना साहचर्य कहलाता है ।

समानता में दो समानधर्मा विचारों का स्मरण होगा । कल्पनाप्रवण एवं तीक्ष्ण बुद्धि व्यक्ति समानता-साहचर्य और विरोधी विचारों का साहित्य में अधिक कुशलता से उपयोग कर सकता है । फूल से 'सुख' और काँटे से 'दुख' आदि भावों के प्रतीकों का प्रयोग तथा ऐसे अन्य अनेक प्रतीकों की सृष्टि तथा अर्थविस्तार कविमस्तिष्क की तीक्ष्णता और गतिमयता का प्रमाण है ।

विचारों के स्मरण के लिए, कुछ मनोवैज्ञानिकों ने 'विरोध' को पृथक् गुण न मानते हुए भी इसके अस्तित्व से इंकार नहीं किया । वे भले ही इसे समानता के अन्तर्गत मान लें तो भी भलाई के साथ बुराई का वैपरीत्य जरूर उभर आता है । कविप्रतिभा इस वैपरीत्य का भरपूर प्रयोग कर उच्चकोटि का सृजन करती है, जो अपने चमत्कार के कारण

अद्वितीयता प्राप्त कर जाता है । अतः विरोधी धर्म वाली वस्तुएँ परस्पर स्मृति का कारण बन कर सृजन में महती भूमिका निभाती हैं । सतत अभ्यास के द्वारा कवि विभिन्न अलंकारों का कुशल प्रयोग कर पाते हैं, वाग्वैदग्ध्य, वक्रोक्ति, उपमा आदि के रूप में काव्य का शृंगार करते हैं । अतः विचार के लिए स्मरणशक्ति तथा धारणाशक्ति के साथ मानसिक प्रयत्न-विचारों के संबंध (एशोसिएशन आफ आइडियाज़), सहचारिता (कंटिग्युट्टि), समानता (सिमिलरिटी), विरोध (कन्ट्रास्ट) आदि का अत्यन्त महत्त्व है ।

विचार और भाव

विचार और भाव में विभेद को समझने के लिए मानसिक प्रक्रियाओं के उस विभाजन को जानना आवश्यक है जिसके अन्तर्गत उन्हें मुख्यतः तीन पक्षों में बाँटा गया है । हमारी इन मानसिक प्रक्रियाओं में ज्ञानात्मक (काग्निटिव), वेदनात्मक (अफेक्टिव) तथा चेष्टात्मक (कानैटिव) प्रक्रियाएँ प्रमुख हैं । विचार, मन की प्रथम मानसिक (ज्ञानात्मक) प्रक्रिया से अधिक संबंध रखता है तथा भाव का संबंध मन की दूसरी (वेदनात्मक) प्रक्रिया से अधिक होता है । गणपतिचन्द्र गुप्त ने विचार और भाव के अन्तर को स्पष्ट करने वाले निम्न छः सूत्रों को गिनाया है :

1. विचार का संबंध हमारी चेतना के ज्ञानात्मक पक्ष से है जबकि भाव का वेदनात्मक पक्ष से ।
2. विचार प्रत्यक्षबोध ये अनुभूति का अध्ययन एवं विश्लेषण करके आगे बढ़ जाता है जबकि भाव प्रत्यक्षबोध एवं अनुभूतियों का आस्वादन करता हुआ उन्हीं में रम जाता है । विचार का संबंध विषय वस्तु के अप्रत्यक्ष रूप से या उसके सांकेतिक चिन्हों एवं प्रतीकों से अधिक रहता है, जबकि भाव का विषयवस्तु से सीधा संबंध रहता है ।
3. विचार में वस्तुओं के गुण रूपों को खंड-खंड रूप में ग्रहण किया जाता है, जबकि भाव में सामान्यतः आलम्बन को समग्र रूप में ग्रहण किया जाता है ।
4. विचार में विभिन्न वस्तुओं के सामान्य गुणों का उद्घाटन होता है, जबकि भाव में प्रायः ऐसा कम होता है ।
5. विचार का लक्ष्य समस्या का समाधान करना होता है, जबकि भाव प्रायः नई समस्याएँ उत्पन्न करता है ।
6. विचार में सत्य के अनुसंधान का उद्देश्य रहता है, जबकि भाव में सत्य की अपेक्षा सुख, तृप्ति और आन्नदप्राप्ति का लक्ष्य रहता है, यह दूसरी बात है कि कई बार सत्यानुसंधान की प्रवृत्ति भी ऐसी भावना के रूप में विकसित हो जाती है, जिससे कि सत्य की उपलब्धि आनन्दोपलब्धि के तुल्य हो जाती है ।[36]

अतः मुख्य रूप से विचार का कार्य समस्याओं की जड़ तक पहुँचना, उनका विश्लेषण करना, आलोचनात्मक रवैये से उनको उघाड़ना और समाधानात्मक धारणाओं की

अभिव्यक्ति करना है । विचार अपनी इस कार्यप्रणाली में तर्काश्रय के द्वारा व्यंग्य का रचाव भी करने लगे और स्थितियों, व्यक्तियों, संबंधों को उजागर करता हुआ उन पर प्रहार भी करने लगे तो यह विचार का कविता में अवांछनीय कार्य न होकर अधिक स्वीकार्य कार्य होगा ।

विचारतत्त्व और बुद्धितत्त्व

यहाँ विचारतत्त्व और बुद्धितत्त्व के अन्तर को स्पष्ट कर लेना अनुपयोगी न होगा; क्योंकि हम देखते हैं कि कविता में जहाँ बुद्धितत्त्व मात्र गणना, पहचान और वर्णनापेक्षी होता है वहाँ विचार उससे भिन्न और आगे, सामाजिक अनुभवों के प्रत्ययन से हमारा सामना कराता है । बुद्धितत्त्व में जहाँ संज्ञानात्मक मानसिक शक्ति सिद्ध होती है, वहाँ विचारतत्त्व में क्रियात्मक मानसिक शक्ति का पक्ष आबद्ध मिलता है । इस प्रकार विचार, बुद्धि का क्रियापक्ष है । बुद्धितत्त्व जहाँ ज्ञाननिष्ठा के कारण एकपक्षीय है, वहाँ विचार ज्ञाननिष्ठा के साथ कर्मप्रेरणा एवं क्रियात्मकता भी प्रदान करता है । बुद्धि विचारों के निर्माण में और उनके कार्यान्वयन में सहायक होती है । ज्ञानभंडार की वृद्धि वस्तुतः बुद्धि की वृद्धि ही है । किन्तु विचारों को सक्रियता कर्मक्षेत्र से मिलती है, जहाँ बुद्धि का सबसे बड़ा उपयोग होता है । विचारतत्त्व व्यावहारिक क्षेत्र में कार्य से जुड़कर बुद्धितत्त्व से भिन्न हो जाता है । इस भिन्नता में विचारतत्त्व की प्रतीति स्पष्ट झलकती है । विचारतत्त्व और बुद्धितत्त्व के अन्तर को मनोवैज्ञानिकों के बुद्धि संबंधी विवाद को समझकर स्पष्ट किया जा सकता है । बुद्धि क्या है ? वैसे इस संबंध में मनोवैज्ञानिक अभी भी एकमत नहीं हैं । कुछ मनोवैज्ञानिक बुद्धि का कार्य मात्र 'ज्ञान देना' मानते हैं तथा मैक्डगस महोदय आदि इसे क्रियात्मक मानसिक शक्ति स्वीकार करते हैं । किन्तु एक तीसरा मत इन दोनों को पृथक् करके देखने के पक्ष में नहीं है; वह मनुष्य की ज्ञानात्मक और क्रियात्मक शक्तियों को एक करके देखने का पक्षपाती है । मनुष्य की बुद्धि की ज्ञानक्षमता और कार्यक्षमता एक ही चीज है ।

हमारे मन की सर्वश्रेष्ठ क्रिया विचार है । हमारे चेतन मन की क्रियाओं की पूर्णता विचार में होती है । संवेदना, प्रत्यक्षीकरण, स्मरण और कल्पना इन सबका अन्त विचार में होता है अर्थात् इनका लक्षण विचार में सहायता पहुँचाता है । वास्तव में प्रत्येक विचार उसके नीचे की मानसिक क्रिया के साथ कार्य करता है । हीगेल महोदय का यह कथन अत्युक्ति नहीं है कि हमारी सम्पूर्ण चेतना विचार में ही है ।

अतः हमारे मत में विचार में बुद्धि की क्रियात्मक शक्ति वह विशेष पक्ष है, जो कर्मप्रेरणा के द्वारा सक्रियता से जुड़ा हुआ है । कर्म में परिणत होकर विचार वास्तविक पूर्णता को प्राप्त होता है ।

विचारतत्त्व की काव्यशास्त्रीय पृष्ठभूमि

काव्य के प्रमुख चार तत्त्वों भाव, विचार, कल्पना और रूप में से किसे किन अर्थों में काव्याचार्यों ने महत्ता प्रदान की, संस्कृत साहित्य में तो प्रभूत, किंतु हिन्दी साहित्य में इसके कतिपय उदाहरण ही मिलते हैं । ये चारों तत्त्व सतत साहित्यिक विवाद के चरम विषय रहे हैं, जो आज तक पूर्णतः सर्वसम्मत निर्णयों से वंचित हैं, तो भी इन व्यापक विषयों को अपने मतों में समाविष्ट करते हुए आचार्यों ने अपने-अपने प्रतिपाद्य को महत्ता दी, जिसकी अनुशंसात्मक आवृत्ति उनके शिष्यों की स्थापनाओं में कम उत्साह से नहीं की गई ।

प्राचीन काल से ही निरुद्देश्य आनन्दवादी काव्य एवं सोद्देश्य काव्य के विभेद करने के पीछे क्रमशः 'भाव' और 'विचार' को ही मुख्य एवं केन्द्रीय तत्त्व के रूप में रखने के आग्रहों का ज्ञापन हुआ है । यह विभेद प्राचीन और मध्य युगों में इतना तीव्र होकर नहीं उभरा था, जितना कि आधुनिक युग में आज तक उभरता चला आ रहा है । इसके प्रमुख कारण सभ्यता और समाज के विकास में देखे जा सकते हैं ।

प्राचीन और मध्ययुगीन काव्य में सोद्देश्यता को दोष नहीं माना जाता था, बल्कि विषय की महानता को काव्य की महानता स्वीकार करने का अभिमत अधिक प्रचलित था । ज्ञानदान ही उनका मुख्य ध्येय था । यह तो काव्याचार्यों ने बाद में 'आन्नद दान'[37] को सर्वोपरि गुण मानकर 'ज्ञानदान' को भी प्रेय माना और उसे द्वितीय स्थान दिया । भरतमुनि की रसवादी[38] (भाववादी) स्थापना से भी ज्ञान की अपेक्षा आनन्द का महत्त्व सिद्ध होता है । किन्तु नैतिकताबोध (शिवत्व), जोकि ज्ञानक्षेत्र में आता है, की पक्षधरता भी कम नहीं आँकी गई । भामह और मम्मट ने ज्ञान का प्रतिपादन करते हुए लिखा है कि 'स्वादु काव्य के रस से युक्त शास्त्र का भी उपयोग किया जाता है । पहले लोग शहद चाट कर बाद में कड़वी दवाई पीते हैं ।' यहाँ स्पष्ट ही वह अप्रत्यक्ष रूप से शास्त्र (ज्ञान) को काव्यक्षेत्र के लिए निषिद्ध करार नहीं करते । काव्य के इन चार तत्त्वों में से भी काव्यरचना में मुख्यतया विभेदक तत्त्व दो ही माने गए हैं 'भाव' और 'विचार', जोकि अन्य दो तत्त्वों 'कल्पना' और 'रूप' को अपनी लपेट में लेकर अनुकूल प्रयोग का, प्रकृत-अनुपात का उपादान मानकर 'स्व' अनुकूल उपयोग करते आए हैं । अतः हमारा अभीष्ट भाव और विचार में अन्योन्याश्रित भाव दिखाना ही नहीं, अपितु इनके विभेदक सीमांकनों द्वारा 'विचार' की प्रकृति एवं प्रभावक्षेत्र तथा केन्द्रीय तत्त्व के रूप में उसकी स्थिति को स्पष्ट करना है । साथ ही कल्पना और रूप आदि के उपयोग में उसकी क्षमताओं को उद्‌घाटित करना एवं 'काव्य विचार' की परिकल्पना को मूर्त करके 'विचार' को काव्य के लिए अपरिहार्य तत्त्व के रूप में दर्शाना है । आचार्य मम्मट तो सीधे ही, 'काव्य-प्रकाश' में, कान्तासम्मित उपदेश[39] की स्थापना करते हैं, जिससे काव्य की सोद्देश्यता-उपदेशात्मकता स्पष्ट होती है । भामह अपने 'काव्यालंकार' में लिखते हैं कि प्रत्येक शास्त्र चतुर्वर्ग में से किसी एक की पूर्ति अवश्य करता है, जैसे स्मृति धर्म का हेतु है, नीति अर्थप्राप्ति का कारण

है, कामशास्त्र से काम संबंधी उद्देश्यों की पूर्ति होती है तो दर्शन मोक्षप्राप्ति का उपाय है, किन्तु काव्यशास्त्र अकेला ही चारों की उपलब्धि करा सकता है । विश्वनाथ ने लिखा है कि जो लोग शास्त्रों के ज्ञाता नहीं हैं, वे अल्पमति वाले भी काव्य से चारों पुरुषार्थों को सुख से प्राप्त कर सकते हैं ।[40]

अतः हम देखते हैं कि भारतीय आचार्यों की दृष्टि में शिवत्व की आराधना एवं लोकमंगल की कामना सर्वत्र पूजित रही, तो भी काव्य की सिद्धान्त स्थापना में लगभग सभी आचार्यों ने अधिक बल शिल्प पर ही दिया है, जैसे : अलंकार शैली का गुण है, रस अर्थ और शैली में निहित है, ध्वनि शैली से उत्पन्न होती है और रीति भी शैली की विशिष्टता है, काव्य की आत्मा वक्रोक्ति है आदि । परोक्ष रूप से शैलीतत्त्व के मूल में कवि व्यक्तित्व ही निहित है । रीतियाँ भी हमें वहीं ले जाती हैं, तब शैली, केवल शैली नहीं रह जाती बल्कि वहाँ समूचा कवि व्यक्तित्व होता है । शक्ति, व्युत्पत्ति और अभ्यास की तिकड़ी में भी इसी ओर स्पष्ट संकेत है ।

काव्यशास्त्र में औचित्य, उदात्त और शान्त रस की पृथक् स्थापनाओं को भी विचारात्मक साहित्यों के सन्दर्भों में जाँच लेना असमीचीन न होगा । औचित्य का अधिक संबंध, जहाँ तक हम सोचते हैं, भाव की अपेक्षा विचार से ही अधिक है । भावावेश या कल्पना की निर्बाध उड़ान में प्रायः औचित्य का ध्यान कम ही रहता है । औचित्य का संबंध भाव से भी है, किन्तु विचार से उससे कम नहीं है । किसी प्रकार के अतिरेक से रचना को बचाना औचित्य के अन्तर्गत ही माना गया है । रचनागत व्यवहार से लेकर तत्त्व संयोजन तक में इसकी व्याप्ति काव्य है । औचित्य रहित विषय प्रतिपादन या सिद्धान्त निरूपण पाठकीय बुद्धि के लिए अग्राह्य है । विचार बुद्धि से सम्बन्धित होकर सत्योन्मुखी होता है । औचित्य को आचार्य क्षेमेन्द्र ने तो काव्य का जीवित ही घोषित कर दिया : "जो जिसके योग्य हो, अनुरूप हो, आचार्य लोग उसे उचित कहते हैं । यह उचित का भाव ही 'औचित्य' है ।"[41]

प्राचीन या आधुनिक कविता में 'ज्ञान' जहाँ भी प्रवेश करता देखा गया है, वहाँ वह कर्मप्रेरक बनकर ही आया है । यह कर्मप्रेरणा की प्रवृत्ति या ज्ञानदान की सोद्देश्यता जब भी आई है, स्वान्तः सुखाय के रूप में ही आई है । अर्थात् कवि के निजी व्यक्तित्व का चेतना का अंग बन कर ही ज्ञान प्रतिफलित हुआ है । गोस्वामी तुलसीदास ऐसे ही कवि माने गए हैं । यह बात उन सभी कवियों पर सही बैठती है, जो लोक और विद्वानों में सम्पूज्य और महान् माने गए हैं ।

आचार्य रामचन्द्र शुक्ल ने ऐसे कवियों को, जो लोकप्रवृत्ति को परिचालित करने वाले कवि होते हैं, आनन्द की साधनावस्था या प्रयत्नपक्ष को लेकर चलने वाले कवि माना है : 'वे जिस प्रकार प्रकाश को फैला हुआ देखकर मुग्ध होते हैं उसी प्रकार फैलने से पूर्व उसका अंधकार को हटाना देख कर भी । ये ही पूर्ण कवि हैं, क्योंकि जीवन की अनेक परिस्थितियों के भीतर ये सौन्दर्य का साक्षात्कार करते हैं ।'[42] अपने अन्य निबन्धों में आचार्य शुक्ल

लिखते हैं कि मनुष्य की बौद्धिक शक्ति के विकास के साथ उसकी भावात्मक शक्ति भी विकसित हुई है । ये दोनों एक दूसरे पर अन्योन्याश्रित हैं । एक का विकास दूसरे पर निर्भर है : 'नाना भावों के आलम्बन आरम्भ में ज्ञानेन्द्रियाँ उपस्थित करती हैं, फिर ज्ञानेन्द्रियों द्वारा प्राप्त सामग्री से प्रतिभा या कल्पना उनका भिन्न-भिन्न रूपों में समन्वय करती है । अतः यह कहा जा सकता है कि ज्ञान ही भावों के संचार के लिए मार्ग खोलता है । ज्ञान-प्रसार के भीतर से ही भाव-प्रसार होता है ।' प्रकारान्तर से आचार्य नन्ददुलारे वाजपेयी भी इसी तथ्य पर बल देते हैं कि कवि को काव्य से बाह्य के उपकरणों का काव्य में प्रयोग नहीं करना चाहिए, यदि ऐसा हो भी तो उनका समग्र समन्वय होना चाहिए :

> वर्तमान युग के बहुत से कवि नाना प्रकार के वैचारिक तथ्यों और आदर्शों को काव्य में सन्निहित करने का प्रयत्न करते रहे हैं । परन्तु उनकी रचनाओं में इन दोनों तथ्यों का समग्र समन्वय नहीं हो सका । काव्यात्मक अलंकृतियाँ और अन्य उपकरण एक ओर जा रहे हैं तो वैचारिक और बौद्धिक तत्त्व दूसरी ओर जा रहे हैं । कवि के व्यक्तित्व के गहरे संस्पर्शों से इन दोनों का योग नहीं हो पाया । फलतः इन अनेक कृतियों में सामंजस्य की कमी के कारण एक बिखराव आ गया है ।[42]

यहाँ वाजपेयी जी ने 'वैचारिक और बौद्धिक तत्त्वों' की चर्चा करते हुए जिस 'बिखराव' की बात की है, वह कवियों की सीमा और असमर्थता का परिणाम है, न कि 'विचार' का दोष । विचारों या बौद्धिक तत्त्वों का जब भी यान्त्रिक उपयोग कोई कवि करेगा या उन्हें आत्मसात किए बिना काव्य में स्थान देगा तो निश्चिततः यह 'बिखराव' आएगा ही । इस सिद्धान्त के आधुनिक पक्षधर डॉ. नगेन्द्र विचार को मानते हुए भी उसे गौण स्थान देते हैं । और उसकी अनुभूति सापेक्षता को ही स्वीकार कर पाए हैं । रस सिद्धान्त में विचार को स्वीकृति तो वह देते हैं किन्तु इस शर्त के साथ कि काव्य में विचार अनुभूति का विषय बनकर आने चाहिए :

> प्रबल से प्रबल रसवादी आचार्य ने भी अपने शास्त्र-ग्रन्थ में अलंकार का सविस्तार वर्णन किया है । उसने रस को काव्य का जीवित मानते हुए भी वाग्वैदग्ध्य के महत्त्व को मुक्त कण्ठ से स्वीकार किया है । इस प्रकार बुद्धि-तत्त्व का भी रस के विधान में त्याग नहीं किया गया । उत्कृष्ट कोटि के सरस काव्य के लिए भाव-वैभव के साथ-साथ अर्थ-गौरव की भी अपेक्षा अनिवार्यतः रही है । अतः कल्पना और विचार को रस-सिद्धान्त में अस्वीकृत नहीं किया गया, शर्त केवल इतनी ही है कि ये दोनों ही अनुभूति का विषय बनकर आने चाहिए । अनुभूत कल्पना और अनुभूत विचार रस के अंग बन जाते हैं और केवल कल्पना या केवल विचार अर्थात् अननुभूत कल्पना और विचार तो काव्य के ही विषय नहीं रहते... रस सिद्धान्त में अगर उसके लिए स्वतंत्र स्थान नहीं है तो उसका क्या दोष ?'[44]

इस प्रकार डॉ. नगेन्द्र अनुभूत विचार को रस सिद्धान्त में मान्यता देकर उसके साधारणीकरण की संभावनाओं को स्वीकार करते हैं । अनभूत विचार को वह काव्य का ही विषय नहीं मानते । यह ठीक भी है । टी.एस. एलिएट भी 'विचार के भावपक्ष' को ही ग्राह्य मानते हैं । यह डॉ. नगेन्द्र के 'अनुभूत विचार' के समतुल्य ही है । शुद्ध विचार चिंतन और दर्शन के क्षेत्र का काम्य हो सकता है, काव्यक्षेत्र का नहीं, क्योंकि दार्शनिक का कार्य सत्यापन करना होता है, कवि का कार्य उद्‌भावन करना ।

इतना होते हुए भी 'भाव' और 'विचार' को प्राचीन भारतीय आचार्यों ने कभी नितान्त पृथक् करके नहीं देखा और न ही दोनों को लेकर प्रकटतः कोई विवाद खड़ा हुआ । सम्भवतः इस कारण कि उनकी मान्यताओं में 'भाव' और 'विचार' मूलतः पृथक् अस्तित्व नहीं रखते थे । किन्तु ज्यों-ज्यों हम आधुनिक युग और समकालीन काव्य मान्यताओं के सम्पर्क में आते हैं पारिवेशिक-बौद्धिक-वैचारिक आग्रहों और इनसे निष्पन्न धारणाओं-आन्दोलनों और विचारधाराओं को समझने की कोशिश करते हैं, तो 'भाव' और 'विचार' की पृथकूता ही नहीं, भाव पर विचार की श्रेष्ठता सिद्ध होती पाते हैं । तो भी विचार को केन्द्रीय तत्त्व अर्थात् जीवित मानकर कोई स्थापना नहीं दी गई, जहाँ विचार अन्य तम्वों का समाहारक बन कर आया हो ।

किन्तु वर्तमान युग में समकालीन यथार्थ के आग्रहों और मानवहितैषी चिन्तकों के सतत प्रयासों से नई विचार सारणियों का विकास हुआ है । अभिव्यक्ति के माध्यमों को इन नई विचारधाराओं ने पूरी तरह प्रभावित किया है । प्रसिद्ध आलोचक डॉ. नामवर सिंह वर्तमान दौर में 'अन्धायुग', 'चम्बल की घाटी में' और 'अन्धेरे में' का उल्लेख करते हुए लिखते हैं : 'इस आशंका के लिए पूरी गुंजाइश है कि रोमानी सुरुचि के लिए ये रचनाएँ ज्यादा तेज पड़ती हैं । किन्तु संरचना की सघनता, शब्दों की मितव्ययिता, भावों की विडम्बना-निर्मित जटिलता, भावावेश-हीनता एवं विचारों की तीक्ष्णता आदि काव्यगुणों के कारण ही इस प्रकार की कविताएँ आज के काव्य में महत्त्वपूर्ण स्थान की अधिकारी हो जाती हैं ।'[45] समकालीन यथार्थ एवं युगबोध को व्यक्त करनेवाली उक्त रचनाएँ अपने जिस वैचारिक मंतव्य को लेकर चली हैं, उनकी प्रभाव परम्परा आज भी देखने को मिल रही है । युवा कवियों में मुक्तिबोध की परम्परा का निर्वाह व्यवस्था के विरुद्ध शोषण की शक्तियों के खिलाफ मानवीय सम्बद्धता की पक्षधरता का निर्वाह एक आदर्श बना हुआ है, तो 'अन्धायुग' की परम्परा में 'मिथकीय प्रयोग' और युगबोध की सफल अभिव्यक्ति की परम्परा भी 'एक कंठ-विष्पायी', 'आत्मजयी' आदि में कायम है ।

मुक्तिबोध भी सामाजिक-सांस्कृतिक-चेतनासमृद्ध विचारक कवि निराला की परम्परा को ही विकसित कर रहे होते हैं, जिन्होंने प्रत्येक मानवविरोधी मंशा पर कठोर प्रहार किया है । उनकी अभिव्यंजनापूर्ण कविताएँ भी समाज-जीवन की यथार्थ भूमियों पर टिकी हुई संक्रान्त सृष्टियाँ हैं । निराला जी की बौद्धिक शक्ति मध्ययुगीन फक्कड़ सन्त-कवि कबीर की परम्परा में स्थित है । कबीर आजीवन दुर्दमनीय, अक्खड़, अविनीत और कटु सत्य

के वक्ता बने रहे । वह सन्त परम्परा के विद्रोही ही नहीं, समाज एवं व्यक्ति परम्परा के भी विद्रोही व्यक्ति हुए हैं । वर्तमान युग के देशी-विदेशी मनीषी जिस आचारशुद्धता एवं नैतिक बल पर जोर देते हैं, उसे कबीर ने सबसे पहले अपने युग में उठाया था । समकालीन जीवन के सर्वव्यापक आडम्बरों, छद्मों और अनैतिक कर्म-ग्रसित व्यवहारों, अमानवीय कार्यों के प्रति बगावत का विचार कबीर की वाणी का तेज था । रहीम, गिरधर, वृन्द आदि कवियों में कबीर की यह प्रहारक क्षमता नहीं मिलती तो भी उपदेशात्मक वृत्ति अवश्य मिलती है जो उन्हें नीतिकार कवियों के नाम से सम्बोधित करवाती है । इनकी यह नीतिमयता विचार का भरपूर उपयोग करके समाजहितैषी सिद्ध हुई है ।

वर्तमान युग में यही समाजहितैषी वृत्ति भारतेन्दु हरिश्चन्द्र, हरिऔध, मैथिलीशरण गुप्त आदि से होती हुई विकास के पथ पर बढ़ी है जिसमें आगे चलकर बालकृष्ण शर्मा नवीन, रामधारी सिंह दिनकर, माखनलाल चतुर्वेदी आदि कवि हुए हैं । इन कवियों में अपने युग के राजनीति क्षेत्र के सर्वाधिक प्रभावी व्यक्तित्व महात्मा गांधी के विचारों की गहरी छाप मिलती है, तो अरविन्द के सर्वांगदर्शन के साथ ही विश्व में मानवमुक्ति के नए क्षितिज को उदय करने वाली मार्क्सवादी विचारधारा का भी कम प्रभाव नहीं पड़ा ।

कला संबंधी मार्क्सवादी स्थापनाओं की व्याख्या करते हुए रमेश कुन्तल मेघ लिखते हैं :

> 'कला और साहित्य केवल सौंदर्य तथा भावुकता का ही क्षेत्र नहीं हैं, अपितु यह विचारधारा की दुनिया की कृति है और वैयक्तिक भावनाओं से अधिक जनता के सामाजिक संबंधों को प्रतिबिम्बित करती है । प्रत्येक ऐतिहासिक युग में 'आधार' में जनता के विशेष वर्गीय संबंध होते हैं । अतः वर्गीय समाज में कला की प्रकृति भी वर्गीय होती है । इस प्रकृति में एक ओर तो सत्ताधारी वर्ग के आदर्श तथा दूसरी ओर जन-जीवन के धुँधले चित्र (भी) प्रदर्शित होते हैं । इसके अलावा वर्गों के आपसी विरोध, पुराने संबंधों के द्वान्द्व, नयी उत्पादन शक्तियों के परिवर्तन से उत्पन्न चेतना की क्रान्तियाँ भी कला में अभिव्यक्त होती हैं ।'[46]

अतः विचार को सर्वोच्च मान्यता, विचारधारात्मक स्तर पर मार्क्सवादी विद्वानों ने ही दी है । किन्तु विचारतत्त्व विचारधारा या विचारव्यवस्था से भिन्न अस्तित्व रखता है । इसे विचारों की शृंखला के रूप में विचारधारा के अन्तर्गत मानना भी अनुपयुक्त होगा क्योंकि विचार की मनोवैज्ञानिक बनावट इससे भिन्न पड़ती है । इस पक्ष का व्यापक उल्लेख एक अन्य अध्याय में हुआ है । तो भी निस्संकोच यह न मानना हठधर्मिता होगी कि 'कला और साहित्य केवल सौन्दर्य तथा भावुकता का ही क्षेत्र नहीं है ।' इसके साथ ही हम यह भी मान सकते हैं कि यह (साहित्य-कृति) 'विचारधारा' की दुनिया की कृति न होकर 'विचार' की दुनिया की कृति है । 'विचार' और 'विचारधारा' के अन्तर को हम अन्य अध्याय में स्पष्ट करेंगे ।

भारतीय आचार्यों-आलोचकों के 'विचार' संबंधी मन्तव्यों-पक्षों के पश्चात् पाश्चात्य चिन्तकों के काव्यविषयक मतों में सोद्देश्य काव्य के प्रति अनुकूलता को भी जाँच लेना उपयोगी होगा । पाश्चात्य चिन्तकों ने काव्य के विषय को इतनी तटस्थता से नहीं लिया, जितना कि भारतीय चिन्तकों ने । प्लेटो ने राज्य की दृष्टि से सोचते हुए कवियों के लिए स्थान नहीं छोड़ा, क्योंकि वह मानते थे कि कवि आवेगों के मार्ग से चलता है और वास्तविक तत्त्व का वर्णन न करके मनुष्य या प्रकृति की छाया या बिंब का वर्णन करता है । अतः कविता उनकी दृष्टि में असत्य का प्रचार करने के कारण त्याज्य है । इसके द्वारा मनुष्य को योग्य नागरिक बनाने वाले गुणों को प्रश्रय नहीं मिलता, अपितु यह उन्हें पीछे की ओर धकेलती है । यह नागरिक के आवेगों को संयत नहीं करती बल्कि उत्तेजित कर देती है । उसे रागों पर विजय पाने के बजाय उनका वशवर्ती बनाती है, क्योंकि कवि स्वयं ही दर्शन-तर्क के मार्ग पर नहीं चलता, उसका मार्ग आवेग है । प्रकारान्तर से प्लेटो योग्य नागरिक की राज्य के लिए उपयोगिता और काव्य की इस ओर अक्षमता पर अपना मत दे रहे थे । वह वास्तव में तर्क-दर्शन को बढ़ावा देना चाहते थे, जो उस समय काव्य के लिए अपरिचित-अग्राह्य तत्त्व थे । अरस्तू ने काव्य की उपयोगिता 'कैथारसिस' की स्थापना से सिद्ध की और मनुष्य के लिए इन अर्थों में इसका महत्त्व आँका कि काव्य हमारे रागों को आन्दोलित करके परिशुद्ध करता है जब हम दुखान्त नाटक देखकर निकलते हैं, तब हमारे राग उत्तेजित होकर शान्त हो चुके होते हैं । इस प्रकार कविता नीति और धर्मपालन में परोक्ष रूप से सहायक सिद्ध होती है । प्लेटो और अरस्तू के बाद लांजाइनस ने उपयोगिता की कसौटी को नहीं माना और 'लोकोत्तर आनन्द विधान' को काव्य का ध्येय माना । फिलिप सिडनीं ने अपने 'दि डिफेंस आफ पोयजी' नामक प्रसिद्ध निबन्ध में कहा है कि वास्तविकता की आराधना का कार्य कवि का कोई बड़ा कार्य नहीं है । कवि की महत्ता तो यह है कि स्थूल वास्तविकता से परे वह एक नई वास्तविकता की कल्पना करता है और क्योंकि यह नई वास्तविकता लोकोत्तर गुणों से पूर्ण होती है, अतएव उसके परिचय और सम्पर्क से स्थूल जगत के मनुष्य भी अधिक कोमल और उदार बनने की प्रेरणा ग्रहण करते हैं । अतः सिडनी महोदय वास्तविकता को खुलकर नकार नहीं सके । ड्रायडन जब कविता से मानवस्वभाव की शिक्षा एवं आन्नद दोनों की बात करते हैं तो वस्तुतः वह कलावादिता सापेक्ष सोद्देश्यता को मान रहे होते हैं । प्रसिद्ध पाश्चात्य विद्वान होरेस का मत है कि 'समस्त उत्तम साहित्य का रहस्य है सजग विवेक शक्ति ।'[47] वह मानते हैं कि कवि द्वारा चित्रित वस्तुओं के विभिन्न तत्त्वों में उचित अन्वयन होना चाहिए । इनकी अनुपस्थिति के फलस्वरूप रचना अविश्वसनीय एवं हास्यास्पदता को प्राप्त होगी । इससे भी आगे बुअलो के शब्द इसी मत को प्रतिष्ठित करते से लगते हैं । बुअलो महोदय बौद्धिकता और काव्य के विरोध को भ्रम मानते हैं । वह सृजनकर्मियों को सम्बोधित करते हुए कहते हैं : 'तुम जो कुछ भी लिखो चाहे प्रीतिकर, चाहे उदात्त तुम्हारी कविता में सदैव विवेक का योग होना चाहिए । बौद्धिकता और काव्य भ्रमवश ही एक

दूसरे के विरोधी प्रतीत होते हैं ।'[48] इसी से मिलती-जुलती धारणा को जानसन महोदय ने भी व्यक्त किया है कि साहित्य का उद्देश्य मनुष्य को शिक्षित करना है, उसमें भी कविता का ध्येय मनुष्य को आनन्द की स्थिति में लाकर उसे शिक्षित करना है । तत्पश्चात् रोमांसवादी जागरण काल में शुद्ध 'कला' ही ऊपर आ गई और सोद्देश्यता दब सी गई । रोमांसवाद को क्लासिकवाद से अलगाने वाली विभिन्न व्याख्याएँ भी यदाकदा सामने आती रहीं । साहित्य को क्लासिक और रोमांटिक धाराओं में विभाजित करके देखे जाने का प्रचलन होता गया । दिनकर इन दोनों प्रवृत्तियों को निम्न प्रकार से स्पष्ट करते हैं :

> क्लासिकवाद को एक लेखक ने सूर्य का प्रकाश और रोमांसवाद को अँधेरी रात का आसमान कहा है, जिसमें असंख्य तारे टिमटिमाते रहते हैं । क्लासिकवाद ज्ञान का संगठित रूप है, साहित्य में वह लगभग वैज्ञानिक शैली का प्रयोग करता है । किन्तु रोमांसवाद कल्पना है, फैण्टेसी है, जो धूमिलता के भीतर से भी हमें ईश्वरानुभूति तक ले जाता है । क्लासिकवाद की शैली लगभग यान्त्रिक होती है, उसका आविष्कार सदियों पूर्व हो चुका है । किन्तु रोमांटिक कवि को अपनी राह अपनी वेदना और निराशा में खोजनी पड़ती है । संक्षेप में, क्लासिक चरित्रवान और रोमांटिक व्यक्तित्वशील होता है । क्लासिक वह है जिसके विचार बंध चुके हैं, रोमांटिक वह है जो अभी चिन्तन के प्रवाह में है ।[49]

अतः यहाँ रोमांसवाद में विचारों की न्यूनता को और क्लासिकवाद में 'वैज्ञानिक शैली', 'विचारों के बँध चुकने' आदि शब्दों से प्रकटतः वैचारिक प्रक्रिया से, विचार से अधिक सरोकार सिद्ध होता है । हमारा अभीष्ट यहाँ रोमांसवाद या क्लासिकवाद की व्याख्याओं-प्रवृत्तियों के परिगणन में जाना नहीं, प्रत्युत इन दोनों धाराओं के पीछे 'भाव' या 'विचार' के प्रकट-अप्रकट हाथ को दखल को दिखाना है, जो निरन्तर रूप और बल के माध्यम से नए नए अर्थों - आन्दोलनों में प्रकारान्तर से झलक-झलक उठता है ।

वैज्ञानिक और औद्योगिक क्रान्तियों के उपरान्त काव्यव्याख्याएँ और भी संश्लिष्ट रूप लेती गईं । कवियों ने विज्ञान को प्रेय तत्त्व न मानते हुए भी स्वयं को उससे अछूता नहीं पाया । वे बरबस उसकी चपेट में आते गए । विज्ञानजनित बुद्धिवाद पारिवेशिक प्रभावों तक ही सीमित नहीं रहा प्रत्युत वह व्यक्ति के व्यवहार और दृष्टिकोण को भी बदलने वाला साबित हुआ । विज्ञान के प्रभावों में कवियों में शब्दों की मितव्ययिता, शैलियों की रुक्षता, आवेशों का दमन, विषय के प्रति तर्कात्मक दृष्टिकोण, तटस्थ पर्यवेक्षण पद्धति, मनोवैज्ञानिक प्रक्रियाओं आदि का विकास किया । फ्रायड, मार्क्स आदि के प्रभावों से तो आमूल परिवर्तित दृष्टिकोण सामने आए ।

फ्रायडवादी विचारधारा मनुष्य की व्यक्तिगत समस्या को प्रमुखता देती है और उसके समाधान के लिए उसके (व्यक्ति के) अन्तःजगत को ही उठाती है तो मार्क्सवाद व्यक्ति की सामाजिक भूमिका – चेतना को अधिक महत्त्व देता है; जिसमें वह जन्म लेता-बढ़ता है । मनुष्य समाज में सिर्फ रहता-पलता ही नहीं अपितु उसका ज्ञान भी प्राप्त करता है,

ठीक उसी तरह जैसे वह प्रकृति का ज्ञान प्राप्त करता है । समाज का संज्ञान मनुष्य के उस बोध का नाम है, जो मनुष्य तथा प्रकृति की तथा मनुष्यों में भी एक-दूसरे की पारस्परिक क्रिया से उत्पन्न होता है ।

अन्त में हम एक विदेशी तथा एक हिन्दी के आधुनिक विद्वान के कथन को उद्धृत करना चाहेंगे । इन दोनों उद्धरणों में काव्य के लिए विचार को अनिवार्य ही नहीं माना गया बल्कि विचार की महानता, तथा गहराई, ऊँचाई एवं व्यापकता का आग्रह भी किया है । जी. डी. एच. कोल के अनुसार 'महान् साहित्य में सुन्दर शब्द चाहिए, तो महान् विचार और महान् संवेदन भी चाहिए ।'[50] भाषासंस्कार को प्रदर्शित करनेवाले सुन्दर शब्द आस्वाद के पक्ष को तभी सबल एवं सार्थक करते हैं, जबकि वे महान् (उदात्त) विचार के साथ संवेदन (अनुभूति पक्ष) को भी सन्निहित करें । इसी सन्दर्भ में आचार्य रामचन्द्र शुक्ल का कथन है :

> 'कितने गहरे, ऊँचे और व्यापक विचारों के साथ हमारे किसी भाव या मनोविकार का संयोग कराया जा सका है, कितने भव्य और विशाल तथ्यों तक हमारा हृदय पहुँचाया जा सका है, इसका विचार भी कवियों की उच्चता स्थिर करने में बराबर करना पड़ेगा ।'[51]

यहाँ भी विचार को भाव के साथ संयोग की स्थिति एवं विशाल तथ्य तक पाठक के हृदय के विस्तार को श्रेष्ठ काव्य के लिए जरूरी बताया गया है । 'पड़ेगा' पर पड़ने वाला बल इस तथ्य की अनिवार्यता का द्योतक है ।

अतः वर्तमान में काव्य की अपेक्षाओं को, भारतीय तथा व्यापक, विश्व स्तर पर जाँचने से 'विचार' की काव्यमय प्रकृति या 'काव्य विचार' की अनिवार्यता को स्वीकार किया जा सकता है, जो किसी भी विचारधारा-दर्शन या सामाजिक विशिष्ट अनुभव स्थितियों से प्रत्युत्पन्न, अनुभूत एवं संवेदित हो । इसे ही मुक्तिबोध ने 'संवेदनात्मक ज्ञान' ।'[52] की संज्ञा दी है । विचार संवेदना की समवेत जोड़ी आधुनिक काव्य की केन्द्रीय धुरी बन गई है । इसका काव्य तात्विक, विस्तृत विश्लेषण आगे किया जाएगा ।

सन्दर्भ

1. रामधारी सिंह दिनकर : आधुनिक बोध (पजाबी पुस्तक भंडार, दिल्ली, प्रथम संस्करण : 1963), पृ. 71–2 ❑ 2. इन्द्रनाथ मदान : कविता और कविता (राजकमल प्रकाशन, दिल्ली, प्रथम संस्करण : 1967), पृ. 49 ❑ 3. वही, पृ. 6 ❑ 4. 'आधुनिकता का प्रश्न : साहित्य के सन्दर्भ में' लेख, 'आलोचना' : संपा. शिवदानसिंह चौहान, अंक 34, पृ. 10 ❑ 5. "Roughly speaking three kinds of people define modernity : The philosophers, the historians and the literary artists. According to the philosophers modernity is a mere point in the continuum of time, that time which is between the past and future, and which in its effects is a consummation between the past and future. For the historians, modernity is only a convenient division of time.... For a litereary artist like me, the modern is all contemporary thinking and expression. I can not remain totally uninfluenced by the modern of the philosophers and the historian. Yes, my modernity is not temporal but qualitative.'

H.R. Bachachan's article in Modernity and Contemporary Indian Literature, (Published by Indian Institute of Advanced Study, Simla, First Edition : 1968) p. 147. ❑ 6. "आधुनिक कला और आधुनिकता को हमें पृथक् करके देखना होगा; क्योंकि आधुनिकता एक प्रवृत्ति विशेष ही न होकर अपने आप में एक 'वृत्ति' भी है ।" धनंजय वर्मा : आस्वाद के धरातल, (विद्या प्रकाशन मन्दिर, दिल्ली-6), पृ. 117. ❑ 7. नरेन्द्र मोहन : आधुनिकता और समकालीन रचना-सन्दर्भ (आदर्श साहित्य प्रकाशन, दिल्ली, प्रथम संस्करण : 1973), पृ. 17. ❑ 8. रमेश कुन्तल मेघ : आधुनिकता बोध और आधुनिकीकरण (अक्षर प्रकाशन, दिल्ली : 1969), पृ. 362. ❑ 9. विश्वनाथ प्रसाद तिवारी : नये साहित्य का तर्कशास्त्र (दि मैकमिलन एण्ड कम्पनी आफ इण्डिया लि., दिल्ली, प्रथम सस्करण : 1975), पृ. 106. ❑ 10. रमेश कुन्तल मेघ : क्योंकि समय एक शब्द है (लोकभारती प्रकाशन, इलाहाबाद, प्रथम संस्करण : 1975), पृ. 1. ❑ 11. 'Contemporaneity is time consciousness : awareness of the time one live in. Modernity also refers to time, but it is a comparative concept in the sencse in which contemporaneity is not.' — A.K. Saran's article 'Contemporaneity and Modernity' collected in the book 'Modernity and Contemporary Indian Literature' published by Indian Institute of Advanced Study, (Simla, First Edition : 1968), p.39 ❑ 12. धर्मवीर भारती : पश्यन्ती (भारतीय ज्ञानपीठ प्रकाशन, वाराणसी : 1969), पृ. 108. ❑ 13. सच्चिदानन्द वात्स्यायन : हिन्दी साहित्य : एक आधुनिक परिदृश्य (राधाकृष्ण प्रकाशन, दिल्ली, प्रथम संस्करण : 1967), पृ. 18. ❑ 14. महावीर दाधीच : आधुनिकता और भारतीय परम्परा (शब्दलेखा प्रकाशन, बीकानेर, संस्करण वर्ष नहीं दिया), पृ. 125. ❑ 15. वही, पृ. 126. ❑ 16. जगदीश चतुर्वेदी (सम्पा.) : निषेध (ज्ञान भारती प्रकाशन, दिल्ली : 1972). ❑ 17. जगदीश चतुर्वेदी (सम्पा.) : प्रारम्भ (अनुक्रम, पहली पंक्ति), पृ.5. ❑ 18. वही, पृ. 27. ❑ 19. जगदीश चतुर्वेदी : (क) सूर्यपुत्र (दि मैकमिलन कम्पनी आफ इण्डिया लि., दिल्ली : 1975, (ख) विनय : एक पुरुष और (भारती भाषा प्रकाशन, दिल्ली : 1974). (ग) श्याम परमार : कविताएँ : कविता के बाहर (कृष्णा ब्रादर्स, अजमेर : 1972). (घ) चन्द्रकान्त देवताले : दीवारों पर खून से (राधाकृष्ण प्रकाशन, दिल्ली : 1976). ❑ 20. अमृतराय : आधुनिक भावबोध की संज्ञा (हंस प्रकाशन, इलाहाबाद : 1972), पृ.23. ❑ 21. रमेश कुन्तल मेघ : क्योंकि समय एक शब्द है, पृ. 4. ❑ 22. रामधारीसिंह दिनकर : आधुनिक बोध, पृ. 24. ❑ 23. एम. एन. श्रीनिवास : आधुनिक भारत में सामाजिक परिवर्तन, पृ. 55. ❑ 24. वही, पृ. 64. ❑ 25. ब्रिटेनिका विश्वकोश, खण्ड 22, 1962. ❑ 26. इन्साइक्लोपीडिया आफ सोशल साइंसेस, भाग 15, (न्यूयार्क), 1951. पृ. 189. ❑ 27. डेविस, किंग्सले : 'दि आरिजन एण्ड ग्रोथ आफ अर्बेनाइजेशन इन दि वर्ल्ड' शीर्षक लेख, रीडिंग्स इन अर्बन जियाग्रफी' (सम्पा. मेयर, एच.एम. तथा कोहन, सी. एफ. इलाहाबाद : 1967) में, पृ. 59. ❑ 28. लालजीराम शुक्ल : सरल मनोविज्ञान (नन्दकिशोर एन्ड सन्स, वाराणसी, ग्यारहवाँ संस्करण : 1964), पृ. 239. ❑ 29. जदुनाथ सिंह : मनोविज्ञान पृ. 221. ❑ 30. गणपतिचन्द्र गुप्त : प्रामाणिक शब्दकोश साहित्य विज्ञान, पृ. 151. ❑ 31. वही. ❑ 32. डॉ. गणपतिचन्द्र गुप्त : साहित्य विज्ञान (भारतेन्दु भवन, चण्डीगढ़ : जनवरी 1964), पृ. 158. ❑ 33. The writings of Willian James (A comprehensive edition, Edited with an Introduction by John Mc Dermott, Modern Literary Giants, 1968), p. 248-90. ❑ 34. लालजीराम शुक्ल : सरल मनोविज्ञान, पृ. 256. ❑ 35. वही, पृ. 243–44. ❑ 36. गणपतिचन्द्र गुप्त : साहित्य विज्ञान, पृ. 161. ❑ 37. 'आनन्द एवं पार्यन्तिकं मुख्य फलं, (अभिनव गुप्त) ❑ 38. 'रसात्मकं वाक्यं काव्यं' (भरतमुनि) ❑ 39. 'कान्तासम्मिततयोपदेशयुजे' (मम्मट) ❑ 40. 'चतुर्वर्गफलप्राप्तिः सुखात् अल्पधियामपि, काव्यात् एव यस्तेन तत्स्वरूप निरूपयते ।' (विश्वनाथ) ❑ 41. 'औचित्य विचार चर्चा' (अनु. मनोहरलाल गौड़), पृ. 3. ❑ 42. आचार्य रामचन्द्र शुक्ल :

चिन्तामणि ❑ 43. हिन्दी आलोचना के आधार स्तम्भ (सं. रामेश्वरलाल खण्डेलवाल, सुरेशचन्द गुप्त), पृ. 155. ❑ 44. नगेन्द्र : रस-सिद्धान्त के विरुद्ध आक्षेप और उनका समाधान. ❑ 45. नामवर सिंह : कविता के नये प्रतिमान, पृ. 174. ❑ 46. रमेंश कुन्तल मेघ : क्योंकि समय एक शब्द है, पृ. 34 ❑ 47. पाश्चात्य काव्यशास्त्र की परम्परा (सम्पा. डॉ. सावित्री सिन्हा), पृ. 68. ❑ 48. वही. ❑ 49. रामधारी सिंह दिनकर : शुद्ध कविता की खोज, पृ. 68. ❑ 50. पालिटिक्स एण्ड लिटरेचर, पृ. 15–16. ❑ 51. चिन्तामणि, भाग 2, पृ. 152. ❑ 52. 'नये साहित्य का सौन्दर्यशास्त्र' में संकलित लेख.

2

आधुनिक विचारधाराएँ और विचारतत्त्व

आधुनिक युग वैचारिक संघर्ष का युग है । मनुष्य की मुक्ति, स्वतन्त्रता, समानता को लेकर आधुनिक युग का सूत्रपात हुआ । मध्ययुगीन विचारों, मूल्यों, आदर्शों का ह्रास और आधुनिक मूल्यों के आविर्भाव के बाद से वैचारिक संघर्षों के तीव्र घात-प्रतिघात उत्तरोत्तर विकसित होते गए । विश्व में वैचारिक शीत युद्धों की अवधि और गहनता कहीं अधिक घातक, विनाशक, विद्वेष, विघ्न उत्पन्न करनेवाली और सशस्त्र युद्धों की जन्मदात्री सिद्ध हुई है ।

आधुनिक विचारधाराएँ

विश्वक्षितिज पर उभरने-गहराने वाले क्षेत्रीय तनावों-संघर्षों के अतिरिक्त महाशक्तियों के स्वार्थ-गुटीय खेमों में रात-दिन चलनेवाले घात-प्रतिघात विश्व राजनीति को एक सतत विनाशक उत्तेजना से घेरे रहते हैं । उपमहाद्वीपीय-क्षेत्रीय तनावों के पीछे भी महाशक्तियों की राजनीतिक-वैचारिक लड़ाई की शक्लें ही स्वरूप ग्रहण करती रहती हैं, जो समय-असमय उद्‌घाटित होती रहती हैं ।

ऐसे समय में, साहित्य प्रकटतः या परोक्षतः राजनीति से तथा राजनीतिक विचार-धाराओं से बचा नहीं रह सकता । हिन्दी कविता भी आज अपने सुविकसित रूप में पहुँच चुकी है । भारतीय विचारधाराओं के साथ उसने विश्व की आधुनिक विचारधाराओं को ज्ञान-विज्ञान की अन्य श्रेणियों की तरह ही अपनाकर अपनी क्षमताओं और सीमाओं के विकास का परिचय दिया है । यहाँ हम कुछ विशिष्ट आधुनिक विचारधाराओं का संक्षिप्त परिचय देना आवश्यक समझते हैं, क्योंकि स्वातन्त्र्योत्तर हिन्दी कविता में विचारतत्त्व की खोज अन्यथा एकांगी रह जाएगी । आज हिन्दी कवि अपने परिवेश, समाज, देश और विश्व में व्याप्त राजनीति एवं मानवमुक्ति के आन्दोलनों से न तो अनभिज्ञ है, न उदासीन । अतः हिन्दी कविता में उत्तरोत्तर गहराती वैचारिक प्रवृत्तियों के विश्लेषणक्रम में भी वैचारिक उद्वेलनों का परिचय पा लेना अनिवार्य हो जाता है ।

मानववादी विचारधारा

'मानववाद' अंग्रेजी भाषा के शब्द 'ह्यू मैनिज्म' के पर्यायार्थ में प्रयोग किया जाता है । ह्यू मैनिज्म की व्युत्पत्ति लैटिन शब्द 'होमा' से है । मानववादी दर्शन मनुष्यकेन्द्रित है ।

मानववादी विचारधारा आधुनिक युग की ऐसी चिन्तना से निष्पन्न हुई है, जो मनुष्य को पूर्णतः मुक्त और दूसरों से साथी भाव में निबद्ध पाती है, जहाँ देश, जाति, वाद विशेष की सीमाएँ नहीं हैं; जहाँ विरोध है तो मनुष्य की स्थिति को दयनीय और हेय बनानेवाली समझ और विचार से है :

> पश्चिमी जगत में मध्यकाल की समाप्ति करने में जिन विचारधाराओं ने विशेष योग दिया है, उनमें मानववाद एक प्रमुख विचारधारा है । मध्यकाल में धार्मिक घटाटोप के कारण समस्त मूल्यों और प्रतिमानों का स्रोत किसी न किसी दिव्य सत्ता को माना जाता था । मानववादियों ने इस मान्यता का तिरस्कार किया । उन्होंने घोषित किया कि सम्पूर्णतम मनुष्य ही मनुष्य का प्रतिमान है ।[1]

मानववाद आज एक सम्पूर्ण दर्शन की गरिमा पा चुका है तो इस कारण कि उसके पास आज एक सर्वोत्तम संभाव्यमान जीवनपद्धति है जिसमें वह सन्निविष्ट है । आज मानववादियों के निकट मनुष्य ही सृष्टि का केन्द्र है । उसकी मुक्ति की चिन्ताएँ ही मानववाद का चिन्तन है । मनुष्य को प्रत्येक प्रकार के शोषण, अत्याचार, उत्पीड़न, दासता और उपनिवेशवादी चंगुलों से मुक्त कराने के पक्ष को अपना धर्म-ध्येय मानकर मानववाद अग्रसर है ।

आज का मानववाद वैज्ञानिक दृष्टि को लेकर चल रहा है, जो धार्मिक मानववाद से इस कारण भिन्न है, कि धर्म के नाम पर सदियों से जो रक्तपात होता आया है वह किसी भी स्तर पर आज स्वीकार्य नहीं । धार्मिक मानववाद धर्मसम्पन्न वर्ग की आकांक्षाओं का पोषणकर्ता और गरीब को सदा गरीबी में सन्तुष्ट रहने की हिदायत देकर शोषणप्रणाली को ईश्वरीय विधा की वैधता देता आया है । मानववादी आस्थाओं और धर्म के प्रचलित विधिनिषेधों के बीच विगत युगों में सदा संघर्ष हुए हैं, किन्तु बहुत से आधुनिक धर्मचिन्तक मानववाद और धर्म की सहधर्मिता का प्रतिपादन करते हैं । आज सम्पूर्ण मनुष्य ही मनुष्य का प्रतिमान माना जाने लगा है, कोई दिव्य सत्ता आज प्रतिमान रूप में स्वीकार नहीं की जा रही । धर्मोन्माद ने मनुष्य - मनुष्य के मध्य जो घृणित हत्याकांडों, निर्मम अत्याचारों, नृशंसताओं की खाइयाँ खोद डाली हैं और नफरत के बीज बो दिए हैं, वे आज भी फल रहे हैं ।

आधुनिकता के पुरोधा चिन्तक टी. एस. इलियट ने जो मानववादी परिकल्पना को दृष्टि में रखकर आठ धारणाएँ गढ़ी हैं उन्हें भी जान लेना अनिवार्य सा हो गया है, क्योंकि भारतीय साहित्यिकों, नई कवितावादियों पर पश्चिम के आधुनिकतावादी आन्दोलन को 'प्रभाव' से ज्यादा 'ज्वर' के रूप में चढ़ा हुआ पाकर कई आलोचकों ने पर्याप्त तीखी आलोचनाएँ की हैं । इलियट के अनुसार ये अष्ट छाप हैं :

1. मानववाद का कार्य मतों या दार्शनिक सिद्धान्तों का प्रतिपादन नहीं है इसका सामान्य बुद्धि से जितना संबंध है, उतना तर्क बुद्धि से नहीं ।
2. मानववाद उदारता, सहिष्णुता और समझदारी को अवसर देता है । यह धर्मोन्माद का विरोधी है ।
3. यदि दुनिया संकीर्णता, हठधर्मिता और दुराग्रह के बिना नहीं चल सकती तो उदारता, सहिष्णुता और समझदारी के अभाव में भी स्थिर नहीं रह सकती ।
4. मानववाद का यह कार्य नहीं है कि वह किसी वस्तु का खंडन करे । इसका कार्य संस्कृति और श्रेष्ठ बुद्धि को अरूढ़ सिद्धान्तों की ओर प्रेरित करना है । उदाहरण के लिए, यह आचरणवाद (बिहेवियरिज्म) जैसे हेत्वाभासी सिद्धान्तों को अप्रमाणित नहीं करता । यह संस्कृति से परिष्कृत बुद्धि का उपयोग करता है । यह सामाजिक जीवन और सामाजिक सिद्धान्तों तथा राजनीतिक जीवन और राजनीतिक सिद्धान्तों की आलोचना के लिए आवश्यक है ।
5. मानववाद दर्शन या धर्म के संबंध में कोई निश्चित सिद्धान्त नहीं दे सकता । यह तो केवल इतना ही है कि अत्यन्त सहिष्णु भाव से यह देखे कि अमुक दर्शन या धर्म सभ्य है या नहीं ।
6. व्यक्तियों के एक वर्ग विशेष के लिए ही मानववादी संज्ञा उपयुक्त है ।
7. मानववाद मूल्यवान है : (1) विशुद्ध मानववादी के लिए, जो मानववाद को किसी दर्शन या धर्म का स्थानापन्न नहीं बनाना चाहता; (2) किसी निश्चित आस्था पर आधारित धनात्मक सभ्यता में एक मध्यस्थ और संशोधक अंग के रूप में । मानववाद व्यक्तियों के एक अल्प समुदाय के द्वारा ही ग्राह्य होता है । सामान्य कार्यक्रम या मंच की कोई नीति नहीं, संस्कृति ही इन व्यक्तियों को एक सूत्र में बाँधती है । इस प्रकार के 'बौद्धिक आभिजात्य' के कोई वैसे आर्थिक अनुबन्ध नहीं होते, जैसे 'जन्म के आभिजात्य' से सम्बन्धित व्यक्तियों को संयुक्त करने वाले होते हैं ।[2]

इलियट की ये मानववादी धारणाएँ आचरण विशेष की परिचायक हैं । समग्र जीवनदर्शन नहीं । उनका धार्मिक दृष्टिकोण उनके मानववाद को सीमित किए रहता है तो इस कारण कि उसकी पीठिका वैज्ञानिक सिद्धान्तों पर नहीं टिकी, अपितु उसमें नवरहस्यवाद की सम्भावनाएँ प्रचुर मात्रा में समाहित हैं ।

अस्तित्ववाद की मान्यता के अन्तर्गत व्यक्ति स्वयं ही अपने भले-बुरे का उत्तरदायी है । वह स्वयं को जैसा चाहता है निर्मित करता है । खुद जो बनना चाहता है, वही बनता है । इसके अतिरिक्त कुछ नहीं होता । अस्तित्ववाद मानवप्रकृति को पूर्व निर्धारित नहीं मानता और न ही ईश्वर में विश्वास करता है । मनुष्य की स्वतंत्रता में 'अटूट विश्वास' अस्तित्ववाद की प्रमुख विशेषता है । सार्त्र का प्रसिद्ध कथन है; 'मैं स्वतंत्रता को अपना लक्ष्य नहीं बना सकता जब तक कि दूसरों की स्वतंत्रता को अपना लक्ष्य न बना लूँ ।'

आरम्भ में नास्तिकता का गहरा भाव ही अस्तित्व का परिचायक बना रहा, जिसमें मानव नियति के प्रति निराशा, अस्तित्ववाद के प्रति नौसिया (वमन भाव) सामाजिक निर्माण को सामूहिक प्रयत्न मानने के स्थान पर नितान्त वैयक्तिक प्रयत्नों को महत्त्व देता रहा ।

मानववाद और मानवतावाद में भी अन्तर स्पष्ट कर लेना होगा । मानवतावाद में मानव की सदेच्छा तथा नैतिक विवेक में विश्वास का मौलिक आधार विद्यमान है । सामाजिक वैषम्यों और अत्याचारों आदि का निदान व्यक्ति की उदाराशयता को माना जाता है । गांधीवाद एवं अन्य उदार धार्मिक विचारों की प्रतिपत्तियाँ पुनः नई, उदार धार्मिक भावना मात्र ही सिद्ध होती हैं किन्तु वास्तविक आधुनिक यथार्थ यह सिद्ध नहीं कर रहा है कि वर्तमान व्यक्ति अन्याय, अत्याचार और शोषण से किसी भी नैतिक, धार्मिक विचार से निरस्त या च्युत हो रहा है, बल्कि नैतिकता, सदाशयता, धार्मिक भावना की आड़ लेकर उसने नई शोषणनीति खड़ी कर ली है । नवलकिशोर के शब्दों में : 'चूँकि किसी भावात्मक आदर्श से स्थापित स्वार्थ नहीं टूटते, मानवतावाद एक वैज्ञानिक और तर्कनावादी दृष्टिकोण से है, वह मनुष्य को बदलने के लिए उसके सामाजिक परिवेश में परिवर्तन अपरिहार्य मानता है । वह मनुष्य की नैतिक सदेच्छा के प्रति आह्वान से सन्तोष नहीं करता, सामाजिक संरचना को मानवीय बनाए जाने की आवश्यकता पर बल देता है । मानवसेवा के मानवतावादी आदर्श उसमें स्वतः अन्तर्भूत हैं ।'[3]

समाजवादी मानववाद में समानता के विचार, समतावादी समाज की धारणाएँ मार्क्सवाद पर आधृत हैं, जहाँ वर्गहीन जनतंत्र ही नहीं राज्यहीन जनतंत्र के आदर्श की परिकल्पना अधीष्ठित है, और जहाँ व्यक्ति पूर्ण विकसित होगा । वस्तुतः अर्थशास्त्र, राजनीति, समाजशास्त्र को मार्क्सवाद जिस प्रकार विश्लेषित करता है, उसे जुदा-जुदा रखकर नहीं समझा जा सकता । मार्क्सवाद की द्वन्द्वात्मक भौतिकवादी व्याख्या और ऐतिहासिक विकासवादी सिद्धान्त इनकी नींव में है । मनुष्य की भौतिक उन्नति सम्पत्ति की वृद्धि और उसके वितरण को नई प्रणाली देने के उपकरण तक सीमित करके मार्क्सवाद को देखना भी उचित नहीं होगा । मार्क्सवाद विश्व की परिभाषा ही नहीं देता बल्कि विश्व को बदलने पर बल देता है ।

सामाजिक परिवर्तन और क्रान्ति की इस मानववादी धारणा की भी अपनी सीमाएँ हैं । विश्व में वर्तमान समाजवादी देशों की स्थायी सरकारों-नीतियों की भी अपनी सीमाएँ हैं, जो अप्रकट नहीं रहीं । वे गुएवरा के राजनीतिक विचारों का विश्लेषण करते हुए केनेथ माइनोग लिखते हैं : 'क्रान्ति स्लेट को पूरी तरह धो-पोंछ कर साफ करने और फिर लिखना आरम्भ करने का प्रयास है और वे क्रान्ति को इसी रूप में स्वीकार करते थे ।'[4] तथा 'वर्तमान संसार की परिस्थितियाँ ऐसी हैं, जिससे इस भ्रान्ति को बढ़ावा मिलता है कि क्रान्ति के प्रति लगाव, राजनीतिक परिस्थिति में सदा-सर्वदा के लिए परिवर्तन कर डालने के प्रति लगाव है । लेकिन यह बात अधिकाधिक स्पष्ट होती जा रही है कि 20 वीं शताब्दी में क्रान्ति का विचार एक रूमानी चित्तवृति की राजनीतिक अभिव्यक्ति है और यह स्वयं अपनी

आदत, अपने पर्यावरण की शान्ति और अपनी सरकार के स्थायित्व के विरुद्ध एक स्थायी संघर्ष है ।'[5] इस स्थायी संघर्ष और जनतान्त्रिक राज्य सरकारों के सतत नवीकरण की प्रक्रिया चे के शब्दों से प्रमाणित होती है; 'मैं उन लोगों में से हूँ जो यह विश्वास करते हैं कि हर छः महीने में या अधिक से अधिक हर वर्ष एक गणतंत्रीय सरकार को बदल दिया जाना चाहिए और यह करने के लिए हम अपनी शक्ति के अनुसार हर सम्भव प्रयास करेंगे । मेरे हृदय में यह विश्वास इतनी गहराई से बैठा हुआ है कि यदि मैं राज्याध्यक्ष होता और मेरे विरुद्ध विद्रोह करनेवाला कोई व्यक्ति मुझे दिखाई न पड़ता, तो मैं स्वयं अपने विरुद्ध विद्रोह करता ।'[6] इस प्रकार मानववादी सरोकारों और विचारों को मार्क्सवादी धारणा की सतत विकासमान क्रमिकता में रखकर देखने पर अधुनातन व्याख्याओं एवं प्रयत्नों से आश्वस्ति मिलती है ।

हिन्दी साहित्य में मानववादी विचारणा के प्रति साझेदारी और सचेतन आग्रहशीलता के पर्याप्त रुझान दृष्टिगत होते हैं । नई कविता के पक्षधर आलोचक और कवि जगदीश गुप्त ने जहाँ मानववाद की अपनी अवधारणा को स्पष्ट किया है, वहाँ मानववाद की वास्तविक अवधारणा पर भी प्रकाश पड़ा है । वह लिखते हैं :

> 'मानववादी विचारधारा मेरे निकट आधुनिकता का सर्वप्रमुख आधार है । इसके अतिरिक्त आधुनिक होने के मेरे निकट जो गुण अपेक्षित माने जाते हैं, वे या तो उसी के प्रतिफल हैं, नहीं तो उन्हें सतही और फैशन के हलकेपन से युक्त मानना होगा । धर्मों-सम्प्रदायों और ईश्वर एवं देवताओं की परिधि में बँधकर व्यक्त होने वाली मानव-हित-चेतना को यथाशक्ति बन्धनमुक्त करके विज्ञान की वस्तुपरक उपलब्धियों से सम्बद्ध करके सामाजिक स्तर पर प्रस्तुत करना आज का प्रमुख ध्येय है ।'[7]

मानववादी चिन्तना छोटे घेरों, सम्प्रदायों, धर्मों, देशों की सीमाओं को लाँघकर विश्वमानवता में विश्वास करती है । मनुष्य को प्रत्येक प्रकार के बन्धन से मुक्त करना उसको ध्येयपथ है । मानववादी स्वर आशा और नए विश्वास से भरा हुआ है ।

अतः हिन्दी में, मानववाद की अनेक परिभाषाओं के रहते, स्वातंत्र्य, मुक्ति, नए विश्वास और नए इतिहास के स्वर मानववादी परिकल्पना की अनुगूँजें हैं । 'स्वातंत्र्य' को अन्तिम मूल्य के रूप में स्वीकार किया गया है, चाहे वह 'नवमानववाद' हो, 'सृजनात्मक मानववाद' हो, 'आधुनिक मानववाद' हो, 'अध्यात्मवादी मानववाद' हो या 'समाजवादी मानववाद' हो । स्वातन्त्र्योत्तर हिन्दी कविता में युवा एवं युवेतर कवियों की रचनाओं में मानववादी मूल्यों की चरितार्थता लक्षित की जा सकती है ।

मार्क्सवादी विचारधारा

1917 में रूस में हुई क्रान्ति और सर्वहारा वर्ग की विजय ने साम्राज्यवादी तथा पूँजीवादी व्यवस्थाओं का उन्मूलन किया । रूस में किसान-मजदूर वर्ग की इस अभूतपूर्व विजय से

स्वातंत्र्य के अभिनव प्रयोग की चेतना लहर संसार भर में व्याप्त हुई । इसी के प्रभावस्वरूप भारत में भी स्वातंत्र्य संघर्ष को बल मिला और साहित्यिक क्षेत्र में प्रथम बार 1936 में प्रगतिशील लेखक संघ की स्थापना हुई ।

कार्ल मार्क्स द्वारा प्रतिपादित विचारधारा मार्क्सवादी विचारधारा कहलाती है । मार्क्सवादी विचारों को व्यावहारिक रूप में लागू करने के लिए लेनिन ने कुछ संशोधन किए और मार्क्सवाद को साम्यवाद की स्थापना के लिए पूर्ण उपयुक्त बनाने का प्रयत्न किया । भारत में स्वातंत्र्योत्तर काल में अधिकांशतः इसी साम्यवाद का ही परिचय लोगों को रहा है । यथार्थ में साम्यवाद मार्क्स के विचारों का व्यावहारिक रूप है । मार्क्स ने आत्मा, मन अथवा मस्तिष्क को भौतिक शरीर से उत्पन्न माना है ।

द्वन्द्वात्मक भौतिकवाद : द्वन्द्वात्मक भौतिकवाद प्रगतिवादी सिद्धान्त है । इसकी प्रकृति आत्मिक न होकर भौतिक है । मार्क्स के लिए मनुष्य के मस्तिष्क द्वारा प्रतिबिम्बित और विचार रूप में परिवर्तित भौतिक संसार ही आदर्श है । सारे अस्तित्व और हर क्षेत्र में जो अन्तर्विरोध रहता है, द्वन्द्ववाद उसी अन्तर्विरोध का अध्ययन है । विरोधी तत्त्वों का संघर्ष ही विकास का मूल.कारण है । विकास के लिए विरोधी तत्वों का संघर्ष जरूरी है । आन्तरिक विरोध वाद-विवाद और संवाद के क्रम से चलता है तथा भौतिक विकास का पथ अपनाता है । मार्क्स का यह दर्शन अत्यन्त क्रान्तिकारी है ।

मार्क्स के सामाजिक-राजनीतिक विचारों के तीन मुख्य सिद्धान्त हैं : (1) इतिहास की आर्थिक व्याख्या, (2) अतिरेक मूल्य का सिद्धान्त, और (3) हिंसात्मक पूंजीवादी व्यवस्था का अवश्यम्भावी पतन एवं श्रमजीवी वर्ग का संक्रमणकालीन अधिनायकत्व । मार्क्स ने मानव सभ्यता के इतिहास का वैज्ञानिक विश्लेषण प्रस्तुत किया है और पूँजीवाद को समस्त समस्याओं का मूल कारण सिद्ध किया है ।

मार्क्सवादी विचारों ने आधुनिक जीवन के प्रायः प्रत्येक वर्ग को प्रभावित किया । मार्क्सवाद मानवमुक्ति की एक दार्शनिक परिणति को सामने लाकर सम्मान्य हुआ है । यह समाज के आर्थिक ढाँचे में तब्दीली लाकर और उत्पादन के साधनों को वैयक्तिक स्वामित्व से निकाल कर संगठित उत्पादकों के हाथों में पहुँचाता है । मनुष्य की स्थिति को भाग्यवाद के चंगुल से निकालकर मनुष्य द्वारा निर्मित होने वाली मान्यता के अनुसार 'वह इतिहास का विषय नहीं, कर्त्ता है' की मान्यताओं को प्रतिपादित करता है । मार्क्सवाद मानव की स्वतंत्रता का पक्षपाती है । आज मार्क्सवाद मानवतावादी विचारधाराओं और आधुनिकतावाद की समस्त परिकल्पनाओं का केन्द्रक बन गया है । साहित्य और कला को मार्क्स आर्थिक आधार पर टिकी हुई बताता है और कला के चरित्र को वर्गीय सिद्ध करता है । मार्क्सवादी जीवनदर्शन एवं समष्टिचिन्तन अपने से पूर्व के समष्टिचिंतन से भिन्न है, क्योंकि मार्क्सवाद के समष्टिचिंतन का स्वरूप एवं आधार वैज्ञानिक है जबकि सुधारवादी एवं आदर्शवादी समष्टिचिंतन प्रकृति में भावात्मक है । इसी वैज्ञानिक बोध द्वारा सम्पन्न दृष्टिकोण एवं विचाराधारा चौथे दशक में प्रगतिवादी काव्यधारा में प्रवर्तित हुई ।

प्रगतिवादी काव्य की विशेषताओं को इस प्रकार गिनाया गया है : 'इसमें जनजीवन की अभिव्यक्ति है, हताश भावना का विरोध है, धरती की गरिमा है, शोषक के प्रति क्रोध तथा घृणा की अभिव्यंजना है, दीन भाव का तिरस्कार है, व्यंग्य का महत्त्व है, वर्गहीन समाज की स्थापना के लिए संघर्ष है, मरणशील एवं गलनशील सामन्ती तथा पूँजीवादी संस्कृति का खंडन है, कल्पनाशील छायावादी तथा व्यक्तिवादी प्रयोगवादी काव्य की आलोचना है, स्वस्थ तथा विकासमान मूल्यों का मंडन है ।'[8] प्रगतिवादी आन्दोलन के आरम्भिक चरण का विश्लेषण प्रस्तुत करते हुए मुक्तिबोध लिखते हैं : 'प्रगतिवादी समीक्षा और प्रगतिवादी साहित्य ने मनुष्य के मात्र सामाजिक-राजनैतिक पक्ष पर ही खूब जोर दिया । उसके शेष पक्षों पर, तुलनात्मक दृष्टि से, बहुत कम बल रहा या नहीं रहा ।'[9] अतः उक्त कमियों को दूर करते हुए मार्क्सवादी कवि अपनी रचनाओं के कलापक्ष को समुन्नत कर अपने काव्य को वास्तव में प्रभावी बना सकते हैं । रघुवीर सहाय का कथन है : 'मार्क्सवाद को कविता पर गिलाफ की तरह चढ़ाया नहीं जा सकता ।'[10] मार्क्सवादी कवियों को उक्त कथन को दृष्टिगत रखना होगा, क्योंकि काव्य में विचारों का प्रतिफलन स्वाभाविक एवं कलामूल्यों की शर्त पर ही होना चाहिए ।

अस्तित्ववादी विचारधारा

अस्तित्ववादी दार्शनिक विचारधारा प्रथम महायुद्धोपरान्त जर्मनी में प्रथमतः जन्मी, तदोपरान्त फ्रांस और इटली में प्रसारित हुई । द्वितीय महायुद्ध के बाद मानवीय मूल्यों का ह्रास, निर्मम संहार, दुख, भय और संत्रास के वातावरण में उसे साहित्यिक परिप्रेक्ष्य में आने का अवसर प्राप्त हुआ । उस समय मानवीय जीवन मूलतः निरर्थक लगने लगा था । ईश्वर तथा धर्म के प्रति आस्था के हेतुओं के ध्वस्त हो जाने पर मनुष्य अपने को निराश्रित मानने लग गया । निरन्तर युद्धाक्रान्त मानव इन दोनों युद्धों में जिस उत्साह से सम्मिलित हुआ था वह मानवमुक्ति और बंधुत्वभाव के साथ न्याय की आधार भूमि पर स्थित होने के साथ निरन्तर युद्ध के भी विरुद्ध था । उसे हाथ लगा पूर्ण विनाश का कटु यथार्थ, विक्रान्त भयावहता का शून्य, जो उसके आदर्शभाव और भावी स्वप्नों के खँडहरों पर उठ आया था, जिसने उसे भयानक स्वप्न से जगे व्यक्ति की स्थिति में ला पटका ।

अस्तित्ववादी दर्शन उपर्युक्त युगानुकूल वातावरण पाकर अपने विशिष्ट गुणों के कारण तीव्रता से विज्ञापित-प्रचारित हुआ और नई साहित्यिक प्रवृत्तियों का सहधर्मा बन गया । प्रारम्भ में, यद्यपि इसे पूर्ण विश्लेषित दार्शनिक सम्प्रदाय के रूप में कम माना गया था; तो भी एक आन्दोलन और सुस्पष्ट प्रवृत्ति के रूप में माना गया और इसकी चारित्रिक विशिष्टता का गुण इस तथ्य में स्वीकार किया गया कि यह विश्व में मान्य कर्मपद्धतियों, दृष्टिकोणों के प्रति विद्रोही है, और आत्मोन्मुखी व्यक्तिवादी अराजकतावादी दृष्टि का पोषक होने के साथ पतनशील और मानवजीवन की विकृतियों के प्रति आग्रही है; क्योंकि अस्तित्ववाद में जीवन की विरूपता पर अधिक बल दिया गया । सभी अस्तित्ववादी

मानवीय व्यक्तित्व की महत्ता तथा स्वतन्त्रता के पक्षों को लेकर एकमत हैं । अस्तित्ववाद के आस्तिक तथा नास्तिक दो वर्ग हैं । कार्ल यास्पर्स, ग्रेवियल, मार्सल तथा सारेन कीर्केगार्द आस्तिक या ईश्वरवादी वर्ग के तथा हेडेगर, सार्त्र तथा कामू नास्तिक या निरीश्वरवादी वर्ग के विचारक हैं । किन्तु दोनों वर्गों के विचारकों की चिन्ता का केन्द्र 'मनुष्य' और उसकी 'स्वतन्त्रता' है ।

अधिकांश अस्तित्ववादी डेनमार्क निवासी सारेन कीर्केगार्द (1813–1855) की एतद्‌सम्बन्धित खोजों से अधिक प्रभावित हैं । सर्वप्रथम कीर्केगार्द ने ही ऐग्जिस्टेंस शब्द का प्रयोग किया जिसे बाद में दार्शनिक एवं साहित्यिक मूल्य की प्रतिष्ठा मिली । अस्तित्ववादी 'सारसत्ता' (एसेंस) तथा 'अस्तित्व' (एग्जिस्टेंस) को दो विशिष्ट अर्थों में लेता है । 'सारसत्ता' प्रकृति का एक ऐसा तत्त्व है जिसका निश्चित आकार है, जो प्रयोजनशील तथा निश्क्रिय तत्त्व है, जबकि अस्तित्व चेतना सम्पन्न और क्रियाशील अनिश्चित अंश के रूप में केवल मानव में लक्षित होता है ।

मानव अस्तित्वसम्पन्न होने के कारण अपने चिन्तनात्मक स्वभाव एवं निर्णय लेने की स्वतन्त्रता के कारण ऐतिहासिक विकास के अनिर्दिष्ट एवं अज्ञेय रास्तों को भी मापता चलता है । निर्णय लेने की यह स्वतन्त्रता इस चेतन सत्ता की पीड़ा का कारण भी है । हेडेगर (1889) मनुष्य की सारसत्ता को उसके अस्तित्व के अन्तर्गत ही स्वीकार करता है । यह अस्तित्व मनुष्य के स्वतन्त्र निर्णयों पर निर्भर है । कीर्केगार्द का विचार था कि प्रत्येक व्यक्ति को चाहिए कि वह निजी साहस एवं आस्था से स्वयं अपने लिए सम्भाव्य निर्णय करे । कीर्केगार्द का यह विचार बुद्ध के 'अप्प दीपोभव' के निकट प्रतीत होता है ।

व्यक्तिवादिता के विनाश का भय 'क्रिश्चियनडम' से नहीं, तकनीकी समाज के उस गठन से है जो अधिक से अधिक मनुष्यों के लिए सन्तोष के एक विशिष्ट वर्गीकृत स्तर को निर्मित करना चाहता है । यास्पर्स ने ईश्वर के स्थान पर 'ट्रांसेंडेंस' का प्रयोग किया है । वह सम्भवतः यह सिद्ध करना चाहते हैं कि मनुष्य के ज्ञान की अपूर्णता और सीमित शक्तियाँ एक अजानी, ज्ञानातीत, अनन्तशक्तिसम्पन्न अस्तित्व के उद्‌गम को संकेतित करती हैं ।

गोब्रियल मार्सेल (1889) नैतिक परिणामों को महत्त्व देते हैं । उनका मत है कि मानव के यथार्थ में अस्तित्वपूर्ण विशेष समुदायों को फासिस्ट या कम्युनिस्ट जैसी धारणाओं में विभाजित करना युद्ध की सम्भावनाओं को उत्पन्न करना है, जबकि ऐसे वादों की सीमा को समाप्त करके युद्धों के आसार समाप्त किए जा सकते हैं । वादों में घेरकर विशिष्ट मानवस्थितियों के निर्णयों के वरण को धूमिल करना श्रेयस्कर नहीं ।

ज्यां पाल सार्त्र (1905–1978) अस्तित्ववादी दार्शनिकों में अपनी विशिष्ट भूमिका के लिए इस कारण अधिक प्रसिद्ध हैं कि उन्होंने न केवल 'स्वतन्त्रता' को लेकर सूक्ष्म एवं व्यापक विश्लेषणों को रचनात्मक आधार दिया बल्कि अपनी धारणाओं को अपने व्यवहार द्वारा भी पुष्ट किया है । सार्त्र ने आस्तिक अस्तित्ववादियों के विपरीत अपनी

धारणाओं को लेकर ईश्वर का निषेध किया है । सार्त्र चेतना (फार-इटसेल्फ) तथा सत्ता (इन-इटसेल्फ) दो रूपों के माध्यम से अपनी अस्तित्ववाद संबंधी मान्यताओं को व्याख्यायित करते हैं । चेतना वस्तुसत्ता को प्रतिबिम्बित करने वाला निष्क्रिय तत्त्व नहीं, वह वस्तुजगत के प्रति पूर्णतः जिज्ञासु भी होती है । यही चेतना हमें 'पर' के साथ बाँधती है । इसी तथ्य की ओर संकेत करते हुए सार्त्र स्वतन्त्रता को परस्पर साझेदारी में पाते हैं : 'मैं स्वतन्त्रता को अपना लक्ष्य नहीं बना सकता जब तक कि दूसरों की स्वतन्त्रता को अपना लक्ष्य न बना लूँ ।' इसी प्रकार अन्यत्र भी वह लिखते हैं कि हमारे वरण सदा शुभ होते हैं, ऐसा वरण हमारे लिए शुभ नहीं हो सकता जोकि प्रत्येक मानव के लिए शुभ न हो ।[11]

अस्तित्ववादी विचारधारा का एक अन्य बिन्दु 'विरूपता' भी है जो अजनबीपन की विकसित भावसत्ता के क्षेत्र में आती है । सार्त्र के अनुसार युद्धोत्तर मनुष्य स्वयं को एक अचानक प्रकाशित हो आने वाले भ्रमभंग संसार में पाकर अजनबी महसूस करता है । उसकी यह स्थिति उसकी दुर्निवार नियति है । कामू के कथनानुसार हमें जीवन की विरूप भावस्थिति का अनुभव अचानक ही होता है । पूरे दिन के कार्यकलाप की यान्त्रिकता में एक समय आता है जब अचानक सामने एक 'क्यों' उग आता है । तब सब कुछ निरर्थक और विरूप लगने लगता है । हमारी इस नियति के आगे सारे नैतिक मूल्य, लक्ष्य एवं प्रयास अर्थहीन हो जाते हैं ।

> मृत्यु का कोई ज्ञान नहीं और दूसरों की मृत्यु उनकी अनुपस्थिति की चेतना को हम अपने अस्तित्व की चेतना में नहीं बदल सकते ।... मृत्यु के बोध को पाकर भी उसे अस्वीकृत कर देना ही विद्रोह है, जो जीवन को उसका मूल्य देता है । विरूप व्यक्ति प्राणदंड की सजा सुनाए गए व्यक्ति के समान है जो बिना किसी आशा और भविष्य के जीवन की प्रज्वलित शिखा का साक्षात्कार करता है ।[12]

अस्तितववाद में स्वतन्त्रता का अत्यन्त व्यापक अर्थ ग्रहीत है । सार्त्र ने इसे तीन विभिन्न दृष्टिकोणों से लिया है : (1) व्यक्ति में व्यक्ति को केन्द्र मानकर, (2) व्यक्तियों के आपसी संबंधों को केन्द्र मानकर, (3) परिस्थितियों के चयन के अर्थ में । सार्त्र के विचार में मनुष्य अपनी स्वतन्त्रता से आंतकित रहता है और दूसरों को स्वतन्त्रता से वंचित रखना चाहता है । मनुष्य सिवाय अपने और किसी पर विश्वास नहीं कर सकता ।... मनुष्य पूर्ण रूप से स्वतन्त्र इस 'एब्सर्ड' दुनिया में आता है और केवल वही अपने स्वतन्त्र वरण के द्वारा इसका अर्थ देता है ।

अस्तित्ववाद मनुष्य की स्थिति पर भी विचार करता है कि मनुष्य कभी-कभी अपने को 'कीड़ा' समझने लगता है । इस प्रकार हम देखते हैं कि अस्तित्व की समस्या आज के चेतनासम्पन्न व्यक्ति की वास्तविक समस्या बन जाती है । अस्तित्ववाद मनुष्य की आत्मा को फिर से स्थापित करने का प्रयत्न है । आधुनिक काव्य में मनुष्य की समस्याओं को प्रामाणिक एवं अप्रामाणिक जीवन स्थितियों, आत्मप्रवंचनाओं, दूसरों की सापेक्षिक स्वतन्त्रता एवं मुक्ति की आकांक्षाओं के रूप में चित्रित किया जाता है । अस्तित्ववादी दर्शन

का सर्वाधिक प्रभाव नई कविता के अधिकांश कवियों के कृतित्व में लक्षित किया जा सकता है ।

फ्रायडवादी विचारधारा

फ्रायड, युंग और एडलर के विचारों की नींव मनुष्य के मानस की अवचेतन क्रिया है, जिसके परिणामस्वरूप उनमें अनेक बातें समान रूप से घटित होती हैं । इन मनोवैज्ञानिकों के मतानुसार व्यक्ति को समझने के लिए उसके मनःसंघर्ष, अवचेतन, आन्तरिक प्रेरणाओं और व्यक्तित्व को पूरी तरह से समझने की आवश्यकता है । मनुष्य की सारी मानसिक परेशानियाँ और उसके व्यक्तित्व की सम्पूर्ण विकृतियों की नींव यही मानसिक संघर्ष है । आधुनिक मानसिक चिकित्सा पद्धति भी इन विरोधी आन्तरिक प्रवृत्तियों में सन्तुलन लाने वाली ऐसी वस्तु को खोजती है जिससे इन परस्परविरोधी आन्तरिक प्रवृत्तियों को तुष्टि मिल सके । आधुनिक साहित्य मनोविज्ञान के नए-नए सिद्धान्तों की छाया में व्यक्ति और उसके मानसिक क्रियाकलाप में सर्वाधिक रुचि लेने लगा है तो यह कोई आश्चर्य की बात नहीं है ।

आज प्रतिभाशाली मनोवेत्ता मानसिक प्रवृत्तियों का विश्लेषण करते समय कला-साहित्य को वैज्ञानिक अनुसन्धान की वस्तु मानकर उसे अवचेतन मन से सम्बद्ध करके समझता-समझाता है, क्योंकि अवचेतन के सर्वसाधारण तत्त्वों के आधार पर व्यक्ति की अनेक इच्छाएँ सम्पन्न होती हैं । कलात्मक सौन्दर्य वाली चीजों व्यक्ति के स्वप्न, रुचि, चरित्र, सिद्धि और उपयोग में आनेवाले अनेक साधनों का उसके अवचेतन मन के साथ अनिवार्य संबंध रहता है । साथ ही इससे भी गहरे रूप में मानसप्रक्रिया के परिणामस्वरूप समष्टि अवचेतन में धर्म और पूजा, समाजव्यवस्था और कला जन्म लेते हैं । परस्पर दो विरोधी मानसिक प्रवृत्तियों का निर्णय करने के लिए, जो कलात्मक सर्जन के आधार में निहित रहती हैं; मनोवैज्ञानिक स्वयं को बद्ध पाता है ।

कवि का कर्म अपनी भावनाओं में, अपनी प्रेरणाओं में, अपने आन्तरिक संस्कारों में, समाजसत्य के मर्म को ढालना तथा उसमें अपने को पाना है, और उस पाने को अपनी पूरी कलात्मक क्षमता से, पूरी सच्चाई के साथ व्यक्त करना है । यहाँ 'समाजसत्य' से पहले कवि की अपनी भावनाएँ और प्रेरणाएँ तथा आन्तरिक संस्कारों को रखना भी कविता को समाज से पहले कवि के अंतःसंसार से जोड़ना है । नई कविता के अधिकांश कवियों में यह व्यक्तिनिष्ठता जिस 'घोर' की चरम अभिव्यक्ति की ओर बढ़ी वह हमें इन कवियों के मानसिक जगत में ले जाती है । किन्तु 'तारसप्तक' के एक कवि ने बहुत पहले ही नई कविता में जिन तत्त्वों को मुख्यतः रेखांकित किया वे कविमन की ग्रंथियों तक गहरे में अवचेतन प्रक्रियाओं तक को अपनी लपेट में लिए हुए हैं : 'आधुनिक हिन्दी कविता में आत्म-रति, मृत्यु-प्रेम और संकेतों से स्वप्न-पूर्ति करने की आदत के कारण घोर अनिश्चय, ये तीन दोष (मनोविज्ञान की शब्दावली में आटो-एरोटिज्म, नेक्रोफिलिया और

एबूलिया) इतने स्पष्ट हैं कि उन्हें प्रमाणित करने की आवश्यकता नहीं ।'[13]

आचार्य रामचन्द्र शुक्ल का कथन है कि शक्ति, उग्रता, प्रचंडता, उथल-पुथल, ध्वंस इत्यादि को हम जितने बढ़े-चढ़े रूप में देखना चाहते हैं, उतने बढ़े-चढ़े रूपों में कहीं न देख हमारी इच्छा, चेतना या संज्ञा के नीचे अज्ञात दशा में दबी पड़ी रहती है । वे ही इच्छाएँ तृप्ति के लिए कविता के रूप में व्यक्त होती हैं और श्रोताओं को भी तृप्त करती हैं ।[14]

कुछ आधुनिक मनोवैज्ञानिक मानते हैं कि अवचेतन मन के तत्त्वों का चेतन मन में विस्फोट होता है । कलासृजन के क्षणों में उत्तेजनापूर्ण स्थिति के रहते चेतन मस्तिष्क में अवचेतन की अन्तःप्रवाहित लहरों के द्वारा अतिक्रमण होता रहता है । अतः चेतन और अवचेतन मन की पारस्परिक अन्तःप्रक्रिया घटित होती रहती है क्योंकि कला संस्कारों की अभिव्यक्ति है, अभिव्यक्ति की अभिव्यक्ति नहीं, इसलिए कवि अपनी हत् आकाँक्षाओं, अपने मध्यवर्गीय संस्कारों-स्वप्नों को ही कविताओं में उतारता दिखता है ।

कवि के उत्कट विचार भी आज धरे इसलिए रह जाते हैं, क्योंकि उसमें, उसके व्यक्तित्व में व्यवहार की, कर्मक्षेत्र में उतरने की, अपने विचारों के अनुसार प्रकट सामाजिक जीवन में हिस्सा लेने की क्षमताएँ नहीं हैं । इतना सामर्थ्य ही नहीं है । वह अपनी वाणी के तेवर तक बदलने में भी असमर्थ है क्योंकि कवि के लिए इस परिस्थिति में और कठिनाइयाँ हैं । एक मार्ग यौनस्वप्नसृष्टि का दिवास्वप्नों का है; उसे वह नहीं अपनाना चाहता । फिर वह क्या करे ? यथार्थदर्शन केवल कुंठा उत्पन्न करता है । वास्तव की बीभत्सता की कसौटी पर चाँदनी खोटी दीखती है ... क्योंकि आज उसकी अनुभूतियाँ तीव्रतर हैं तो वर्जनाएँ भी कठोरतर हैं ।'[15]

इस प्रकार की आत्मकुंठा, वीर्यकुंठा की पुष्टि है जो प्रतीकार्थ में सामाजिक वर्जनाओं के सम्मुख हतवीर्य हो 'नारि' को कविताओं में आह्वान कर चुक जाता है । साहित्यिक अभिव्यक्ति में प्राप्तियों की यह सार्वजनिक अभिव्यक्ति है यहाँ । नई कविता के इसी यौनकुंठित भाव को बाद के कवियों ने भी ओढ़ा । 'आधुनिक युग का साधारण व्यक्ति यौनवर्जनाओं का पुंज है ।'[16] नई कविता की इस ओढ़नी के नीचे साधारण कवि (अकवि) अपने होने के दम्भ में फूले शिशुवत मुँह में अँगूठा लिए चूसते रहे । वे अपने यौनकुंठा भाव को स्फीतिमय एकायामी अकाव्यमय उद्‌गारों को कौतुक की तरह उछालने लगे । इन अकवियों की हरकतें बचकानी और मूर्खतापूर्ण हो आईं ।

अतः आज की और आगे भविष्य की कविता में भी नई सर्जनाओं के लिए तो वर्जनाओं के प्रति विद्रोह को अपनाना वरण्य माना जाएगा, किन्तु नपुंसक विद्रोह को, विकृतियों को नहीं, क्योंकि अन्य विधाओं-कलाओं की भाँति कविता को भी आज जीवन का, जीवन को गति और प्रगति की ओर ले चलने का माध्यम माना जाने लगा है तो उसे समझ-विवेक के साथ और जीवनचिन्ता के साथ जोड़कर देखना ही श्रेयकर होगा । यह भी ध्यातव्य है कि यौनबिम्ब या शब्दावली का प्रयोग किन्हीं यथार्थवादी मानवीय स्थितियों को उजागर करनेवाला है या किसी यशःप्राप्ति की किशोरोचित गुप्त साधवश ।

समाजवादी विचारधारा

सामाजवाद 20 वीं शताब्दी का दर्शन है । अन्तर्राष्ट्रीय स्तर पर द्वितीय अन्तर्राष्ट्रीय संगठन की स्थापना से इसकी परम्परा मानी जाती है । इस संगठन में 1889 में श्रमिक संघों के प्रतिनिधि दो भागों में विभक्त हो गए : मार्क्सवादी और समाजवादी । मार्क्सवादी रवैये के लोग वैज्ञानिक समाजवाद की क्रान्तिकारी एवं हिंसात्मक पद्धति में विश्वास रखते थे और समाजवादी मार्क्स में विश्वास करते हुए भी उसकी हिंसात्मक पद्धति से घृणा करते थे ।

समाजवाद एवं समष्टिवाद ये दोनों प्रायः पर्यायवाची माने जाते हैं । समाजवाद एक प्रगतिशील आन्दोलन माना जाता है जो शान्तिमय उपायों से समाज के आर्थिक ढाँचे में परिवर्तन करना चाहता है । समाजवाद की निश्चित परिभाषा कर पाना कठिन है क्योंकि यह इतना लचीला है कि समय और वातावरण के अनुसार अपने सिद्धान्तों तक में परिवर्तन कर लेता है । आज समाजवाद में अत्यन्त व्यापकता और अनेकरूपता भी इसके निश्चित स्वरूप को विवाद का विषय बनाए हुए है । हम यहाँ भारतीय समाजवादी आन्दोलन के नेताओं के कथनों को उद्धृत करके समाजवादी आन्दोलन के भारतीय रूप को स्पष्ट करना चाहेंगे, जिसका पर्याप्त प्रभाव स्वातन्त्र्योत्तर हिन्दी कविता में लक्षित होता है । इसके साथ ही हम इस आन्दोलन के आर्थिक, राजनीतिक, सामाजिक, साहित्यकला संबंधी मान्यताओं तक स्वयं को सीमित रखना चाहेंगे ।

समाजवादी भी कम्युनिज्म के उस सम्पत्ति सिद्धान्त को स्वीकार करते हैं, जिसके तहत सम्पत्ति का राष्ट्रीयकरण[17] किया जाता है : 'एक व्यापक तौर पर उनका (कम्युनिस्टों का) जो सम्पत्ति वाला सिद्धान्त है, मैं उसको समाज के लिए निर्णायक मानता हूँ कि सम्पत्ति को सामूहिक बनाना चाहिए, उस सम्पत्ति को छोड़कर, जिसको कि कुटुम्ब इस्तेमाल कर सकता है ।'[18] इसके साथ ही उनके दल ने जो एक और दस के अनुपात का सिद्धान्त निर्धारित किया वह भी हाल की परिस्थितियों को देखते हुए एक आदर्श है । आगे एक-पाँच, एक-तीन भी हो सकता है जिससे सम्भव बराबरी और सम्पूर्ण बराबरी के सिद्धान्त आएँ और इस सम्पत्ति के प्रति मोह को कम करने से ही हिन्दुस्तानियों में क्रान्ति की भावना जाग्रत हो सकती है ।

समाजवादियों की राजनीतिक विचारधारा का मुख्य आधार तो मार्क्सवाद है किन्तु वे मार्क्सवादियों से इन अर्थों में भिन्न हैं कि उनके आर्थिक सिद्धान्तों का आधार बड़ा लचीला है : 'कम्युनिस्ट लोग तो खाली मार्क्स-लेनिन को मान लेते हैं । समाजवादी पार्टी में किसी एक को नहीं मानते । मार्क्स-लेनिन भी हैं और अफलातून या अरस्तू भी हैं, सुकरात भी हैं और हमारे जैसा आदमी कहेगा कि उपनिषद् भी हैं और उसके साथ-साथ महात्मा गांधी भी हैं । सबसे ज्यादा तो महात्मा गांधी हैं । अपनी बुद्धि को खुला रख करके ये जितने भी पुराने हैं, उनको पढ़ो और उनसे जितना अच्छा ले सको, लो ।'[19] इस अर्थ में समाजवादी अपनी देशीय स्थितियों को आधार बनाकर चलना पसन्द करते हैं ।

समाजवादियों का ध्येय वर्गरहित समाज की स्थापना है, किन्तु इसका अर्थ यह नहीं लगाना चाहिए कि समाजवादी समाज में 'आर्थिक एकरूपता' कायम की जाएगी । 'समाजवाद का आदर्श हर व्यक्ति से उसके योग्यतानुसार काम लेकर उसके आवश्यकतानुसार उपयोग की वस्तुओं का प्रबन्ध करना है । यह तो निश्चित ही है कि समाज के विभिन्न व्यक्तियों की आवश्यकता भी विभिन्न होगी ।'[20] अतः स्पष्ट है कि भीषण आर्थिक विषमताएँ तो नहीं होंगी किन्तु आर्थिक एकरूपता भी सम्पन्न नहीं होगी । साथ ही पूँजीपति और श्रमिक के हकों का निर्णय सामाजिक न्याय (सोशल जस्टिस) के आधार पर ही हो सकता है । अतः व्यक्ति और उसकी सामाजिक उपयोगिता, औचित्य और सहज अधिकारों के बल पर यह निर्धारित किया जाता है ।

राजनीतिक क्रान्ति के साथ-साथ सामाजिक क्रान्ति भी समाजवादी लक्ष्य है । इस क्रान्तिकार्य में वे हिंसा को अपना साधन नहीं मानते । 'आदमी की जान नहीं लेनी चाहिए, मतलब माल की तोड़-फोड़ में आपत्ति नहीं लेकिन जान की तोड़-फोड़ नहीं होनी चाहिए ।'[21] किन्तु सम्पूर्णानन्दजी के अनुसार : 'मैं ऐसा भी मानता हूँ कि अनुकूल स्थिति आने पर समाजवादी व्यवस्था को स्थापित करने के लिए क्रान्तिमय उपायों से काम लेना भी अनुचित नहीं है । हिंसा-अहिंसा का प्रश्न यहाँ स्वतन्त्र रूप से नहीं उठता । यह व्यापक प्रश्न है । यदि राजनीतिक कार्यक्षेत्र से हिंसा का बहिष्कार हो जाए तो समाजवादी भी उससे काम नहीं ले सकता; अन्यथा जब तक सरकारों के लिए हिंसा से काम लेना वैध माना जाएगा तब तक उसके विरुद्ध आन्दोलन करने वालों का भी ऐसा करना क्षम्य होगा ।'[22] अर्थात् विशिष्ट स्थितियों-दशाओं में हिंसा को मान्यता तो वे देते ही हैं, भले ही दबी जुबान से और यह हिंसा स्थिति और अवसर सापेक्ष है । साथ ही साधन की सुन्दरता एवं मानवौचित्य पर बल तथा सत्याग्रह की गाँधीवादी प्रणाली का ग्रहण उन्हें जिस दिशा की ओर झुका देता है वह अध्यात्ममूलक है ।

'रूस में मजदूर वर्ग का अधिनायकत्व न होकर कम्युनिस्ट पार्टी का अधिनायकत्व है तथा वह धीरे-धीरे स्थायी होता जाता है ।' इस तथ्य को विस्तार से समझाते हुए आचार्य नरेन्द्रदेव का कहना है कि 'प्रभुता के मद से उन्मत्त व्यक्ति और संस्थाएँ अपने अधिकार को स्थिर बनाने का प्रयत्न करती हैं ।'[23] इसलिए एक तो इस अधिकार को, यदि अपनाने की आवश्यकता आ ही पड़े तो कम से कम समय के लिए अपनाना चाहिए तथा दूसरा इसका प्रयोग करने वालों की संख्या जितनी अधिक हो उतना ही अच्छा है ।

अतः स्वयं को 'जनतान्त्रिक समाजवादी' कहनेवाले भारतीय समाजवादी एक ओर मार्क्सवाद को भौतिक गैर-बराबरी से मुक्ति का उपाय मानते हैं तो दूसरी ओर वेदान्ती अध्यात्मवाद द्वारा आत्मिक मुक्ति की कामना भी करते हैं । 'आर्थिक व्यवस्था का महत्त्व बहुत बड़ा है, पर उसी को सब कुछ नहीं माना जा सकता । जो लोग सामूहिक जीवन के नियन्त्रण करने वाले हैं उनको यह बात ध्यान में रखनी होगी कि उनको ऐसे प्राणियों के लिए प्रबन्ध करना है जिनके व्यक्तित्व का आधार एक नित्य चेतन पदार्थ है और जो

अपनी अनुभूतियों का संस्कार मरने पर भी अपने साथ ले जाएँगे ।' इससे भी आगे उनका कथन है कि 'मैं व्यावहारिक समाजवाद को अद्वैत वेदान्त की भित्ति पर खड़ा करना चाहता हूँ । मेरा विश्वास है कि समाजवाद एक ऐसा समाजवाद है, जहाँ मनुष्य अपनी वैयक्तिक भूमिका में समाज के कल्याण का उत्कृष्ट साधन माना जाता है ।'[24]

यहीं वे आर्थिक व्यवस्था के महत्त्व को स्वीकार करते हुए भी उसी को सब कुछ न मानने के आग्रह भी व्यक्त करते हैं, जो उन्हें गांधीवाद के साथ घुलामिला देता है । गांधीवाद भी वर्ग संघर्ष की अपेक्षा वर्गसहयोग की जिस सहअस्तित्ववादी भूमिका पर खड़ा है ये समाजवादी भी उसकी बाईं ओर खड़े हैं । आचार्य नरेंद्रदेव तो स्पष्ट कहते हैं कि 'हमारे मत में सच्चा मार्क्सवाद कोई अटल सिद्धान्त (डाग्मा) नहीं है । जीवन की गति के साथ-साथ यह भी बदलता है । इसकी विशेषता इसका क्रान्तिकारी होना है । मार्क्स की शिक्षा में समय के अनुसार हेरफेर करना तब तक 'रिवीजनिज्म' नहीं है जब तक आप इस परिवर्तन से उसके क्रान्तिकारी तत्त्वों को सुरक्षित रखते हैं ।' वह आगे कहते हैं कि 'जीवन में गति और क्रिया होती है । अतः मार्क्सवाद भी गतिशील और क्रियाशील है और इसलिए उसमें लोच है ?'[25]

आज विश्व में मार्क्सवाद का आदर्श प्रस्तुत करनेवाले देशों में राजनीतिक लोकतन्त्र के अभाव से लोकतन्त्र के इस अंग को क्षति पहुँची है । इसका बुरा परिणाम यह हुआ है कि व्यक्ति की स्वतन्त्रता को सर्वोपरि माननेवाले लोग उससे सशंकित हो अलग हट गए हैं । इसी प्रकार कला की स्वतन्त्रता के संबंध में लोहिया का कथन है कि समाजवादी समाजव्यवस्था में 'केन्द्रीय सरकार के अतिरिक्त प्रान्तीय, जिला और गाँव सरकारों की हैसियत होनी चाहिए । जहाँ एक तरफ चार खम्भे हों तो वहाँ एक पाँचवाँ, विश्व सरकार वाला भी हो । इसका नतीजा यह होगा कि किसी एक सरकार के हाथ में इतनी राक्षसी ताकत नहीं रहेगी कि वह कलाकारों और साहित्यकारों को बिलकुल दबाकर रख सके ।' इससे कलाकारों-साहित्यकारों की स्वतन्त्रता सुरक्षित रह सकेगी । 'मान लो केन्द्र किसी शैली को नहीं पसन्द करता या किसी विचारधारा को नहीं पसन्द करता है तो कोई गाँव सरकार उसको पसन्द करेगी । कला और साहित्य के अन्दर भी स्वतन्त्रता इस होड़ के जरिए कायम रह सकती है ।'[26]

समाजवादी विचारधारा के अन्तर्गत सभी प्रकार की गैर-बराबरी को समाप्त कर एक 'लोकतान्त्रिक समाजवाद' की रचना का आदर्श है । अपने इस आदर्श की प्राप्ति के लिए वे अहिंसा, सत्याग्रह का मार्ग ही अपनाते हैं : 'हिंसा में मेरा विश्वास नहीं है । और इसलिए मेरा विश्वास नहीं है, क्योंकि मैं लोकतंत्र को मानता हूँ । मैं जनता को मानता हूँ । मैं नहीं चाहता हूँ कि जिनके हाथ में बन्दूक है वह जनता की छाती पर बैठकर जनता के नाम पर हुकूमत करें ।'[27] हिन्दी कविता में इन विचारों को रघुवीर सहाय, विजयदेवनारायण साही, ओमप्रकाश निर्मल, सर्वेश्वरदयाल सक्सेना, कमलेश, रमेश गौड़ आदि की कविताओं में पर्याप्त स्थान मिला है ।

गांधीवादी विचारधारा

गाँधीवादी विचारधारा से अभिप्राय उस जीवनपद्धति एवं सिद्धान्तों से है, जिसका प्रचार-प्रसार गाँधीजी के जीवनकाल में हुआ एवं बाद में भी जिन विचारों, सिद्धान्तों ने कवियों को अनुप्रमाणित किया और साहित्यक्षेत्र में कई मूल्यवान रचनाएँ दीं । गाँधीवादी विचारधारा ने सांस्कृतिक, सामाजिक एवं राजनीतिक चेतना को बड़े गहरे में प्रभावित किया है ।

किन्तु गाँधीवादी विचारधारा को 'गाँधीवाद' की संज्ञा भी गाँधीजी ने स्वयं ही (25 मार्च 1931 को) दे डाली : 'गाँधी मर सकता है पर गाँधीवाद अमर रहेगा ।'[28] भले ही बाद में उन्होंने 'वाद' का प्रतिकार करते हुए कहा था कि 'गाँधीवाद नाम की कोई वस्तु है ही नहीं और न मैं अपने पीछे कोई सम्प्रदाय छोड़ जाना चाहता हूँ ।'[29]

महात्मागाँधी के युगपुरुषत्व का प्रमाण उनकी दृष्टि की व्यापकता, मानवमात्र में भ्रातृभाव, स्वतन्त्रता, मानवीय समता की भावनाएँ हैं । विश्वचिन्ता की इन भावनाओं के पीछे अहिंसा की आत्मा है । 'संसार की राजनीति में अहिंसा एक प्रमुख शक्ति बन गई है : एक शक्तिशाली राष्ट्र के विरुद्ध इसके द्वारा यह युद्ध किया गया और युद्ध में जीत भी हुई ।'[30] इस युद्ध का प्रमुख अस्त्र सत्याग्रह था । अतः 'अहिंसा' और 'सत्याग्रह' के दो मुख्य अस्त्रों से सज्जित इस योद्धा-युगपुरुष ने अभूतपूर्व कार्य कर दिखाया । इनके सिद्धान्त और कार्यक्षेत्र को निम्न शीर्षकों में विभाजित करके देखा जा सकता है ।

वास्तव में देखा जाए तो गाँधीजी का सम्पूर्ण जीवन उन्हीं के शब्दों में 'सत्य के प्रयोग' का ही प्रमाण है ।[31] यही सत्य गाँधीजी की विचारधारा की सुदृढ़ भित्ति है जिसपर पूरा भवन ठहरा हुआ है । इसके साथ ही 'अहिंसा' का भी उतना ही स्थान है । सत्य का साक्षात्कार अहिंसा के बिना अधूरा ही रह जाता है, जबकि गाँधी जी अधूरे साक्षात्कारों से कोसों दूर हैं । सत्य की सूक्ष्म एवं पवित्र अनुभूति अहिंसा के व्रत से जन्मी है । इस सत्य में ही उनके दर्शन की पीठिका है । गाँधीजी अध्यात्म और दर्शन के क्षेत्रों में राम-कृष्ण एवं स्वामी विवेकानन्द से प्रभावित थे । अतः उनके निकट यह 'सत्य' अति व्यापक अर्थ लेकर आया । वह कहते हैं : सत्य में सब बातों का समावेश हो जाता है । सत्य में प्रेम मिलता है । सत्य में मृदुता मिलती है । सत्य सदा स्वावलम्बी होता है और बल तो उसके स्वभाव में ही होता है ।'[32] वस्तुतः सत्योपलब्धि ही गाँधी विचारधारा का लक्ष्य भी है । वही पूजा, वही आराधना है । यह सत्यान्वेषण ही जीवन की कठिन परीक्षा भी है । उनका मत है : 'सत्य की आराधना का पथ अति संकीर्ण है । इस पर चलना मानो तलवार की धार पर चलना है । जरा सी असावधानी हुई कि भूमिसात हुए ।'[33] इस सत्य का अनुसन्धान मनुष्य तब तक नहीं कर सकता जब तक कि वह स्वयं के मनोवेगों, वृत्तियों पर अधिकार नहीं कर लेता । जिसने निरन्तर अभ्यास, पूजा-आराधना, वैराग्य-ब्रह्मचर्य द्वारा आत्मशोधन नहीं कर लिया वह सत्य योग्य नहीं हुआ । अतः उन्होंने धर्म की संश्लिष्ट व्याख्याओं की अपेक्षा उसे आचरण की व्यावहारिकता से सिद्ध किया । गाँधीजी का

विश्वास था कि 'विभिन्न धर्म एक ही सत्य की प्राप्ति के लिए अलग-अलग मार्ग हैं ।'[34]

अतः उनकी धार्मिक भावना में कहीं भी किसी प्रकार की संकीर्णता नहीं थी । इसी प्रकार हिन्दूधर्म की कुछ रूढ़ियों के प्रति भी उन्होंने अस्वीकार को व्यक्त किया : 'मैं वेद, पुराण और उपनिषदों पर विश्वास करता हूँ । और अवतारवाद में मेरा विश्वास है । वर्णाश्रम धर्म की आधुनिक रूपरेखा से मैं सन्तुष्ट नहीं हूँ । मैं गौ-पूजा और गौ-रक्षा की प्रचलित मान्यता में विश्वास करता हूँ । मैं मूर्ति में अविश्वास नहीं करता ।'[35] अतः यह गहरी, व्यापक एवं युगीन धार्मिक भावना ही उनके निकट व्यक्ति के नैतिक बल का भी आधार थी ।

गाँधीवादी विचारधारा का सबसे बड़ा सम्बल नैतिक बल है । इसके सिवा न सत्याग्रह सम्भव है, न सत्यान्वेषण या अहिंसा । शारीरिक, मानसिक, चारित्रिक विचार की समवेत धुरी पर ही गाँधीवाद टिका हुआ है । सत्य और अहिंसा में गहरी निष्ठा रखनेवाला व्यक्ति ही ऐसा अदम्य नैतिक बल अर्जित कर सकता है जो विशाल अंग्रेजी साम्राज्य की विकट क्रूरता एवं दमन की नीतियों को जड़ से हिला दे । कर्म की श्रेष्ठता भी इसी तथ्य में निहित है । इस नैतिक बल की कुंजी उपर्युक्त गुणों के आचरण में उपलब्ध होने वाली है । इसके लिए उन्होंने कोई अन्य आधार प्रस्तुत नहीं किया । इसी तथ्य को दृष्टिगत रखते हुए प्रोफेसर वाडिया ने इंडियन फिलासाफिकल कांग्रेस के अध्यक्ष पद से भाषण देते हुए गाँधी जी को बुद्ध के बाद कबीर को छोड़कर भारत का पहला ऐसा व्यक्ति कहा जिसने शुद्ध नैतिकता पर इतना बल दिया हो ।

गाँधीवादी विचारधारा का अन्त जबकि आध्यात्मिक है, उसका कार्यक्षेत्र समाज है । वह भारतीय समाज की अनेकविध बुराइयों को दूर करके समाज में आमूल परिवर्तन लाना चाहते थे । उनसे पूर्व समाजक्षेत्र में ब्रह्मसमाज एवं आर्यसमाज ने सुधार अभियान चला रखे थे, किन्तु उनके परिणाम एक सीमा तक ही फलदायी हो सके । गाँधीजी के सामने सामाजिक आदर्श के रूप में 'रामराज' था, जिसे वह घटित देखना चाहते थे । यही उनके सामाजिक आदर्श की चरमसीमा भी थी । इसी दृष्टि से सामाजिक सुधार के लिए उन्होंने कुछ रचनात्मक कार्यों को महत्त्व दिया, जिनके अन्तर्गत साम्प्रदायिक एकता, अस्पृश्यता, प्रौढ़शिक्षा, खादी, नई बुनियादी तालीम, स्त्रियों की उन्नति, मातृभाषा प्रेम, राष्ट्रभाषा प्रेम, आर्थिक समानता, ग्रामोद्योग, मद्यपान निषेध, स्वास्थ्य-सफाई, किसान-मजदूर संगठन, आदिवासियों की सेवा, कोढ़ियों की सेवा आदि गिनाए जा सकते हैं । इन कार्यों को निष्पन्न करने के उपरान्त ही रामराज्य का स्वप्न पूरा हो सकता है । जहाँ सब जातियों-धर्मों के लोग मिलकर रहेंगे ।

गाँधीवादी विचारधारा की विशिष्टता उसकी कर्म एवं व्यवहार की प्रधानता है । यह कर्मप्रधानता सर्वोदय के मंच पर आर्थिक खुशहाली, सामाजिक समता को लेकर संचालित होती है । आर्थिक विचारों के क्षेत्र में सर्वोदय, उद्योगीकरण का विरोध, ग्रामीण उद्योग-ध ंधों का विकास, खादी और चरखा के प्रयोग आदि आते हैं ।

गाँधीजी के अनुसार : 'मेरी राय में हिन्दुस्तान की और सारे संसार की अर्थव्यवस्था ऐसी होनी चाहिए कि उसमें बिना खाने और कपड़े के कोई भी रहने न पावे ।'[36] सर्वोदय की यह स्थिति राजनीतिक स्वतन्त्रता एवं स्वराज्य के साथ जुड़ी हुई है । राजनीतिक दृष्टि से स्वतन्त्र होने के पश्चात् ही कोई देश सबकी उन्नति, सबका हित और सबकी समृद्धि द्वारा सर्वोदय की प्राप्ति करता है ।

उद्योगीकरण का विरोध गाँधीजी ने इसलिए किया क्योंकि बेकारी से ग्रसित गरीब देश के लोगों में मशीन और भी बेकारी फैलाएगी और असमानता को बढ़ाएगी । वह कहते थे : 'मेरा उद्देश्य मशीन को खत्म करना नहीं है, बल्कि उस पर नियंत्रण रखना है ।'[37] इसका समाधान ग्रामीण उद्योग-धन्धों का विकास, बेकारी दूर कर खुशहाली और समानता लाने में है । 'जब अर्थशास्त्र में और जीवन में गाँवों की दृष्टि प्रवेश करेगी तब जनता का मन गाँवों में बनी वस्तुओं का अधिक से अधिक उपयोग करने की ओर मुड़ेगा, तभी जनता अपने जीवन के लिए आवश्यक वस्तुएँ गाँवों में तैयार करने के रुझान वाली बनेगी ।'[38] इस ग्रामीण दृष्टि के साथ ही खादी को गाँधीजी भारत की समस्याओं की दवा समझते थे, क्योंकि इसके द्वारा जहाँ स्वदेशी के प्रचार के साथ विदेशी वस्तुओं का बहिष्कार करके भारतीय पूँजी की लूट को रोका और अंग्रेजी सरकार के हितों को धक्का पहुँचाया जा सकता था, वहाँ भारत की जनता में एकता, समानता एवं आर्थिक स्वतंत्रता एवं आत्मनिर्भरता की भावना का उदय भी सम्भव था । अतः गाँधीजी का कथन है : 'स्वराज्य के समान ही खादी भी राष्ट्रीय जीवन के लिए श्वास के जितनी ही आवश्यक है जिस तरह स्वराज्य को हम नहीं छोड़ सकते उसी तरह खादी को भी नहीं छोड़ सकते । खादी को छोड़ने के माने होंगे भारतीय जनता को बेच देना, भारतवर्ष की आत्मा को बेच देना ।'[39] गाँधीजी ने खादी के प्रसार के लिए 'चरखा संघ' चलाने का सुझाव दिया । इससे न केवल सूत का और खादी का उत्पादन होता है अपितु, वह कहते हैं : 'मैं जितनी बार चरखे पर सूत निकालता हूँ उतनी ही बार भारत के गरीबों का विचार करता हूँ ।'[40] और इन गरीबों को धंधा-रोजगार और रोटी देनेवाला यह चरखा दरिद्रनारायण की पूजा-सेवा-ध्यान का आधार भी बन जाता है । चरखे और खादी के विकास से ही गाँधीजी अन्य उद्योगों के विकास की परिकल्पना करते थे । चरखा तो उस महाभियान का प्रस्थान बिन्दु है, जिसका अन्त सम्पूर्ण देश की समान समृद्धि में निहित है ।

राजनीति, गाँधीजी के निकट सत्यमय होकर ही स्वीकृत थी । उन्होंने राजनीति को धर्मनीति से पुष्ट किया । अतः वह पहले व्यक्ति थे जिन्होंने राजनीति के शरीर से कूटता का विष निकाल बाहर किया और नई चेतना का प्रवाह सम्भव बनाया । उनका कथन है : 'बहुत से धार्मिक मनुष्य जिनसे मैं मिला हूँ भेष बदले हुए राजनीतिज्ञ हैं, लेकिन मैं जो राजनीति का जामा पहने हूँ हृदय से धार्मिक हूँ ।'[41] अतः कहा जा सकता है कि वह राजनीति के ऐसे महात्मा थे जो तत्कालीन राजनीति की कुंडलियों से जनता को बाहर लाने का प्रयत्न कर रहे थे और यह प्रयत्न धर्म को राजनीति में लाए बिना सम्भव नहीं था ।

गाँधीवादी विचारों का विपुल प्रभाव अपने युग के सभी बड़े कवियों पर पड़ा था; जिनमें मैथिलीशरण गुप्त, पन्त, रामधारी सिंह दिनकर, बच्चन, सोहनलाल द्विवेदी आदि के नाम आते हैं । किन्तु स्वातंत्र्योत्तर हिन्दी कविता में विशेषकर नई कविता के कवियों में भवानीप्रसाद मिश्र पर सीधा एवं सर्वाधिक प्रभाव दृष्टिगत होता है ।

स्वातंत्र्योत्तर हिन्दी कविता में जिन विचारधाराओं का अधिक प्रभाव दृष्टिगोचर होता है, उनका संक्षिप्त परिचय दिया गया है । यों अन्य कई विचारधाराओं के विचार भी कविताओं में ढूंढ़े और विश्लेषित किए जा सकते हैं तथा उनका संबंध भी दर्शाया जा सकता है किन्तु यह हमारे कार्यक्षेत्र में नहीं आता । स्वातंत्र्योत्तर हिन्दी कविता में आदर्शवादी विचारों के स्थान पर यथार्थवादी विचार आते गए और उनके संबंध में उक्त प्रमुख विचारधाराओं से जुड़ते गए । कहीं-कहीं अराजकतावादी, अन्तर्राष्ट्रीयतावादी, अरविन्दवादी विचार भी दृष्टिगत होते हैं किन्तु उनके लिए समूची विचारधाराओं का परिचय देना हमने अभीष्ट इसलिए नहीं समझा क्योंकि इन विचारधाराओं का समुचित-व्यवस्थित प्रभाव नगण्य ही रहा है । उक्त छः विचार धाराओं के सामान्य विचार स्वातंत्र्योत्तर कविता में उपलब्ध होते हैं, जिनकी ओर यथास्थान संकेत किया जाएगा ।

अरविन्दवादी-अध्यात्मवादी विचारधारा

आधुनिक युगीन वैचारिक क्षेत्र में अरविन्द का योगदान आध्यात्मिक दर्शन को लेकर सर्वाधिक महत्त्वपूर्ण है, जिसमें राष्ट्रवाद की विशिष्ट प्रकृति एवं राजनीतिक मान्यताएँ अनुस्यूत हैं । इन अर्थों में अरविन्ददर्शन सर्वांगपूर्ण एवं वैज्ञानिक भी माना जाता है । यंत्रीकरण-उद्योगीकरण की महाकार शक्ति-सामर्थ्य से समर्थित आधुनिक सभ्यता से मानव के पतन एवं मानवजाति के विनाशमय परिणाम की ओर अग्रसर होते जाने का भय है । वर्तमान मानव को भौतिकवाद, यंत्रीकरण एवं आणविक युग की भयावह नाशलीला का सामना करना पड़ रहा है । सर्वत्र असमानता, अशान्ति, अन्याय, अत्याचार का बोलबाला है; जिन्हें मिटाने में न्यायिक सूझ और अन्तर्राष्ट्रीय संस्थाओं के प्रयत्न विफल हो रहे हैं, तो भी इस निराशामय वातावरण में नए- नए विचारों और विश्वासों का अभ्युदय होना कोई आश्चर्यजनक बात नहीं ।

अरविन्द का विश्वदर्शन वर्तमान मानवसभ्यता की सर्वांगीण समस्याओं का नितान्त मौलिक और आध्यात्मिक समाधान प्रस्तुत करता है । उनके अध्यात्मदर्शन का साहित्यिक प्रमाण अरविन्दरचित 'सावित्री' महाकाव्य एक ही समय में पृथ्वी और आकाश अर्थात् भौतिकता और आध्यात्मिकता के चरम को एक सूत्र में पिरोने की क्षमता रखता है ।[42] रचना के अतिरिक्त अरविन्द ने अध्यात्म की भारतीय परम्परा को वैचारिक स्तर पर भी आत्मसात् किया । वैचारिक स्तर पर उन्होंने पाश्चात्य सभ्यता के आधुनिक विकास के बुनियादी तत्त्वरूप में वैज्ञानिक बोध को भी समन्वित किया ।

एक ओर उनकी आध्यात्मिक उपलब्धियों की नींव उपनिषदों के सत्य पर आधारित

है तो दूसरी ओर पाश्चात्य सभ्यताओं की वैज्ञानिक उपलब्धि और मानवविकास में योग के विचार भी समन्वित हैं । वे तन-मन और प्राण को दैवी सत्ता के अवरोहण का माध्यम प्रदान करनेवाले महान योगी के रूप में उपस्थित होते हैं, जो युग में व्यापक कृत्रिमता, उथली संस्कृति, अहंभावना और जर्जर मानवजाति को अतिमानस के विज्ञानमय लोक की ओर अनुगमित करने वाले युगप्रवर्तक हैं । उनकी दार्शनिक उपलब्धि पूर्व और पश्चिम के दार्शनिक मतों को समन्वित रूप देती हुई मौलिक अनुभूति एवं साधना में तपी-निखरी हुई है ।

उनका महान् ग्रन्थ 'लाइफ डिवाइन' अरविन्ददर्शन का आध्यात्मिक पक्ष प्रस्तुत करता है । इसमें उन्होंने अपने मत को बौद्धिक व्याख्या और तार्किकता प्रदान की है । अतः उनकी तर्कदृष्टि तत्त्वदृष्टि का साधन बनकर आई है, जो भारतीय दार्शनिकों की विशिष्टता रही है । 'उन्होंने मात्र एक दार्शनिक विधि या मत या दृष्टि ही नहीं दी और न उन्होंने दर्शन के एक या दो क्षेत्रों को ही स्पर्श किया अपितु उन्होंने एक ऐसा सर्वांगदर्शन प्रदान किया, जिसमें दर्शन के प्रायः सभी सैद्धान्तिक एवं व्यावहारिक प्रश्नों एवं समस्याओं के समन्वयात्मक समाधान का एक विराट प्रयास हुआ है । चरमतत्त्व के स्वरूप से लेकर सृष्टि की उत्पत्ति क्यों और कैसे हुई, सृष्टि के आदि, मध्य व अन्त की स्थिति, जीवात्मा के रूप और सत्ता के स्तर में उसकी स्थिति, उसके बन्धन और मुक्ति, जगत में दुख का अस्तित्व, ज्ञान के स्रोत और प्रकार, सामाजिक व राजनीतिक संगठन और विकास के नियम आदि अनेक दार्शनिक प्रश्नों के क्रमबद्ध समाधान का जो प्रयास अरविन्ददर्शन में उपलब्ध होता है, वह विश्वदर्शन-इतिहास में विरल ही है ।...[43] उन्होंने अपने दर्शन को व्यवहार की जमीन दी है : 'हमारा सच्चा सुख हमारी सम्पूर्ण सत्ता के सही विकास में, हमारी सत्ता के सम्पूर्ण क्षेत्र में विजय में, बाह्य और उससे अधिक आन्तरिक, स्थूल तथा गुप्त प्रकृति पर अधिकार में है । हमारी सच्ची पूर्णता बाह्य स्तर पर चक्कर काटने में नहीं, बल्कि उसका उत्क्रमण करने में है ।'[44]

श्री अरविन्द के निकट राष्ट्रकल्पना मात्र भौतिकवादी कल्पना या बौद्धिक कल्पना का विषय न होकर एक मूर्तिमती देवी की कल्पना है । मातृभूमि शक्तिमती माता है, जिसकी आराधना में किसी प्रकार का द्वैध या स्वार्थभाव आराधना को खंडित करने वाला है । 'वन्देमातरम्' (माता की वन्दना करता हूँ) उनके निकट पवित्र और वन्द्यमन्त्र है । बंकिम के 'आनन्द मठ' का उनके चित्त और विचार पर गहरा प्रभाव पड़ता है । उनके शब्दों में 'जैसे पुंजीभूत होने पर एक शक्तिमती भवानी महिषमर्दिनी का उद्भव हुआ था । तैंतीस कोटि देवों की शक्ति ।... वह शक्ति जिसे भारत के प्रसंग में भवानी भारती कह सकते हैं, तीस कोटि जनता की व्यष्टि की शक्तियों की जीवन्त समष्टि है... ।'[45]

श्री अरविन्द के अनुसार आध्यात्मिक देशप्रेम का प्रादुर्भाव तब होगा जब मातृभूमि अन्तरचक्षुओं के लिए भूखंड अथवा जनसमूह मात्र न रहेगी, जब वह उस महासुन्दरी महामाया, महामातृशक्ति के मनोहारी और हृदयस्पर्शी रूप में ही प्रकट होगी, तभी माता

और उसकी पूजा के सर्वग्राही भावातिरेक में तुच्छ भय और हीन आशाएँ तिरोहित होंगी और तभी किसी दलित राष्ट्र को बचानेवाले चमत्कारी देशप्रेम का जन्म हो सकेगा । अतः 'उनकी दृष्टि में भारत एक सजीव और स्पन्दनमान आध्यात्मिक सत्ता है ।'[46]

श्री अरविन्द सूक्ष्म सम्प्रत्ययवादी दार्शनिक-विचारक थे । वह लिखते हैं : 'हमारे दर्शनशास्त्र के अनुसार सूक्ष्म सम्प्रत्यय ही भौतिक तत्त्व के रूप में प्रकट होते हैं और अमूर्त सम्प्रत्यय ही मूर्त रूप धारण करता है । यह विचार मानवीय जीवन में सत्य है, राजनीति में सत्य है और राष्ट्र के जीवन और विकास के विषय में भी सत्य है । अमूर्त सम्प्रत्यय ही स्थूल भौतिक संस्थाओं को मूर्त रूप देता है ।'[47] इस विचारदर्शन को श्री अरविन्द ने आध्यात्मिक विकास के सिद्धान्त में विलक्षणता प्रदान की है ।

श्री अरविन्द का महान् ग्रन्थ 'लाइफ डिवाइन' सर्वदर्शन संग्रह नहीं अपितु सच्चिदानन्द सत्ता के रहस्य के साक्षात्कार का दर्पण है जिसमें योग पर आधारित अनुभव 'असीम' की तर्क के अनुसार व्याख्या है । 'एक सम्पूर्ण अनुभव की प्रणाली और उसकी बौद्धिक व्याख्या के लिए तदनुकूल तर्कशास्त्र, दर्शन के ये दो अनिवार्य अंग हैं, क्योंकि दर्शन में स्थान पाने के लिए पहली शर्त अनुभव की तर्कपूर्ण व्याख्या है ।'[48] श्री अरविन्द के अनुसार ब्रह्म ही सत्ता और जगत की विविधता के रूप में उसके ये द्विविध अभिव्यंजन सत्य हैं, उनके अनुसार क्योंकि शुद्ध चेतना और तत्त्वसंबंधी जगत के पदार्थों के बाह्य अनुभवों को वह शुद्ध भी कर सकती है, उन्हें स्थगित भी कर सकती है, उसके परे भी जा सकती है, किन्तु किसी भी हालत में नाश नहीं कर सकती । इससे यह निष्कर्ष निकलता है कि ब्रह्म के समान ही जगत भी सत्य है । इनमें से किसी भी एक सत्ता का निषेध करना सहज है किन्तु इन दोनों के समन्वय स्थापित करना ही सच्ची और फलप्रद बुद्धिमत्ता होगी ।[49]

ब्रह्म और जीव दोनों की सत्ता स्वीकार कर लेने के पश्चात् देश-काल से परे, जिस सत्ता से हम सीमित असीम गति का संबंध कर सकते हैं, वह सीमा निरपेक्ष है एवं चेतन भी है, क्योंकि अन्ध शक्ति से चेतन की उत्पत्ति सम्भव नहीं । मन और बुद्धि के स्तर से ऊपर उठकर मानव यदि शुद्ध चेतना के धरातल पर इसे समझने का प्रयत्न करे तो वह पाएगा कि असीम सत्ता, असीम गति और असीम क्रिया स्वतः असीम देश-काल के अन्तर्गत अपना अभिव्यंजना व्यापार चला रही है ।

यह महाचेतना इतनी विराट है कि इसके समक्ष सब कुछ अणुवत है तथा यह सर्वव्यापक महाचेतना अपने आनन्द के लिए ही व्यक्त-अव्यक्त द्विविध कार्यरूप निरूपण करती है । विज्ञान एवं भौतिक सत्ता को माननेवाली विचारधाराएँ 'मैटर' को ही अन्तिम सत्ता स्वीकार कर लेते हैं, किन्तु श्री अरविन्द 'मैटर' से परे शक्ति एवं गति के रूप में एक सत्ता को स्वीकार करते हैं, जो ब्रह्म है । इस सत्ता का साक्षात्कार अन्तश्चेतना (इन्ट्यूशन)[50] के माध्यम से ही किया जा सकता है, क्योंकि अन्तश्चेतना ही व्यक्ति को देश-काल से परे ब्रह्म तक ले जाती है ।

श्री अरविन्द की मान्यता है कि जीवन का विकास अतिमानवत्व की दिशा में अग्रसर है । अतिमानवत्व आत्यन्तिक स्थिति नहीं, अपितु मानव की परम सत्ता के अति सामीप्य की स्थिति है । इसके पश्चात् मानवमन परमानन्द में लीन हो जाता है । यही स्वर्गीयमानवता तथा अतिमानवता की परिभाषा है ।[51]

यह स्थिति परम सत्ता के प्रति सम्पूर्ण आत्म समर्पण से उत्पन्न होती है । समर्पण बुद्धि और भावना, दोनों के प्रेरित होने पर धीरे-धीरे ऐसी स्थिति आती है जब दिव्य शक्ति स्वयं मनुष्य का मार्ग प्रशस्त करती है । मानवविकास का अन्तिम परिणाम आत्मविस्तार और आत्मोत्तर स्थिति के रूप में होगा जैसे कि प्रकृति ने पशु प्रयोगशाला से मानव का विकास किया है, उसी प्रकार विचारशीलता की जीवन्त प्रयोगशाला से अतिमानव के निर्माण में वह प्रयत्नशील है ।

श्री अरविन्द द्वारा प्रतिस्थापित यह सिद्धान्त वेदान्त की जीवनमुक्त स्थिति से सादृश्य रखती है, जहाँ अतिमानव का, संसार का जीवित प्राणी होने के कारण, संसार से भी संबंध रहता है और मुक्त होने के कारण परमसत्ता के साथ भी ।

श्री अरविन्द ने आधिदैविक स्वरूप की मौलिक स्थापना की तथा सर्वांगयोग, जिसमें कर्मयोग, भक्तियोग, ज्ञानयोग तथा कर्मयोग के साथ तान्त्रिक सिद्धान्तों का भी समावेश किया है, जिसके द्वारा मनुष्य उसे साधन बनाकर विकास की गति को तीव्र कर सकता है । इसे प्राप्त करने के लिए योगी को आधिदैविक स्तर तक ऊपर उठना होगा जहाँ आध्यात्मिक मनस्तत्व की दिव्य ज्योति जगमगाती रहती है । यहाँ पहुँचकर योगी इस ज्योति को आत्मसात कर ले और पुनः भौतिक धरातल पर पहुँचकर शक्ति के विकास की प्रक्रिया को तीव्र कर सके । इस योग के दो विशिष्ट गुण हैं : एक तो यह व्यक्तिगत मुक्ति के स्थान पर मानवजाति की मुक्ति के लिए है, दूसरा व्यक्तिगत और मानवमुक्ति तक ही सीमित न रहकर जीवमात्र और फिर समस्त भौतिक चेतना के रूपपरिवर्तन द्वारा नए आध्यात्मिक लोक की सृष्टि की कामना है ।

वर्तमान विश्वसभ्यता के बर्बर अवस्था की ओर मुड़ जाने का भय है । इसे रोकने के लिए मानसिक चेतना में मौलिक अन्तर लाना अनिवार्य है । श्री अरविन्द ने अपनी 'ह्यूमन साइकिल' एवं 'दि आइडियल आफ ह्यूमन यूनिटी' पुस्तकों में इस विषय पर विशेष प्रकाश डाला है । श्री अरविन्द का विश्वास है कि भारत ही एक ऐसा देश रहा है जो वर्तमान अवस्था में मानवता को आध्यात्मिक प्रक्रिया के पथ पर ले जा सकता है । भारत की राष्ट्रीय स्वतन्त्रता न केवल भारत के लिए हितकर है, अपितु संसार के आध्यात्मिक पुनरुत्थान, पुनरुद्धार में सच्चा योगदान सिद्ध हो सकती है । केवल आध्यात्मिकता ही आज के मनुष्य की व्यक्तिगत और सामूहिक समस्याओं को योग के द्वारा सुलझाकर विकासवादी सफलता को निश्चित बना सकती है । यह यौगिक विकासवाद डार्विन के भौतिक विकासवाद की तुलना में अभिप्राययुक्त, वैज्ञानिक एवं 'जीवन सुरक्षा' की भावना तक सीमित न होकर जीवन की स्थायी सुरक्षा के उद्देश्यों से अभिप्रेरित है । डार्विन की

'आत्मरक्षा' की स्थापना के व्यक्तिवादी एवं व्यक्तिस्वार्थ ग्रसित होने के विचार के विपरीत अरविन्द द्वारा प्रतिपादित सिद्धान्त अभिव्यक्तिवादी एवं समग्र है । जहाँ डार्विन शारीरिक विकास तक रुक जाता है, वहाँ अरविन्द शारीरिक विकास के साथ अन्तर विकास संगठन पर भी ध्यान देने को कहते हैं, क्योंकि मृत्यु हमारे शारीरिक संगठन को ही समाप्त करती है, आध्यात्मिक संगठन को नहीं । अतः अरविन्दवादी विचारधारा ने आधुनिक युग के मनीषियों-कवियों को प्रभावित किया । स्वयं अरविन्द ने 'सावित्री' काव्य की रचना करके अपने आध्यात्मिक सिद्धान्तों को प्रस्थापित किया । इस विचारधारा से प्रभावित होकर रचना करने वाले कवियों में कविवर नरेन्द्र शर्मा, सुमित्रानन्दन पन्त, रामधारीसिंह दिनकर आदि हैं, तो बाद के रचनाकारों में अमृता भारती का नामोल्लेख किया जा सकता है ।

हंसी, तो स्वर्ण किरण,
शिखर आलोक वरण ।
विचरती स्वर्ण किरण,
धरा पर ज्योति चरण ।[52]

'स्वर्णकिरण' की प्रथम रचना 'अभिवादन' में किरण के माध्यम से प्रतीकात्मक अर्थों में ब्रह्म की शक्ति चेतना के अवरोहण का चित्रण है । चेतना के संस्पर्श से इस जग के जीवन में किस प्रकार चैतन्य प्रादुर्भूत हो आया है, इसमें पन्त, अरविन्द विचारधारा की मान्यता को ही मुखर कर रहे हैं । कहना न होगा कि 'स्वर्ण' पन्तजी के काव्य में नए अर्थों में प्रयुक्त हुआ है । 1947 में प्रकाशित 'स्वर्णकिरण' की कविताओं के संबंध में हरिवंशराय बच्चन का कथन है : 'इनके अधिकांश भाग पर उनके (अरविन्द के) दर्शन और विचारों की छाया पड़ी है । श्री अरविन्द के दर्शन, विचार, भावों स्वप्नों की व्याख्या 'स्वर्णकिरण' और 'उत्तरा' में की गई है ।'[53]

वस्तुतः पन्त के काव्य में भौतिक यथार्थवादी स्वरों की विचार सारिणी जो 'युगान्त', 'युगवाणी' और 'ग्राम्या' में प्रसरित थी, उसमें मनुष्य की आभ्यन्तर समृद्धि और विकासवादी चेतना शक्ति की विचारधारा की ओर मोड़ 'स्वर्णकिरण' से दृष्टिगोचर होता है । इसके संबंध में पन्तजी स्वयं लिखते हैं : "ग्राम्या के प्रणयन तथा सन् 1942 के आन्दोलन के बाद मेरी विचारधारा में फिर एक परिवर्तन आने लगा था और मेरा मन साहित्य, संस्कृति तथा दर्शन ग्रन्थों में अधिक रमने लगा था । 'सस्कृति केन्द्र' के कलात्मक वातावरण में मेरा सौन्द्रर्यप्रिय जीवन-द्रष्टा मेरे भीतर फिर जगने लगा । मुझे प्रतीत होने लगा कि एक पूर्ण विकसित समाज में मनुष्य को अवश्य ही सौन्दर्य प्रेमी तथा संस्कृत होना चाहिए ।"[54] अतः 'चौथी भूख' शीर्षक कविता में कवि मनुष्य की जिस सांस्कृतिक भूख की बात करता है, वह व्यक्ति के एकांगी भौतिक जीवन को समग्रता एवं पूर्णता प्रदान करने वाली है । यह चौथी भूख तन, मन, आत्मा की तीनों भूखों के बाद भव्यपुण्य विश्वजीवन की है ।

विचारधारा और विचारतत्त्व

मनुष्य, सामाजिक होने के कारण सामाजिकों को उद्देश्यपूर्वक प्रभावित करने की आकांक्षा रखता है । इस आकांक्षा की पूर्ति में उसे यथार्थ स्थितियों-वस्तुओं-संबंधों के विशेष गुणों और नियमों के वस्तुनिष्ठ ज्ञान की भी जरूरत पड़ती है । वस्तु और उसके मूलरूप का ज्ञान, इस दिशा में जरूरी हो जाता है । वस्तुनिष्ठ ज्ञान ही सक्रियता जगाने में मदद देता है । व्यावहारिक आवश्यकताएँ भी इसी के अनुरूप तय की जाती हैं । किसी व्यक्ति को भूख लगी हो, इस समस्या के समाधान के लिए वह उपलब्ध सामग्री की जाँच करेगा । उसके अभाव में ही वह सक्रिय होकर सामग्री जुटाने में लगेगा । इसी से उसका उद्देश्य भी निर्धारित होगा । वस्तुज्ञान के बाद आत्मनिष्ठ दृष्टिकोण भी व्यक्त होगा कि वह व्यक्ति अपनी भूख शमन के लिए सामग्री जुटाने में क्या दृष्टिकोण रखता है । भीख माँगता है या परिश्रम करता है ।

वस्तुनिष्ठ ज्ञान तथा यथार्थ के प्रति दृष्टिकोण संज्ञानात्मक व्यवहारों को निश्चित करते हैं । 'विचारधारा भी, ज्ञान की तरह सामाजिक हितों से उत्पन्न होती है, मगर इन हितों का चरित्र भिन्न है । सबसे आम रूप में विचारधारात्मक चेतना इस सीधी-सादी वास्तविकता से उत्पन्न होती है कि कोई भी उत्पन्न कार्यकलाप एक निश्चित सामाजिक रूप में अमल में आता है, ठोस सामाजिक संबंधों की परिधि में होता है और सामाजिक पात्र (समाज, वर्ग) इन संबंधों को समझने की आवश्यकता महसूस करने लगता है, ताकि वह सामाजिक संबंधों के उक्त रूप को सुदृढ़ बनाए और कायम रख सके अथवा उसको बदल सके ।'[55] यों ऊपर से देखने पर संज्ञानात्मक प्रवृत्ति और विचारधारात्मक प्रवृत्ति में विशेष अन्तर नहीं दीख पड़ता किन्तु गहराई से देखने पर दोनों में स्पष्ट अन्तर लक्षित होता है । संज्ञानात्मक प्रवृत्ति व्यक्ति के व्यवहार तथा हितों से निर्धारित होती है, जबकि विचारधारात्मक प्रवृत्ति उन सामाजिक हितों द्वारा निश्चित होती है जिनमें समाज या वर्ग की व्यावहारिक साझेदारी निहित हो । अतः इन दोनों का विकास भिन्न-भिन्न अनुकूलनों द्वारा निश्चित होता है । यह कहना अनुपयुक्त न होगा, कि 'विचारधारा सामाजिक चेतना का वह अंग है, जिसका प्रत्यक्ष संबंध समाज के समक्ष उठने वाले सामाजिक कार्यभारों की पूर्ति से है और जिनके द्वारा सामाजिक संबंधों को बदलने या दृढ़ करने में सहायता मिलती है । वर्गीय समाज में विचारधारा का स्वरूप वर्गीय होता है । यानी वह विभिन्न वर्गों के भौतिक हितों की बौद्धिक अभिव्यक्ति है ।[56] इस प्रकार विचारधारा किसी वर्ग विशेष के सामाजिक कार्यभारों को अभिव्यक्ति देने वाली सामूहिक चेतना है, जो सामाजिक हितों, संबंधों को सुदृढ़ करती है ।

दृष्टिकोण और विचारधारा

जहाँ 'धारणा' स्वयं व्यक्ति की कृति है वहाँ 'विश्वास' बृहत्तर परिप्रेक्ष्य में धर्म और

विचारधारा विशेष का अंग होता है । धारणाएँ व्यक्ति स्वयं के अनुभव एवं संज्ञान के बल पर बनाता है, जबकि 'विश्वास' को धर्मगत या विचारधारागत मानकर 'धारण' करता है । किसी एक धर्म या धार्मिक मत में विश्वास; व्यक्ति द्वारा यह मान लिए जाने पर बनता है कि अमुक 'धर्म' या 'मत' पारम्परिक रूप में सामूहिक हित या मुक्ति का साधन है । वह तब उसके विश्लेषण में नहीं जाता । जाता भी है तो उसकी विधियों-रीतियों को जानने के उद्देश्य से, किन्तु उसकी सत्यता पर उसका विश्वास अटल भाव से बन चुका होता है, जिसे वह साधारण स्थितियों में कभी छोड़ने को तैयार नहीं होता । ये धारणाएँ ही दृष्टिकोण कहलाती हैं । व्यक्ति अपने अनुभवों के द्वारा जिन निष्कर्षों पर पहुँच चुका होता है, उनके माध्यम से नई समस्या को देखता है । पुराने अनुभूत विचार ही उसके काम आते हैं । वे दूसरों द्वारा स्थापित किए गए हों, तो भी व्यक्ति उन्हें आजमा कर 'अपने' बना लेता है । वे उसके व्यक्तित्व के अंग बन चुके होते हैं ।

जहाँ उपार्जित या ग्रहीत विचारों में परिपक्वता की कमी हो, वहाँ वे ख्याल या मत कहलाते हैं । प्रायः ही लोग किसी स्थिति में सुविचारित आधार के बिना जब बात करते हैं तो 'मेरा मत' या 'ख्याल' का प्रयोग करते हैं । विचार निश्चित धारणा की स्थिति का परिचायक है । 'धारणा' में केवल विचार ही निहित रहता हो ऐसा नहीं । विचार और भाव एक दूसरे में मिश्रित होकर रहते हैं । शुद्ध विचार में भाव का मिश्रण नहीं रहता । हमें उसको पृथक् ही मानना चाहिए । ऐसे विचार प्रत्ययात्मक होते हैं ।

विचार और विचारधारा

विभिन्न क्षेत्रों में विचार की स्थिति एवं परिभाषा भी भिन्न मानी जाती है, "आधिभौतिक इतिहासवाद के अन्तर्गत विचार का स्वरूप दर्शन है; सौन्दर्यबोधात्मक इतिहासवाद के अन्तर्गत विचार का स्वरूप कला है; प्रकृतिवादी इतिहासवाद के अन्तर्गत यह पाजिटिव विज्ञान (समाजशास्त्र) है; अनुभववादी या वस्तुनिष्ठ इतिहास के अन्तर्गत यह अनुभवपरक विज्ञान है ।"[57] इस प्रकार विचार अपने क्षेत्र विशेष और उद्देश्य विशेष को लेकर अपने पृथक् नाम और काम से जाना जाता है । सामूहिक रूप में विचारों की बुनावटें और बनावटें सांस्कृतिक बुनावट के लिए तन्तुओं का काम करती हैं, जो अपने में विभिन्न क्षेत्रों के रंगों-रूपों को समाहित किए रहती है ।

विचारधारा विचारों की शृंखला नहीं होती । विचार, व्यक्ति के स्वयं के अनुभव से उद्भूत होते हैं और स्वतन्त्र अस्तित्व रखते हैं, जबकि विचारधारा एक निश्चित मूल्य-पद्धति के प्रति अपने श्रद्धाभाव का रूप है, जिसे कोई व्यक्ति अपनी भावात्मक सत्ता की सुरक्षा के लिए अपनाता है । यों विचार संस्कृति के नए-नए रूप गढ़ते हैं और संस्कृति इन अर्थों में एक विचारधारा बनती है । एक समाज में अधिकारी तथा निम्न वर्गों की अलग-अलग संस्कृतियाँ होती हैं और उनके हित, उद्देश्य एवं प्रेरणाएँ भी भिन्न-भिन्न होती हैं । इस आधार पर कला और कविता की लड़ाई भी संस्कृति की लड़ाई बन जाती है ।

विचारधारा और साहित्य

साहित्य में विचारों का सदा ही महत् स्थान रहा है । इससे भी बढ़कर आधुनिक युग में वैचारिक टकराहटों और निष्कर्षों को साहित्य में उच्च स्थान दिलाने के लिए मनीषियों ने पर्याप्त प्रयत्न भी किए हैं । आज कला और साहित्य केवल सौन्दर्यबोध तथा भावना के ही विषय नहीं हैं, बल्कि वह विचारधारा के क्षेत्र की अभिवृद्धि हैं और व्यक्तिगतता से अधिक सामाजिक आशयों-संबंधों को प्रतिबिम्बित करते हैं । प्रत्येक समाज में साहित्य और कला की प्रकृति भी वर्गीय होती है, क्योंकि वर्गीय समाज के हित एवं आकांक्षाएँ भीं भिन्न होती हैं ।

साहित्य में विचारधाराओं का स्थान, जीवनपद्धतियों के श्रेय-प्रेय गुणों के आधार पर निर्धारित किया जाकर ही ग्रहीत हुआ है । आधुनिक हिन्दी साहित्य में, विचारधारात्मक सन्दर्भों में जब से चर्चा चली है, तब से विचारधारा के 'ग्रहण' का विजय भी विवादों से मुक्त नहीं रहा । एक ओर जहाँ साहित्य में विचारधारा के ग्रहण को लेकर अनेक प्रश्न उठे वहाँ दूसरी ओर इसके ग्रहण की पद्धतियाँ व हानि-लाभ की फेहरिश्त भी सामने आती रही ।

यह एक तथ्य है कि कलाकृति में लेखक की जीवनदृष्टि भी समाहित होती है । सृजन के समय वह इस तथ्य के प्रति सचेत हो या न हो । उसकी अनुभवाधृत दृष्टि के भीतर अपने परिवेशगत यथार्थ से ग्रहीत धारणाएँ एवं विचार होते हैं । 'यह भी एक तरह की विचारधारा ही है, जिसे हम पूर्णतः सुसम्बद्ध-सुसन्गत वैचारिक व्यवस्था भले ही न कहें ।'[58] किन्तु यह भी सच है कि विचारधारा के ग्रहण की सही स्थिति तभी उपलब्ध होती है, जब रचनाकार अपने विचारों को अनुभूति की राह से गुजारे । इसी प्रक्रिया को रमेश कुन्तल मेघ ने 'अतिक्रमण' कहा है । 'अतिक्रमण करने पर ही अनुभव को चेतना एवं चिन्तन में तब्दील किया जा सकता है ।... अतिक्रमण करके ही आदमी विचारों की प्रामाणिकता पाता है और तब वह विचारधारा से 'प्रतिबद्ध' होता है ।'[59] रचनाकार को रचनाक्षणों में इस ओर अत्यधिक सचेत रहना चाहिए कि कहीं वह दार्शनिक या विचारधारात्मक विचारों को प्रत्ययात्मक धरातल पर तो नहीं उतार रहा, क्योंकि यह क्षेत्र किसी दार्शनिक, चिन्तक या तर्कशास्त्री का है । मुक्ति बोध ने इस संबंध में लिखा है : 'किसी भी दार्शनिक ज्ञान व्यवस्था से अनुप्राणित या आधारित जो भावदृष्टि होती है, उसकी अपनी सीमा और क्षमता भी रहती है । जब तक लेखक स्वयं उस बात से चेतन न हो, वह बहुत गड़बड़ कर सकता है ।'[60] किन्तु जो कवि-लेखक इस अन्तर के प्रति सजग-सचेत नहीं रहते वे इस गड़बड़ का शिकार होते हुए अनभिज्ञता में ही जीते विचरते हैं ।

साहित्य में विचारधारा के ग्रहण की, रचनाकारों की असमताओं के परिणामस्वरूप, एक प्रकार की अतिचारिता लक्षित होने लगी । इसी कारण राजनीतिक विचारधाराओं के प्रति अरुचि और घृणा तक की भावना बढ़ी । दूसरी ओर यह शंका भी निर्मूल नहीं लगती कि 'विचारधाराओं को स्वीकार करने से रेजिमेंटेशन होने लग सकता है ।'[61] यह तथ्य

मुख्यतः देखने में आया है कि राजनीतिक कविता में विचार आरोपित होने से कविता की हानि हुई है । यह विधा के साथ ही खिलवाड़ था । आधुनिक राजनीतिक विचारधाराएँ भी अपनी कमियों के कारण व्यर्थ लगने लगीं ।

राजनीतिक विचारधाराओं ने ही नहीं, राजनीतिक कारगुजारियों ने भी विचारधाराओं पर से लोगों का विश्वास खत्म किया है । भारत में आए दिन के दलबदल और टोपीबदल ने राजनीति को घृणा की वस्तु बना दिया है । हल्के उत्साह में कवि कर्म को भूल नौसिखिया कवियों ने विचारधाराओं के कविता में उलथे प्रस्तुत करके कविता और विचारधारा दोनों को स्तर से नीचे उतारा है । इस सरलीकरण की प्रक्रिया के विरुद्ध गम्भीर और सच्चे कवियों ने अपनी कविता में विचारों को कला की कसौटी पर उठाया है । साथ ही प्रोटेस्ट के इस तेवर में समकालीन व्यक्ति के भ्रष्टीकरण एवं कायरता के टूटने की आकांक्षाएँ भी अव्यक्त नहीं रहीं ।

दूसरी ओर विचारधारा को पूरी निष्ठा और गहरी आस्था के सम्बल के रूप में कविता में व्यक्त करने वाले कवियों की कमी नहीं । मुक्तिबोध की 'अँधेरे में', धूमिल की 'पटकथा', राजकमल चौधरी की 'मुक्ति-प्रसंग' आदि श्रेष्ठ उदाहरण के रूप में प्रस्तुत की जा सकती हैं । इनके अतिरिक्त कुमारेन्द्र पारसनाथसिंह, राजीव सक्सेना, ओमप्रकाश निर्मल, लीलाधर जगूड़ी, कुमार विकल, रमेश गौड़ आदि विचारधारा को कविता में स्थान देते हुए कविता की अस्मिता को बरकरार रखने के प्रति सदैव सजग रहने वाले कवि हैं ।

दार्शनिकता और विचारतत्त्व

दर्शन और कविता का संबंध

दर्शन और कविता का नाता वास्तव में मस्तिष्क और हृदय का नाता है । विश्व का उत्कृष्ट साहित्य इन दोनों के समन्वय से ही महानता की कोटि में आ सका है । इसलिए कविता में दार्शनिकता का समावेश होता आया है । कविता, क्योंकि सत्य की अन्वेषिका मानी गई है, इसलिए दार्शनिकता से उसका निकट संबंध भी इन्हीं अर्थों में सध पाता है ।

दर्शन की बौद्धिक रुक्षता को कविता में अनुभूति की तरलता से समज्जित करके ग्रहण किया जाता है, जबकि कविता सत्य की खोज के साथ आनन्द (बौद्धिक-आत्मिक) की सृष्टिकारिणी भी होती है । दूसरी ओर दार्शनिक (समग्र वैचारिक) आधार के बिना कोई भी काव्य जीवन समाज के बड़े प्रश्नों को न उठा पाने की अक्षमता के कारण बड़ा महत्त्व अर्जित नहीं कर सकता और यों बिना रीढ़ का ढुलमुल ढाँचा ही सिद्ध होता है ।

कविता की सुदृढ़ पीठिका विचार-दर्शन की अनिवार्य संस्थिति होती है । विश्व प्रसिद्ध कवियों वाल्मीकि, व्यास, कालिदास, तुलसीदास, कबीर, मिल्टन, शेक्सपियर आदि हों या आधुनिक युग के विचारक कवि, इन्होंने अपने जीवनगत अनुभवों के साथ अपने

दार्शनिक विचारों को समन्वित कर, जहाँ अपने काव्य का वैचारिक विश्व खड़ा किया, वहाँ उन्हें देशकालातीत शाश्वत काव्यमूल्यों के साथ भी जोड़ा ।

दर्शन की तर्कप्रधानता

दर्शन की प्रक्रिया मस्तिष्कप्रधान होती है, जिसमें संवेदनाएँ या संवेगात्मक पक्ष उपेक्षित रहते हैं । दर्शन मात्र सत्य एवं शिव तक अपने को सीमित रखता है । सुन्दर की भूमिका पर वह पदार्पण नहीं करता । सुन्दर-असुन्दर की भूमि संवेदनाओं के ऐन्द्रिय प्रतीतियों के वृत्त में आती है, जो कलाओं की भूमि है । दर्शन यहाँ कला का आश्रय लेकर ही प्रवेश पाता है । दार्शनिक अपनी तर्कप्रधान प्रक्रियाओं के कारण सत्य की खोज में संसार को सुख-दुख, माया-मोह, पाप-पुण्य आदि का पुंज मानकर उसकी अवहेलना करता है । उसमें एक प्रकार की सर्व-विरक्ति का भाव नीरसता की चरम सीमा को छूता है और वह रागमुक्त होकर सोचता है ।

दर्शन की एक विशिष्ट प्रक्रिया है, इसमें तर्कपद्धति का आश्रय लेकर सिद्धान्त तथा निर्णय तक पहुँचा जाता है । साहित्य से बाहर के विषयों मनोविज्ञान, भौतिक विज्ञान, राजनीति, इतिहास आदि के संबंध में तथ्यों के आधार पर निर्णय या निष्कर्ष निकाले जाते हैं । इस सन्दर्भ में आगमनात्मक या निगमनात्मक पद्धतियों का आश्रय ग्रहण किया जाता है ।

दार्शनिक विचार और काव्यविचार

वर्तमान विश्व में काव्य भी साहित्येतर विषयों का इस्तेमाल कच्चे माल की भाँति करता है । वस्तुस्थिति यह है कि आज साहित्यकार राजनीति, भौतिक विज्ञान, मनोविज्ञान, इतिहास से बच नहीं सकता । इनमें भी राजनीति तो सर्वप्रभुत्वसम्पन्न होने के कारण सबसे अनिवार्य तथ्य बन गई है । देखना यह है कि राजनीतिक विचारधारा एवं राजनीतिक दार्शनिक विचारों को किस प्रकार काव्योपयोगिता प्राप्त हो सकती है ।

साहित्य में भी विभिन्न विचारों, निर्णयों, निष्कर्षों का उपयोग किया जाता है किन्तु साहित्य की प्रक्रिया दर्शन की प्रक्रिया से भिन्न होती है । साहित्य में तथ्यों, तर्कों आदि की प्रक्रिया मात्र बौद्धिक न होकर ऐन्द्रिक एवं भावात्मक तत्त्वों के माध्यम से होती है । गणपतिचन्द्र गुप्त के शब्दों में : 'दार्शनिक का लक्ष्य विचार को तर्क के बल पर सिद्ध कर देना होता है जबकि साहित्यकार का लक्ष्य विचार को अनुभूत करा देने का होता है ।' इन दोनों प्रक्रियाओं को स्पष्ट करते हुए वह आगे लिखते हैं : 'जहाँ दार्शनिक पदार्थों और विषय वस्तुओं के प्रत्यक्षबोध को अप्रत्यक्ष शब्द संकेतों में, स्थूल को सूक्ष्म में, विशिष्ट को सामान्य में परिणत कर देता है वहाँ साहित्यकार सामान्य को विशिष्ट में सूक्ष्म की स्थूल में, और अप्रत्यक्ष को प्रत्यक्ष में प्रस्तुत करता है ।' तथा इस प्रक्रिया में 'जहाँ एक का कार्य अनुभूतियों को सिद्धांतों में परिणत करना है, वहाँ दूसरे का कार्य सिद्धांतों को

अनुभूतियों के रूप में प्रस्तुत करना है ।'[62] अतः दार्शनिक विचार या काव्यात्मक विचार का निर्णय प्रयोग की उद्देश्यपरकता के आधार पर किया जा सकता है । दार्शनिक विचार और काव्यगत विचारों में यही मौलिक उद्देश्यपरक अन्तर है । देखना यही है कि विचारों का प्रयोग काव्यात्मक मनःस्थिति निर्मित करने के लिए हुआ है या दार्शनिक व्याख्या के लिए ।

दार्शनिक विचार : काव्योपयोगी पक्ष

दार्शनिक विचार काव्य के लिए उपयोगी किस प्रकार बन सकते हैं, इस संबंध में केदारनाथ सिंह का मत है : 'जो वस्तु दार्शनिक के लिए अमूर्त तथा स्वतः पूर्ण होती है वह कवि के कार्यक्षेत्र में पहुँचकर सहसा रूपान्तरित हो जाती है और एक नए बिम्बात्मक साँचे में ढल कर सामने आती है । महत्त्वपूर्ण यह है कि काव्यगत विचार एक ऐसी जीवित ठोस वस्तु के रूप में उपस्थित किया जाए कि वह न केवल बुद्धि अथवा मन का विषय रहे, बल्कि ऐन्द्रिय बोध के स्तर पर भी अनुभव किया जा सके ।' केदारनाथ सिंह विचार को अनुभूत करा देने के लिए उनके ऐंद्रिय रूपान्तरण पर बल देते हैं । यह ऐन्द्रिय रूपान्तरण बिम्बों के माध्यम से सम्पन्न हो सकता है । वह आगे लिखते हैं : 'संवेदना और विचार के इस चिरन्तन द्वन्द्व को केवल बिम्ब के द्वारा हल किया जा सकता है । वस्तुतः बिम्ब का जन्म ही स्थूल यथार्थ तथा सूक्ष्म विचारों के तनाव के मध्य होता है ।' तथा 'विचार ही वह सूत्र है जो अलग-अलग ऐन्द्रिय चित्रों को व्यापक एकता के सूत्र में संग्रथित करता है ।'[63] इस प्रकार केदारनाथ सिंह विचारों को अनुभूत कराने की दिशा में, बिम्ब में उसके रूपान्तरण की सम्भावनाओं को चरितार्थ होता मानते हैं ।

मुक्तिबोध दर्शन को यान्त्रिक रूप में काव्य में प्रस्तुत किए जाने के विरुद्ध हैं । अपनी कला की श्रेष्ठता सिद्ध करने के लिए, कलाकारों द्वारा, काव्य में ग्रहीत विचारों को वह अनुपयोगी मानते हैं । अन्यथा चेतना के विकास के संबंध में उन्होंने लिखा है : 'चेतना की समृद्धि और विस्तार श्रेष्ठ कला का एक लक्षण है । और, जब तक मानव समस्याएँ हल नहीं होतीं, चाहे वे किसी भी क्षेत्र और स्तर की क्यों न हों, तब तक मानव संवेदनापूर्ण कलात्मक चेतना का यह धर्म है कि वह उन पर सोचे-विचारे और अपनी दृष्टि को कलात्मक रूप से प्रस्तुत करे ।'[64] मुक्तिबोध ने विचार दृष्टि के विस्तार और विचार के कवि द्वारा अभिग्रहण को तो प्रश्रय दिया है किन्तु उसकी अभिव्यक्ति के लिए 'कलात्मक रूप' की अनिवार्यता भी बता दी है । विचारदृष्टि की अभिव्यक्ति कलात्मक रूप में ही प्रेय है ।

अतः दार्शनिक विचार जब काव्यविचार में परिणत हो जाए तभी वह काव्य के उपयोग की वस्तु बन सकता है । इसके लिए चाहे वह बिम्बों में रूपान्तरित हो या रूप, गुण संबंधी अन्य ऐन्द्रिय गुण उपलब्ध करे । शुद्ध दार्शनिक विचार का अनुभूत विचार में परिणत होना कला-कविता की अनिवार्य शर्त है । संवेदनापूर्ण कलात्मक चेतना ही प्रेय

मानी जा सकती है । इसी के विकास में साहित्यकार की साधना की सार्थकता एवं ग्राह्यता विद्यमान है ।

छायावादी काव्य दार्शनिक विचारों के उपयोग के लिए प्रसिद्ध है । छायावाद के प्रमुख कवियों में प्रसाद ने शैवदर्शन (कामायनी), निराला ने वेदान्त ('तुम और मैं' जैसी कविताएँ), महादेवी ने बौद्ध दर्शन (दुख, करुणा भरे गीतों में), पन्त ने अरविन्द और मार्क्सवादी दार्शनिक विचारों को (लोकायतन) में पर्याप्त स्थान दिया है । बाद के कवियों में अज्ञेय ने अस्तित्ववादी दर्शन (असाध्य वीणा), धर्मवीर भारती ने अस्तित्ववादी दर्शन (अन्धा युग), आदि को अपनाया है तो मुक्तिबोध, नागार्जुन, केदारनाथ अग्रवाल, त्रिलोचन आदि ने अपने काव्याधार के रूप में मार्क्सवादी दर्शन को अपनाया है । इसी प्रकार चाहे रघुवीरसहाय, विजयदेवनारायण साही हों या धूमिल, ओमप्रकाश निर्मल, कुमारेन्द्र पारसनाथ सिंह हों, इनकी वे ही कविताएँ सराही, अपनाई जाती हैं जो दार्शनिक विचार के साथ कलात्मक निष्कर्षों पर भी खरी उतरती हैं । उक्त कवियों और उनकी रचनाओं की ख्याति का निकष जहाँ दार्शनिक विचार हैं, वहाँ कलात्मक मूल्यवत्ता भी है । अतः दार्शनिक विचार की ग्राह्यता कलात्मक मूल्यों के आधार पर ही स्वीकार्य होती है ।

कर्मशीलता और विचारतत्त्व

भारत में, विशेषकर हिन्दी साहित्यकारों में इधर जो विचाराग्रह और विचार के प्रति प्रतिबद्धता की भावना उभरी है, उसमें से कर्म अभी भी गायब है । सर्वत्र निराशा, हताशा, अजनबीपन और सन्त्रास व्याप्त है । 'विचार' और 'कर्म' की व्यापक दूरी के कारण यह स्थिति उभर आई है । इसका समाधान बताते हुए गोबिन्द रजनीश लिखते हैं; "इस सबका हल है 'गीता' का 'कर्मयोग' । कर्म के अभाव में चिन्तन अधूरा है । साहित्य के क्षेत्र में भी रचना का संबंध बाह्य उपकरण और आन्तरिक सज्जा से होता है । बाह्य उपकरण रचनाकार की निजी पूँजी है । उस पर उसका जितना स्वायत्त होगा, उतना ही वह उसे सँजो सकेगा; किन्तु आंतरिक सज्जा वैयक्तिक होती हुई भी सामाजिकता से अनुप्रेरित अथवा किन्हीं मायनों में उससे सम्बन्धित होती है, अतः उससे कटकर जीना किसी भी रचनाकार को बीभत्स, अन्तर्मुखी और आत्मपरक बना देगा ।"[65] भारतीय जीवनदर्शन में कर्म का अत्यन्त गहन एवं व्यापक स्थान है । 'कर्म' के द्वारा कर्तव्य बोध कराया गया है । निरासक्त या परिणाम के प्रति आसक्तिविहीन कर्म मोक्ष तक का माध्यम माना गया है । यदि पुरातन एवं मध्ययुगीन सन्दर्भों को छोड़ दें तो आधुनिक युग में भारतीय स्वतन्त्रता संग्राम में गांधीवादी विचारों और कर्म का गठबन्धन हुआ था, जिसके अपेक्षित सुखद परिणाम भी सामने आए । इसके बाद विचार सिर्फ रचना के घेरे में घिर कर रह गया । उसे कर्म का आश्रय लेकर जन जीवन के साथ जोड़ने के प्रयत्न न के तुल्य ही रहे ।

अन्तर्राष्ट्रीय क्षितिज पर उभरे मार्क्सवादी क्रान्ति के प्रयत्नों और नए प्रायोगिक

आयामों ने भारतीय मार्क्सवादी लेखकों को भी इधर सक्रिय किया है । नक्सलवाद के पक्षधरों ने अपने विश्वास को कार्यान्वित करने के लिए जो रक्तिम पग उठाए, उन्हें कतिपय हिन्दी साहित्यकारों ने अपने लिए आदर्श रूप मानकर स्वयं के लिए स्वीकार किया और सर्वहारा के क्रान्तिकार्यों को रचनात्मक समर्थन प्रदान किया । भले ही यह कर्म के साथ सीधे साक्षात्कार न कहलाए, तो भी नक्सलपंथियों के मध्य एवं सान्निध्य में रहकर विचार-धारा को आत्मसात् करना, कर्मोन्मुख होना भी कुछ कम महत्त्व नहीं रखता । इस संबंध में कंचनकुमार, आलोक धन्वा, डॉ. माहेश्वर आदि के नाम उल्लेख्य हैं ।

तो भी प्रकटतः हिन्दी साहित्य का कर्म से संबंध नगण्य ही रहा, जबकि रचना के यथार्थवादी स्तर पर सध पाने के लिए कविता के बाहर कवि की सामाजिक जीवन में सक्रिय साझेदारी की आवश्यकता है । अपने विचारों को कविता के अतिरिक्त अपने कर्म से प्रमाणित करना भी जरूरी है । यथार्थता के बिना जीवनसंघर्ष और बोध का ज्ञान अधूरा रह जाता है, जो वास्तविक कर्म के प्रति भ्रम, आशंका और सन्देह के आवरण डाले रहता है । अतः वास्तविक जीवनसंघर्ष विचारदर्शन को अपनाकर यथार्थता की लौ में कर्म में कूदने पर ही सम्भव है ।

कर्म का निषेध त्रासद स्थितियों को जन्म देता है । कर्म संघर्ष में साझेदारी और सक्रियता की माँग करता है, जबकि अकर्मण्यता जातीय-वर्गीय स्वाभिमान को कुंठित कर त्रासद स्थितियों को उत्पन्न करती है । छठे दशक की हिन्दी कविता में फूहड़ता, अकेलापन, मानवीय संबंधों की विलुप्तता की भावनाओं के समावेश की कारणता की पड़ताल करने पर कर्महीनता और कर्महीनता के पीछे राष्ट्रीय-मानवीय उद्देश्यों के प्रति उदासीनता की भावना ही मिलेगी ।

विश्व हाशिये पर आज मार्क्सवादी दर्शन मानवमुक्ति के संघर्ष एवं कर्म के नए द्वार खोल रहा है, जिसकी रोशनी में तीसरी दुनिया के उत्पीड़ितों के पक्षधर लड़ाके कर्मलीन हैं । मार्क्सवादी कवि मुक्तिबोध भी आधुनिक सांस्कृतिक उत्थान के लिए साहित्य और कर्म के समन्वय को अनिवार्य मान कर कहते हैं : 'हिन्दुस्तान की बलवान आत्मा यदि दर्शन, कविता, विज्ञान की उपलब्धि के लिए विचार को पोषक समझती है तो कर्म को भी वह महत्त्व देती है । आधुनिक सांस्कृतिक उत्थान के लिए कर्म भी उतना ही अपरिहार्य है जितना कि बौद्धिक और भावनात्मक पक्ष ।'[66]

कविकर्म और वास्तविक कर्म में से एक को चुनना और दूसरे को छोड़ना भी इतना आसान नहीं । क्या दोनों में कुछ संबंध भी है या नहीं ? क्या कर्म में से अस्ति की पहचान सम्भव है ? इस संबंध में अज्ञेय का कथन है : "एक रास्ता तो सीधा है । यह 'कर्म' का एक्शन का रास्ता है । लेकिन यह जरूरत से ज्यादा सीधा रास्ता है । कर्म के द्वारा अस्मिता की उपलब्धि, कर्म में से अस्ति की पहचान तो है, पर यह साहित्य कर्म से अलग ले जाने वाला रास्ता है यानी इस अर्थ में साहित्य लेखन कर्म नहीं है ।"[67]

प्रश्न उत्पन्न होता है कि यदि वास्तविक कर्म में कूदने से कवि कविता और समीक्षा

के घेरे से बाहर हो जाता है, तब ऐसे कर्म की मूल्यवत्ता कितनी प्रासंगिक रह जाती है । अज्ञेय ने कर्म को मात्र कर्मक्षेत्र यानी जीवन के व्यावहारिक क्षेत्र तक परिसीमित करके देखा है । कर्मशीलता में निहित विश्वास के साहित्यिक प्रतिफलन को वह अनदेखा कर गए हैं । साहित्य के सन्दर्भ में वास्तविक कर्म में कवि के अनुप्रवेश की उतनी अनिवार्यता नहीं, जितनी कि उसके लिए कर्मशीलता में विश्वास को धारण करने और उसे सामाजिक हितों, आशयों और अनुभवों से जोड़ने की जरूरत है । इस विश्वास के धारण करने से दृष्टिकोण में मौलिक परिवर्तन की सम्भावनाएँ निहित रहती हैं । इसी में कर्म (कविकर्म) और व्यक्तित्व की सार्थकता उपलब्ध होती है ।

विश्वम्भरनाथ उपाध्याय विचार और कर्म की चक्राकार स्थिति मानते हैं । यह कोई अलग-अलग पड़े हुए तत्त्व नहीं । उनका कहना है : "धारणा, अनुभव, विचार और कर्म को, अब तक अणुवादी (एटोमिस्टिक) दृष्टि से देखा गया है । दरअसल इनका एक 'चक्र' है । ये साथ-साथ, एक दूसरे का साथ देते हुए चलें तभी अच्छा है ।"[68] अतः विचार का स्वाभाविक वैध प्रतिफलन कर्म में ही सम्भव है । कवि को अपने सृजन में अपनी धारणाओं को अनुभव, अनुभव को विचार और विचार को कर्मशीलता में परिणत करते चलना चाहिए ।

कर्मशीलता, कविता के सन्दर्भ में, विचार का अतिक्रमण है । सगुण (पाजिटिव) विचार अवश्य कर्म उत्प्रेरक होगा ही । विचार की स्वाभाविक अनिवार्य परिणति कर्मशीलता ही है । कविता अपनी सर्वोत्कृष्ट भूमिका में मानसिक उत्फुल्लता और सक्रियता जगाती है, तो विचार के ही बल पर । अतः विचार और कर्मशीलता परस्पर पूरक और अविच्छिन्न रूप में सम्बद्ध है ।

सन्दर्भ

1. हिन्दी साहित्य कोश, पृ. 495. ❑ 2. दृष्टव्य : Selected Essays, Second Thoughts about Humanism T.S. Eliot. ❑ 3. नवल किशोर : मानववाद और साहित्य (राधाकृष्ण प्रकाशन, दिल्ली : 1972), पृ. 26. ❑ 4. नववाम पंथ, केनेथ माइनोग का लेख (संपादक : मारिस क्रैंसटन, अनुवादक : विजय श्री भारद्वाज, नेशनल अकादमी, दिल्ली : 1974), पृ. 36. ❑ 5. वही. ❑ 6. चे गुएवरा : वही, पृ. 36–7 ❑ 7. डॉ. जगदीश गुप्त : नयी कविता : स्वरूप और समस्यायें (भारतीय ज्ञानपीठ प्रकाशन, वाराणसी : 1969), पृ. 47. ❑ 8. इन्द्रनाथ मदान : आधुनिक कविता (राजकमल प्रकाशन, दिल्ली, पटना : 1967), पृ. 21. ❑ 9. गजानन माधव मुक्तिबोध : नये साहित्य का सौंदर्यशास्त्र (राधाकृष्ण प्रकाशन, दिल्ली : 1971), पृ. 29. ❑ 10. दूसरा सप्तक : रघुवीर सहाय (सं. अज्ञेय, भारतीय ज्ञानपीठ प्रकाशन, वाराणसी, द्वितीय संस्करण : 1970), पृ. 138. ❑ 11. What we choose is always better and nothing can be better for us unless it is better for all. — Sartre : Existantialism and Humanism, p. 29. ❑ 12. नवल किशोर : मानववाद और साहित्य (राधाकृष्ण प्रकाशन, दिल्ली : 1972), पृ. 68. ❑ 13. तारसप्तक, प्रभाकर माचवे : (सं.अज्ञेय), पृ. 124. ❑ 14. रामचन्द्र शुक्ल : रस मीमांसा : (सं. विश्वनाथ प्रसाद मिश्र, नागरी प्रचारिणी सभा, वाराणसी : 1954), पृ. 293–4. ❑ 15. तारसप्तक, अज्ञेय, पृ. 273. ❑ 16. वही, पृ. 272. ❑ 17. राममनोहर लोहिया : क्रान्तिकारण, (नवहिंद प्रकाशन, हैदराबाद :

1966), पृ. 13. ❑ 18. राममनोहर लोहिया : समाजवादी आंदोलन का इतिहास, (नवहिंद प्रकाशन, हैदराबाद : 1965), पृ. 125. ❑ 19. वही, पृ. 102. ❑ 20. आचार्य नरेंद्रदेव : राष्ट्रीयता और समाजवाद (शिवलाल अग्रवाल एंड कं. लिमिटेड आगरा : 1946),पृ. 415. ❑ 21. राममनोहर लोहिया : समाजवादी आंदोलन का इतिहास, पृ. 23. ❑ 22. संपूर्णानन्द : समाजवाद (काशी विद्यापीठ, बनारस : संवत 2004), पृ. 319. ❑ 23. राष्ट्रीयता और समाजवाद, पृ. 300. ❑ 24. संपूर्णानन्द : समाजवाद, पृ. 321. ❑ 25. राष्ट्रीयता ओर समाजवाद, पृ. 294–5. ❑ 26. समाजवादी आंदोलन का इतिहास, पृ. 123. ❑ 27. जयप्रकाश नारायण : सम्पूर्ण क्रान्ति (सर्वसेवा संघ प्रकाशन, राजघाट, दूसरा संस्करण, वाराणसी : 1975), पृ. 66. ❑ 28. पट्टाभिसीतारमैया : गांधी और गांधीवाद (शिवलाल अग्रवाल एंड कं., प्रथम संस्करण, आगरा : 1957), पृ. 29. ❑ 29. 'हरिजन बंधु', 26 मार्च 1936. ❑ 30. के. एम. मुंशी, गांधी : दि मास्टर (राजकमल प्रकाशन, दिल्ली : 1948), पृ. 4. ❑ 31. 'इस सत्य को पाने की इच्छा करनेवाला मनुष्य जीवन के एक भी क्षेत्र से बाहर नहीं रह सकता । गाँधी का कहना है कि उनकी सत्यनिष्ठा ने ही उन्हें राजनीति में घसीटा है' गाँधीः सत्य के प्रयोग अथवा आत्मकथा (सस्ता साहित्य मंडल प्रकाशन, नई दिल्ली : 1967), पृ. 576–7. ❑ 32. 'यंग इंडिया', 14 अगस्त 1924. ❑ 33. 'The Path of Truth is narrow as it is striaght. Even so is that of Ahimsa. It is like balancing oneself on the edge of a sword.... Selections from Gandhi, (Nav Jivan Publishing House, Ahmedabad, : 1948), p. 14 x 38. ❑ 34. वही, पृ. 224 632 ❑ 35. 'हरिजन', 6 अक्तूबर, 1921. ❑ 36. 'सर्वोदय, जनवरी 1939 (अंतिम कवर पर उद्धरण). ❑ 37. नवजीवन, 2/11/1924. ❑ 38. यंग इंडिया, 19/1/1928. ❑ 39. वही. ❑ 40. वही, 20/5/1926. ❑ 41. वही. ❑ 42. दि पोयटिक जीनियस आफ श्री अरविंद (प्रथम संस्करण), पृ. 117. ❑ 43. श्यामबहादुर वर्मा, अरविंद विचार दर्शन (अरविंद प्रकाशन, दिल्ली-6, प्रथम संस्करण : 1974), पृ. 21. ❑ 44. श्री अरविंद 'दि लाइफ डिवाइन; भाग 2, पृ. 532. ❑ 45. देखें, 'भवानी मंदिर योजना' के अन्तर्गत 'श्री अरविंद मंदिर वार्षिकी' का पंद्रहवां जयंती अंक, 15 अगस्त, 1956. ❑ 46. डॉ. कर्णसिंह : भारतीय राष्ट्रीयता का अग्रदूत (हिन्दी अनुवाद : पद्मिनी मेनन), पृ. 38. ❑ 47. श्री अरविंद : स्पीचेज, पृ. 91. ❑ 48. डॉ. रामनाथ शर्मा : श्री अरविंद का सर्वांग दर्शन, भूमिका, पृ. X ❑ 49. दि लाइफ डिवाइन, जिल्द 1, पृ. 94. ❑ 50. श्री अरविंद : दि सिंथेसिस आफ योग, पृ. 40. ❑ 51. दि लाइफ डिवाइन, जिल्द 1, पृ. 243. ❑ 52. पन्त : स्वर्णकिरण, (प्रथम संस्करण), पृ. 1. ❑ 53. बच्चन : कवियों में सौम्य सन्त, (प्रथम संस्करण), पृ. 79. ❑ 54. साठ वर्ष : एक रेखांकन (प्रथम सं. : सन् 1960), पृ. 61–2. ❑ 55. व केल्ले और म. कोवालजोन : ऐतिहासिक भौतिकवाद (अनुवादक अली अशरफ, प्रगति प्रकाशन मास्को, 1974), पृ. 261. ❑ 56. वही, पृ. 262. ❑ 57. रमेश कुंतल मेघ : आधुनिकताबोध और आधुनिकीकरण, पृ. 316. ❑ 58. गजानन माधव मुक्तिबोध : नये साहित्य का सौंदर्यशास्त्र, पृ. 53. ❑ 59. काव्य रचना प्रक्रिया (सं. कुमार विमल, बिहार हिन्दी ग्रंथ अकादमी, पटना : 1974), पृ. 72. ❑ 60. नये साहित्य का सौंदर्यशास्त्र, पृ. 52. ❑ 61. नित्यानन्द तिवारी : विचार कविता की भूमिका, पृ. 17. ❑ 62. गणपतिचन्द्र गुप्त : साहित्य विज्ञान (भारतेन्दु भवन, चंडीगढ़ : 1964), पृ. 164. ❑ 63. केदारनाथ सिंह : आधुनिक हिन्दी कविता में बिम्ब विधान का विकास, पृ. 71. ❑ 64. नये साहित्य का सौंदर्यशास्त्र, पृ. 52. ❑ 65. गोविन्द रजनीश : मधुमती परिचर्चा अंक, अधुनातन परिवेश और सृजन की समस्याएँ (सं. नवलकिशोर, चन्द्रसिंह, नन्दचतुर्वेदी, प्रकाश आतुर), (राजस्थान साहित्य अकादमी प्रकाशन, संगम; 1965), पृ. 98. ❑ 66. नये साहित्य का सौंदर्यशास्त्र, पृ. 65–66. ❑ 67. अज्ञेय : परिवेश की पहचान, 'अकथ', (सं. : मणि मधुकर, जून-जुलाई, 68). ❑ 68. 'विचार कविता : वास्तविकता का बौद्धिक पुनः सृजन', विचार कविता की भूमिका : डॉ. विश्वम्भरनाथ उपाध्याय, पृ. 86.

3

स्वातंत्र्योत्तर हिन्दी कविता में विचार के अन्योन्यान्य संबंध

विचार के वाक्य विभेदक संबंध

काव्य में विचार की स्थिति और स्वरूप

काव्यात्मक विचार की प्रकृति : किसी भी साहित्य की वास्तविक शक्ति विचारों के साथ उसके उस संबंध में निहित रहती है, जिसके द्वारा वह अन्य अनुशासन दर्शन, धर्मशास्त्र, विज्ञान आदि के साथ इनकी व्यापकता, प्रभाव सामर्थ्य एवं गम्भीरता में प्रतिस्पर्धा अर्जित करता हुआ इनसे आगे निकल जाता है । इस प्रतिस्पर्धा में जीतने, आगे निकल जाने के उसके अपने वे व्यवहार होते हैं, जिनके बल पर वह वास्तविक योग्यता ग्रहण करता है । यह तर्कमयता केवल उसकी तर्कना में ही निहित नहीं होती अपितु उन अनुभूत विचारों के कारण आती है, जो युगीन जीवन के तर्क पर भी खरे उतरते हैं, साथ ही अन्य अनुशासनों की अपनी विशेष आनुशासनिक रुक्षता भी छोड़ देते हैं ।

कविता में विचारों की अनिवार्यता : चाहे कितना ही विकसित, संश्लिष्ट भावापन्न समाज क्यों न हो, वह अपने विकासक्रम में अपनी आद्य परम्परित भावसम्पत्ति को स्मृति से ओझल नहीं करता । सचेतन एवं तर्कमय विचारों के परिप्रेक्ष्य उसके अन्धकारमय अचेतन से लेकर प्रकाशमय सचेतन तक और व्यक्तिवादी साहित्य से लेकर समाजवादी साहित्य तक विस्तीर्ण होते हैं । बड़े विचार, जो किन्हीं ग्रन्थों को महान्, महत्त्वपूर्ण और प्रासंगिक बनाते हैं, वे प्रेम, मानवता आदि के व्यापक प्रभावकारी सरोकारों के कारण ही बड़े माने जाते हैं । यदि ये विचार अपनी क्षेत्रीयता, अपनी वास्तविक प्रकृति और रीति को तदवत बनाए रखते हैं तो वे न केवल पाठक के लिए अनुपयोगी होते हैं, अपितु काव्यमाध्यम का ही दुरुपयोग कर उसे हानि पहुँचाते हैं ।

कवियों को बड़ा बनाने वाली उनकी वैचारिक सम्पन्नता ही होती है । इस सम्पन्नता का उपयोग वे काव्यतर्क के आधार पर करते हैं, न कि विचारों के अपने तर्क के

आधार पर । जब कवि काव्यतर्क के आधार को स्खलित करके, विचारों के तर्क (क्षेत्रीय अर्थों में, जिस ज्ञानानुशासन से वे आए हैं) को अपनाते हैं, तब वे स्वयमेव ही काव्य की अपनी क्षमताओं के आगे भी प्रश्नचिन्ह लगा देते हैं । प्राकृतिक और अध्यात्मवादी चेतना के कवि पन्त और मार्क्सवादी विचारों को बिना पचाए काव्याभिव्यक्ति देने वाले पन्त के काव्य का अन्तर हमारे सम्मुख स्थिति की वास्तविकता सहज ही उद्घाटित कर देता है । पहले स्तर पर वह अपनी निजी वैचारिक शक्ति एवं बोधत्व को स्वरूप प्रदान करते हैं और दूसरे स्थान पर आरोपित अनात्मसात् वैचारिकता को । अनात्मसात् वैचारिकता कवि की काव्य अक्षमता की भी द्योतक बन जाती है । कवि जब किसी विचार के साथ भावुक लगाव रखता है तब वह उसकी सीमा भी बन जाता है । उसकी सीमा इस भावुक लगाव में निहित होती है, विचार में नहीं । अतः कविता में कवि के उस व्यवहार की भूमिका प्रमुख रहती है जिसके अन्तर्गत वह विचारों को शुद्ध प्रत्ययों के रूप में नहीं, बल्कि काव्यात्मक व्यवस्था में ढालता है । यह काव्यव्यवस्था काव्यमाध्ध्यम के अपने तर्क एवं कवि द्वारा अर्जित एक निजी व्यवस्था है ।

विचारों की कोटि : यहीं विचारों की कोटि को भी स्पष्ट कर लेना अपेक्षित है । काव्य सब प्रकार के विचारों का माध्यम नहीं हो सकता । वहाँ केवल वही विचार आकर्षक हो पाते हैं, जो उपयुक्त चित्र सामग्री में मूर्तित होकर या कविचेतना द्वारा स्फूर्त होकर प्रकाशित या ध्वनित होते हैं । ऐसे विचार गहरे रागात्मक धरातल पर सर्जनात्मक ऊर्जा से प्रज्वलित होकर उपस्थित होते हैं ।

रागात्मक धरातल पर आकलित विचार एवं जीवन्त चेतना तथा विवेक में साक्षात्कृत विचार ही काव्य में ग्रहीत होते हैं । यहाँ विचार की मूल प्रकृति काव्यीकृत होकर अपनी पहचान और प्रभाव को चरितार्थ करती है । 'चित्रसामग्री' से अभिप्राय बाह्य मूर्त वस्तुओं के भीतरी प्रतिबिम्बित रूप से है । कवि बाह्य जगत का प्रभाव ग्रहण करता है, बाह्य वस्तुओं के इन प्रभावों को वह पुनः निजी भावप्रक्रियाओं से गुजार कर मूर्त रूप प्रदान करता है । विचारों-विचारदृष्टियों को भी वह निजी भावप्रक्रियाओं द्वारा मूर्तित करके उपस्थित करता है, जहाँ विचार अपनी मूल आकृति एवं बनावट को खोकर सर्जनात्मक नई आकृतियों में ढलकर आकर्षक और ग्राह्य बन जाता है ।

रामधारी सिंह दिनकर ने अपनी 'शुद्ध कविता' की धारणा पर चर्चा के मध्य टी. एस. इलियट के काव्य में विचारों की बनावट पर टिप्पणी की है :

> रोमांटिक शैली के वे (इलियट) विरुद्ध थे । उनका कहना था कि जीवन में रोमांसवाद का महत्त्व हो सकता है, किन्तु कला के क्षेत्र में अब उसका कोई महत्त्व नहीं है । ईमानदार होने के कारण वे यह भी समझते थे कि आलोचक भाव और विचार के बीच जिस आसानी से विभाजन कर सकता है, उसी आसानी के साथ यह विभाजन कवि नहीं कर सकता । इसलिए, उनका कहना था कि कविता में विचार लिखे नहीं जाते विचारों का केवल भावपक्ष लिखा जाता है ।[1]

उक्त उद्धरण में जहाँ रोमांसवाद पर विचाराग्रह की वरीयता स्पष्ट हो रही है, वहाँ विचारों को उनके विशुद्ध रूप में काव्य के लिए अनुपादेय भी सिद्ध किया गया है । कविता में 'विचारों के भावपक्ष' से यही आशय है कि विचारों को भावकृत रूप में ही ग्रहण किया जा सकता है । भाव, क्योंकि, मन की वेदनात्मक अवस्था से सम्बन्धित है, अतः उसके संसर्ग में आने पर विचार नया संस्कार ग्रहण करके निवेदित होते हैं ।

भावपरक विचार : काव्यात्मक विचार की अन्तःप्रकृति के संबंध में कई धारणाएँ सामने आई हैं । कविता में विचारों के प्रयोग का हेतु भी उन्हें भावकृत रूप में प्रस्तुत करने की अनिवार्यता पैदा करता है ।

कविकल्पना में विचार का पिघलना भाव बन जाना नहीं, अपितु भावप्रसार में से गुजरना है; भाव की प्रकृति का अपने लिए उपयोग करना है । यदि बिना भावप्रसार में से गुजरे, बिना प्रतिमा गढ़े, वह इस प्रक्रिया का उल्लंघन करता है तो वह काव्य के लिए सदा ही घातक होता है । ऐसे विचार प्रचारी और नग्न रह जाते हैं ।

साहित्य से बाहर के विचारों को नंगे विचार तथा प्रचार कह कर उनकी नग्नता को उपयुक्त वस्त्रों से, साहित्यिक उपकरणों से आवृत करने की अपेक्षाओं के आग्रह भी विचारों को अनुभूतिगम्य बनाने में हैं । अन्यथा इन नंगे विचारों द्वारा साहित्यिक सीमोल्लंघन घातक ही सिद्ध होगा ।

लक्ष्मीनारायण सुधांशु ने विचार के भावगत रूप में परिवर्तित होने की प्रक्रिया को कालव्यवधान के रूप में देखा है । वह लिखते हैं : 'जिस विचार को हृदय में हम आज स्थान देते हैं काव्य में उसे हम कल सम्मिलित कर सकते हैं, बुद्धि और भाव में यह एक तात्विक अन्तर है । काव्य का विषय बुद्धि नहीं, भाव है और काव्यविधान की संक्रान्ति केवल भावुकता से उत्पन्न नहीं हो सकती । बुद्धिग्राह्य विषय को भी भावरूप बनने में कुछ समय लगता है । काव्य के लिए इसकी प्रतीक्षा भी आवश्यक है ।'[2]

यहाँ भाव को काव्य का माध्यम मानकर चली आती रस सिद्धान्ती मत-परम्परा का ही पोषण हुआ है । भले ही 'भावुकता' का निषेध किया गया है, तो भी स्थापना 'भाव' की ही है । विचार के हृदयंगम होकर भावरूप में परिवर्तित होने तक रुकने का अर्थ यह है कि विचार अपनी धारणागत प्रकृति के रहते रुक्ष-शुल्क होता है । उसका रागात्मकता में घुलन रासायनिक क्रिया के समान, माना गया है, जो कि पूर्णतः युक्ति-युक्त नहीं है । विचार की भावरूपीकरण की प्रक्रिया कालसापेक्ष नहीं होती, मनोगत है । अतः व्यक्तिसापेक्ष है । तो भी यहाँ मुख्य प्रतिपाद्य विचार की काव्य के लिए उपयोगिता ही है ।

चिन्तन द्वारा रागात्मक सार्थकता का आशय : लक्ष्मीकान्त वर्मा इस प्रश्न को दूसरी तरह उठाते हैं । उनका कथन है :

> भावना जब चिन्तन की पृष्ठभूमिका के रूप में आती है तब रागात्मक स्थितियाँ उत्पन्न होती हैं । रागात्मक स्थिति भी एक चिन्तनशील व्यक्ति की स्थिति है । भावनाएँ जितनी तरलता और सहजता से उत्पन्न होती हैं उसी से उनके महत्त्व

को भी आँका जा सकता है । वह किसी भी ऐन्द्रिक बोध से द्रवित होकर परिचयात्मक या सृजनात्मक स्तर पर विकसित होती हैं लेकिन चिन्तन उन्हें रागात्मक बोध देता है । दूसरे शब्दों में हम यह कह सकते हैं कि भावनाओं की चिन्तनशील परिष्कृति या उनकी चिन्तनशील अभिव्यक्ति ही रागात्मक सार्थकता को जन्म देती है ।[3]

लक्ष्मीकान्त वर्मा ने 'रागात्मक सार्थकता' के प्रश्न के तहत 'सृजन स्तर पर विकसित' होने वाली प्रक्रिया को चिन्तन और भावना की परस्परता में फलित होने वाली प्रक्रिया माना है । विचारों के निर्माण की प्रक्रिया को भी उन्होंने इसी सन्दर्भ में देखा है । 'विचार इसीलिए, धारणा और मूल्य के संबंध से बनते हैं । दूसरे शब्दों में हम कह सकते हैं कि धारणा का संकल्प बोध ही विचार है ।'[4]

विचार : बुद्धि और राग का द्वन्द्व : नगेन्द्र 'बुद्धितत्त्व' और 'रागतत्त्व' पर प्रयोगवादी कविता के सन्दर्भ में चर्चातंर्गत लिखते हैं कि 'समय-समय पर बुद्धि और राग में थोड़ी बहुत प्रतियोगिता रही हो वह दूसरी बात है; परन्तु कभी भी बुद्धि को राग के स्थान पर काव्य का प्राणतत्त्व होने का सौभाग्य प्राप्त नहीं हुआ । जब कभी बुद्धितत्त्व रागतत्त्व के ऊपर हावी हुआ है, काव्यतत्त्व भी उसी अनुपात में क्षीण हो गया है ।'[5] इसी आधार पर वह प्राचीन एवं छायावादी काव्य को श्रेष्ठ एवं प्रयोगवादी काव्य को हेय मानते हैं ।[6] उनका मत एवं आरोप है कि प्राचीन एवं छायावादी कविताओं में जहाँ विचारदर्शन को राग का विषय बनाया गया है वहाँ प्रयोगवादी काव्य में रागात्मक तत्त्व को बौद्धिक माध्यम द्वारा व्यक्त किया गया है । यह 'काव्यगत मूल्यों का अनुचित तथा अनावश्यक क्रम-विपर्यय है ।'[7]

किन्तु वस्तुस्थिति इससे भिन्न है । डॉ. नगेन्द्र 'बुद्धितत्त्व' को यहाँ बौद्धिक धारणाएँ (इंटलेक्चुअल कांसेप्ट्स) मान रहे हैं । बौद्धिक धारणाएँ अपने आप में ठस्स और जड़ होती हैं, जबकि विचारतत्त्व सक्रिय एवं सजीव । विचारतत्त्व का संबंध उन सामाजिक अनुभवों से होता है जिनमें जीवन व्यवहार की अनुभूति ही परिपक्व अवस्था में निहित रहती है । अतः बौद्धिक धारणाओं को विचारतत्त्व नहीं मान लेना होगा । उनकी यह धारणा भी बड़ी अजीब लगती है कि 'प्रयोगवादी काव्य में रागात्मक तत्त्व को बौद्धिक माध्यम द्वारा व्यक्त किया गया है ।' फिर प्रयोगवादी काव्य में 'रागात्मक तत्त्व' की उपस्थिति वह मानते हैं, आपत्ति केवल 'माध्यम' पर है । माध्यम की कमी को विचारतत्त्व की असमर्थता मान लेना कैसे संगत हो सकता है । तब क्रमविपर्यय भी कैसे हुआ ? और यदि प्रयोगवादी कविता से पूर्व तक, उनके मतानुसार विचारतत्त्व, जिसे वह बुद्धितत्त्व कहते हैं, को काव्य का प्राणतत्त्व होने का सौभाग्य नहीं उपलब्ध हुआ तब तो काव्यविकास प्रक्रिया की सम्भावनाओं पर प्रश्नचिन्ह लग सकता है, विचारतत्त्व के प्राणतत्त्व होने की क्षमता पर नहीं ।

हाँ, यह अवश्य है कि विचारतत्त्व जब भी काव्य में प्रभावी दखल देता है, तब वह

भावव्यापार को अपने लिए, अपने अनुसार प्रवर्तित करते हुए ही कर सकता है । डॉ. नगेन्द्र का यह मत सही लगता है कि 'दर्शन और विचार को राग का विषय' बना कर ही प्रयुक्त करना चाहिए । और यदि छायावादी किन्हीं काव्यकृतियों में विचार राग का यह समीकरण उन्हें घटित प्रतीत होता है और प्रयोगवादी कविताओं में घटित हुआ नहीं जान पड़ता तो भी यह उस वाद विशेष की अपनी सुविधाएँ या सीमाएँ हो सकती हैं, विचारतत्त्व की नहीं ।

विचारों और भावों के मिले-जुले अंतरस्तर : नई कविता के पक्षधर कवि-आलोचक जगदीश गुप्त ने आचार्य शुक्ल द्वारा दी गई स्थापना के विरुद्ध अपनी स्थापना इस प्रकार रखी है :

> रसवादी शुक्ल जी के अनुसार ज्ञानप्रसार के भीतर ही भावप्रसार होता है । ज्ञान ऊपरी सतह है जिसे चीरकर काव्य हृदय में अन्तर्निहित अनुभूति को जगा देता है । रस 'वेद्यान्तर सम्पर्कशून्य' होता है । अर्थात् रसास्वादन के क्षणों में बौद्धिक व्यापार शान्त हो जाते हैं, अथवा यों कहें कि रसात्मक और अन्तर्मुखी हो जाते हैं । भाव और बुद्धि के बीच ऊपरी और निचली या बाहरी और भीतरी सतहों की कल्पना औपचारिक प्रतीत होती है और यह आत्यन्तिक सत्य नहीं लगता । आदिम रूप में चेतना कुछ भी रही हो परन्तु युगों के विकास के बाद आज बुद्धि और हृदय की जो परस्पर संगुफित स्थिति है उसमें दोनों को दस प्रकार विभाजित करके नहीं देखा जा सकता । अगर ज्ञानप्रसार के भीतर भावप्रसार होता है तो यह कहना भी असत्य नहीं है कि भावप्रसार के भीतर ज्ञानप्रसार होता है । भावों की संकीर्ण दीवारें मनुष्य के ज्ञान को संकुचित बनाए रखती हैं । बुद्धि-प्रसूत कभी कोई सशक्त विचार भावधारा को छिन्न-भिन्न कर देता है और कभी किसी भाव का वेग विचारों की शृंखला को विच्छिन्न कर देता है ।[8]

शुक्लजी द्वारा भाव और बुद्धि के बीच बनाए गए ऊपरी और निचले दो स्तरों की अपेक्षा कई अन्तःस्तर मानते हुए डॉ. गुप्त लिखते हैं :

> नयी कविता बहुधा विचारों को छोड़ नहीं पाती क्योंकि बुद्धि को असन्तुष्ट और स्पर्शहीन रखकर वह भावो तक जाना नहीं चाहती । नए युग का सतर्क वातावरण उसे ऐसा करने नहीं देता । भावों और विचारों के परस्पर उलझे सूत्रों में वह विचारों के सूत्र खींचकर भावों के सूत्रों को छोड़ने का यत्न करती है । बुद्धि से हृदय तक विचारों और रागों के मिले-जुले अन्तःस्तर हैं । आज की कविता इनमें से किसी को भी छू लेने में अपनी सार्थकता मानती है ।[9]

इन अन्तःस्तरों में से किसी एक को छू लेने में कविता के पास 'लाक्षणिकता' और 'वक्री अभिव्यंजना'[10] का हाथ वह स्वीकार करते हैं । तथा नई कविता रूप, भावों और विचारों के प्रतीक गढ़ती है । इन्हें समझने में बुद्धि की आवश्यकता है ।

जगदीश गुप्त का मत हमें ठीक जान पड़ता है तो भी वह पूर्णतः उपयुक्त नहीं है । समय के अन्तराल, युगीन बोध और परिवेशगत परिवर्तनों में इतना उलटफेर हो गया है,

जिससे कविता में उसकी मूलभूत इकाइयों में, उसकी अभिव्यंजना प्रणालियों में इतने व्यापक बदलाव आए हैं, जिन्हें फिर से पहचानना, विश्लेषित करना और व्यवस्था देना अनिवार्य हो गया है । भाव और विचार को संकुचित विभाजनों में बाँट कर रूढ़ अर्थों में समझना-देखना उसके साथ अन्याय करना होगा । क्योंकि प्रत्येक युग अपनी कुछ विशेष अनिवार्यताएँ दबावस्वरूप लाता है, जिनके तहत व्यक्ति-समाज बदलते हैं तो उनके व्यवहारों, सरोकारों के माध्यमों में, सोचने-समझने के तरीकों में, आन्दोलित और आनन्दित होने के हेतुओं में भी बदलाव न आए यह कैसे सम्भव है । किन्तु विचारतत्त्व के लिए यह जरूरी नहीं है कि उसे लाक्षणिकता और वक्री अभिव्यंजना द्वारा ही व्यक्त किया जाए । विचार को व्यक्त करने वाली कई सशक्त रचनाएँ सपाटबयानी के माध्यम से भी अपने अभीष्ट की प्राप्ति करती हैं । और कुछ अन्य कविताओं में विडम्बना और विसंगति के उद्‌घाटन में व्यंग्य को भी आक्रामक तरीके से उठाया गया है ।

फिर डॉ. गुप्त का यह कथन कि 'बुद्धिप्रसूत कभी कोई विचार सशक्त विचार भाव धारा छिन्न-भिन्न कर देता है और कभी किसी भाव का वेग विचारों की शृंखला को विच्छन्न कर देता है पुनः भाव और विचार के दो सर्वथा पृथक् विभाजन कर देता है । कविता में विचार की स्थिति को स्पष्ट करने और नई कविता की बनावट में बुद्धि के दखल को स्थापित करने उनकी तर्कना अपर्याप्त इन अर्थों में है कि उन्होंने रस प्रक्रिया के केन्द्र में 'भाव' को ही स्वीकार किया है ।'[11] इसका मुख्य कारण यह है कि वह विचारतत्त्व की बनावट को बुद्धितत्त्व से पृथक् करके नहीं देख पाए । इसी कारण बौद्धिक रुक्ष धारणा की बनावट को, सामाजिक संबंधों-व्यवहारों की टकराहट में आन्दोलित मन से उद्‌भूत सक्रिय विचार की प्रकृतिगत भिन्नता को, वह स्पष्ट नहीं देख पाते । और उन्हें बुद्धि और हृदय, विचार और राग के बीच अधिक सन्तुलन नहीं दिखाई देता, जिसे वह भविष्य की कविता पर छोड़ देते हैं ।[12]

विचारों की द्वन्द्वात्मक प्रकृति : इसी सन्दर्भ में डॉ. नगेन्द्र द्वारा दी गई 'बौद्धिकरस' की स्थापना के विरोध में डॉ. नामवरसिंह का कथन भी ध्यातव्य है । उनका आग्रह यथार्थ जीवन में आन्तरिक और बाह्य द्वन्द्व का साक्षात्कार करने का है । हृदय और बुद्धि दोनों समवेत रूप से इस द्वन्द्व में से गुजरते हैं । वैयक्तिक-सामाजिक जीवन की द्वन्द्वात्मक स्थितियाँ ही विचारों को जन्म देती हैं । गहराते वर्तमान संघर्षों में, व्यक्ति न तो सिर्फ मन के द्वारा चल रहा है और न सिर्फ मस्तिष्क के बल पर । इस प्रकार उसके निर्णयों में मन और बुद्धि के कृत्रिम या सायास विभाजित कोई दो अलग-अलग खाने नहीं । आज के व्यक्ति के निर्णय स्थितियों से ग्रहीत-मन-बुद्धि के संयुक्त कार्यप्रयास हैं । आधुनिक कविता की अनुभूति की बनावट को स्पष्ट करते हुए नामवरसिंह लिखते हैं : 'द्वन्द्व यदि काव्य की अनुभूति में है तो जबरदस्ती समाहिति में बदल देना कविकर्म की ईमानदारी या सच्चाई नहीं, बल्कि बेईमानी है ।... ऐतिहासिक सन्दर्भ को देखते हुए भी कविता में आज द्वन्द्व और संघर्ष के मूल्य पर जोर देना अप्रसंगिक नहीं है ।'[13]

अतः आधुनिक कविता में अनुभूति की प्रकृति द्वन्द्वमूलक है । रसपरिपाक तक यह अनुभूति ही ले जाती है, किन्तु यह शुद्ध भावपरक नहीं रह गई । यह वर्तमान जीवन के संघर्षों में जूझ रहे हृदय बुद्धि के संयुक्त कार्य व्यापार का फल है । इससे साधारणीकरण की प्रक्रिया में कहीं भी अवरोध या व्यवधान नहीं पड़ता । हाँ, कविता और विचार तत्त्व की बात करते हुए यह ध्यान रखना चाहिए कि वे विचार गणित, विज्ञान या प्रतीकात्मक तर्क के विचार नहीं, प्रत्युत जीवनसंघर्षों से उद्भूत हृदय बुद्धि की द्वन्द्वात्मक प्रक्रियाओं से उपजे विचार हैं । वे शुद्ध चिन्तन आदि के तर्कविचार नहीं, जीवनव्यापार के संवेगी विचार हैं ।

विचार : रक्तप्रवाही स्थिति : रघुवीर सहाय भी कविता की जड़ें यथार्थ में देखते हैं । इसी यथार्थ (जीवन यथार्थ) से विचारवस्तु को ग्रहीत स्वीकार करते हुए लिखते हैं : 'विचारवस्तु का कविता में खून की तरह दौड़ते रहना कविता को जीवन और शक्ति देता है, और यह तभी सम्भव है जब हमारी कविता की जड़ें यथार्थ में हों ।'[14] यहाँ, कविता में विचार की स्थिति किसी प्रकार के बाहरी तत्त्व के रूप में नहीं, अपितु काव्य-शरीर में रक्त प्रवाही स्थिति है । यानी जीवन की धड़कन के समानान्तर ही विचार की अनिवार्यता अवस्थित है । यह तभी सम्भव है जब कविता की, यानी काव्यशरीर की जड़ें यथार्थ में हों । यथार्थ से जीवनरस प्राप्त करने पर ही वह प्रवाही रक्त में रूपांतरित हो सकता है ।

इसका अर्थ यह हुआ कि कविता के काम का विचार सीधा जीवन से लिया जाता है, जिससे जीवन परिवेश में घुली हुई रागात्मक मसृणता भी उसके साथ लगी रहती है । इससे वे रागात्मक आवरण ग्रहण कर लेते हैं ।

भावना और विचार में अन्तःप्रवाह : लायोनेल ट्रिलिंग ने अपने निबन्ध 'दि मीनिंग आफ ए लिटरेरी आइडिया' में रैनेवैलेक और आस्टिन वारेन के इस मत से असहमति प्रकट की है कि 'साहित्य विचारों का उपयोग केवल तभी कर सकता है जबकि वे सामान्यतः धारणात्मक अर्थों में विचार नहीं रहते और प्रतीकों या बिम्बों में भी बदल जाते हैं ।' ट्रिलिंग महोदय ने इस पर टिप्पणी करते हुए लिखा है कि 'मैं नहीं मानता कि यहाँ विचारों का सामान्य अभिप्राय वस्तुतः धारणाओं से है । या कि किसी रूप में इस प्रकार के अमूर्तन से कि वे हममें संवेगों या वृत्तियों को नहीं जगाते ।' ट्रिलिंग महोदय भी यह मानते हैं कि साहित्य में गृहीत विचार जीवन यथार्थ में व्यक्तियों के परस्पर संबंधों या सामाजिक संबंधों की परस्परता में आकर ग्रहण करते हैं । अपने इस मत को पुष्ट करने के लिए वह कहते हैं कि 'भावना और विचार में अन्तःप्रवाह एक मनोवैज्ञानिक तथ्य है ।'[15]

संवेदना और विचार का अटूट संबंध : उपर्युक्त तथ्यों के प्रकाश में हमारा यह मत है कि कविता में विचार सोचते हुए मन की प्रक्रिया है । इस प्रक्रिया में मन का ज्ञानात्मक (काग्निटिव) पक्ष अधिक मुखर और हावी हो जाता है और संवेदनात्मक (एफैक्टिव) पक्ष दब सा जाता है । और दोनों ही पक्ष मानसिक प्रक्रियाओं के अंग हैं । इस नए समीकरण को स्पष्ट लक्षित कर हम विचार के दखल को रेखांकित कर सकते हैं ।

ज्ञानात्मक प्रक्रिया की वरीयता में उपलब्ध अनुभूति प्रत्यक्षानुभूति भी कहलाती है क्योंकि वह प्रत्यक्षज्ञान पर आधृत होती है । किन्तु इससे पूर्व, अनुभूति को भावानुभूति के घेरे में बंदी बनाए रखकर 'अनुभूति की प्रामाणिकता' की जो मिथ बनाई गई थी (नई कविता में) वह समय के अन्तराल के साथ, कच्ची होने के कारण दरक गई । विचारानुमोदित अनुभूति अनुभवसिद्ध होने के कारण परिपक्व होती है । यह विचारानुभूति ही काव्य में उपयोगी होकर साधारणीकरण का माध्यम बनती है । जीवनयथार्थ से ही प्रतीक, बिम्ब या रूप आदि का अधिग्रहण कर कवि अपने विचारों को मूर्त रूप देता है । कविता में विचार की यह सक्रिय भूमिका का ही फल है कि वह संरचना के तकाजे पर ही गृहीत किया जाता है । दूसरी ओर वह हमें समाज के इरादे से भी जोड़े रखे, यह भी शर्त है । वह सामाजिक जीवन व्यवहार, प्रेमसंघर्ष के अनुभवों में से निकल कर आए । व्यक्ति व्यक्ति के मध्य खाई बनने की अपेक्षा उन्हें परस्पर जोड़ने वाला मानवीय चिन्ता से उद्भूत विचार होना चाहिए ।

विचारानुमोदित अनुभूति मात्र ऐन्द्रिक और व्यक्तिगतता के घेरे में न पली होकर अपनी शक्ति और सामर्थ्य भी व्यापक जीवनपरिवेश से अर्जित करती है । इस प्रकार जहाँ परिपुष्ट सामाजिक आधार पा लेती है, वहाँ सच्चे अर्थों में प्रमाण भी उपलब्ध कर लेती है । इस धरातल पर उसका, एक प्रकार से, पुनसंस्कार होता है । वह विचार की अनुगामिनी बनती है । अपने समय की लड़ाइयों में हिस्सेदारी कायम करके, क्षमताओं को विकसित करके, अपनी अनुगूंजें सुदूर समय तक अछोर फैला देती हैं । इस समाजेतिहासिक सरोकारों को वहन करनेवाली विचारानुभूति ही काव्य में वैचारिक कार्यव्यापारों की वाहिका बनती है । तभी वह काव्य अपने समय के लिए भी प्रासंगिकता और प्रामाणिकता में चिरस्थायी पहचान पैदा कर इतिहास का स्थायी हिस्सा बनता है ।

कवि का रास्ता परिवेश की पेचीदगियों को समझना, वैयक्तिक एवं वर्गीय संबंधों को जानना, वैज्ञानिक तर्क एवं यथार्थपरक दृष्टि से उसके विश्लेषण की क्षमता जगाना, तथ्य को उद्घाटित करके उसके पीछे छिपे सत्य की ओर प्रवृत करना एवं सही दिशा दृष्टि प्रदान करना भी होता है । दिशादृष्टि निरपेक्ष मात्र शुद्ध शाश्वत आनन्द की अवधारणा तो आज बिलकुल पिट चुकी है । विचाराग्रह तो उसे बिलकुल अस्वीकार करते हैं । अतः अपने मानवीय इरादों में, विचार मानव प्रगति में बाधक, स्थापित रूढ़ सौन्दर्यरूपों-रुचियों को बदलता, नए विकल्प खड़े करता है । इस सबके लिए उसके पास संस्कारी माध्यम है । यह माध्यम साहित्यकार की आस्थाओं का केन्द्र बनकर सहायक होता है ।

विचार परिपक्वता ही साहित्यकार की प्रौढ़ता का परिणाम हुआ करती है । किन्तु जब साहित्यकार की आस्था रचनात्मक माध्यमों से उठ जाती है या रचनात्मक दृष्टि स्खलित हो जाती है, तब वह अवांछित, हेय एवं इतर माध्यमों की शरण में पहुँचता है या इनका शिकार बनता है; विचार के प्रभाव-प्रसार से, तर्क-व्यवहार से, स्वयं को मुक्त कर उथली-छिछली भूमि पर पाँव रखता है । प्रचारात्मक स्फीति की आक्रामक कविताएँ या

स्नायविक उत्तेजनों को लिए हुए वयसन्धि की रोमानी मानसिकता वाली कविताएँ दोनों प्रकार की कविताएँ इसी कोटि में आती हैं । ये प्रौढ़ विचार व्यवहार से हटी पदच्युत रचना प्रवृत्तियाँ हैं ।

कविता का कार्यव्यापार, मुख्यतः संवेदनाओं के माध्यम से चलता है । संवेदना-स्वरूपों में परिष्कार एवं परिवर्तन से ही व्यक्ति के प्रत्यक्षज्ञान को और प्रत्यक्षज्ञान के परिवर्तन से पूर्व संस्कारों को बदल कर नई दिशा में प्रवृत्त किया जा सकता है ।

अतः यथार्थज्ञान की दिशा में वस्तुज्ञान का महत हाथ होता है । मन की रचनात्मक क्रिया ही वस्तुज्ञान कराती है । वस्तुज्ञान के अभाव की स्थिति में यथार्थज्ञान अपूर्ण रहता है। कविता में वस्तुज्ञान की प्रक्रिया में 'स्मृति' और 'कल्पना' की भूमिका भी अनुपेक्ष्य है।

इनके अतिरिक्त 'निरीक्षण' भी संवेदना के मार्ग में पड़नेवाला आवश्यक पड़ाव है । स्थिति का जितना सूक्ष्म निरीक्षण कवि प्रतिभा कर सकती है, संवेदनाएँ उतनी ही सूक्ष्म ज्ञानवाहिकाओं को स्पन्दित कर सकती हैं । निरीक्षण का सामर्थ्य ही कवि के पूर्ण ज्ञान की कसौटी है । यही वैचारिक तीव्रता की भी परिमापक होती है ।

संवेदना की जड़ें अपने समय और व्यवहारों में होती हैं । समय के बदलाव, परिवेश के दबाव के साथ-साथ संवेदनाएँ भी बदलती हैं, समय की पेंचीदगियों के साथ संवेदनाएँ भी उलझकर पेचीदा हो जाती हैं । जो कवि इनकी प्रकृति-बदलाव और पेंचीदगी को समझता है, उसकी कविता में उतनी ही ताजगी और शक्ति का संचार होता है । जो इन्हें समझने-परखने में असमर्थ रहते हैं या बचकर निकलना चाहते हैं, वह अपने समय से ही पिछड़ जाते हैं या चेतना धारा से कटकर व्यतीतधर्मी बन जाते हैं ।

विचारों के पुट से इन संवेदनाओं में ऐसी तराश और तार्किक ऊर्जा उत्पन्न हो आती है, जिससे वे समस्यात्मकता की धुन्ध को चीरकर यथार्थ तक पहुँच जाती हैं । विचार या स्थिति के सूक्ष्म निरीक्षण तथा ज्ञानार्जन से संवेदनाओं में उद्भूत आकर्षण शक्ति भी उत्पन्न हो आती है । इससे वे सहज ग्रहणशील होकर नए संस्कारों की जन्मदात्री सिद्ध होती है । इन ग्रहणशीलता के पीछे नई युगीन संवेदनाएँ ही झिलमिला रही होती हैं । ये संवेदनाएँ परिवेशीय यथार्थ के प्रति हमारी ज्ञानवाही शक्तियों का परिणाम होती हैं । संवेदनाएँ ही हमें एक ओर युगीन यथार्थ से जोड़ती हैं तो दूसरी ओर ज्ञानजगत एवं विचारक्षेत्र से । कविता का हाथ इस सारी प्रक्रिया को तीव्र करने में सदा ही उल्लेखनीय रहा है । इसी धरातल पर वह युगीन बोध और समझ को विकसित करती है । पाल वैलरी का कथन है : 'हमारा काव्य पेंडुलम हमारी संवेदना से किसी विचार या स्थायीभाव की ओर यात्रा करता है और किसी संवेदना की स्मृति की ओर लौटता है या किसी सशक्त कार्य की ओर बढ़ता है, जो संवेदना को पुनरुत्पादित कर सके ।'[16]

संवेदना और विचार के इस रिश्ते को समझने के लिए उक्त लेखक ने पेंडुलम की गतिस्थिति का साम्य प्रस्तुत किया है । यानी परस्पर सतत प्रसार की क्रिया विचार को

संवेदना से और संवेदना को विचार से पुष्ट करती चलती है । इसी परस्पर पुष्टिकरण की क्रिया को मुक्तिबोध 'संवेदनात्मक ज्ञान, ज्ञानात्मक संवेदना'[17] के रूप में परिभाषित करते हैं ।

पाल वैलरी तथा मुक्तिबोध के कथनों में मात्र इतना अन्तर है कि पाल वैलरी जिसे विचार कह रहे हैं, मुक्तिबोध उसे ज्ञानात्मकता की संज्ञा से अभिहित कर रहे हैं ।

काव्यात्मक विचार के विभिन्न पक्ष

इस प्रकार काव्यात्मक विचार शुद्ध विचार से नितान्त भिन्न प्रकृति धारण किए रहता है । दार्शनिक, विचार प्रक्रिया से काव्यात्मक विचार प्रक्रिया सर्वथा भिन्न है । दार्शनिक अनुभूति, कल्पना, तर्क से सिद्धान्त निर्मित करता है, तो कवि इन सिद्धान्तों या विचारों को पुनः कच्चे माल की तरह अपनी काव्यात्मक प्रक्रियाओं से गुजार कर उपयुक्त रचना करता है । अतः दोनों की प्रक्रियाओं में स्पष्ट भिन्नता होती है ।

काव्यात्मक विचार प्रक्रिया को हम निम्नलिखित चरणों में घटित होती मानते हैं । इस प्रक्रिया का आधार हम 'ज्ञान' से प्रारम्भ मानते हैं । संवेदनाओं की मनोवैज्ञानिक मंजिलें पार कर स्थिति के 'ज्ञान' में परिवर्तित होने की प्रक्रिया को हम यहाँ विश्लेषित नहीं करना चाहते । उसका विश्लेषण अगले अध्याय 'विचार की आन्तरिक संघटना का स्वरूप' में किया गया है ।

परिज्ञान

कवि के जीवन परिवेश में विभिन्न शक्तियाँ सतत क्रियाशील रहती हैं । इनकी क्रियाशीलता के फलस्वरूप क्षण-क्षण बदलते जीवन के स्वरूप से कवि का सामना होता है । परिवेश और समाज की गत्यात्मकता जो स्थितियाँ पैदा करती हैं, उनकी अनुकूलता-प्रतिकूलता में कवि को रहना पड़ता है । यह उसकी नियति है । कवि, एक अत्यन्त संवेदनशील प्राणी होने के कारण पक्ष विपक्ष में दबाववश प्रतिक्रियाएँ व्यक्त करता है । इन स्थितियों को समझना, पहचानना, सबसे पहला चरण है । 'परिज्ञान' से अभिप्राय विषय स्थिति या वस्तु का व्यापक सम्पूर्ण ज्ञान है, जिसे समझ या पहचान भी कह सकते हैं ।

यह समझ या पहचान प्रत्यक्षीकरण का फल होती है । प्रत्यक्षीकरण में वस्तुज्ञान एक अनिवार्य क्रिया है । मन की रचनात्मक क्रिया के फलस्वरूप हम वस्तु को उसकी पूर्णता में समझने का प्रयत्न करते हैं । विभिन्न संवेदनाएँ वस्तुज्ञान में सहायक होती हैं ।

विषय या वस्तु के प्रत्यक्ष ज्ञान की प्रक्रिया में 'स्मृति' और 'कल्पना' का महत्त्वपूर्ण हाथ होता है· । विभिन्न पूर्व प्रतिमाओं को विषयवस्तु सापेक्षता में, चेतना के समक्ष पुनः प्रस्तुत कर, उसके अन्यान्यपक्ष उद्‌घाटित करने में उक्त दोनों तत्त्व अनिवार्य से हैं । इन्हीं के माध्यम से पूर्व अनुभव में से गुजर कर, प्रत्यक्ष ज्ञान को पूरा करके, 'परिज्ञान' की धारणा चरितार्थ होती है ।

प्रत्यक्षज्ञान या यथार्थ ज्ञान की प्रक्रिया में संवेदनाजन्य भ्रम के अलावा विचारजन्य भ्रम भी उत्पन्न होकर 'परिज्ञान' को प्रभावित करते हैं । परिज्ञान में विषय स्थिति के अध्ययन या पहचान में लगे मन में चलने वाले पूर्व विचार, उद्वेग एवं इच्छाएँ अपना प्रभावी दखल रखते हैं । जिस व्यक्ति का मस्तिष्क पहले ही एक प्रकार के विचारों से भरा हो, वह किसी भी विषय पर अपना मत व्यक्त करते समय उससे मुक्त नहीं रह सकता और इस प्रकार परिज्ञान में लगा मन, पूर्णतः निष्पक्ष-मुक्त नहीं रह पाता । किन्तु 'परिज्ञान' की सच्ची स्थिति मन की विचारसापेक्षिक स्थिति से विमुक्त होना भी है । इसे अनुभवमुक्त भी न मान लेना चाहिए । पूर्वनिर्मित धारणाओं-विचारों के प्रभाव से विमुक्ति में ही सच्ची पहचान सम्भव होती है । यही कारण है कि किसी विचारधारा या विचारदर्शन का पक्षधर जिस स्थिति या विषय को एक प्रकार की मानेगा, दूसरा उसे अन्य प्रकार से देखे-समझेगा । किन्तु विचारदर्शन की अनुभवात्मक चिन्तनप्रक्रिया या दृष्टि किसी स्थिति का सही ज्ञान कराने में सहायक भी होती है, उसके अभाव में ज्ञान अधूरा भी माना जा सकता है ।

यहाँ परहेज अन्तर्दृष्टि से नहीं, दुराग्रही विचार से है, जो अपने पूर्वग्रहों के रहते दिमागी जकड़बन्दी में वस्तु का 'परिज्ञान' पूर्ण एवं मुक्त रूप से घटित नहीं होने देता ।

वस्तु के यथार्थ ज्ञान के लिए देश-काल का आयाम भी महत्त्वपूर्ण है । पदार्थ विषयक संवेदनाएँ पूर्व अनुभव को जाग्रत करती हैं । इस अनुभव के आधार पर ही जब हम संवेदना का अर्थ लगाते हैं तो हमें वस्तुज्ञान होता है । देश-काल बुद्धिगत तत्त्व हैं, जो व्यक्तिसापेक्ष हैं और पूर्व अर्जित होते हैं । इसमें ऐतिहासिक आयाम भी समाहित रहता है । भावनाओं की वृद्धि अनुभव की गहनता और समृद्धि के साथ विकसित होती है, जो विचारों को अनुभूत कराती है । अतः वस्तुस्थिति का वह व्यापक पूर्ण ज्ञान 'परिज्ञान' है, जिसमें कवि की मानसिक क्षमताओं स्मृति, कल्पना, अनुभव, संवेदना आदि के साथ देश-काल की अपनी शर्तों पर प्रत्यक्षीकरण किया जाता है ।

अनुचिन्तन

अनुचिन्तन से अभिप्राय स्थिति के प्रति मानसिक क्रियाशीलता से है । प्रत्यक्षीकरण में बाहरी संवेदन प्रक्रिया अधिक मुखर रहती है तो अनुचिन्तन में व्यक्ति के भीतरी पक्ष भी अधिक सक्रिय हो उठते हैं और तनाव की दिशा में प्रभावी कार्य करते हैं । अनुचिन्तन में पूर्व अनुभव एवं ज्ञान परिज्ञान की सारी सम्पत्ति विशेष तर्कशीलता लिए हुए अनुकूल या प्रतिकूल प्रतिक्रिया करती है ।

अनुचिन्तन की प्रक्रिया को निरीक्षण भी कहा जा सकता है, क्योंकि इसमें स्मृति और कल्पना अपने प्रबल वेगवान रूप में उपस्थित होकर सोच को गति देते हैं । निरीक्षण की योग्यता व्यक्तिसापेक्ष होती है । जिस व्यक्ति को जिस विशेष क्षेत्र का जितना अधिक ज्ञान या परिचय होगा, उसका निरीक्षण या अनुचिन्तन भी उतना ही समृद्ध, व्यापक एवं गहन होगा ।

अनुचिन्तन में उत्सुकता, ज्ञान के साथ बुद्धि की प्रखरता भी गुणात्मक भूमिका निभाती है । बुद्धि की प्रखरता के अनुरूप ही अनुचिन्तन का स्तर एवं कोटि भी निर्धारित की जा सकती है । जीवन-समाज संबंधी किन प्रश्नों को किन स्तरों पर उठाकर अनुचिन्तनात्मक क्रिया सम्पन्न हुई है, यह प्रश्न कृति के समूचे व्यक्तित्व से जुड़ा रहता है । प्रश्नों के न रहने पर और उसके स्तर के आधार के निश्चित न होनेपर अनुचिन्तन की प्रक्रिया अधूरी मानी जाएगी और फल का स्तर भी उतना ही गड्डमड्ड रहेगा ।

अनुचिन्तन की दिशा में दार्शनिक प्रपत्तियों के उद्भावन की गुंजाइश भी बनी रहती है, जो रचना को शाश्वत मानव मूल्यों, प्रश्नों, आयामों से जोड़कर प्रासंगिक और अनिवार्य बना देती है । अतः अनुचिन्तनात्मक प्रक्रिया से गुजरे बिना विचार की काव्यापयोगी भूमिका अधूरी रह जाएगी ।

अनुचिन्तन प्रक्रिया विचार की वह प्रक्रिया है, जिसमें न केवल कवि की कल्पना, भावना बुद्धि और संवेदना समाहित होते हैं, अपितु जीवनानुभव और कवि का अन्तर्व्यक्तित्व एवं उसका संवेदनात्मक इतिहास भी आता है विचार इसी अनुचिन्तनात्मक प्रक्रिया से गुजर कर अभ्यंत्रीकृत होता और काव्योपयोगी बनता है ।

द्वन्द्वात्मक तनाव

आधुनिक युग की स्थितियों-संबंधों-व्यवहारों की स्वाभाविक परिणतियों के कारण आज के व्यक्ति की मानसिकता द्वन्द्वपूर्ण है । यह द्वन्द्व और इसके कारण उत्पन्न तनाव आज के व्यक्ति की नियति बन गया है । भीतरी-बाहरी स्थितियों, विचारों, धारणाओं मूल्यों की मुक्त टकराहटों के परिणामस्वरूप उत्पन्न द्वन्द्व उसे प्रतिपल घेरे रहते हैं । वर्तमान जीवन के तनाव इन्हीं द्वन्द्वमूलक क्षणों की उपज हैं । कवि और कविता भी जीवनगत इन द्वन्द्वमयी स्थितियों से बच नहीं पाते । मुक्तिबोध लिखते हैं, 'आभ्यन्तर या बाह्यीकरण, विश्वव्यापी सामंजस्य या द्वन्द्व अथवा दोनों के भिन्न रूप में उपस्थित होता है । आज की कविता में उक्त सामंजस्य से अधिक द्वन्द्व ही है । इसलिए उसके भीतर तनाव या घिराव का वातावरण है ।'[18] काव्य में सामंजस्य की अपेक्षा द्वन्द्व की प्रधानता जीवन अनुभव की बनावट और प्रकृति में ही निहित है । इस कारण आज की कविता में तनाव भी अनिवार्य है ।

अज्ञेय इस द्वन्द्व को 'संघर्ष' कहते और इस प्रकार विश्लेषित करते हैं 'जहाँ संघर्ष मौजूद है, वहाँ महत्त्व यह पहचानने का नहीं है कि परिवेश में परिवर्तन लाया जा सकता है; महत्त्व की बात यह है कि अपने भीतर एक नई क्षमता पहचानी जा सकती है, यह और यही मात्र संघर्ष का रचनात्मक उपयोग है : जब संघर्ष एक उच्चतर आत्मचेतना और ज्ञान की खिड़की का काम दे ।'[19] यहाँ 'संघर्ष' को कविता के लिए इसकी रचनात्मक क्षमता को दृष्टिगत रखकर उपयोगी माना गया है । और इसलिए भी कि यह संघर्ष उच्चतर आत्मचेतना और ज्ञान की खिड़की का काम देता है । अज्ञेय नई कविता के सौन्दर्य के

तत्त्व की एक विशिष्ट कोटि के रूप में इसे देखते हैं । इतना ही नहीं मानसिक तनाव को, आज की कविता के सबल तत्त्व के रूप में पाते हैं ।[20]

अनुभव की द्वन्द्वमयता के कारण ही वर्तमान मानसिकता संश्लिष्ट हो गई है । इस अनुभूति की जटिलता और तनाव की जड़ें इसी अनुभूत जीवनपरिदृश्य में गहरी गड़ी होने के कारण, कविता में बिम्ब योजना या सपाटबयानी के जो चित्र उपलब्ध होते हैं, वे अपनी प्रामाणिकता में अत्यन्त मार्मिक बन जाते हैं :

मुझे कुछ और करना था
पर मैं कुछ और कर रहा हूँ
मुझे कुछ और करना था इस अधूरे संसार में मुझे
कुछ पूरा करना था मकान मालिक से वायदे के अलावा मुझे
इस डरावने समाज में रहकर चीखते रहने के अलावा कुछ
    और मुझे
करना था इस ठसाठस भरे कमरे में हाथ में तश्तरी लिये
    खड़े - खड़े
खाते रहने के अतिरिक्त रिक्त तश्तरी के अतिरिक्त
    तोड़ना था मुझे
बहुत कुछ इसी वर्ष
पर मैं बना रहा हूँ शीशे के सामने हजामत [21]

उच्चतर आत्मचेतना और ज्ञान की खिड़की से देखे जीवनपरिदृश्य के साक्षात्कार से उपजी अनुभूति यहाँ कितनी संश्लिष्ट हो गई है । उसके एक-एक तार को अलग करके देख पाना, छुड़ाना भी असम्भव सा हो गया है । तो भी कुछ सूत्र तो हाथ लग ही सकते हैं : कवि के समक्ष एक कार्य था अधूरे संसार को पूरा करने का । यह कार्य डरावने समाज में चीखते रहने के अलावा था । चीखते रहने के अलावा क्या हो सकता है ? डर को हटाने का कर्म ही यहाँ संकेतित है । ठसाठस भरे कमरे में यानी परिवेश में रिक्त तश्तरी तश्तरी के रिक्त के अलावा भी बहुत कुछ इसी वर्ष तोड़ना था । वह भी मकानमालिक देश की राजनीतिक सत्ता से किए अपने व्यवसायगत (कमरे में टिके रहने के लिए) वायदे के अलावा यह सब करना था, किन्तु वह यह सब न कर सकने के स्थान पर शीशे के सामने हजामत बना रहा है । विडम्बनापूर्ण इस स्थिति की अनुभूतिगत जटिलता के पीछे स्थिति और चिति का द्वन्द्व एवं तनाव साफ देखे जा सकते हैं । इनकी पहचान, कुछ करना चाह कर न कर पाने की असमर्थता, भीतरी-बाहरी स्थितियों की टकराहट से तीसरी स्थिति हजामत बनाने की विडम्बनापूर्ण स्थिति की उपज तथा तनाव की निरन्तरता कविता की द्वन्द्वात्मकता की पहचान कराते हैं ।

डॉ. नामवरसिंह इसे 'सर्जनात्मक तनाव'[22] से अभिहित करते हैं । इसी सन्दर्भ में उन्होंने अ-कवितावादी कवियों की रचनाओं को 'तनावहीन आविष्ट प्रलाप'[23] कहा है ।

कवि द्वन्द्वात्मक तनाव की स्थिति में से बिना गुजरे वर्तमान जीवनसत्य को नहीं पा सकता । या यों कह लें कि वर्तमान जीवनयथार्थ अपनी प्रकृति में इतना संश्लिष्ट है कि उस तक पहुँच का मार्ग भी उतना ही संश्लिष्ट एवं टेढ़ा है ।

द्वन्द्वात्मक तनाव की परिणति वैचारिक सरोकारों-निर्णयों में होती है । कवि स्थिति के पक्ष या विपक्ष में अपनी स्थिति को संकेतित अवश्य कर जाता है । वैयक्तिक, सामाजिक, ऐतिहासिक द्वन्द्वों संघर्षों में से ही युगबोध और विचारदर्शन जन्म लेते हैं । विचारों की गूँज और गहनता भी उनके तनावों की चरम पहचान में होती है ।

अतः द्वन्द्वात्मक तनाव विचार की अमोघ शक्ति एवं कसौटी बन जाता है । इसी तत्त्व से कविता को सौन्दर्य एवं सर्जनात्मकता उपलब्ध होती है । द्वन्द्वात्मक तनाव की पहचान से हम कविता की रचना प्रक्रिया और विचार को उद्‌घाटित कर सकते हैं । द्वन्द्वात्मक तनाव के क्षणों में ही विचार रचनात्मक ऊर्जा ग्रहण कर शक्ति में परिणत होता है ।

रचना की कसौटी और कारणता का निकष भी आज द्वन्द्वात्मक तनाव माना जाता है । विश्वम्भरनाथ उपाध्याय ने इस सन्दर्भ में लिखा है : "कथ्य की प्रक्रिया में यह मानसिक ऊहापोह या द्वन्द्व ही कलाओं और कविताओं का मुख्य सर्जक तत्त्व होता है । इस 'द्वन्द्व' को 'तनाव' कह लीजिए मगर 'तनाव' में मात्र 'उत्तेजना' का अर्थ है । 'द्वन्द्व' के शब्द के अर्थ में कवि के 'मानस' (मानसरोवर) या समुद्र के समूचे तरंगाकुल उद्वेलन का आशय निहित है ।"[24] यहाँ उपाध्याय द्वन्द्व और तनाव के सूक्ष्म अर्थभेद को स्वीकार करते हुए उन्हें रचना के उत्स में सर्जक तत्त्व के रूप में स्वीकार करते हैं । इतना ही नहीं, 'कथ्य और रूप के द्वन्द्व और उसकी संगति का सूत्र तभी चरितार्थ और सफल हो सकता है जब बाह्य वास्तविकता, रचना में व्यक्त वास्तविकता, कवि की निमग्नता, वृत्तियों के द्वन्द्व तथा इन सबके 'कलात्मक रूपायन' पर 'एक साथ' ध्यान रखा जाए ।'[25]

इस प्रकार हम देखते हैं कि द्वन्द्वात्मक तनाव न केवल समकालीन कविता में अनिवार्य सर्जक तत्त्व है, बल्कि वह समकालीन रचना के निकष होने की अनिवार्यता अर्जित कर गया है । समकालीन कविता में वैचारिक सन्दर्भों के कारण वह और भी अनपेक्षणीय तत्त्व बन गया है ।

निर्णय

स्थिति से साक्षात्कारोपरान्त उद्‌भूत विचार पक्षों की द्वन्द्वपूर्ण टकराहटों के बाद किन्हीं निर्णयों-निष्कर्षों तक पहुँचने की प्रक्रिया सम्पन्न होती है । पदार्थ या विषय ज्ञान एवं वास्तविकता के ज्ञान परिज्ञान के उपरान्त जगी 'इच्छा' निर्णय में घटित होती है । विचार की प्रकृति निष्कर्षात्मक होती है । किन्हीं निर्णयों या निष्कर्षों से विहीन विचार की कल्पना काव्य में सम्भव नहीं । यह हो सकता है कि हम विचार प्रक्रिया को अधूरा छोड़ दें । उसके निष्कर्ष तक पहुँचे बिना संतुष्ट या परितृप्त या विराम मान लें । उस अवस्था में यह

अपरिपक्व विचार किसी भी पक्ष-विपक्ष में न जाता हुआ अधूरी अधकचरी विसंगत अमूर्त पहचान छोड़ सकता है । अन्यथा विचार पक्ष या विपक्ष किसी एक ओर अपनी पक्षधरता, अपनी पूर्ण पहचान और सक्रियता जरूर जताता है ।

रचनात्मक हेतुज्ञान एवं विचारों द्वारा परिसीमित रहते हैं । इन परिसीमनों के छोर निष्कर्षों में ढूँढ़े जा सकते हैं । निष्कर्षों के सम्पादन में अनेक बाधाएँ उपस्थित होकर उन्हें अघटित छोड़ दे सकती हैं । पूर्ण तर्क-वितर्क के उपरान्त विवेकात्मक निर्णय-निष्कर्ष रचनात्मक प्रक्रिया को जहाँ समृद्ध करता है वहाँ आकस्मिक निर्णय, जल्दबाजी में निकाले गए निष्कर्षों या संवेगात्मक बाधाओं के शिकार हो जाते हैं । विवेकशून्यता, विवेकबुद्धि की न्यूनता, जल्दबाजी, संवेगात्मक व्यवहार उचित निर्णयों के घटित होने में रुकावट डाल कर या विचार के विपथन द्वारा विचार की रचनात्मक प्रक्रिया में बाधक बनते हैं ।

रचनागत निर्णय के संबंध में यह बात अत्यन्त महत्त्वपूर्ण है कि बने बनाए निर्णय पूर्व निर्मित प्रकृति के कारण न केवल अनुपयोगी होते हैं अपितु रचना की अपनी शर्तों के विरुद्ध भी पड़ सकते हैं । रचनांतर्गत ये निर्णय स्वयं अपनी आकृति गढ़ते जाते हैं; क्योंकि रचना कर्म स्वयं निर्णय की, स्थिति में से निष्कर्ष दोहने की प्रक्रिया है । मुक्तिबोध जैसे प्रबुद्ध वैचारिक कवि की कविताओं में इन निर्णयों की प्रकृति और प्रक्रिया भी स्पष्ट है । विचार व्यवहार में वह निर्णयों की खोज में, रचनात्मक निष्कर्षों की ढूँढ़ में निकलते हैं और रचनाएँ लम्बी होती जाती हैं । रचनाओं की प्रदीर्घता कवि की द्वन्द्वात्मक मनःस्थिति की परिचायक है, जो किन्हीं पूर्व निर्मित, स्वीकृत निष्कर्षों को भी इसलिए नकार देती है, क्योंकि उनमें उसे रचनात्मक तर्कों की पहचान भी धुंधली और बलात् ओढ़ी हुई लगती है । इस प्रकार वह जिन निर्णयों की तलाश में निकलता है वे उससे पूर्व की सामाजिक कलात्मक व्यवस्थाओं के प्रति भी शंका उत्पन्न करते हैं ।

प्रत्येक पूर्व निर्धारित मूल्य, पहुँचे हुए निर्णय या निष्कर्ष के आगे प्रश्नचिन्ह लगाना और स्थिति सापेक्ष किन्हीं नए उभरते, रचना में आकार लेते निर्णयों तक पहुँचना भी विचार की निजी अनिवार्य पहचान का ही पक्ष है ।

सम्वेदनात्मक उद्देश्य

प्रत्येक कवि जाने-अनजाने किन्हीं हेतुओं से परिचालित होता है । स्थूल रूप में ये हेतु उसके संवेदनात्मक उद्देश्य कहे जा सकते हैं । इन्हीं संवेदनात्मक उद्देश्यों के अनुसार कवि मनःस्थिति के प्रति अपनी प्रतिक्रिया व्यक्त करता है । इस प्रतिक्रिया में काव्य तत्त्वों की मात्रा, अनुपात व समीकरण निहित रहते हैं । इन विभिन्न तत्त्वों का विशिष्ट योग संवेदनात्मक उद्देश्य में निहित होता है ।

संवेदनात्मक उद्देश्य, तात्विक दृष्टि से, जहाँ काव्यतत्त्वों का समायोजन सम्पन्न करते हैं वहाँ वे कवि के व्यक्तित्व को समझने में भी सहायक होते हैं । मुक्तिबोध के शब्दों में, 'ये संवेदनात्मक उद्देश्य रचनाशील मन की अपनी निधि हैं और उस पूरे अन्तर्जगत का

अंग हैं कि जो अन्तर्जगत कवि ने पाया और विकसित किया है ।'[25] कवि इन्हीं संवेदनात्मक उद्देश्यों की उपलब्धि, अभिव्यक्ति एवं तुष्टि के लिए रचनारत रहता तथा कष्ट सहता है । इसी में उसे आत्मगौरव एवं आत्मसुखलाभ भी अभीष्ट होता है ।

बाह्यजगत से अर्जित सारा ज्ञान भंडार एवं परम्परा से ग्रहण किया भाव जगत उसके संवेदना संसार का सम्पन्न करते हैं, उसके व्यक्तित्व के अभिन्न अंग बन जाते हैं । अपने युग के बोध, विचार, जीवनदृष्टि, दर्शन, राजनीतिक दृष्टि के प्रसार भी इन्हीं उद्देश्यों के स्वरूप, उत्तेजना और उत्प्रेरणा हैं ।

समान दृष्टि एवं दर्शन के कारण संवेदनात्मक उद्देश्य ही विभिन्न काव्य प्रवृत्तियों-आन्दोलनों के पीछे के कारण तत्त्व होते हैं । अतः संवेदनात्मक उद्देश्य जहाँ काव्य प्रवृत्तियों में कारण बनते हैं वहाँ अपने समय और समाज के दबावों को भी प्रकट करते हैं । छायावादी काव्य प्रवृत्ति में दार्शनिक प्रपत्तियाँ, स्वच्छन्दतावाद और नई अभिव्यंजना प्रणाली का आविष्कार युगीन स्थितियों के दबाव और अनिवार्यताओं की उपज थे । प्रगतिवाद में सामान्य, शोषित, निर्धन आदमी के प्रति सहानुभूति यदि दिखाई देती है तो यह युग की माँग के अनुसार अपनाए गए साम्यवादी राजनीतिक दर्शन के अधीन विकसित संवेदनात्मक उद्देश्यपरकता ही है । इसके विपरीत प्रयोगवादी काव्य प्रवृत्ति में व्यक्ति स्वातंत्र्य की विचारधारा का प्रादुर्भाव हुआ तो यह कोई आकस्मिक घटना न होकर राजनीतिक प्रतिक्रिया का अंग है, जिसके हेतु गहरी दूरगामी विश्व राजनीति में द्योतित होते हैं । और नई कविता में पुनः अस्तित्ववादी जीवनदर्शन का अधिग्रहण मूलतः इन्हीं संवेदनात्मक उद्देश्यों के महत्त्वबोध मे निहित है ।

संवेदनात्मक उद्देश्यों के अनुरूप ही प्रत्येक कवि की अपनी विशिष्ट रचनाप्रक्रिया भी होती है । इस विशिष्ट रचनाप्रक्रिया को ही वह रचना में प्रतिफलित करता है । जिस कवि का संवेदनात्मक अन्तर्जगत जितना समृद्ध उन्नत एवं परिष्कृत व्यापक होगा, उसके अनुरूप ही उसकी कलात्मक क्षमताएँ विकसित उन्नत होंगी । ये क्षमताएँ ही वस्तुतः रचना में प्रतिफलित होती हैं ।

बाह्यजगत के वैचारिक स्वीकार जब तक कवि व्यक्तित्व के आन्तरिक जगत के अभिन्न अंग नहीं बन जाते, उसकी निजी विशिष्ट दृष्टि का हिस्सा नहीं बन जाते, उन पर कवि मन की शक्तियों का रंग नहीं जढ़ जाता तब तक उन्हें संवेदनात्मक उद्देश्यों में सम्मलित नहीं माना जा सकता । इसे मुक्तिबोध 'आभ्यंतरीकरण की प्रक्रिया' मानते हैं । उसका कहना है कि 'आभ्यंतरीकरण की प्रक्रिया केवल विचार तक सीमित नहीं, वह उससे ज्यादा गहरी, व्यापक और मानसिक है । जब तक लेखक अपने स्वयं के जीवनानुभवों से प्राप्त दृष्टि के रूप में उन्हें नहीं पाता, तब तक आभ्यंतरीकरण की प्रक्रिया पूरी नहीं हुई, यह समझना चाहिए ।'[27]

युगीन जीवनमूल्य, बोध, विचार एवं ज्ञान कवि के संवेदनात्मक व्यक्तित्व का अंग बनकर ही चरितार्थ होना चाहिए, क्योंकि संवेदनात्मक उद्देश्यों की चरितार्थता के बल पर

ही कृति की जाँच की जा सकती है । कवि की व्यापक मानवीय सहानुभूतियों, जीवन आदर्शों के रूप स्तर की पहचान भी इन्हीं की पहचान से सम्भव है । संवेदनात्मक उद्देश्य ही रचना के मूल्य निर्धारण एवं साहित्यिक कोटि विषयक निर्णय देने में सहायक हो सकते हैं । इसी से रचना के पीछे कवि की दृष्टि, दर्शन, दिशा एवं मानवीय पक्ष विपक्ष के संबंध में कोई निष्कर्ष निकाला जा सकता है । कवि व्यक्तित्व की पहचान एवं रचना प्रभाव तथा महत्त्वबोध भी संवेदनात्मक उद्देश्यों की समुचित पड़ताल पर निर्भर करते हैं ।

अतः संवेदनात्मक उद्देश्य ही अनुभूति एवं अभिव्यक्ति पक्ष को समायोजित कर विशिष्ट कला विधान करते हैं । ये कला विधान रचनात्मक फलन के तुल्य हैं । रचनात्मक फलन कवि व्यक्तित्व के विशिष्ट गतिशील अनुभव प्रवाह को चित्र निर्मात्री शक्ति द्वारा परिवर्तित कर पुनः जीवंत बना देता है । क्योंकि संवेदनात्मक उद्देश्यों की जड़ें अनुभूत यथार्थ में निहित होती हैं । इसलिए संवेदना और ज्ञान की परस्पर यौगिक सक्रियता में जो रचना विधान होता है उससे मानसिक धरातल पर कवि और पाठक का सत्य से साक्षात्कार होता है । मानसिक धरातल पर संवेदनात्मक उद्देश्यों के प्रतिफलन और साक्षात्कार के क्षण उपलब्ध होते हैं; जिन्हें मुक्तिबोध 'सौंदर्य क्षण' व 'रस क्षण' कहते हैं । यही कलात्मक उपलब्धि कवि एवं सामान्य जन की असीम, शाश्वत उपलब्धि बन जाती है, जिसमें पाठक को अपनी तथा अपने युग की प्रतिमा दृष्टिगत होती है । सत्य के अन्वेषण की यह काव्यप्रक्रिया संवेदनात्मक उद्देश्यों की विशिष्ट प्रक्रिया बनकर कलात्मक परिणति को प्राप्त होती है ।

सन्दर्भ

1. रामधारी सिंह दिनकर : शुद्ध कविता की खोज (उदयाचल, राजेन्द्रनगर, पटना-4, प्रथम संस्करण : 1966), पृ. 34–5. ❑ 2. जीवन के तत्त्व और काव्य के सिद्धान्त (ज्ञानपीठ प्राइवेट लि. पटना-4, तृतीय सं. : 1963), पृ. 44. ❑ 3. लक्ष्मीकांत वर्मा : नये प्रतिमान : पुराने निकष (भारतीय ज्ञानपीठ प्रकाशन, वाराणसी, प्रथम संस्करण : 1966), पृ. 237. ❑ 4. वही, पृ. 230. ❑ 5. नगेंद्र : आधुनिक हिंदी कविता की मुख्य प्रवृत्तियाँ (नेशनल पब्लिशिंग हाउस, दिल्ली, द्वितीय संस्करण : 1962), पृ. 105. ❑ 6. उदाहरण के लिए विनयपत्रिका अथवा इधर प्रसाद, महादेवी आदि की दार्शनिक कविता और नवीन प्रयोगवादी कविता में कोई साम्य नहीं है । उन कविताओं में जहाँ दर्शन और विचार को राग का विषय बनाया गया है, वहाँ इन कविताओं में प्रायः रागात्मक तत्त्व को बौद्धिक माध्यम द्वारा व्यक्त किया गया है । प्राचीन कविता में विचार और काव्यानुभूति के बीच रागात्मक संबंध था, पर इस कविता में विषय और काव्यानुभूति के बीच बुद्धिगत संबंध है । वास्तव में इस कविता का मुख्य उपादानसाधन बौद्धिक धारणाएँ (इंटेलेक्चुअल कांसेप्ट्स) हैं, जो प्रायः विज्ञान, राजनीतिशास्त्र, मनोविज्ञान, मनाविश्लेषणशास्त्र आदि की उपजीवी हैं ।' वही, पृ. 103. ❑ 7. वही, पृ. 107. ❑ 8. जगदीश गुप्त : नयी कविता : स्वरूप और समस्याएँ (भारतीय ज्ञानपीठ प्रकाशन, वाराणसी, प्रथम संस्करण : 1969), पृ. 103–4. ❑ 9. वही, पृ. 104. ❑ 10. 'लाक्षणिकता का, जो नए-नए रूपों में सामने आ रही है; उसको बहुत बड़ा बल है । वह रूप और भावों के ही नहीं वरन् उनसे सम्बन्धित विचारों के भी प्रतीक गढ़ती रहती है । उसकी अभिव्यंजना प्रायः वक्री होकर चलती है जिसे समझने में बुद्धि की विशेष आवश्यकता होती है ।' नई कविता : स्वरूप और समस्याएँ, पृ. 104. ❑ 11. 'वास्तविकता यह है कि रस-प्रक्रिया भाव को ही केन्द्र में रखकर चलती है जबकि नई कविता

बहुधा विचारों को छोड़ नहीं पाती' वही । ❑ 12. 'व्यक्तिगत रूप में मुझे विश्वास है कि भविष्य में हिन्दी कविता बुद्धि और हृदय, विचार और राग के बीच अधिक संतुलन स्थापित कर सकेगी, और उसे जनरुचि का आश्रय भी मिलेगा ।' वही, पृ. 106. ❑ 13. नामवरसिंह : कविता के नए प्रतिमान (राजकमल प्रकाशन, दिल्ली, द्वितीय संस्करण : 1974), पृ. 191. ❑ 14. दूसरा सप्तक : रघुवीर सहाय (संपादक : अज्ञेय, भारतीय ज्ञानपीठ प्रकाशन, वाराणसी, द्वितीय संस्करण : 1970), पृ. 139. ❑ 15. लायोनेल ट्रिलिंग : दि लिबरल इमैजिनेशन (सेकर ऐंड बार्बर्ग, लंदन : 1955), पृ. 287. ❑ 16. पाल वेलरी : दि माडर्न ट्रेडिशन, पृ. 81. ❑ 17. 'यह बुद्धि, संवेदनात्मक उद्देश्य के अनुसार, शब्द योजना और अभिव्यक्ति निर्माण में एक सम्पादक का, संशोधक का कार्य करती है तो दूसरी ओर वह संवेदनात्मक ज्ञान और ज्ञानात्मक संवेदनाओं को लक्ष्य में रखकर उनसे अनुप्राणित होकर आगे बढ़ती है ।' गजानन माधव मुक्तिबोध : नये साहित्य का सौंदर्यशास्त्र, (राधाकृष्ण प्रकाशन, दिल्ली, प्रथम संस्करण, 1971), पृ. 96. ❑ 18. गजानन माधव मुक्तिबोध : नई कविता का आत्मसंघर्ष तथा अन्य निबंध (विश्व भारती प्रकाशन, नागपुर : 1964), पृ. 8. ❑ 19. हिन्दी साहित्य : एक आधुनिक परिदृश्य (राधाकृष्ण प्रकाशन, दिल्ली : 1967), पृ. 126. ❑ 20. 'मानसिक तनाव से धनुष की प्रत्यंचा-सी तनी हुई, अंतर्जीवन की तीखी चेतना से स्वर-सी संयत, लेकिन जीवन की विविधता के बोध से विशृंखल होती हुई भी आज की कविता का सौंदर्य इसी कोटि का है' । अज्ञेय : आत्मनेपद, (भारतीय ज्ञानपीठ प्रकाशन, काशी : 1960), पृ. 28—9. ❑ 21. रघुवीर सहाय : हंसो हंसो जल्दी हंसो (नेशनल पब्लिशिंग हाउस, दिल्ली, प्रथम संस्करण : 1975), पृ. 29. ❑ 22. नामवरसिंह : कविता के नए प्रतिमान (राजकमल प्रकाशन, दिल्ली, द्वितीय संस्करण : 1974), पृ. 195. ❑ 23. वही. । 24. विश्म्भरनाथ उपाध्याय : समकालीन कविता की भूमिका, (सम्पादक : विश्वम्भरनाथ उपाध्याय, मंजुल उपाध्याय, दि मैकमिलन कम्पनी आफ इंडिया लि., नई दिल्ली : 1976), पृ. 116. 25. वही, पृ. 117. ❑ 26. गजानन माधव मुक्तिबोध : नये साहित्य का सौंदर्यशास्त्र, पृ. 82. ❑ 27. वही, पृ. 88.

4

विचार की आंतरिक संघटना का स्वरूप

कल्पनात्मक काव्यप्रवृत्ति और विचारपरक काव्यप्रवृत्ति

विचारपरक काव्यप्रवृत्ति को हम 'भावपरक कविता-विचारपरक कविता' शीर्षक के अंतर्गत स्पष्ट कर रहे हैं । यहाँ कल्पनात्मक काव्य प्रवृत्ति को स्पष्ट करके दोनों में अन्तर दिखाना हमारा उद्देश्य है । इससे पूर्व हम कल्पना तत्त्व को स्पष्ट करके कल्पना, स्मृति, स्वप्न एवं स्वैरकल्पना (फैंटेसी) में अन्तर स्पष्ट करना जरूरी समझते हैं । पहले हम 'कल्पना' की धारणा को स्पष्ट करेंगे ।

कल्पना और स्मृति

मनोविज्ञान के क्षेत्र में, 'कल्पना' और 'स्मृति' के अति नैकट्य को देखते हुए मनोवैज्ञानिकों ने दोनों का उल्लेख साथ-साथ किया है । यहाँ तक कि स्मृति को 'पुनरावृत्यात्मक कल्पना' तक कह दिया गया है । इन दोनों का आधार प्रत्यक्ष ज्ञान या पूर्वानुभव माना जाता है और सम्बन्धित विषय की अनुपस्थिति रहती है । दोनों एक दूसरे की पूरक भी होती हैं, क्योंकि वे परस्पर सहायक होकर क्रियाशील होती हैं । दोनों में परस्पर थोड़ा बहुत अंश रहता ही है । कल्पना पूर्वानुभूत को ज्यों का त्यों प्रस्तुत न करके उसकी पुनर्रचना करती है जबकि स्मृति उसे हूबहू प्रस्तुत कर देती है । स्मृति अतीत की ओर प्रवाहित होती है तो कल्पना अतीत और भविष्य दोनों ओर अपनी गति रखती है । कल्पना में पूर्वानुभूत विषय क्रम भी परिवर्तित हो जाता है, प्रायः नए रूप में सामने आता है, क्योंकि यह मस्तिष्क के अपेक्षाकृत अधिक गहरे स्तरों से सम्बद्ध होती है, जबकि स्मृति कोई फेर-बदल नहीं करती और मस्तिष्क की ऊपरी सतहों से सम्बन्धित रहती है । जहाँ कल्पना 'क्या हो सकता है ?' को सूचित करती है, वहाँ स्मृति 'क्या हुआ है' को परिलक्षित करती है । स्मृति देश काल से बँधी रहती है, जबकि कल्पना इनसे निर्बंध हो विचरती है ।

साहित्य-सृजन में कल्पना की भूमिका

कल्पना मुख्यतः दो प्रकार के कार्य सम्पन्न करती है । (क) सद्यः संवेदनात्मक अर्थवान बिम्बों के निर्माण का कार्य तथा (ख) रचना के विभिन्न तत्त्वों के मध्य सामंजस्य स्थापित कर संकल्पनात्मक निर्माण करना । इन्हीं दो कार्यों को निम्न शीर्षकों के अंतर्गत बाँट कर देखा जा सकता है : (1) विषय सामग्री का चयन एवं सचेतन प्रस्तुतीकरण, (2) विषय को अपेक्षित विस्तार प्रदान करना, (3) विषय को अनुभूतिगम्य रूप में प्रस्तुत करने में सहायता देना, (4) देशकाल से मुक्त अनुभूतियों के प्रस्तुतीकरण द्वारा साधारणीकरण की प्रक्रिया को सम्भव बनाना ।

कल्पना और विचार

कल्पना और चिंतना — दोनों में बाहर से अधिक अंतर लक्षित नहीं होता तो भी इनकी प्रकृति, कार्य एवं लक्षण में पर्याप्त अंतर है । यह ठीक है कि दोनों ही मस्तिष्क की क्रियाएँ हैं परंतु दोनों भिन्न, प्रायः विपरीत कार्य करती हैं । कल्पना जहाँ नए-नए विषयों को सम्मुख लाती हैं, वहाँ विचार स्थितियों और दशाओं के अनुसार उसे छाँटता और अपेक्षित रूप में ग्रहण करता है । कल्पना संभाव्यपक्ष को सामने लाती है, जबकि विचार उसके औचित्य को अनुभव की कसौटी पर कसता है । कल्पना बुद्धि के नियंत्रण को अस्वीकार कर चलती है तो विचार इसी बुद्धि के नियंत्रण को स्वीकार कर क्रियाशील होता है । कल्पना नई-नई संभावनाओं को जन्म देती है पर विचार अपना निर्णय-समाधान प्रस्तुत करता है । विचार प्रायः किसी उद्देश्य या लक्ष्य से संचालित होता है और सैद्धांतिक या व्यावहारिक साहचर्य का नियंत्रण करता है । स्वछंद कल्पना में भी मुक्त साहचर्य का समावेश होता है । व्यावहारिक जीवन क्षेत्र में कल्पना चिंतना (विचार) की सहायिका बनकर भी आती है । जब विचार किसी जटिल स्थिति का सामना करता है तब कल्पना ही है जो उस स्थिति की उलझनों को सुलझाने में कई विकल्प प्रस्तुत करके हाथ बँटाती है । किंतु जब वह विचार के अंकुश को स्वीकार नहीं करती तब उन्मुक्त, स्वच्छंद कल्पना सर्वत्र विचरण करती है ।

साहित्य में ग्रहीत कल्पना

कल्पना यद्यपि प्रत्येक युग में महत्त्वपूर्ण शक्ति के रूप में जानी गई है, किंतु उसको सर्वाधिक व्यापक अर्थग्रहण एवं सम्मान आधुनिक युग के पाश्चात्य साहित्यकारों द्वारा दिया

गया है, जिनमें कालरिज, वर्ड्सवर्थ तथा शेली का नाम प्रमुख है । इन्होंने कल्पना को काव्य की मूलशक्ति मान कर उसका विशद विवेचन-मूल्यांकन प्रस्तुत किया है । साहित्य को कल्पना सृजित मान कर स्वच्छंदतावादियों ने ही समुचित मान दिया और यह माना कि वह सभी प्रकार के मानसिक बोध की मूल प्रेरक एवं आधार शक्ति है । कालरिज जहाँ कल्पना को जितने व्यापक अर्थों में लेते हैं, शेष साहित्यकारों ने उसे इतनी व्यापकता से नहीं माना । मोल महोदय का मत है कि 'अपने सरलतम रूप में कल्पना एक ऐसी शक्ति है जो कि पूर्व अनुभूत तत्त्वों की नई प्रतिलिपियों का पुनरुत्पादन करती है ।... तथा जिसके द्वारा हम मस्तिष्क के अतीत काल के ऐंद्रिक अनुभवों की प्रतिमाओं को ग्रहण कर सकते हैं ।'[1] कल्पना के पुनरुत्पादन कर्म को ही 'नूतन सृजनशक्ति' तथा 'नवनवोन्मेषशालिनी प्रज्ञा' कहा गया है ।

कालरिज महोदय कल्पना को एक प्रकार की दैवी शक्ति मानते हैं जो वस्तुसृष्टि विधायिनी है । भारतीय आचार्यों द्वारा ग्रहीत मतों से, इसकी पारिभाषिक व्याख्याओं की निकटता और सादृश्य दर्शाते हुए रमेंद्रकुमार सेन ने अभिनवगुप्त और कालरिज के मतों में नैकट्य दिखाया है ।[2] पश्चिम में कल्पना का सर्वाधिक अभिग्रहण बोधपक्ष के साथ ही जोड़कर देखा गया है ।

कल्पना की अधुनातन धारणाएँ आज पूर्णतः बदल गई हैं । इसका कारण युगीन परिवर्तित बोध ही है । वैज्ञानिक, औद्योगिक विकास ने जिस भौतिक परिवर्तन को तेजी से घटा कर नए विचारों, ज्ञानविज्ञान के नए क्षितिजों को उद्घाटित किया है, मानव अस्तित्व के जो नए-नए संकट खड़े हुए हैं, अनुभवों को जो दिशाव्यापी अनंत विस्तार प्राप्त हुआ है, तथा समाजार्थिक नई जीवन स्थितियों के दबाव में व्यक्ति और उसकी भावना का स्थान विचारणा ने ले लिया है । मानव की अस्तित्व एवं मुक्ति चिंता प्रधान हो गई है । अतः वर्तमान सन्दर्भों में छायावादी अस्पष्टता, अदृष्टता एवं ठोस जीवन से दूर कोरी कल्पना तक के व्यवहारों को आज स्वीकार करना असंभव है तो नई कविता की कल्पनागत नव-स्वच्छंदवादिता भी अप्रासंगिक हो गई है । छायावादी कवियों द्वारा, आचार्य शुक्ल के शब्दों में : 'भावानुभूति तक कल्पित करने की चेष्टा की गई है ।'[3] छायावादियों ने जिस कोमल, रमणीय, आकर्षक एवं उदात्त का चित्रण किया और नई कवितावादियों ने युगीन भावबोध में जिन भावनामय, सुंदर साफ-सुथरे बिम्बचित्रों को कल्पना के माध्यम से सँवारा-उसारा है उनके स्थान पर आज की कविता में कल्पना यथार्थ के कटु, कठोर, क्रूर वर्तमान को रूपाकर देने में अपनी बोधगम्यता को चरितार्थ कर रही है । नारीसौंदर्य के कल्पित सौंदर्य के स्थान पर सहयोगिनी, संघर्षमयी नारी के यथार्थ जीवनचित्र मिलने लगे हैं । विराट की उपासना के स्थान पर निकट के ठोस जीवनसंदर्भ तथ्य-व्यवहार और इनके पीछे के अदृश्य क्रूर हाथ साफ दिखने लगे हैं । सूक्ष्म अंतरोन्मुखी वैयक्तिकता के स्थान पर स्थूल बाह्योन्मुखी सामाजिकता उभर रही है । अतीत के आदर्शगान और भविष्य के भावाकुल तथा धुंध में उकेरे गए चित्रों के स्थान पर वर्तमान निर्मम व्यवहारों, आर्थिक

शोषण प्रणालियों को ऐतिहासिक संदर्भों में पहचान कर सुखद, स्वतंत्र समतामूलक समाज की रचना के लिए स्वप्न ही नहीं, प्रयत्न भी जारी हैं । आज कविता एक कारगर शस्त्र बनकर उभर रही है । प्रतिकार और विरोध के अस्त्रों को सज्जित करती हुई कल्पना यथार्थ की ऐसी तसवीर चित्रित करती है, जो अपने युगीन संदर्भों के सच्चे रंगों के कारण भयावह सत्य को उद्‌घाटित करते हैं ।

मैं माध्यम हूँ
टूटी हुई आवाजों और दबी हुई चिनगारियों का माध्यम ।
जब मैं अपना साज सँभालता हूँ
एक दर्द मेरे आसपास आकर जमने लगता है
यह कांगो के बेताज बादशाह लुमुम्बा का दर्द है
जो मेरे साज को उदास और आवाज को गमगीन बना रहा है ।[4]

समूची मानव जाति की ओर से कवि यह पक्षधर माध्यम की समार्थी कविता जिन अर्थों में आज उदास और गमगीन हो रही है उसमें वर्तमान युग की नृशंसता के रंगों को भरने वाली यथार्थ दर्शनी यह कल्पना अपने बोध के साथ नई सर्जनात्मकता को संपन्न कर रही है । आज के व्यक्ति की भावना का प्रसार जिन नई संवेदनाओं को आक्षितिज गुंजा रहा है वहाँ अनुभवों द्वारा उत्पन्न नए विभावों की परिधि असीम हो गई है । सौंदर्यभावना को वस्तुनिष्ठ मानने का आधार परिवेशगत स्थितियाँ हैं । अतः आज के कवि के लिए बाह्य जगत की सत्यता, यथार्थता, सृजनात्मक कल्पना द्वारा कलात्मक रूप में निष्पन्न होनी चाहिए । कवि के विचारों का समुद्र, व्यापक एवं विस्तृत जीवनानुभवों पर आधारित होना ही पर्याप्त नहीं, उन्हें सृजनात्मक कल्पनाशक्ति के अवदान से कलात्मक रूप देना भी अनिवार्य है; अन्यथा अपने कथ्य की बहुमूल्यता के बावजूद कविता धोखा दे जाएगी ।

मुक्तिबोध कल्पना को संवेदनात्मक ज्ञान से जोड़कर जिस सहानुभूतिशील कल्पना की बात करते हैं, वह आज की यथार्थोन्मुखी काव्यरुचियों के लिए प्रेय हो सकती है । मुक्तिबोध के अनुसार : 'संवेदनात्मक ज्ञान के आधार पर और ज्ञानात्मक संवेदनाओं के आधार पर हम एक साथ तटस्थ और तन्मय, अपने से परे और निमग्न, अपने से बाहर और अपने अंदर एक साथ रहते हैं । सहानुभूतिशील कल्पना और कल्पनाशील सहानुभूति हमें आत्मविस्तार के लिए उद्यत कर देती है । संक्षेप में, बाह्य और अंतर का भेद उस समय लुप्त सा हो जाता है ।'[5] मुक्तिबोध जिस 'संवेदनात्मक ज्ञान' और 'सहानुभूतिशील कल्पना' की बात करते हैं वह वास्तविक जीवन के अनुभव पर आधारित है । यह 'अनुभव-पुंज, कल्पना द्वारा विस्तृत और मूर्तिमान हो उठता है, किन्तु साथ ही प्रवाहशील भी । अनुभवप्रवाह चित्रप्रवाह में परिणत हो जाता है ।[6] तब, 'जिस प्रकार, बुद्धि विशिष्टों का सामान्यीकरण करती है, उसी प्रकार कल्पना भी विशिष्ट का इस प्रकार मनश्चित्र बनाती है कि वह मनश्चित्र सारे तत्समान विशिष्टों का प्रतिनिधि हो जाता है । ऐसे मनश्चित्र की

प्रतिनिधिकता एक प्रकार का सामान्यीकरण नहीं तो क्या है ?[7]

अतः युगीन काव्यप्रवृत्ति विचारपरक एवं परिवेश के साथ बोध के धरातल पर गहरी जुड़ी हुई है तथा सृजनशील के सक्रिय दखल से ज्ञानात्मक संवेदनाएँ उद्बुद्ध करने में सक्षम हो रही है एवं नए सौंदर्यबोध की रचना द्वारा युगीन सत्य को वाणी दे रही है ।

भावपरक कविता और विचारपरक कविता

भावपरक कविता और विचारपरक कविता में अंतर दर्शाने से पहले हम भाव और विचार की पहचान कर लेना जरूरी समझते हैं ।

मनुष्य की मानसिक क्रियाओं को मुख्यतः तीन वर्गों में बाँटा जाता है : (1) ज्ञान (काग्निशन), (2) अनुभूति (फीलिंग), (3) चेष्टा (कानेशन) ।

इन तीनों के आनुपातिक समन्वित रूप से ही भिन्न-भिन्न मानसिक तत्त्वों की सृष्टि मानी गई है । इन्हीं तीनों आधार पर साहित्य में प्रयुक्त मानसिक तत्त्वों को क्रमशः विचार, भाव तथा कल्पना की संज्ञा दी जाती है । विचार को सभी ज्ञान संबंधी क्रियाओं के तात्विक रूप में देखा जाता है, जबकि अनुभूति को तत्त्वरूप में भाव की स्थिति माना गया है । कल्पना में सभी मानसिक चेष्टाओं के सूक्ष्मतम रूप को प्रतिनिधित्व मिलता है । अतः साहित्य में इन प्रमुख तीन तत्त्वों विचार, भाव और कल्पना की स्थिति को सदा स्वीकार किया गया है ।

युगबोध और विभिन्न स्थितियों के अनुसार, समय-समय पर तीनों तत्त्वों को वरीयता मिलती रही है । तो भी यह मान लेना गलत होगा कि अमुक कृति में इतने प्रतिशत भाव है या इतने प्रतिशत विचार है । अथवा भाव या विचार या कल्पना में से किसी एक तत्त्व की अनुपस्थिति का उल्लेख करना नितांत भ्रामक होगा; क्योंकि कविता मानसिक स्तर पर प्रभावित करती है और मानसिक क्रिया से ही उत्पन्न होती है । अतः इन तीनों तत्त्वों का अस्तित्व कविता में अवश्य समाहित रहता है । इनकी उपस्थिति की कमीबेशी के अनुसार कविता को विचारप्रधान, भावप्रधान या कल्पनाप्रधान कहा जा सकता है ।

भाव की व्युत्पत्ति

अंग्रेजी भाषा में भाव के पर्याय के रूप में इमोशन को रखा जाता है । पी. टी. युंग 'इमोशन' की व्युत्पत्ति लेटिन भाषा के 'ई + मूवर'[8] से मानते हैं, जिसके अनुसार 'ई' (e) का अर्थ है 'बाहर' और 'मूवर' का अर्थ होता है 'गतिशील होना' । अतः इमोशन का अर्थ हुआ 'बाहर निकलना' । युंग महोदय ने भाव की परिभाषा देते हुए लिखा है : 'भाव व्यक्ति की अनुभूति चेष्टाओं और स्नायुगत गतियों से सम्बन्धित वह उद्दीप्त अवस्था होती है, जिसकी उत्पत्ति विशेष मनोवैज्ञानिक परिस्थिति में होती है ।'[9] इस आधार पर निम्न निष्कर्ष उपलब्ध होते हैं, जो भाव के लक्षण माने जा सकते हैं : (1) व्यक्ति की उत्तेजित मानसिक

अवस्था, (2) स्नायविक उत्तेजना की स्थिति (3) कोई मनोवैज्ञानिक परिस्थिति ।

अन्य भी कई एक ऐसी मानसिक दशाएं गिनाई जा सकती हैं, जिनमें भाव की कुछ न कुछ रूप में अवस्थिति रहती है । इन अवस्थाओं को अनुभूति, भाव, मनःस्थिति, भावना, भावात्मक दृष्टिकोण आदि के रूप में देखा जाता है ।

अनुभूति

ऐंद्रिक संवेदनाओं को अनुभूति कहते हैं । जैसे काँटा चुभने पर जो प्रतिक्रिया होती है, उसे अनुभूति कहेंगे । अनुभूति का संबंध बोध, स्मृति या किसी सूचना या दृश्य से होता है । जैसे दूर्घटना का दृश्य देख कर मन में कुचले गए व्यक्ति के प्रति करुण भाव का उत्पन्न हो आना । यों अनुभूति और भाव पृथक् होते हुए भी गहरे में परस्पर सम्बन्धित रहते हैं ।

गहन, सघन या विस्तृत होने पर अनुभूति भाव में परिणत हो जाती है । जैसे काँटा चुभोए जाने के कारण को जानकर हमें क्रोध आ सकता है और क्रुद्धभाव में दुख की अनुभूति उभर आ सकती है ।

मनःस्थिति

मनोवैज्ञानिकों के अनुसार कोई भाव किसी मनोदशा का कारण होता है तथा कोई मनोदशा भी किसी भाव के जन्म का कारण बन जाती है । मनोदशा भाव का अधिक देर तक बना रहने वाला पश्चात प्रभाव है । भाव मनोदशा के रूप में अपने पीछे समान मनोदशा को अपने पीछे छोड़ जाता है । भाव मनोदशा में कारणतत्त्व होता है । भाव की अपेक्षा मनोदशा कम तीव्र होती है और इसकी अवधि की अपेक्षाकृत दीर्घ होती है । जैसे चिड़चिड़ेपन की मनःस्थिति में मामूली सी बात, टकराना, गाली देना, छू जाना, हल्की सी चोट या हानि पर क्रुद्ध हो जाना । अतः मनःस्थिति और भाव भी गहरे में आबद्ध रहते हैं ।

भावना

भावना को मनोवैज्ञानिकों ने भावात्मक वृत्तियों की अपेक्षाकृत अधिक परिपक्व एवं सुव्यस्थित स्थिति के रूप में देखा है । मैक्डूगल महोदय के अनुसार, 'भावना किसी आलंबन के सान्निध्य से उत्पन्न उसके प्रति एक स्थायी चेष्टात्मक वृत्ति है ।'[10] साथ ही वह भावना को अर्जित प्रवृत्ति भी मानते हैं, 'जिसका निर्माण धीरे-धीरे कई अनुभवों और क्रियाओं द्वारा होता है ।'[11] इससे यह स्पष्ट होता है कि भावों की बार-बार की आवृत्ति से पुष्ट अनुभव ही भावना के निर्माण में हाथ बाँटाते हैं ।

किसी व्यक्ति द्वारा बार-बार भिन्न-भिन्न समयों में हमारे विरुद्ध कहे गए शब्द यों अनेक बार दोहराए गए भाव ही भावनाओं का रूप धारण कर लेते हैं । इन आवृत्तिजनक स्थितियों में भावनाएँ भावों के ही प्रदीर्घ पुष्ट स्वरूप का परिणाम हैं तो दूसरी ओर ये

भावनाएँ भावों के रूप में ही अभिव्यक्ति पाती हैं । अपने विरुद्ध बोलने, प्रचार करने वाले के प्रति स्वभावतः हमारे मन में क्रोधभाव का या घृणा का जन्म हो जाएगा ।

दृष्टिकोण

कई मनोवैज्ञानिक दृष्टिकोण या भावनात्मक दृष्टिकोण को भावनाओं के अंतर्गत ही मानते हैं । जबकि दृष्टिकोण भावना नहीं होता । दृष्टिकोण में भावना के विपरीत जो बौद्धिकता समाहित रहती है, वह इसे अलग स्वरूप प्रदान कर देती है । जब किसी व्यक्ति, विचार या सिद्धांत के प्रति हमारी एक धारणा बन जाती है, जो एक भावना विशेष के रूप में परिवर्तित हो जाती है, तब उसे दृष्टिकोण कहते हैं ।[12]

दृष्टिकोण के अन्तर्गत भाव में किसी गृहीत विचारधारा, दर्शन एवं वाद के प्रति आस्था या विश्वास भी मिला रहता है । जैसे गांधीवाद में विश्वास रखने वाले व्यक्ति का विभिन्न जीवनस्थितियों में प्रतिक्रिया का एक विशेष कोण होगा, जिसे गांधीवादी दृष्टिकोण की संज्ञा दी जा सकती है । जीवन और जगत को देखने लेने का एक नजरिया जो बन जाता है, उसमें भाव भी अनिवार्यतः निहित रहता है; क्योंकि भाव गहरे विश्वास और आस्था का आधार होता है ।

अतः अनुभूति, भाव, मनोदशा, भावना, दृष्टिकोण आदि भाव के ही उत्तरोत्तर परिपक्व एवं व्यवस्थित रूप हैं ।

विचारतत्त्व का विवेचन हम प्रथम अध्याय में कर आए हैं । विचार और भाव दोनों ही मूलतः मस्तिष्क की क्रियाएँ हैं । यों परस्पर सम्बद्ध होते हुए भी ये दोनों एक दूसरे की विरोधी दिशाओं में चलते-विकसित होते हैं । यहाँ विचार और भाव के इस अन्तर को स्पष्ट करना हमारा अभीष्ट है । दोनों के पृथक्-पृथक् विवेचन के उपरांत विचार और भाव में निम्न अन्तर लक्षित किए जा सकते हैं :

1. विचार का संबंध चेतना के ज्ञानात्मक पक्ष से है और भाव का वेदनात्मक पक्ष से है ।
2. भाव प्रत्यक्ष बोध एवं अनुभूतियों का आस्वादन करता हुआ उन्हीं में रमा रहता है जबकि विचार प्रत्यक्ष बोध या अनुभूतियों का अध्ययन-विश्लेषण करके, उनसे आगे बढ़ जाता है ।
3. विचार में पदार्थों के रूप-गुण को खंडों में विभक्त करके लिया जाता है, जबकि भाव में समग्र रूप में ग्रहण किया जाता है ।
4. विचार समस्या के समाधान की ओर प्रवृत्त रहता है, जबकि भाव के माध्यम से नई समस्याएँ जन्म लेती हैं ।
5. विचार विभिन्न पदार्थों-वस्तुओं के गुणों का विश्लेषण करके ब्योरा देता है, भाव प्रायः ऐसा नहीं करता ।

6. विचार सत्य के अनुसंधान में प्रवृत्त होता है, भाव सत्य की अपेक्षा आनन्द की ओर बढ़ता है ।

उपर्युक्त विवेचन से यह सिद्ध होता है कि विचार और भाव दोनों परस्पर विरोधी प्रकृति के होते हैं, तो भी कई स्थितियों में ये अपने शुद्ध रूप में न रहकर एक दूसरे के पूरक एवं सहायक भी बन जाते हैं । आखिर इनके जन्म का स्थान तो एक ही है । अतः भाव विचारों से और विचार भावों से मिश्रित भी पाए जाते हैं ।

विचारपरक कविता और भावपरक कविता में अन्तर

परंपरावादी ढंग से सोचने वाले आचार्य-आलोचक आज भी भावपरक कविता को ही प्रश्रय देते हैं और भरतमुनि के युग की रस-निष्पत्ति-प्रक्रिया तक ही स्वयं को सीमित रखे हुए हैं, जबकि युगीन तथ्य, परिस्थितियों की उपज होने के कारण भिन्न प्रकार के परिणामों की ओर लिए जा रहे हैं; साहित्य की परंपरित धारणाओं को ध्वस्त करते हुए साहित्य के नए युगानुकूल, उपयोगी एवं विचार-सापेक्ष आधार प्रस्तुत कर रहे हैं । इन्हीं अनिवार्य निकर्षों पर उठे हुए प्रश्नों के नये समाधान खोजने, मुक्ति के रास्ते तलाशने के आग्रह आज जीवन के समानांतर साहित्यचिंता के अंग बन गए हैं । ऐसे में भावपरक कविता के पिछड़ जाने और विचारपरक कविता के उदय के आसार परिवेशगत दबावों और युगीन बोधों में छिपे हैं ।

भावपरक कविता के केन्द्र में भावतत्व स्थित होने के कारण शेष तत्त्व मात्र सहायक के रूप में उपस्थित होते हैं और भावतत्व की प्रधानता के फलस्वरूप यह कविता सिर्फ भाव की ही व्यंजना करती है, किसी विचार की नहीं । तब बिम्ब प्रतीक और भाषा की वर्तनी भी उसी के अनुरूप ढली-बँधी आती है :

तुम्हारे आते ही
मेरे कमरे का रंग गोरा हो जाता है
हर आईने का चेहरा
प्यारा हो जाता है
हर चीज पर पड़ता हुआ अक्स
तेज़ हो जाता है
हर मामूली शब्द
मुस्कराहट बन जाता है ।[13]

प्रेमिका के आते ही कमरे का रंग तक गोरा दिखने लगना, हर आईने का चेहरा प्यारा हो जाना, हर चीज पर पड़ते अक्स का तेज हो जाना और हर मामूली शब्द का मुस्कराहट बन जाना ये व्यक्तिमन की भावापन्न अवस्था को ही सूचित करने वाले सन्दर्भ हैं । प्रेमिका के आगमन से स्नायविक उत्तेजना, मनोवैज्ञानिक कारणों से एक पुरुष के नारी के प्रति

सहज आकर्षण भाव से, मानसिक उत्तेजना में बदल जाती है; बल्कि स्नायविक उत्तेजना और मानसिक उत्तेजना के सम्मिलित प्रभाव में 'कमरे का रंग गोरा' दिखना 'हर आईने का चेहरा प्यारा' (क्योंकि हर कहीं प्रेमिका का अक्स ही दृष्टिगोचर हो रहा है), इतना ही नहीं 'हर चीज पर पड़ता हुआ अक्स तेज हो जाना' और 'मामूली शब्द का मुस्कराहट' में बदल जाना भावाकुल उत्तेजित मन के लक्षण स्वरूप हैं । ये मन तक मन को संप्रेषित कर रहे हैं, जबकि विचारपरक काव्यप्रवृत्ति निश्चित रूप में किसी विचार की ओर स्पष्ट संकेत करती हुई बौद्धिक सक्रियता जगाती है । इसमें, क्योंकि प्रमुख स्थान विचार का होता है अतः यह स्थितियों का विश्लेषण करके युगीन विसंगतियों विडंबनाओं को उघाड़ती है :

पिछली चोटों से हम जान चुके हैं गिरने की ऊँचाई
फिर भी गोली छूटने के बाद परिवार को भारी लात से नहीं बचा सके
तब फिर सोचा जा सकता है कि इस बल की दिशा क्या होगी ।'[14]

स्वातंत्र्योत्तर भारत का आमजन, चरित्र, नैतिकता, अस्तित्व की ऊँचाई से गिरा है । आर्थिक-सामाजिक दुरवस्था को प्राप्त हुआ है । ऊँचाई से गिरने की चोटों से भी वह अनभिज्ञ नहीं है । तो भी इस गिरने के पीछे सत्ता-व्यवस्था की भारी लात ही कारण है । इस लात से घर-परिवार कोई भी बचाया नहीं जा सका । इस पर भी लात से बचाव के उपाय सोचने की अपेक्षा उसके बल पर दिशा पर सोचने का विचार कैसी विडंबना उत्पन्न कर रहा है । भारतीय व्यक्ति की इस पारिवारिक विडंबनापूर्ण स्थिति को व्यक्त करने वाला यह विचार ही है । जो स्थिति-दशा व्यवहार के विश्लेषण की ओर हमें ले जाता है । विश्लेषण में ले जाने, आलोचना करने, कारणों को खोजने, समाधान की ओर बढ़ने के मानसिक व्यवहार विचार के स्पष्ट लक्षण हैं । इस विचारांश के पीछे स्वातंत्र्योत्तर भारत की वे सारी नीतियाँ और राजनीतिक समझ तथा स्वार्थ प्रकट हो जाते हैं, जिनके कारण व्यवस्था का बर्ताव लात बन कर पेश आया है ।

भावपरक और विचारपरक कविता का दूसरा अन्तर यह है कि भाव विशुद्ध अनुभूति की दृष्टि से प्रस्तुत होता है, जिसके अन्तर्गत स्थिति या दशा की यथार्थ विवेचना, आलोचना या निंदा नहीं होती, जबकि विचारपरक कविता स्थिति के पीछे की स्थिति एवं कारणों को संकेतित कर विसंगतियों को उभारती है । स्थिति की कारणता की समझ और तर्क से बाहरी पर्तों को चीर कर वास्तविकता का यहाँ उद्‌घाटन होता है ।

भावपरक कविता में आनन्द का स्वरूप पाठक के हृदय, भावनाओं और भावानुभूतियों को उद्वेलित करता है, जबकि विचारपरक कविता जीवन की ठोस स्थितियों को समक्ष लाकर दिन-ब-दिन की समस्याओं-दशाओं-प्रभावों से साक्षात्कार कराती है और बौद्धिक आनन्द तथा समाधानात्मक या व्यंग्यात्मक संतोष प्रदान करती है । उसके पीछे जीवन के यथार्थ अनुभवों से गृहीत धारणाएँ एवं दृष्टिकोण चरितार्थ होते हैं जो विचार-संवलित होकर तेज शस्त्र का कार्य करते हैं ।

विचारपरक कविता का विचार अनुभव की ही जमीन पर जन्म लेता है, पलता और

पोषित होता है । विचार हवा में तैरते नहीं फिरते । वे जीवनयथार्थ के संघर्षों-संबंधों-व्यवहारों की आपसी टकराहट से पैदा होते हैं और विकसित होते हैं । अतः विचार कविता में विचारों द्वारा अनुभव के झुठलाए जाने की बात निराधार सिद्ध हो जाती है ।

विचारपरक कविता में विचार कवि द्वारा संवेदित विचार होता है न कि दार्शनिक द्वारा प्रेषित विचार । अतः विचारपरक कविता जहाँ एक ओर भाववादी कविता के उत्तेजनात्मक संवेदनों में कविता के फँस जाने के खतरे से भिन्न है, उसे टालती है, वहाँ दूसरी ओर यह यंत्रवत किसी विचारधारा के स्वीकार से उत्पन्न होने वाले भय से भी मुक्त है ।

भावपरक कविता जहाँ वर्तमान में फैले कोहरे को अपनी परंपरित लुभावनी रूपसज्जा एवं कोहरिल बिम्ब-प्रतीकों के द्वारा और भी सघन करती है, वहाँ विचार कविता आधुनिक दृष्टि से समझ की धुंध को छाँट कर समझ और दृष्टि को विकसित करती है, वास्तविकता को उद्‌घाटित करती है ।

अतः विचारपरक कविता को जहाँ भावपरक काव्य रुझानों-झुकावों-स्वभावों से मुक्त रखा जाता है वहाँ विभिन्न बने-बनाए विचारों-प्रत्ययों-धारणाओं के रूढ़रूपों से भी बचाया जाना उपेक्ष्य है । इन्हीं सीमाओं में उसकी विशिष्ट प्रकृति, शक्ति एवं स्वरूप की स्थिति है ।

ज्ञानात्मक संवेदना और संवेदनात्मक ज्ञान

'संवेदनात्मक ज्ञान' को समझने से पहले 'संवेदना' के स्वरूप और 'कार्य' को समझ लेना अपेक्षित है । 'संवेदना' साहित्यिक अर्थ में प्रायः सहानुभूति के रूप में प्रयुक्त होता है, किन्तु मनोवैज्ञानिक संवेदना को इंद्रियजन्य ज्ञान के अर्थ में लेते हैं, जो अंग्रेजी भाषा के 'सेंसेशन' का समानार्थी है । पहले हम संवेदना के अर्थ ग्रहण को स्पष्ट करना चाहते हैं, तत्पश्चात् संवेदनात्मक ज्ञान की अंतःप्रकृति और कविता में उसकी स्थिति एवं अनिवार्यता को स्पष्ट करेंगे ।

प्रत्यक्ष ज्ञान

संवेदना का जन्म शरीर की किसी भी ऐंद्रिक उत्तेजना से होता है । शरीर की ज्ञानवाही नाड़ियाँ या तंतु (सैंसरी नर्व्स) जो शरीर के ऊपरी भागों में फैले रहते हैं, इस उत्तेजना को सुषुम्ना के माध्यम से मस्तिष्क के ज्ञानकेन्द्र तक पहुँचाते हैं । जब मनुष्य के शरीर का कोई हिस्सा किसी बाह्य पदार्थ से स्पर्श पाता है या छू जाता है, तो शरीर के इस भाग में स्थित ये ज्ञान तंतु सक्रिय हो जाते हैं । उनकी यह सक्रियता ही संवेदना का कारण है । इन संवेदनो के प्रौढ़ रूप को 'प्रत्यक्ष ज्ञान' कहा जाता है । ये साधारण संवेदन जब पूर्व संवेदनाओं के संस्कारों से समन्वित होते हैं, तो वे अर्थवान हो उठते हैं । उनकी यह स्थिति प्रत्यक्ष ज्ञान कहलाती है । यानी किसी पदार्थ के स्पर्श मात्र से जगी संवेदना पूर्व संवेदनों के सम्मिलन से प्रत्यक्ष ज्ञान में बदल जाती है ।

संवेदना और प्रत्यक्ष ज्ञान की यह क्रिया इतनी तीव्रता से घटित होती है कि प्रायः हमारा ध्यान इस ओर नहीं जाता । प्रौढ़ लोगों में अनुभव के आधार पर संवेदनाओं के पूर्व संचित ज्ञान उनके प्रत्यक्ष ज्ञान के सरल साधन हैं । उनका ज्ञान वस्तुतः पदार्थ-ज्ञान ही समझा जाता है । अतः हमारा समस्तज्ञान संवेदनाओं के आधार पर टिका है । नई संवेदनाएँ पूर्व संवेदनाओं के संस्कारों से मिलकर पदार्थ ज्ञान उत्पन्न करती हैं । बाह्य जगत के संबंध में हमारे समस्त ज्ञान का आधार संवेदनाएँ ही होती हैं । इस ज्ञान के दो प्रकार हो जाते हैं : (1) इंद्रियजनित ज्ञान, (2) संस्कारजनित ज्ञान । ये दोनों आपस में बड़े गहरे में संपृक्त रहते हैं । बल्कि यों कहना चाहिए कि जब कोई इंद्रिय या अंग नष्ट हो जाता है तो मूल संवेदना के अभाव में संस्कारजनित ज्ञान भी अधूरा रह जाता है । नेत्र की ज्योति चली जाने पर रूप सौंदर्य की संवेदना के उत्पन्न न होने से पूर्व संवेदनासंस्कार भी व्यर्थ से हो जाते हैं । इसी प्रकार विक्षिप्तावस्था में संवेदना पूर्व संस्कारों के रहते भी असंपृक्त रह जाने के कारण पदार्थज्ञान में नहीं बदल पाती । इसी प्रकार ज्ञानक्षेत्र और क्रियाक्षेत्र भी पृथक्-पृथक् होते हैं । विशेष संवेदनाजन्यज्ञान विशेष प्रकार की क्रियाएँ जगाते हैं । हमारा शब्दज्ञान हम में वागेंद्रिय को उत्तेजित करता है । शब्दज्ञान के अभाव में हममें बोलने की प्रवृत्ति अनुत्तेजित रहेगी । अतः संवेदनशक्ति का विकास व्यक्ति के विकास के समांतर होता रहता है । इसकी तीव्रवृद्धि का कारण अभ्यास भी हो सकता है । अतः सभ्य मनुष्यों की विचारशक्ति की वृद्धि का यही रहस्य है । वे मूल्य संवेदनाओं से प्रायः कार्य लेना ही छोड़ देते हैं और अभ्यासवश सभी कार्य संपन्न करने लगते हैं । उनमें संवेदनशक्ति भी क्षीण हो जाती है । ये संवेदनाएँ इंद्रिय जन्य आधार पर कई प्रकार की हो सकती हैं जैसे रूप संवेदना, शब्द संवेदना, रस संवेदना, घ्राण संवेदना, ध्वनि संवेदना आदि; तथा संवेदनाओं की परस्पर भिन्नता का एक अन्य आधार उनकी शक्ति या प्रबलता भी है ।

प्रत्यक्षीकरण

विभिन्न इंद्रियों की संवेदना ही प्रत्यक्ष ज्ञान का आधार है । हमारी चेतना में होने वाली उत्तेजना भी तभी अर्थवान होती है । प्रत्यक्ष ज्ञान पर आधारित हमारा ज्ञान निरर्थक नहीं होता, क्योंकि वह निर्विकल्पक (इंडेटरमिनेट) ज्ञान नहीं होता । प्रत्यक्षज्ञान में संवेदना और उसका अर्थ दोनों का सम्मिश्रण होता है । संवेदना बाह्य पदार्थ से उत्पन्न होती है, जबकि उसका अर्थ हमारे मन में स्थित संस्कारों में निहित रहता है ।

एक वस्तु का दूसरी वस्तु से संबंध स्थापित करना ही अर्थ कहलाता है । एक व्यक्ति को देखकर उसे एक दिन पूर्व बाजार में देखा था, यह याद आना और उसकी अजीब वेशभूषा का स्मरण हो आना आदि अर्थगत प्रक्रियाएँ हैं । अर्थात देश, काल, गुण, रूप आदि का संबंध-स्मरण मन में घटित होना अर्थ ज्ञान है ।

अनुमान : प्रत्यक्षीकरण की प्रक्रिया में 'वस्तुज्ञान' का विशेष हाथ होता है । मन की रचनात्मक क्रिया ही 'वस्तुज्ञान' कराती है । इस क्रिया के अभाव की स्थिति को

अनुमान कहते हैं । प्रत्यक्ष ज्ञान तक पहुँचने में वस्तुज्ञान और विश्लेषण के उपरांत जगी मन की रचनात्मक क्रिया में 'स्मृति' और 'कल्पना' की भी सहायता ली जाती है । दूर की वस्तुओं के संबंध में कल्पना या स्मृति के द्वारा अनुमान किया जाता है । स्मृति और कल्पना प्रत्यक्ष ज्ञान में भी कार्य करती है किन्तु वहाँ ये दोनों प्रत्यक्ष ज्ञान के आश्रित रहती हैं । हमारा अधिकांश ज्ञान वास्तविक अनुभव की अपेक्षा अनुमानाश्रित होता है ।

भ्रम : यहीं भ्रम के संबंध में भी थोड़ी चर्चा अनिवार्य लग रही है क्योंकि कई बार हम बाह्य पदार्थों के यथार्थ ज्ञान में, भ्रमवश, गलती कर बैठते हैं । भ्रम अयथार्थज्ञान का ही रूप है । भ्रम दो प्रकार का होता है : (1) संवेदनाजन्य भ्रम के कारण तत्त्व इंद्रिय ज्ञान के दोष हैं । (2) विचारजन्य भ्रम के कारणतत्त्व मन में चलने वाले विचार, आशाएँ, इच्छाएँ, उद्वेग आदि होते हैं ।

निरीक्षण : प्रत्यक्ष ज्ञान को पूर्णज्ञान बनाने में निरीक्षण की भूमिका अनिवार्य हो जाती है । प्रत्यक्षीकरण क्रिया में संवेदनाओं के अतिरिक्त स्मृति और कल्पना का योग रहता है, जिसमें बाह्य उत्तेजना की प्रबलता-तीव्रता रहती है, जबकि सोच विचार से प्रशमित प्रत्यक्षज्ञान को निरीक्षण कहते हैं । निरीक्षण की योग्यता मनुष्य के पूर्ण ज्ञान की कसौटी है यही उसकी बुद्धि की तीव्रता की भी कसौटी है ।

संवेदनात्मक ज्ञान

कविता सर्वाधिक संवेदनशील विद्या कहलाती है । काव्यक्षेत्र में संवेदना का अर्थ सहानुभूति भी लिया जाता है और मानसिक स्थिति भी । कवि अपने परिवेश, देश-काल और युग बोध के अनुसार नई-नई संवेदनाएँ अर्जित करता है और अपने काव्यसंसार को लगातार समृद्ध करता रहता है । अपनी कविता द्वारा कवि पाठक या श्रोता में नई संवेदनाएँ जगाना चाहता है । अपने आस-पास की वस्तुओं-पदार्थों को देखने की नई दृष्टि देता है । सामाजिक-वैयक्ति का संबंधों की नई व्याख्याएँ प्रस्तुत कर नई धारणाएँ बनाता है । यों उसका यह समूचा कार्य-निर्मित संस्कारों की रूप-सौंदर्यात्मक संवेदनाओं को बदलना भी हो जाता है ।

वैचारिक धार से कवि संवेदनाओं में ऐसी तराश पैदा कर देता है, ऐसी तार्किक क्षमता उत्पन्न कर देता है कि वे नई लगने लगती हैं और आकर्षक भी, जिसके कारण वे ग्रहणशील होकर नए संस्कारों की जन्मदात्री सिद्ध होती है । इस ग्रहणशीलता के पीछे नई युगीन संवेदनाएँ ही होती हैं । ये संवेदनाएँ, पारिवेशिक यथार्थ के प्रति हमारी ज्ञानवाही शक्तियों का परिणाम होती हैं । संवेदनाएँ हमें एक ओर युगीन यथार्थ से जोड़ती हैं तो दूसरी ओर ज्ञानजगत एवं विचारक्षेत्र से, जहाँ हम हित-अहित, भला-बुरा, पक्ष-विपक्ष, कार्य-अकार्य की धारणाएँ बनाते हैं । कविता का हाथ, इस सारी प्रक्रिया में, सदा ही उल्लेखनीय रहा है । इसी धरातल पर वह वर्तमान या युगीन समझ को विकसित करती है । पाल वैलरी का कथन है कि हमारा काव्य पैंडुलम हमारी संवेदना से किसी विचार या स्थायीभाव की ओर

यात्रा करता है और किसी संवेदना की स्मृति की ओर लौटता है या किसी सशक्त कार्य की ओर बढ़ता है जो संवेदना को पुनरुत्पादित कर सके ।[15] इस प्रकार ज्ञान और संवेदना का शाश्वत नाता सिद्ध होता है । वास्तविक जीवन को ज्ञान ही तौलता-नापता है । उसके त्रासद-कामद सन्दर्भों के संवेदनों के आश्रय में दृष्टिकोण के फलित अर्थों में संवेदनात्मक ज्ञान के ही रूप उद्घाटित होते हैं ।

देखने में प्रायः यह आया है कि विभिन्न विचारधाराओं के कई कवि अपनी रचनाओं में 'विचार' अर्थात् 'ज्ञान' के संवेदनीय रूप को प्रस्तुत न करके तथा अपने जीवनानुभव से उसे पुष्ट न करके, अपने व्यक्तित्व के संस्पर्श से उसे ऊर्जस्वित न करके ज्यों का त्यों कविता के साँचों में ढाल देते हैं । इससे विचार अपाच्य पदार्थ की तरह अग्राह्य बना रहता है । उसकी उपस्थिति खलती रहती है । वह कविता की मूल कलात्मक धारणा एवं प्रकृति-शक्ति को खंडित करता है । अपेक्ष्य है कि कवि बाह्य ज्ञान को अपने संवेदनात्मक उद्देश्य की परिधि में लाकर उसकी रुक्षता को अपनी आत्मीयता से निमज्जित करे, उसकी निष्प्राणता को प्राणतत्त्व से मंडित करे । अतः किसी विचार का ग्रहण इतना सरल कार्य नहीं । कविता में उसका अनुभूतिगम्य रूप ही प्रेय है । यह प्रेयता तभी सम्भव होती है जब कवि के अपने मनःजगत के रंग उस पर चढ़ जाएँ । 'आभ्यंतीकरण की प्रक्रिया केवल विचार तक सीमित नहीं है; वह उससे ज्यादा गहरी, व्यापक और मानसिक है । जब तक लेखक अपने स्वयं के जीवनानुभवों से प्राप्त दृष्टि के रूप में उन्हें नहीं पाता, तब तक आभ्यंतरीकरण की प्रक्रिया पूरी नहीं हुई यह समझना चाहिए । सच्चा आभ्यंतरीकरण तो तब होता है, जबकि लेखक जिंदगी में गहरा हिस्सा लेते हुए संवेदनात्मक जीवन-ज्ञान प्राप्त करके उसी भावदृष्टि तक स्वयं अपने आप पहुँचता है कि जो भावदृष्टि आग्रह रूप में बाहर से उपस्थित की गई है ।'[16] कवि बाह्य आग्रहों, विचारदृष्टियों को तभी काव्योपयोगी बना सकता है जबकि वह उस विचार में समाहित भावदृष्टि तक की, आंतरिक मनःयात्रा सम्पन्न कर ले । इस सारी काव्यप्रक्रिया में संवेदनों की मूल प्रकृति (मनोवैज्ञानिक अर्थों में भी) तथा प्रत्यक्ष ज्ञान की प्रक्रिया, अर्थग्रहण, निरीक्षण, प्रत्यक्षीकरण की समूची प्रक्रिया के घटित होने पर ही कोई बाह्य आग्रह या विचार या ज्ञान संवेदित होकर सृजन की गरिमा उपलब्ध कर पाता है ।

अनुभूति और विचार का सौंदर्यात्मक समीकरण

अनुभूति प्रक्रिया

कविता में अनुभूति का स्थान सदा ही सर्वोच्च रहा है । आधुनिक कविता में, वस्तुतः अनुभूति को कविता का प्राणतत्त्व माना गया है । वही संवेदनात्मक उद्देश्यों को पूरा करने वाली एवं साधारणीकरण को चरितार्थ करने वाली तत्त्वरूपा है । यह अनुभूति ही कविता में आह्लादक तत्त्व के रूप में विद्यमान रहती है । कविता में सृजित होकर, कलात्मक या

सौंदर्यानुभूति के स्तर पर पहुंचती है । काव्यानुभूति को मात्र ऐंद्रियानुभूति के अर्थों में लेने की भूल भी होती रही है; जबकि उसे प्रामाणिकता वस्तुसत्य के साथ टकराहट में मिलती है । वस्तुसत्य और व्यक्तिसत्य की टकराहट से अनुभूति की जो प्रतिमा बनती है, वह प्रामाणिक होकर सौंदर्यबोध की स्थिति भी प्राप्त करती है और प्रासंगिकता भी । लक्ष्मीकांत वर्मा का इस सन्दर्भ में कथन है : 'अनुभूति की प्रक्रिया में चिंतन, बिम्बरूप, संपर्कात्मक संवेदना, धारणा और दृष्टिबोध सबकी सब सम्मिलित हैं । अनुभूति की प्रक्रिया इसीलिए शून्य की स्थिति नहीं, वह सम्पूर्ण चेतना व्यक्तित्व की क्रियाशील स्थिति है । यही क्रियाशील अनुभूति प्रज्ञा के रूप में उपलब्ध होती है ।'[17] अतः यह प्रज्ञारूपा अनुभूति के मुखर संसर्ग से अत्यधिक सबल और प्रामाणिक बन कर उपस्थित हो रही है ।

बौद्धिक अनुभूति : अनुभूति को वैयक्तिकता के घेरे में घेरकर नए कवियों ने 'अनुभूति की प्रामाणिकता' की बात तो जरूर उठाई, उसे बौद्धिक प्रक्रिया के निकट भी लाए, किन्तु उसे विचारतत्त्व से दूर रखा । विचार सामाजिक यथार्थ और व्यक्ति के अनुभव से जन्म लेते हैं । नये कवियों ने अनुभवों के सामाजिक पक्षों को काट कर वैयक्तिक बौद्धिक पक्षों के प्रति अपने आग्रह प्रकट किए । इससे उनकी अनुभूति प्रक्रिया एकांगी, सामाजिक प्रमाणों और विचारों से रहित, वैयक्तिक-बौद्धिक रुखाई से दुरूह हो आई ।

यह ठीक है कि नई कविता के कतिपय कवियों ने 'रसानुभूति' (मात्र रस पर आधृत) की परंपरित धारणाओं को निरस्त किया और बौद्धिक अनुभूति की धारणाओं को विकसित किया । नई कविता के ही पक्षधर कवि का कथन है : 'कविता अपनी विशाल अमूर्त्तता के कारण समाज की व्यापक अनुभूतियों को स्पर्श करने की, उन्हें प्रेरित करने की क्षमता रखते हैं । इसी से कविता में चिरस्थायित्व और सर्वदेशीयता एवं सर्वलोकप्रियता होती है ।'[18] इसी प्रकार धर्मवीर भारती ने भी 'जीवन और अनुभूति की आंतरिक लय'[19] को विषयचयन का आधार माना । रघुवीर सहाय एवं शमशेरबहादुर सिंह अपेक्षतया अनुभूति को परिवेशगत यथार्थ से समेकित करके लेने की बात करते हैं ।[20] किन्तु हमारे मत से वे अपने कथन को कम ही सिद्ध कर पाते हैं ।

विचारानुभूति : कविता के सन्दर्भ में विचार युगानुरूप अपनी भूमिका निभाता आया है । वह गौण, उपेक्षणीय होकर अनुभूति को स्थान देकर हट गया है, तो कभी अनुभूति प्रक्रिया में परोक्षतः अपनी हल्की सी झलक के रूप में विद्यमान रहा है । किन्तु आज के युग में, जबकि वैचारिक टकराहटें, राजनीतिक प्रभुत्व जीवन को हर स्तर पर झंझोड़ रहा है, तब काव्यानुभूति में विचार का दखल सबसे बढ़-चढ़ कर सामने आ गया है । आज अनुभूति विचार की अनुगामिनी हो आई है । रामदरश मिश्र का कथन है : 'विचार कविता के लिए अजनबी कभी नहीं रहा । वह अनुभूतिशील कविता के बीच-बीच में सूक्ति बनकर तो उभरता ही रहा है साथ ही साथ मूल्यांकनकारी दृष्टि बनकर सर्जन के समय अनुभूतियों का मूल्यांकन करता हुआ, उनकी काट-छाँट करता हुआ चलता रहा है । किन्तु आधुनिक काल में वह मूल्यांकनकारी दृष्टि के साथ-साथ अनुभूति का सहचारी तत्त्व बनकर कविता

के कथ्य को एक नया स्वरूप देने में समर्थ हुआ है । अब विचार कविता के बीच-बीच में सूक्ति बनकर उभरने वाला वैकल्पिक तत्त्व नहीं रह गया, वह अनुभूति का भाव के साथ-साथ यात्रा करने वाला अनिवार्य तत्त्व बन गया है ।'[21] इतना ही नहीं विचार अनिवार्यता के साथ वरीयता भी प्राप्त कर गया है । हमारे मतानुसार विचार केंद्रीय स्थिति पर आरूढ़ है । अनुभूति उसकी अनुगामिनी बन कर साथ-साथ चलती है । यह विचार अपनी भावप्रसारी स्थिति के कारण व्यापक आंतरिक स्रोतों से जुड़ा रहता है ।

विचारानुभूति और बौद्धिक अनुभूति में अंतर

विचार की, कविता में संस्थिति को, अभी तक बुद्धितत्त्व के रूप में नई कविता के पक्षधरों ने लिया था, जबकि विचार बुद्धितत्त्व से भिन्न अस्तित्व रखता है । बुद्धितत्त्व में जहाँ मात्र वस्तु-परिगणना, विश्लेषण, जिज्ञासातत्त्व प्रत्यक्षात्मक बोध तक सीमित रहते हैं, वहाँ विचारतत्त्व इन स्थितियों से आगे किन्हीं संकल्पों, निर्णयों पर पहुँचाकर सक्रियता उत्पन्न करता है कर्म की ओर प्रेरित करता है । बुद्धितत्त्व में संज्ञानात्मक सीमाएँ हैं जबकि विचारत्त्व इन सीमाओं को लाँघकर कर्म में हिस्सेदारी की लालसा उद्बुद्ध करता है, वस्तुतः विचार कर्म और कर्म विचार को प्रमाणित करते हैं । नई कविता की अनुभूतिगत सीमा बौद्धिकता से आगे नहीं बढ़ पाई । अतः पंडित नंददुलारे वाजपेयी का नई कविता पर मत सटीक एवं उचित बैठता है कि 'नई कविता प्रकृत धारा से टूटकर अलग हो गई है, सहज भावगम्यता का आदर्श खो बैठी है और अपनी भाव-सम्पत्ति को बौद्धिक आवरणों से आच्छादित कर दुरूह बन गई है ।'[22]

अतः कविता में विचार और अनुभूति का विशिष्ट समीकरण ही रचनात्मक फलन का प्रमाण माना जा सकता है ।आधुनिकता के तकाजों ने जिस संघर्षशील कविता की पहचान सम्भव बनाई है, उसमें अनुभूति की क्षीणता और विचार-मुखरता बढ़ी है । इस नए समीकरण को अनेक श्रेष्ठ कविताओं में देखा जा सकता है । कविता में प्रत्यक्षानुभूति पर अधिक बल दिखाई देता है । यह प्रत्यक्षानुभूति प्रत्यक्षज्ञान पर आधृत होती है, किन्तु काव्यानुभूति के मात्र ऐंद्रिक और वैयक्तिक प्रमाण से अधिक पुष्ट एवं सुदृढ़ भी । नई कविता की वैयक्तिक प्रकार की अनुभूति समय के अंतराल में आज यथार्थ के दबाव से दरक जाने वाली बोदी और थोथी साबित हो रही है तो इसलिए कि वह जीवन के यथार्थ अनुभव से उद्भूत नहीं हुई और 'सामाजिक आशय' से नहीं जुड़ पाई । यदि उसका आध ार विचार होता और उसे सामाजिक आशय से जोड़ा गया होता तो वह इतनी कच्ची सिद्ध न होती ।

वैचारिक सरोकारों, संघर्षों से जुड़कर काव्यानुभूति का पुनसंस्कार होता है । वह विचार की अनुवर्तिनी बनती है । अपने समय की लड़ाइयों में हिस्सेदारी कायम करके अपनी अनुगूंजें सुदूर समय तक फैला देती है । ऐसी कविता, तब अपनी प्रासंगिकता और प्रामाणिकता में चिरस्थायी पहचान पैदा कर इतिहास का स्थायी हिस्सा बन जाती है ।

मुक्तिबोध, विजयदेवनारायण साही, रघुवीर सहाय, धूमिल आदि की कविताएँ इस बात का सबूत पेश करती हैं । यहाँ विचार अनुभूति को अपने साथ लेकर उसे अपने में घुला-मिला कर चला है ।

अतः काव्यानुभूति में विचार आज एक नया सौंदर्यात्मक समीकरण उपस्थित कर रहा है । कविता में विचार की भूमिका बौद्धिकता से आगे सक्रियता, मूल्यचेतना, कर्मशीलता के रूप में प्रतिफलित हो रही है । स्वातंत्र्योत्तर काल की कविता धारणाओं के सन्दर्भ में विचार का उत्तरोत्तर प्रभावी दखल समकालीन कविता के केंद्र में उसकी संस्थिति को सिद्ध करता है ।

विचार और बिम्ब के अन्तःसंबंध

कवि की चेतना, विचारधारा एवं जीवनदृष्टि परिवेश के साथ उसकी द्वंद्वात्मक परिणतियों के फलस्वरूप रूपाकार ग्रहण करती है । यह व्यक्तिगत चेतना ही उसका बौद्धिक संसार होता है । मानव ही समाज का वह चेतन जीव है जो समाज से वैचारिक स्तर पर प्रभावित होता है और उसे प्रभावित भी करता है । इस दोहरी प्रक्रिया का क्रम सतत प्रवहमान रहता है । इस प्रभावप्रक्रिया का परिणाम भी अपने फल में असमान होता है । 'सामाजिक चेतना मानवों की व्यक्तिगत चेतना द्वारा विकसित तथा समृद्ध होती है । व्यक्तिगत चेतना सामाजिक चेतना के विकास का साधन है ।'[23] बाह्य जीवन-जगत से विचार एवं भावसंपत्ति को कविचेतना बिम्बरूप में ग्रहण करती है । कार्लमार्क्स के शब्दों में : 'विचार इसके सिवा और कुछ नहीं कि भौतिक संसार मानव मस्तिष्क में प्रतिबिम्बित होता है और चिंतन के रूपों में बदल जाता है ।'[24] चिंतन के रूपों में परिवर्तित यह विचार कविचेतना द्वारा पुनः बिम्बों काव्यबिम्बों के रूप में अभिव्यक्त होता है ।

चन्द्रभूषण तिवारी विचार और बिम्ब के संबंध को स्पष्ट करते हुए लेनिन को उद्धृत करते हुए लिखते हैं, "लेनिन ने इस तथ्य पर बार-बार बल देते हुए कहा है 'चेतना वस्तु-जगत को बिम्बित करती है । यह समस्त वस्तुवादी दर्शन का आधार है ।' पुनः चेतना के स्तर पर बिम्बित होने के क्रम में उसकी समग्रता, उनके अंतःसंबंध और सारतत्त्व की जानकारी उन्हें और प्रगाढ़ करती है और अंततः व्यक्त होने के लिए यह सारी सामग्री और इस अर्थ में इनकी समग्रता रूपात्मक होकर ही सामने आती है यह कार्य बिम्बविधान द्वारा ही सम्पन्न होता है ।"[25] कवि अपनी इस समग्र चेतना द्वारा जिन बिम्बों का निर्माण एवं चयन कर उन्हें प्रकाशित करता है, वे उसके विचारों के वैशिष्ट्य की आवश्यकताओं की पूर्ति की दिशा में भी अभिन्न होते हैं । वे इंद्रियबोध के स्तर पर प्राप्त होने वाले बिम्बों से अपनी अलग पहचान निर्मित करते हैं । इस संबंध में तिवारी जी का कथन है, 'कोई भी दूसरी प्रक्रिया उनकी इस समग्रता (चेतना के स्तर वाली) को प्रकाशित नहीं करती, इस अर्थ में कविता में प्रकाशित होने वाले बिम्ब इंद्रियबोध के स्तर पर प्राप्त होने वाले बिम्बों की तुलना में अधिक समग्र होते हैं ।'[26]

कविता में कवि बाह्य-जीवन के समांतर पुनर्रचना करता है, जिसमें वह अनुभव से प्राप्त अपने विचारों के अनुरूप चित्रों को सजाता है । मुक्तिबोध के अनुसार बिम्ब तजुर्बे की तस्वीर ही नहीं प्रत्युत समग्र तत्समान अनुभवों का सामान्यीकरण भी प्रस्तुत करता है । उनके अनुसार : 'विधायक कल्पना द्वारा पुनर्रचित जीवन एक विशिष्ट अनुभव यानी एक खास तजुर्बे की तस्वीर नहीं, वरन् तत्समान सारे अनुभवों का वह वस्तुतः एक सामान्यीकरण है । इसलिए, उन मानस प्रत्यक्षों में विशेष प्रातिनिधिकता आ जाती है । व्यवस्थित रूप में शब्दबद्ध होने पर ही चित्र अपनी इस प्रतिनिधिकता के फलस्वरूप, पाठक या श्रोता के अंतःकरण में, तत्समान संवेदनाओं द्वारा तत्समान चित्रों को जाग्रत कर देते हैं ।'[27] विदेशी आलोचक सी. डे. लेविस तो सभी कविताओं में बिम्ब की स्थिति मानते हैं, इतना ही नहीं उनके कथनानुसार प्रत्येक कविता अपने आप में बिम्ब है ।[28] इस प्रकार बिम्ब ऐंद्रिय अनुभूति के मानस प्रत्यक्ष से बढ़कर समूची भाव-विचार प्रक्रिया तक की व्यापकता को उपलब्ध कर लेता है, जहाँ समूची कविता एक बिम्ब बन जाती है ।

हिन्दी साहित्य में बिम्बविधान पर आधिकारिक मत रखने वाले आलोचक केदारनाथ सिंह बिम्ब को विचार या जीवनदृष्टि का संवाहक मानते हैं । विचारशून्य बिम्ब को वह यथार्थ के स्थूल पक्षों का उद्‌घाटन करने वाला कहते हैं । उनका तर्क है कि यथार्थ को समझने-जानने में जहाँ इंद्रियाँ जवाब दे जाती हैं, उसके आगे ऐंद्रिय-संवेदना की सीमा को अतिक्रांत करते ही हम विचार-क्षेत्र में पहुँच जाते हैं ।[29] कोई भी साहित्यकार अपने अनुभूत को मात्र अनुभव ही नहीं करता उसको 'देखता' भी है । वह जिस विषय पर कलम उठाता है उसे पहले अपने भीतर मूर्त रूप में प्रत्यक्ष पा लेता है फिर अन्यों के लिए उसी मूर्त का खाका खींचता है । 'सामान्यतः प्रत्येक विचार कवि के निकट एक बिम्ब होता है । वह उसे केवल अनुभव नहीं करता, 'देखता' है । इस प्रकार 'एक ही विचार के विभिन्न अनुसंगों को जोड़नेवाले अनेक बिम्ब एक बिंदु पर आ मिलते हैं और उनके पारस्परिक संघात तथा तनाव से एक मूर्त तथा विचारपूर्ण कविता का जन्म होता है ।'[30] कवि या लेखक का कर्म ही यह माना गया है कि वह अपने अनुभूत विचार को मूर्त रूप में पेश करे, बिम्ब ग्रहण करना ही उसका धर्म माना गया है । प्रायः काव्य प्रक्रिया को विचार निरपेक्ष माना जाता रहा है । किन्तु राजीव सक्सेना मा मत है : 'संवेदन का अनुभूति में और अनुभूति का विचार-बिम्ब या प्रतीक में रूपांतरण इतना शीघ्र होता है कि इसका बोध नहीं होता और कवि अनुभूति को विचार निरपेक्ष मान बैठता है ।'[31]

यह कवि के अंतःप्रसूत विचारों पर ही निर्भर करता है कि वह अपनी विषयवस्तु का चयन करते समय किन विचारों को महत्त्व देता है । उसकी जीवनदृष्टि के अनुरूप ही उसकी कविचेतना कार्य करती चलती है । यह कवि पर ही निर्भर करता है कि वह देश की स्थितियों सामाजिक-आर्थिक-राजनीतिक के समांतर अपनी दृष्टि को विकसित करता है या उधार ली हुई, गृहित दृष्टि को अपनाकर अपनी कविताओं में उतर आता है ।

जीवनानुभव और अपनी जमीन से उसका कितना निकट का संबंध है ? 'पाँचवें और छठे दशक के साहित्य पर पश्चिमी देशों के साहित्य का इतना गहरा प्रभाव कैसे पड़ा । इस काल की अधिकतर रचनाएँ अपनी जमीन से कटी हुई हैं । इनका जन्म जैसे जीवनानुभवों से न होकर पुस्तकों के माध्यम से हुआ ।...लेकिन जब तक अनुभव अपनी जमीन से जुड़कर एक ठोस वैचारिक अख्तियार नहीं करता तब तक उसका संबंध जनसाधारण से नहीं हो सकता ।'[32] किन्तु जब भी ऐसे विचार, जो जनसाधारण की आकांक्षाओं को चित्रित करते हैं, उनकी दशा बिम्बों में स्वयमेव उतर आती है 'चुप्पी ताले की तरह झूल रही है । कितने टुकड़े होंगे ? / थाली और बाजार की छीनाझपटी में / कोई कहाँ तक बच पाएगा ?'[33] जैसे बिम्ब विचारों को व्यक्त करने में अपना हाथ बँटाते हैं ।

इन पंक्तियों में 'ताला', 'थाली', 'बाजार' के चाक्षुष बिम्ब प्रयुक्त हुए हैं जो समकालीन स्थिति को बाँधे हुए हैं कि 'थाली' अर्थात् परोसी हुई थाली जिसमें से रोटी-भाजी-चावल खाद्यपदार्थों के निरंतर कम होते जाने और बाजार भावों के निरंतर बढ़ते जाने के क्रम हैं । खाद्यमूल्य देश में मुद्रस्फीति-भावस्फीति की लपेट में आकर स्थिरता नहीं पा रहे । इसमें देश की मिश्रित अर्थव्यवस्था, पूँजीवादी शोषणप्रणाली भी कम कारगर तत्त्व नहीं हैं । इस क्रम के चलते कोई भी निम्नवर्गीय व्यक्ति अधिक समय तक संकट को झेल नहीं सकता । इस पर चारों ओर छाई चुप्पी, ताले की रहस्यमय उपस्थिति को भी ध्वनित करती है और लोगों में फैले भय को भी प्रकट करती है । तथा ताले की धातुमयी स्थूलता और बोझ की ऐंद्रिय अनुभूति उपरोक्त विचार को संप्रेषित करने में सहायक हो रही है । अतः प्रस्तुत बिम्ब निरे सौंदर्यापन्न अमूर्त को मूर्त विधान बना देने वाले ही नहीं, प्रत्युत एक लगातार कार्यान्वित हो रही 'नीति' को उद्घाटित कर वस्तुस्थिति को सामाजिक आयाम में बेपर्दा कर रहे हैं । इन बिम्बों की विचारात्मक उपपत्ति, झिलमिलाहट फैलाने वाली या वस्तुस्थिति को बिम्बात्मक कोहरे के नीचे ढकनेवाली नहीं है, प्रत्युत एक संक्रांत विचार का संयोजन करनेवाली बन पड़ी है ।

प्रतीक और विचार के अन्तःसंबंध

प्रतीकों में विचारों को उत्पन्न करने की भी अमित शक्ति निहित रहती है । कोई प्रतीक वैचारिक स्थिति को उभारता है तब उसके साथ भावसंचार भी होता है । इतना ही नहीं 'मनुष्य का समस्त जीवन प्रतीकों से परिपूर्ण है । वस्तुतः मनुष्य मूलतः प्रतीकों के माध्यम से ही सोचता है ।'[34] आधुनिक जीवन अतिशय संश्लिष्ट हो चुका है, जिसमें राजनीतिक, आर्थिक, सामाजिक, धार्मिक, सांस्कृतिक प्रभाव मिलकर एक ऐसा गुंझलक बनाए हुए हैं, जिसे किसी स्पष्ट धारणा या पद्धति द्वारा उद्घाटित नहीं किया जा सकता । इसे काव्य औजारों के समवेत और विशिष्ट प्रयोग द्वारा ही बेपर्दा किया जाना सम्भव हो सकता है ।

आधुनिक साहित्य के आलोचक साहित्यिक विधाओं और साहित्य की तात्विक संश्लिष्टताओं को सामाजिक-सांस्कृतिक महा अनुष्ठान का अंग मानते हैं । भारतीय सन्दर्भों में हिन्दी कविता को जिन पेचीदा स्थितियों से गुजरना पड़ रहा है, वहाँ आज विचार की अनिवार्य भूमिका को बड़ी तेजी से अनुभव किया जा रहा है । समकालीन अनुभव को अभिव्यक्त करने में भाषा संस्था का कम हाथ नहीं । वर्तमान जीवनस्थितियों के समानांतर भाषा भी एक विशिष्ट गुण अपनाकर जटिल यथार्थ को बेधने का सामर्थ्य जुटाया करती है । डा. मेघ को यह विश्वास है कि 'बड़े व्यापक सन्दर्भों में यह सच है कि जीवन की सार्थकता की सिद्धि और विति (साइके) की तलाश के लिए सर्वोच्च स्तर पर कविता ही अंतिम साधन है । एक सामान्यीकृत अनुभव तथा एक प्रतीकीकृत भाषा से संवलित होकर कविता भी गहराई में सामाजिक मुक्ति को उकसा सकती है ।'[35]

यह प्रतीकीकृत भाषा या प्रतीक की सटीक प्रायोगिक परिणति निश्चयतः वर्तमान की चुनौती को स्वीकारने वाले तत्त्व हैं । अतः कभी प्रतीकगत दुरूहता दीखती भी है तो वह प्रतीक की नव्यता का परिणाम हो सकता है या कई प्रतीकों के एक साथ संश्लिष्ट प्रयोग के कारण दुरूहता झलकती है । नए विचारों के साथ सन्निहित नए प्रतीकों का आना भी अनपेक्षित नहीं कहा जा सकता । हो सकता है कि अपनी नव्यता एवं सामाजिक जीवन में अपने अपरिचय के कारण भी प्रतीक दुरूह लगें । अतः यह स्वाभाविक ही है कि नए-नए प्रतीक या प्रतीकों के नए युगीन अर्थ युगीन विचारों-स्थितियों को मूर्त रूप देने में लगें । उदाहरणस्वरूप 'वृक्ष' का प्रतीक ही लें । यह प्रतीक आज जिन अर्थों में समकालीन कविता में अवतरित हुआ है, उन अर्थों में पहले कभी नहीं रहा । आज 'वृक्ष' लड़ते, अस्तित्वरक्षा में संघर्षशील व्यक्ति का प्रतीक बनकर प्रयुक्त हुआ है ।

समकालीन कविता में विचारों के सान्निध्य में अनेक प्रतीक नए जीवनयथार्थ को खोलते-खौलाते हैं और प्रतीकों के नए प्रयोग विचारों को, उनकी धार के साथ, वर्तमान जीवन की धुंध, कोहरा, काहिली को काटने का सामर्थ्य प्रदान करते हैं । 'दरिया', 'तीर', 'समुद्र', 'रास्ता', 'गुफाएँ', 'जानवर', 'चौखट', 'पंजा', 'खून', 'जूता', 'दुम', 'समारोह', 'घोड़ा', 'रैन बसेरा', 'उँगली', 'अपाहिज', 'नकली टाँग', 'धमन भट्ठियाँ' आदि अनेक ऐसे प्रतीक हैं जो मानवस्थितियों, दशाओं और सामाजिक-राजनीतिक आर्थिक-सन्दर्भों को ठोस जमीन पर लाकर वैचारिक उर्जा प्रदान करते हैं तथा समकालीन जीवन-जगत की असली तस्वीर भी खड़ी करते हैं जो अपनी भयावहता-नृशंसता-अमानवीयता में खून खौला देने वाली सिद्ध होती है ।

मिथक और विचार के अन्तःसंबंध

मिथक (पुराख्यान) के सामान्यतः लिए गए अर्थों में एक ऐसी कथा से अभिप्राय होता है, जिसमें मानवेतर कोटि के चरित्रों जैसे दिव्य पात्रों तथा पौराणिक चरित्रों की प्रधानता होती

है । इसे पुराकल्पना के नाम से भी अभिहित किया जाता है । किन्तु विशिष्ट अर्थों में मिथक विभिन्न प्रकार की सांस्कृतिक प्रतियोगिता से जुड़ा रहता है । मिथक जातीय स्मृतियों, आशयों, आकांक्षाओं के साथ अचेतन की गहराइयों तक जुड़ा रहता है इसलिए युगसत्य की सच्चाइयों को प्रस्तुत करने, अपनी जातीय अस्मिता को उपलब्ध करने के लिए रचनाकार को एक व्यापक-परिचित भूमिका का आधार देता है । युगसत्य, मिथक के आश्रय एवं उसके सूक्ष्म सूत्रों से प्रतीकीकृत होकर वर्तमान परिवेश की परिस्थितियों, सामूहिक मानसिकता एवं भावराशि में उद्वेलन उत्पन्न करता है । बिम्ब, प्रतीक, संकेत, ध्वनि आदि के द्वारा प्रकाशित होता है । मिथक आदिम मानवजाति की सोच की बनावटों-रूपों से जुड़े होने के कारण मौलिक अभिव्यक्ति एवं भावनाओं के संचित रूपाकार हैं । इन अर्थों में यह भी कहा जाता है कि किसी भी मिथक का काव्य में पुनः सृजन, ज्यों का त्यों सम्भव नहीं होता । बाह्य रूप की दृष्टि से आधुनिक युग की वैज्ञानिक तार्किकता की मिथक के साथ पटरी नहीं बैठती क्योंकि मिथक अतार्किक सत्य को वहन करता है, किन्तु अपने इस 'अतार्किक सत्य' को आत्मसात् किए रखने की शक्ति के कारण वह आज के अत्यंत जटिल यथार्थ को पकड़ पाने में भी सफल है, जैसे 'राम की शक्ति पूजा' (निराला), 'अंधा युग', (धर्मवीर भारती), 'अंधेरे में' (मुक्तिबोध) ।

पुराकल्पना को स्पष्ट करते हुए आचार्य हजारीप्रसाद द्विवेदी ने लिखा है कि 'पुराण मनुष्य की उस कल्पना का जातीय रूप है जो जगत के व्यापारों को समझने में बुद्धि के कुंठित होने पर उद्भूत हुई थी, और दीर्घकाल तक जातीय चिन्ता के रूप में संचित होकर विश्वास का रूप धारण कर गई है', कवि पुराणकल्पना के इस घनिष्ठ विश्वास को युगीन स्थितियों की जटिलता को उद्घाटित करने में लगाकर नए सन्दर्भों को उजागर करता है । अतः आधुनिक मनुष्य की जटिल मानसिकता और अन्तःप्रकृति तक पहुँचने के लिए पौराणिक प्रतीकों का सहारा लिया जा सकता है, जो एक ओर उसके अनुभवजगत को ऐतिहासिक-पौराणिक आयामों में अनुस्यूत कर दे, तो दूसरी ओर युगीन वैज्ञानिकता के अतर्क्य सत्यों को पकड़ पाने में लाक्षणिक प्रयत्न भी करे । किन्तु यह प्रयोग कथ्य और कवि अनुभव की अनिवार्य परिणतिस्वरूप होना चाहिए अन्यथा यह एक आरोपित आवश्यकता मात्र बनकर कविता के लिए हानिकर सिद्ध होगा ।

पौराणिक कल्पना 'प्रतीकों का समूह' नहीं होती, भले ही मिथक प्रतीकार्थों में भी साहित्य में चरितार्थ होते हैं । एक पौराणिक कल्पना में कई आद्य रूप समाहित रह सकते हैं । 'पुराख्यानतत्त्व' लक्षण के द्वारा प्रतीक में परिवर्तित होता है, किन्तु यह कविप्रतिभा पर निर्भर करता है कि मिथक का पुनः सृजन के धरातल पर स्वाभाविक अवतरण हुआ है या महज आरोपण होकर रह गया है । पुराण मानव की पुराकाल की वैज्ञानिक भावदशाओं का इतिहास है, जिसमें समूची जाति या समूह की चेतना का निवास होता है, किन्तु इसमें प्रतीक जैसी व्यावहारिक निश्चिंतता नहीं होती; सन्दर्भ-स्थितिगत परिवर्तनों में पुराख्यानतत्त्व के ओर-छोर बदलते रहते हैं ।

मिथक गहरे में एक कोरी कल्पना न होकर मनुष्य की विचार प्रक्रियाओं, क्रियाओं, शाश्वत सत्यों, विश्वासों आदि से साक्षात्कार कराने का माध्यम है । वह युगीन यथार्थ को अपेक्षाकृत अधिक गहराई से जाँचने-परखने का माध्यम है । मिथकीय पुनर्रचना अपने दूरगामी, सूक्ष्म-सांस्कृतिक-सूत्रों से बिखरे यथार्थ को पुनः नई अर्थपत्तियों-छवियों-संकेतों में समेट लेती है । और नई युगीन धारणाओं, विचारों को सापेक्षिक गहनता एवं आयाम दे देती है । इन्हीं कारणों से नई कविता के प्रयोगधर्मी कवियों ने अंधायुग (धर्मवीर भारती), आत्मजयी (कुँवर नारायण), संशय की रात (नरेश मेहता), एक कंठ विषपायी (दुष्यंत कुमार), शम्बूक (जगदीश गुप्त) आदि की रचना करके अपने युग को मथा है । जातीय मन में प्रसुप्त भावों-विचारों का प्रक्षालन किया है । किन्तु नई कविता के ये उक्त प्रयोग जहाँ सांस्कृतिक गरिमा एवं अस्मिता के मूल्यों की पड़ताल में अधिक संलग्न हैं वहाँ समकालीन कविता के कवि मिथकीय आधारों को अपेक्षतया व्यक्ति के समकालीन संघर्ष और दर्शन के वैचारिक पक्षों को समेटने के लिए अधिक व्यग्र हैं । समकालीन कवियों के मिथकीय काव्य, जो प्रायः लम्बी कविताओं के रूप में या कई कविताओं के एक क्रमिक रूप में सामने आए हैं, इनमें मिथक के पौराणिक स्वरूपों से लकर अधुनातन स्वरूपों वैज्ञानिक,राजनीतिक-सामाजिक-भौगोलिक तक के विविध प्रयोग हुए हैं । पौराणिक आधार पर एक पुरुष और (विनय), एक पौराणिक वेदना (रामदेव आचार्य), आत्मदान (बलदेव वंशी), वैश्वानर (मृत्युंजय उपाध्याय) की रचनाएँ हुई हैं, तो अत्याधुनिक रूप में लम्बी कविताओं के रूप में उनका विकास हुआ है ।

व्यंग्य और विचार के अन्तःसंबंध

व्यंग्य, आधुनिक व्यक्ति के पक्ष में आज सबसे अधिक कारगर शस्त्र और कवच बन कर आया है । वर्तमान समाज की बनावट में व्याप्त अतियों-व्याधियों-अत्याचारों से अपनी मानसिक स्थिति में संतुलन कायम रखने के लिए वह चहुंओर से घिर कर तीक्ष्ण व्यंग्यप्रहार कर जहाँ व्यंग्य से शस्त्र का कार्य लेता है, वहाँ व्यंग्य उसके भीतर एकत्र घातक तत्त्वों-अत्याचार से उत्पन्न प्रतिरोध न कर सकने की अक्षमतावश बन आए जहरीले पदार्थ को व्यक्त करके उसे एक सुरक्षात्मक कवच भी प्रदान करता है । व्यंग्य के अर्थों में उसकी संगति और उत्पत्ति को विद्वानों ने जिन अर्थों में व्यक्त किया है उसकी जो परिभाषाएँ दी हैं, वे वैज्ञानिक-औद्योगिक-राजनीतिक-सामाजिक विकट प्रतिकूल आधुनिक स्थितियों के साथ जुड़ कर ही अपने अर्थ और महत्त्व को प्रतिपादित करती हैं ।

अतः आधुनिक व्यक्ति और परिवेश से जुड़ने पर व्यंग्य की आधुनिक युगीन जो विभिन्न परिभाषाएँ मिलती हैं, वे उसे आधुनिक स्थिति, बोध और विचार से जोड़ने वाली हैं । तब चाहे स्थिति की गंभीरता बनाए रख कर उस पर भी गंभीर प्रहार हो या स्थिति को हास्यास्पदता में डालने के लिए उसका उपहास उड़ाया जाए । उसके आधुनिक ग्रहीत

अर्थों में अंग्रेजी के 'सेटायर' के पर्यायार्थ अधिक मुखर हैं ।

व्यंग्य मानवीय एवं व्यक्तिगत बुराइयों, मूढ़ताओं, कमजोरियों या कमियों को आलोचना, निंदा, उपहास, वक्रोक्ति आदि के द्वारा रोकता है । हास्य भी व्यंग्य के साथ प्रहार करने के उद्देश्य की पूर्ति के लिए ही आता है । उसका मंशा व्यक्ति या समाज की दुर्बलताओं, बुराइयों पर प्रहार करना होता है, जो कभी वक्रोक्तियों द्वारा या कभी गंभीर सीधे शब्दों की मार द्वारा इसे सम्पन्न करता है । इस कार्य में वह लक्ष्य को उपहासास्पदता की स्थिति में डालने के लिए वस्तुस्थिति के प्रति लोगों में घृणा, उपेक्षा या निरादर उत्पन्न करके या हास्य उत्पन्न करके उसकी भद्द उड़ाना चाहता है, ताकि व्यक्ति-समाज में सुधार लाया जा सके । व्यंग्य का इरादा लक्ष्य को नष्ट करने का होता है । इसलिए भरपूर चोट के लिए वह अपने पास शक्ति बटोरता रहता है ।

स्वातंत्र्योत्तर हिन्दी कविता में व्यंग्य की परिभाषा देते हुए शेरजंग गर्ग लिखते हैं : 'व्यंग्य एक ऐसी साहित्यिक अभिव्यक्ति या रचना है, जिसमें व्यक्ति तथा समाज की कमजोरियों, दुर्बलताओं, करनी एवं कथनी के अन्तरों की समीक्षा अथवा निंदा भाषा को टेढ़ी भंगिमा देकर अथवा कभी-कभी पूर्णतः सपाट शब्दों में प्रहार करते हुए की जाती है । वह पूर्णतः अगंभीर होते हुए गंभीर हो सकती है, निर्दय लगते हुए दयालु हो सकती है, प्रहारात्मक होते हुए तटस्थ लग सकती है । मखौल लगती हुई बौद्धिक हो सकती है, अतिशयोक्ति एवं अतिरंजना का आभास देने के बावजूद पूर्णतः सत्य हो सकती है । व्यंग्य में आक्रमण की उपस्थिति अनिवार्य है ।'[36] वर्तमान जीवन की क्रूरताओं के बढ़ते दौर में हास्य पीछे छूट गया है । आज का व्यक्ति हास्य की स्थितियों को झेलने के लिए तैयार प्राय मिलता है । लगता है वह हास्य के प्रति कंडीशंड हो गया है । उसकी क्रूरता को क्रूर वैचारिक व्यंग्य से ही बेधा जा सकता है । वर्तमान दौर वैचारिक लड़ाइयों का है । इसलिए व्यंग्य ने स्वयं को विचार से सम्बद्ध किया है । वैसे विचार-व्यंग्य का रिश्ता भी नितांत नया नहीं है । वैचारिक लड़ाइयों में व्यंग्य सदा ही अधिक उपयोगी एवं प्रहारक रहा है ।

स्वतंत्र्योत्तर काल की कविता में व्यंग्य को हास्य से अलग कर दिया गया है । स्थिति की भयावहता ने इस अनिवार्य को जन्म दिया है, क्योंकि हास्य व्यंग्य के साथ मिलकर उसे मनोरंजन की चीज बना देता है, जो अपनी प्राथमिक भूमिका से गिर जाता है । वह मात्र स्थिति का उद्घाटन करके चुक जाता है । उसे बेधता नहीं, उसकी धज्जियाँ नहीं उड़ाता । इधर हिन्दी कविता में सामाजिक आग्रह अधिक प्रबल हुए हैं । इन सामाजिक आग्रहों के पीछे की कविदृष्टि सामाजिक दर्शनों पर पली-पुसी हुई होने के कारण समकालीन व्यक्ति-समाज की विसंगतियों को ऐतिहासिक परिप्रेक्ष्य में समझने का प्रयत्न करती है । इस प्रक्रिया में कवि आधुनिकता की लड़ाई में जिंदगी की रोमानी लड़ाइयों और मर्मशीलता को पीछे छोड़ चुके हैं और वैचारिक धार को व्यंग्य की मार को स्थान दे रहे हैं । व्यंग्य आज एक 'मार्मिक हथियार'[37] बन चुका है ।

अतः एक ओर रोमांटिकता-भावुकता से मुक्ति पाकर कविता ने विचार का वरण

किया, दूसरी ओर व्यक्ति-समाज की रूढ़ियों, विडंबनाओं, विसंगतियों-क्रूरताओं से मुक्ति पाने की तलब से स्वयं को व्यंग्य से सज्जित किया । ऐसे अनेक उद्धरण दिए जा सकते हैं जिनमें उक्त कथन की सटीकता लक्षित की जा सकती है । मुक्तिबोध, श्रीकांत वर्मा, सर्वेश्वरदयाल सक्सेना, रघुवीर सहाय, धूमिल, ओमप्रकाश निर्मल आदि की कविताएँ इस तथ्य की साक्षी हैं ।

सर्वेश्वरदयाल सक्सेना की ये पंक्तियाँ देखें :

घर के पिछवाड़े बँधी
गाँधीजी की बकरी मिमियाती है
और कहीं गोली चलने की आवाज आती है ।[38]

'गाँधी जी की बकरी' गाँधीवाद का प्रतीक है । जो वर्तमान तक आते-आते गाँधी का नाममात्र रह गया है, जिसका हवाला जब-तब दिया जाता है और दूसरी ओर गाँधी द्वारा अन्याय, अत्याचार के विरुद्ध अपनाए गए अहिंसात्मक तरीकों — सत्याग्रह, आंदोलन आदि का सहारा लेने वालों पर गोली चलाई जाती है । यह गाँधी और गोली की राजनीति और उसके भीतर छिपी अनुभवाधृत विसंगति कितनी त्रासद, कितनी भयावह है, जिसे उक्त व्यंग्य और त्रासदी का युगल वैचारिक परिप्रेक्ष्य में नंगा किए दे रहा है ।

अतः वर्तमान काव्य में जिस लोक को उजागर किया जा रहा है, वह अपनी नृशंसताओं और त्रासद अनुभवों के कारण, जहाँ प्रामाणिकता उपलब्ध कर रहा है, वहाँ उसमें प्रेम, दया, सहानुभूति का स्थान घृणा, अविश्वास और डर लेते जा रहे हैं । युगीन विसंगत स्थितियों, विडंबनाओं के आवरण उलटने, उन्हें नंगा करने के लिए कवि शब्दों को उलट-पलट कर रखने में, नई स्थानिक तरतीब देने में या उनसे एक प्रकार का खिलवाड़ सा करने की ओर बढ़ता है, क्योंकि स्थितियों में निहित विडंबना के असह्य दबाव एवं वक्रता को वह सीधे-सीधे कह नहीं पाता तब कविता के भीतरी ढाँचे में से विडंबना की झलक देना चाहता है । अतः 'वास्तविक दिशा विचार और व्यंग्य के मेल से युगीन त्रासद, क्रूर, अन्यायी और शोषित स्थितियों को उघाड़ना, निर्मम तरीके से चीरना-फाड़ना और उन्हें भीतरी संश्लिष्ट तहों तक नंगा करना है ताकि सामाजिक कुत्सा को समाप्त करके स्वस्थ समाज की ओर सार्थक गमन हो ।

भाषा और विचार के अन्तःसंबंध

नई कविता में भाषा के पुनःसंस्कार की बात कही गई है ।[39] यह कुछ मायनों में ठीक भी हो सकता है, क्योंकि छायावादी काल्पनिक उड़ानों की सुविधापरकता के स्थान पर जीवन के बौद्धिक व्यवहारों तक तो नई कविता (तत्कालीन कविता) ले आई । इस बौद्धिकता के तकाजों ने उसकी उड़ानें सीमित कर दीं और शब्दों के आसपास बने

प्रभामंडलों को भी परिसीमित किया-घटाया । यह युगीन माँग भी थी । किन्तु आगे चलकर उसकी जो दिशा विचार की ओर विकसित होनी थी, वह न हो पाई । इस कारण एक उबाऊ, बनावटी, रोमानी, छायावादी भाषा नया संस्कार कुछ सीमा तक ही ग्रहण कर रूढ़ और निष्प्राण हो गई, उसने आगे बढ़ने लोगों के जीवन में अनुभव के साथ विकसित हो कर भागीदार बनने से इन्कार कर दिया । श्रीकांत वर्मा ने इस संबंध में लिखा है कि 'नौजवान कवियों को यदि आज नई कविता का बहुत सा हिस्सा छायावादी और रूमानी जान पड़ता है, तो इसमें कुछ भी अप्रत्याशित नहीं, नई कविता का एक महत्त्वपूर्ण अंश सचमुच ही रूमानी और छायावादी है । छायावाद से मुक्ति पाने के लिए भाषा का संहार जरूरी था । मगर अधिकतर नए कवियों ने भाषा का संहार न कर, उसका संस्कार किया । नई कविता के गठन और छायावादी कविता के अन्तःसंगठन में ऊपरी फर्क कितना ही अधिक हो, भीतर बहुत-सी समानताएँ हैं ।[40] इन्हीं सीमाओं में घिरी रहने के कारण वह युगीन यथार्थ को व्यक्त कर पाने में असमर्थ हो गई । वर्तमान जीवनसंघर्ष की चेतना, जो आज की कविता को प्रासंगिक बनाती है, नई कविता की भाषासंरचना से गायब है ।

भाषा के माध्यम से कथ्य की अनिवार्य शर्त, जिसमें युगीन चेतना नया मुहावरा गढ़ती है, नई कविता में धुँधला चुकी है । किन्तु आज की काव्यभाषा पुराने संस्कारों के संहार के बाद प्राप्त की हुई भाषा है । वह वर्तमान अनुभव में से प्राप्त की हुई भाषा है । उसमें रोजमर्रा की छोटी तकलीफों के बड़े अंदेशों, बड़े अंदेशों की मामूली तकलीफों को व्यंजित करने वाली मामूली-साधारण पर व्यंग्यगर्भित भाषा है ।

भाषा के साथ एक खिलवाड़ की उसके पूर्वनिर्मित, रूढ़, प्रभामंडलों को तोड़ने की अनिवार्यता भी बढ़ी । यह अनिवार्यता यथार्थ के आग्रहों के कारण व्यापक हुई, न कि मनमौजीपन या बचकाने कौतुकवश (जैसाकि अकविता में एक समझदार गैरजिम्मेदारी और सामाजिक साजिश के उस अविचार के अधीन जो समाज को भ्रष्ट और गुमराह करने से पहले उसकी भाषा को भ्रष्ट और गुमराह करता है) । वैचारिक सरोकारों के निर्वहन तक भाषा को ले जाने से पहले उसे यथार्थ से टकराने, चीजों के साथ साक्षात्कार करने में भाषा के तोड़ने की पहल हुई :

आओ, शब्दों को ढेलों की तरह उठाकर
ज़रा गँवार बनना सीखें
चीज़ों के सामने होकर
देखना-पड़तालना सीखें [41]

इसके साथ ही मामूली भाषा-साधारण भाषा के आग्रहों ने ऐतिहासिक दृष्टि से सज्जित होकर अपूर्व शक्ति अर्जित करने के विश्वासों को भी जगाया । असाधारण और विशिष्ट भाषा के उन दावों को भी निरस्त किया जाने लगा, जिनके तहत कवि को समाज में, समाज से काटकर, विशिष्ट व्यक्ति का स्थान दिया जाता रहा ।

रमेश कुंतल मेघ की काव्य पंक्तियाँ इस सन्दर्भ में उल्लेख्य हैं :

अगर मैं
एक मामूली घटना में
पढ़ सकता हूँ इतिहास :
तो मामूली सी भाषा में
ढाल सकता हूँ ब्रजपाश [42]

भाषा और अनुभव : अनुभव और भाषा का जन्म साथ-साथ होता है । अतः अनुभव भाषा को और भाषा अनुभव को परस्पर प्रमाणित करते हैं । ऐसी स्थिति में दूरस्थ अनुभव (काल्पनिक) या अनुभवगत दूरी भी भाषा में साफ दिखाई दे जाती है । हिन्दी के प्रसिद्ध मार्क्सवादी आलोचक डॉ. रमेश कुंतल मेघ का कथन इस संबंध में द्रष्टव्य है : 'भाषा वैयक्तिक अनुभूति के सामाजिक सामूहिक संप्रेषण का माध्यम है । इसलिए उसका प्रथम धरातल अनुभव का सूर्य है । अनुभव के सूर्य से वैचारिक तेज फैलता है । इसलिए भाषा में समकालीन संवेदना का वैचारिक गांभीर्य से अलगाव कुछ शब्दों, कुछ पारिभाषिक शब्दों, कुछ प्रचलित मुहावरों में बँध कर चुक जाता है । रचना का संकट और भ्रम का फैलाव एक ओर जटिलता को जन्म देता है, तो दूसरी ओर अर्थहीनता को ।'[43] वर्तमान कविता में आज के जीवन का ताप विचार के स्तर पर भाषा और अनुभव के प्रमाण पर पला है । इससे एक सतर्क, सटीक और सजग भाषाव्यवहार की सूक्ष्मता भी अप्रकट नहीं रही और संश्लिष्ट वस्तु-पदार्थों, कष्टों-क्रूरताओं, विसंगतियों-विडंबनाओं की सुलझी हुई स्पष्ट पहचान भी सम्भव हुई है । अनुभवसिद्ध होने के कारण ही भाषा वैचारिक तेज से अर्थहीनता एवं सामाजिक भ्रमों को नष्ट करती है ।

भाषा और क्रियाशीलता : विचार भाषा के बल पर ही क्रियाशील होते हैं, व्यक्ति व्यक्ति में संबंध स्थापित कर भाषा वैचारिक क्रियाकलापों, उत्तेजनों-उकसावों को व्यावहारिक रूप देती है । अतः भाषा और विचार का रिश्ता जीवनसंघर्षों में एक नए प्रकार के खतरे को भी जन्म देता है, जिसे यथास्थितिवादी सहन नहीं करते और विचारों से कतराते तथा भाषा को उससे भरसक बचाते हैं । वे भाषा में 'भाव' की धुंध को फैलाते और भ्रमों को पालते हैं ।

आठवें दशक की काव्यभाषा बोलचाल के सहज रूप और वर्तमान अनुभव के तर्क को लेकर नाटकीयता में ढली है । इस नाटकीयता के पीछे कवि की अंतश्चेतना में चल रही एक लगातार संवादस्थिति होती है, जो कभी दो व्यक्तियों, स्थितियों, मूल्यों में या कभी द्वंद्वात्मक परिणतियों की टकराहट के रूप में उभरती है । अतः संघर्ष चाहे भीतरी हो या बाहरी इससे निष्पन्न विचार को जब भाषा सहज रूप में आत्मसात् करके फूटती है, तब वह सही मायनों में अपनी सृजनात्मक भूमिका निभाने के योग्य बनती है और सामाजिक कर्म की ओर प्रवृत्ति जगाती है :

कई कोठियाँ थीं कतार में
उनमें किसी में एक औरत ले जायी गयी
थोड़ी देर बाद उसका रोना सुनाई दिया
उसी रोने से हमें जाननी थी एक पूरी कथा
उसके बचपन से जवानी तक की कथा ।[44]

'औरत की जिन्दगी' नामक उक्त कविता में कवि ने जिस निरावेगी, ठंडी किन्तु सधी हुई भाषा में औरत पर बलात्कार की पुश्तैनी पुरुष अत्याचारिता की समूची कहानी को संकेतित किया है, यह कवि व्यक्तित्व द्वारा सामाजिक अनुभव की अन्तःग्रंथियों को समझने से सम्भव हुई है । भाषा, यहाँ सामाजिक तथ्य बनकर सामाजिक कृत्य को उद्घाटित करने वाली बन पड़ी है तो अपने भीतर अत्याचार के विरोधी विचार की संगिनी बनकर ही ।

सर्जनात्मक भाषा का ऐतिहासिक परिप्रेक्ष्य

काव्यभाषा या सर्जनात्मक भाषा स्वयं व्यक्तित्व एवं अनुभवसंपन्न भाषा है । सर्जक इसी भाषा की प्राप्ति में जीवन लगा देता है । 'सत्य' यदि कविता की खोज है तो कविता भाषा की खोज है । भाषा और कविता को अलग करके नहीं सोचा जा सकता । अज्ञेय का कथन है : 'काव्य सबसे पहले शब्द है, और अंत में भी यही बात बच जाती है कि काव्य शब्द है । सारे कवि धर्म इसी परिभाषा से निःसृत होते हैं । शब्द का ज्ञान शब्द की अर्थवत्ता की सही पकड़ ही कृतिकार को कृति बनाती है । ध्वनि, लय, छंद आदि के सभी प्रश्न इसी में से निकलते और इसी में विलय होते हैं । इतना ही नहीं, सारे सामाजिक सन्दर्भ भी यहीं से निकलते हैं, इसी में युग सम्पृक्ति का और कृतिकार के सामाजिक उत्तरदायित्व का हल मिलता है या मिल सकता है ।'[45] इतनी वृहद् भूमिका पर आसीन करके भाषा का परिचय इसलिए भी दिया जाता है कि 'भाषा भाव की पूर्ण अनुगामिनी रहनी चाहिए, बस, न तो पत्थर का ढोंका बनकर कविता के गले में लटक जाए और न रेशम का जाल बनकर उसके पांखों में उलझ जाए ।'[46] धर्मवीर भारती भाषा के मसले पर कथ्य से इतर हट कर विचार नहीं करना चाहते । वस्तुतः कविता ही, कवि के निकट, भाषा की खोज है, और भाषा की खोज सार्थक कविता की खोज ।

नई कविता के दौर से 'भाषा के संकट' की बात उठाई जाने लगी । तभी से नए कवियों ने अपना सबसे बड़ा, सबसे पहला और अंतिम मोर्चा भाषा को ही माना । वास्तव में भाषा का विचार कविता और कविता के माध्यम से इच्छित संसार या आदर्श का विचार करना होता है । शमशेर बहादुर सिंह इस तथ्य को इन शब्दों में कहते हैं : 'कविता का जो भी कथ्य या परिवेश होगा उसी के अनुरूप उसकी भाषा का स्वरूप होगा; होना ही चाहिए ।'[47]

कविता की भाषा का जन्म परिवेश और कथ्यानुरूप मान लेने के साथ इस ओर भी ध्यान दिया गया कि कवि काव्यभाषा को अनुभवजगत से तो अर्जित करता ही है साथ ही यह उसके कल्पनाजगत की, आदर्शों की भाषा भी होती है । अतः वह अपनी भाषा के उसी रूप को महत्त्व देता है, जो भावनाओं और विचारों को न केवल संप्रेषित करे, प्रत्युत एक सौंदर्यबोधात्मक प्रयत्न के रूप में भी फलीभूत हो, क्योंकि कविता का संबंध मूलतः जीवन के विचारों, मनोभावों से होता है । श्रीकांत वर्मा का कथन है : 'अनुभव और भाषा को एक दूसरे से अलग नहीं किया जा सकता । कोई भी कवि केवल भाषा में ही अनुभव करता है; भाषा से बाहर नहीं । अगर किसी कवि का अनुभव ओछा है तो उसकी भाषा भी उतनी ही ओछी होनी चाहिए । अनुभव को महान् और भाषा को अवरुद्ध या कि भाषा को क्रांतिकारी और कविता को तुच्छ कहने का कोई अर्थ नहीं ।'[48]

काव्यभाषा में परिवर्तन के बिंदु

भाषा मानव के समस्त क्रियाव्यापार में व्याप्त होती है । रोजमर्रा की अभिव्यक्तियों में माध्यम बनती है । जीवन के प्रति दृष्टिकोण एवं बोध में परिवर्तन आने पर भाषाव्यवहार में भी परिवर्तन आता है । भाषा की समाज में व्याप्ति को शरीर में रक्त की व्याप्ति से उपमित करके सादृश्य के आधार पर समझाया जाता है । समाज जीवन के यथार्थ सन्दर्भ भाषा के माध्यम से साहित्य में व्यक्त होते हैं । यथार्थस्थितियों के बदलने से भाषा के मिजाज एवं तेवर भी बदलते हैं । अतः 'भाषा की जड़ों तक पहुँचने अनुभव की जड़ों तक पहुँचने का ही दूसरा नाम है ।[49]

अतः युगीन स्थितियों में परिवर्तन आने से भाषा भी बदलती जाती है । चंद्रकांत पाटील का यह कथन सत्य है कि 'जहाँ तक भाषा का प्रश्न है, प्रत्येक युग अपने लिए विशेष भाषा का निर्माण करता है और उसके जरिए उस युग की संश्लिष्ट और समकालीन अनुभूतियाँ अभिव्यक्त होती हैं ।'[50] बाहरी संघर्षों के दबाव और आग्रहों के इस युग में कवि के भीतर भी निरंतर एक संघर्ष चलता रहता है । भाषा इस भीतरी संघर्ष और बाहरी संघर्ष की टकराहट से परिवर्तित होती और युगीन विचारों की वाहक बन जाती है । इस संबंध में डॉ. नरेंद्र मोहन का कथन है : 'आत्मसंघर्ष के बाहरी संघर्ष में संक्रमण के दौरान संघर्ष से निष्पन्न विचारों और भाषा की एक महत्त्वपूर्ण भूमिका रहती ही है । बाहरी और वृहत्तर संघर्ष में हिस्सा ले रहे कवि के लिए यह जरूरी है कि वह कविता के मोर्चे पर स्वयं को उखड़ने न दे । आत्मसंघर्ष और बाहरी संघर्ष के तनाव में से ही रचना जन्म लेती है ।'[51]

साही ने ऐतिहासिक विकासक्रम में हिन्दी काव्यभाषा के बदलाव को और भी स्पष्ट करने के लिए जो उदाहरण प्रस्तुत किया 'व्याल' से 'साँप' की ओर वह तथ्य को उद्घाटित करने में सहायक हुआ है । उनका कहना है कि "सूरदास ने कालियदमन संबंधी अपने पदों में अहि, उरग, नाग, विषधर, व्याल सभी शब्दों का प्रयोग किया है ।... लेकिन दिनकर

की भाषा में व्याल (तान-तान फण व्याल कि तुझ पर मैं बाँसुरी बजाऊँ) शब्द से फेन उगलते हुए, कृष्ण द्वारा नाथे गए बहुमुखी कालिय का ही बिम्ब आता है...लाक्षणिक अर्थ, देश में उग्र क्रान्ति का उबलता ज्वार, लोगों-भावनाओं का उद्वेलन यह सब भी ध्वनित हो जाता है । साँप शब्द से इस सन्दर्भ में सिर्फ रेंगते हुए साँप की तस्वीर उभरती है जिसमें न वह पौराणिक गौरव है न अतिरिक्त लाक्षणिक अर्थ व्यंजित करने की क्षमता ।'[52] इससे उन्होंने एक ओर यह संकेत भी दिया कि "छायावादी शब्दों के जाल से छूटकर, 'व्याल' से 'साँप' की ओर जाने का मतलब सिर्फ संस्कृत से ठेठ की ओर जाना नहीं है, बल्कि उस समस्त विभूतिमय संसार को ही त्याग देना है..."[53] इस विभूतिमय संसार को ही परम्पराविरोध के नाम पर त्यागने के प्रति भर्त्सना भाव का ही हल्का सा संकेत साही के उक्त कथन में ध्वनित हो रहा है ।

वास्तव में संस्कृतविरोध और ठेठ भाषा के प्रति उन्मुखता का कारण उस ऐतिहासिक परिप्रेक्ष्य में निहित है, जिसने स्वतंत्रता आंदोलन की अनिवार्यता को सिद्ध कर भारतीय जनमानस में उद्वेलन उत्पन्न किया । तभी 'व्याल' का दिनकर द्वारा प्रयोग परिवेशयथार्थ सम्मत होकर नए अर्थ देने में सक्षम-सार्थक हो उठा । शब्दों के घिसेपिटे होने तथा बार-बार प्रयोग से सर्जन भाषा के कुछ समय (कई शताब्दियों) के उपरांत अनवरत व्यवहार से उसकी सम्भावनाओं के चुक जाने की बात निरर्थक नहीं है ।

भाषा की सृजनशीलता

भाषा की पहली शर्त, यदि कोई है, तो कवि के लिए सृजनशीलता है । बिना इस शर्त को पूरा किए भाषा अपने रचनात्मक स्तर से च्युत हो जाती है । तब शेष रह जाती है मात्र तुकबंदी, बेजान शब्दसंगठन और शाब्दिक पिष्टपेषण । यह स्थिति तब उत्पन्न होती है, जब कवि अपने परिवेश से कट जाता है । उसका परिवेश से कटना अपने अनुभव संसार से कटना होता है और साथ ही जीवंत भाषा से कटना भी । तब वह अपने तक सीमित उस शब्दों के पिटारे में बंद हो जाता है, जो परिवेशीय अनुभवों-विचारों को अर्थ देने में अक्षम इसलिए हो जाते हैं, क्योंकि उनकी जड़ें उस जमीन पर से उखड़ जाती हैं ।

छायावादी कविता अपने समय में संस्कृतबहुल शब्दावली के प्रति आकृष्ट हुई तो उस युग में इस अनिवार्यता की उपज के बीज थे । यानी इतिवृत्तात्मकता से ऊब के परिणाम, विश्वक्षितिज पर समकालीन हिन्दी कवियों का अंग्रेजी साहित्य के सम्पर्क में आना, नए छंदविधान, अर्थछवियों से परिचय की घनिष्ठता का बढ़ते जाना । इसके बाद हिन्दी कविता की भाषा में आज तक कई परिवर्तन हुए हैं । कवि एवं चिंतक विजयदेव नारायण साही के अनुसार तीन बड़े परिवर्तन हुए हैं । उनका कहना है : 'हिन्दी कविता की भाषा में पिछले सौ वर्षों में तीन बड़े परिवर्तन हुए हैं । एक तो तब जब कविता की भाषा ब्रजभाषा की जगह खड़ी बोली बनी । दूसरे तब जब इस भाषा में छायावाद ने प्रवेश किया और काव्यभाषा अधिकाधिक संस्कृतगर्भित होती गई । तीसरे आज से लगभग तीस-पैंतीस बरस

पहले जब छायावाद की काव्यभाषा से असंतुष्ट होकर कवियों ने नए प्रयोग करने शुरू किए और नए ठेठपन का जन्म हुआ ।'[54]

नए कवियों द्वारा छायावादी भाषा के परित्याग और 'नए ठेठपन' की ओर उनके झुकाव के कारणों को स्पष्ट करते हुए साही लिखते हैं : 'कवियों को उसमें शब्दजाल इसलिए दिखा क्योंकि यथार्थ को वे नई दृष्टि से देखना चाहते थे ।'[55]

ठेठ भाषा के प्रति बढ़ते रुझान को दूसरे-तीसरे सप्तक के काव्य में अधिक स्पष्टता से लक्षित किया जा सकता है, जहाँ कवियों ने न केवल अपने काव्य में साधारण बोलचाल की भाषा को उतारा, बल्कि अपने वक्तव्यों में भी उसका स्पष्ट उल्लेख किया । 'दूसरा सप्तक' के कवि रघुवीर सहाय का कथन है : 'भाषा को भी साधारण बोलचाल की भाषा के निकट लाने की कोशिश रही है ।'[56] इसी प्रकार 'दूसरा सप्तक' के ही कवि हरिनारायण व्यास का कथन है : 'भाषा जीवन और समाज का एक प्रबल शस्त्र है, किन्तु उसे जीवन से अलग कर नहीं, जीवन में ही रहना है । यदि कविता की भाषा दुर्बोध रही तो उसका कर्म अर्थात् लड़ने में मनुष्य का सहायक होना अधूरा ही रह जाता है ।'[57] किन्तु यह बात अलग है कि नई कविता आगे चलकर कोई ऐसा आधार नहीं खोज पाई, जिससे वह जनता की लड़ाई में भागीदार बन सके । उसके भाषाई आधार में भावनात्मक बनावट के कारण अपेक्षित दृढ़ता नहीं आ पाई । एक ओर उसमें वैचारिक तीखापन और मजबूती का अभाव रहा है; दूसरा, संप्रेषण की समस्या नई कविता की अभिजात्य भावना, गरिमामंडित प्रभामंडल के घेरे में घिरे रहने और अवाक की मौन मुग्धता आदि के कारण वह उक्त कथन 'लड़ने में मनुष्य का सहायक होना' से पर्याप्त दूर स्थित रही । उसमें वैयक्तिक रुझानों, कुंठाओं नव रहस्यवादी भावभूमियों की अभिव्यक्ति तो मिलती है और इस कारण वह (नई कविता) एक अत्यल्प वर्ग का कवितारुचियों को तुष्ट कर सकने वाली मानी जा सकती है । उसका सामाजिक पक्ष या भूमिका अत्यंत सबल नहीं मानी जा सकती । सामाजिक लड़ाई में हिस्सेदारी की बात तो बहुत दूर है, जो वैचारिक धरातल पर पदार्पण के बिना सम्भव नहीं होती ।

अतः छठे दशक में आते-आते हिन्दी कविता की भाषा में तोड़ फोड़, अराजक व्यवहार दीखने लगे । इन व्यवहारों के पीछे सामाजिक क्षेत्र में व्याप्त राजनीतिक दिशाहीनता दलबदल की वैचारिक निष्ठाविहीनता, मोहभंग (दोबारा) की स्थितियोंवश विद्रोह, प्रतिक्रोध, व्यक्तिगत एवं नगरजीवन की विडंबनाएँ, सामाजिक राजनीतिक मूल्यों के प्रति निराशा व उपेक्षा के कारण हैं । सामाजिक व्यवहारों की सजीव संस्था होने के कारण ये व्यवहार तत्कालीन कविता में भी अप्रकट कैसे रहते ? कविता में तरह-तरह की कविता धाराओं में अकविता, श्मशानी पीढ़ी, भूखी पीढ़ी, नाराज पीढ़ी, प्रतिश्रुत कविता, युयुत्सावादी कविता आदि की विभिन्न छटपटाहटों में भाषाव्यवहार के प्रति भी उपेक्षावश ढील इस कदर प्रकट हुई कि भाषा को भी नष्ट-भ्रष्ट कर दिया गया । एक ओर भाषा के प्रति अनास्था-उपेक्षा, तोड़फोड़-अनगढ़ता-सपाटता बढ़ती गई तो दूसरी ओर 'कामुक विह्लता

तीखे व्यंग्य और अतर्क विडंबनाओं में बदल गयी । अब काव्य की गहरी सत्ता आदिम अनगढ़ता और विद्रूप की ओर जाने लगी ।'[58] युवाकवि और समीक्षक अशोक वाजपेयी के शब्दों में : 'सपाटबयानी के खतरे का एक दूसरा पक्ष भी है । इधर की कविता में शिल्प की धारणा भी खासी अवमूल्यित हुई है । बहस और चर्चाओं में भी शिल्प की कोई बात नहीं उठाता । ऐसी हालत में भाषा और काव्यव्यवस्था के प्रति एक तरह का कामचालक रुख-भर है और इस बात की आशंका है कि युवा प्रतिभा समझ को और भी पीछे ढकेल कर भाषा के अनियंत्रित और मनमाने उद्रेक को कविकर्म मानने की निहायत रूमानी धारणा का शिकार हो रहेगी ।'[59]

इससे अलग कुछ गम्भीर प्रकृति-रुचि के विचार आस्थासम्पन्न कवि भाषा को नए संस्कार देने में व्यस्त रहे । इनके जिम्मेदार हाथों में भाषा युगीन बोध और विचारों से संपृक्त होकर युगीन ठेठ मिजाजों को व्यक्त कर सकीं । उनके संबंध में विजयदेव नारायण साही के शब्दों में : 'अभी भी हमने ठेठपन की अंतिम चुनौती नहीं सुनी है । पेंडुलम कितनी दूर तक उलटी दिशा में जाएगा, कहना कठिन है । इसमें रघुवीर सहाय जैसी भद्र असहमति की मुद्रा और धूमिल जैसी पथराव करती चीख दोनों शामिल हैं । दूसरी तरफ संतुलित काव्यभाषा जिसका उदाहरण मैंने तुलसीदास और सूरदास से दिया, कि इर्द-गिर्द चक्कर काटने वालों में कुँवरनारायण जैसे शांत पुरुष और मुक्तिबोध जैसे धुँधुआते अग्निपुंज भी हैं ।'[60]

सन्दर्भ

1. E.G. Moll : The Appreciation of Poetry, p.74 ❑ 2. Imagination in Coleridge and Abhinavagupta, The Journal of Aesthetics and Art Criticism, Vol. XXIV, No. I, Part I, fall 1965. ❑ 3. रामचन्द्र शुक्ल : हिन्दी साहित्य का इतिहास (नागरीप्रचारिणी सभा, वाराणसी, छब्बीसवाँ संस्करण : 1968), पृ. 668. ❑ 4. रणजीत : समकालीन कविता की भूमिका (सं. डॉ. विश्वम्भरनाथ उपाध्याय, मंजुल उपाध्याय), पृ. 237. ❑ 5. गजानन माधव मुक्तिबोध : नये साहित्य का सौंदर्यशास्त्र (राधाकृष्ण प्रकाशन, दिल्ली : 1971), पृ. 91. ❑ 6. वही, पृ. 92. ❑ 7. वही, पृ. 91. ❑ 8. P.T.Yong : Emotion in Man and Animal (Krieger, 1973 reprint of 1943) 1947, p. 25. ❑ 9. वही, 1947, पृ. 51. ❑ 10. W. Medougall : An Outline of Psychology, 1949, p. 418. ❑ 11. वही । ❑ 12. P.T. Young : Emotion in Man and Animal, p. 65-6. ❑ 13. गिरिजाकुमार माथुर : भीतरी नदी की यात्रा (नेशनल पब्लिशिंग हाउस, दिल्ली, प्रथम संस्करण : 1975), पृ. 5. ❑ 14. लीलाधर जगूड़ी : 'सांस्कृतिक प्रार्थना', 'आवेग' (सं. : प्रसन्न कुमार ओझा, रतलाम, फरवरी-मई 1970), पृ. 5. ❑ 15. Our poetic pendulum travels from our sensation toward some idea or some sentiment, and returns towards some memory of the sensation and toward the potential act which could reproduce the sensation. The Modern Tradition Paul Valery edited by Richard Ellmann and Charles Feideson, TR, (New York Oxford University Press : 1965), p. 81. ❑ 16. वही पृ. 88. ❑ 17. लक्ष्मीकान्त वर्मा : नये प्रतिमान : पुराने निकष (भारतीय ज्ञानपीठ प्रकाशन, वाराणसी : 1966), पृ. 233. ❑ 18. दूसरा सप्तक : हरिनारायण व्यास (सं. अज्ञेय), पृ. 53. ❑ 19. वही, धर्मवीर भारती, पृ. 167. ❑ 20. (क) वही, रघुवीर सहाय, पृ. 139. (ख) वही, शमशेर बहादुर सिंह, पृ. 80. ❑ 21. डॉ. रामदरश मिश्र : विचार कविता की

भूमिका (सं. डॉ. नरेन्द्रमोहन, डॉ. महीप सिंह, नेशनल पब्लिशिंग हाउस, दिल्ली : 1973), पृ. 64. ❑ 22. आचार्य नन्ददुलारे वाजपेयी, हिन्दी-साहित्य : बीसवीं शताब्दी (इंडियन पब्लिकेशन्स इलाहाबाद, संशोधित एवं परिवर्धित संस्करण, 1966), पृ. 210. ❑ 23. व. केल्से और म. कोवालजोन : ऐतिहासिक भौतिकवाद (प्रगति प्रकाशन, हिन्दी अनुवाद, 1974), पृ. 309. ❑ 24. कार्लमार्क्स : पूंजी (प्रगति प्रकाशन, माक्को, खंड 1), पृ. 27. ❑ 25. डॉ. चन्द्रभूषण तिवारी : विचार कविता की भूमिका, पृ. 63. ❑ 26. वही । ❑ 27. गजानन माधव मुक्तिबोध : नये साहित्य का सौंदर्यशास्त्र, पृ. 152. ❑ 28. The 'image' is the constant in all poetry and every poem itself is an image'. — C. Day-Lewis : The Poetic Image (Jonathan Cape, London, eleventh impression : 1964), p.17. ❑ 29. 'बिम्ब जब भी आता है, किसी गहरे विचार या जीवन दृष्टि का संवाहक बनकर आता है, एक श्रेष्ठ बिम्ब जीवन के प्रत्यक्षात्मक तथा धारणात्मक दोनों ही गुणों से संयुक्त होता है । वह मन तथा बुद्धि दोनों को एक ही साथ तृप्त तथा समृद्ध करता है । विचार-शून्य बिम्ब केवल यथार्थ के स्थूल पक्षों का उद्घाटन करता है । जिनकी व्याप्ति प्रत्यक्ष इंद्रिय-ग्राह्य वस्तुओं तक ही सीमित होती है । पर इंद्रियों की शक्ति की भी अपनी सीमा होती है । हम बाह्य यथार्थ को एक सीमा तक ही देख सकते हैं और उसके बाद या उसके परे देखने के लिए कल्पना अथवा विचार-शक्ति ही शेष रह जाती है । पर यथार्थ जीवन केवल इतना ही नहीं होता जितनी दूर तक इंद्रियाँ पहुँचती हैं । वह उसके बाहर अनेक दिशाओं में दूर-दूर तक फैला रहता है । ऐंद्रिय संवेदना की सीमा को अतिक्रान्त करते ही हम विचार-क्षेत्र में पहुंच जाते हैं ।' आधुनिक हिन्दी कविता में बिम्ब विधान का विकास, पृ. 70. ❑ 30. वही, पृ. 74. ❑ 31. विचार कविता की भूमिका, पृ. 46. ❑ 32. 'सामयिक' (दिसम्बर 1973, भूमिका, सम्पादक : विमल वर्मा, श्री हर्ष), पृ. 4. ❑ 33. वही, श्री हर्ष, पृ. 11. ❑ 34. हिन्दी साहित्य कोश; (सं. धीरेन्द्र वर्मा, ज्ञानमंडल लि., बनारस), पृ. 472. ❑ 35. रमेश कुंतल मेघ : विचार कविता की भूमिका, पृ. 76. ❑ 36. शेरजंग गर्ग : स्वातंत्र्योत्तर हिन्दी कविता में व्यंग्य (साहित्य भारती, दिल्ली : 1973), पृ. 27–8. ❑ 37. राजकुमार सैनी : समकालीन कविता : विचार कविता (सं. बलदेव वंशी), पृ. 151. ❑ 38. सर्वेश्वरदयाल सक्सेना : कुआनो नदी (राजकमल प्रकाशन, दिल्ली : 1937), पृ. 34. ❑ 39. रामस्वरूप चतुर्वेदी : भाषा और संवेदना : (भारतीय ज्ञानपीठ प्रकाशन, कलकत्ता : 1964) 40. श्रीकान्त वर्मा : जिरह, पृ. 48. ❑ 41. नरेन्द्र मोहन : इस हादसे में (शारदा प्रकाशन, दिल्ली : 1975), पृ. 72. ❑ 42. विचार कविता की भूमिका, पृ. 141. ❑ 43. डॉ. रमेश कुंतल मेघ : क्योंकि समय एक शब्द है, पृ. 470. ❑ 44. रघुवीर सहाय : हंसो हंसो जल्दी हंसो, (नेशनल पब्लिशिंग हाउस, दिल्ली, 1975), पृ. 12. ❑ 45. तारसप्तक : अज्ञेय, पृ. 301. ❑ 46. दूसरा सप्तक धर्मवीर भारती (सं. अज्ञेय, दूसरा संस्करण), पृ. 167. ❑ 47. 'अर्थात्'-4, शमशेर बहादुर सिंह (सं. अक्षय उपाध्याय), पृ. 2. ❑ 48. श्रीकान्त वर्मा : जिरह (सम्भावना प्रकाशन, हापुड़ : 1973), पृ. 9. ❑ 49. अशोक वाजपेयी : फिलहाल (राजकमल प्रकाशन, प्रथम संस्करण : 1970), पृ. 21. ❑ 50. 'आवेग-17', चन्द्रकान्त पाटील, (सं.प्रसन्न कुमार ओझा), पृ. 17. ❑ 51. 'पश्यन्ती', अप्रैल-जून 75 (प्रणवकुमार वंद्योपाध्याय), पृ. 75. ❑ 52. 'प्रतिपक्ष', विजयदेवनारायण साही का लेख (सं. जार्ज फर्नांडीस, अंक 15, अप्रैल, 1973). ❑ 53. वही । ❑ 54. वही । ❑ 55. वही । ❑ 56. दूसरा सप्तक, पृ. 139. ❑ 57. वही, पृ. 55. ❑ 58. श्याम परमार : अकविता और कला सन्दर्भ (कृष्णा ब्रदर्स, अजमेर : 1968), पृ. 15. ❑ 59. अशोक वाजपेयी : फिलहाल (राजकमल प्रकाशन, दिल्ली संस्करण : 1973), पृ. 13. ❑ 60. 'प्रतिपक्ष', विजयदेवनारायण साही का लेख (सं. जार्ज फर्नांडीस, अंक 22 अप्रैल, 1973), पृ. 9.

5

प्रसंगांकित हिंदी काव्यखंडों में विचारतत्त्व की भूमिका

भारतेंदुकालीन कविता में विचारतत्त्व

भारतेंदुयुग के काव्य में रीतियुगीन काव्य की क्षयोन्मुखी रीतिकालीन प्रवृत्तियों का ज्वार कम होने लग गया था और पुनः युगीन नई चेतना का प्रवाह प्रसारित होने लगा था । 'रीतिकाल में विचार चेतना की जो धारा अचानक सूख गई थी, वह भारतेंदुयुग में अनुकूल अवसर पाकर पुनः प्रवाहित होने लगी । युगचेतना ही काव्यचेतना की पृष्ठभूमि बनती है ।'[1] इसकी कारणता की पृष्ठभूमि में आर्यसमाज, ब्रह्मसमाज आदि द्वारा चलाए गए आन्दोलनों की राष्ट्रोन्मुखी सामाजिक जागरण की विचारधाराएँ थीं । जहाँ आर्यसमाज के द्वारा हिन्दू धार्मिक आडंबरों से जनता को विमुक्त करने का सार्थक प्रयास हुआ, वहाँ राजा राममोहन राय जैसे युग निर्माता व्यक्तित्वों द्वारा सती प्रथा के उन्मूलन जैसे सामाजिक सुधारों की अनिवार्यता को प्राथमिकता मिली । नवीन विचारों के प्रति उद्‌बुद्ध आग्रहों के कारण, जो प्राच्य शिक्षा के माध्यम से प्रसारित हुए थे, भारतीय समाज में एक नवोन्मेष था, वह तत्कालीन काव्य में भी अप्रकट न रह सका । आचार्य रामचन्द्र शुक्ल के अनुसार :

> भारतेंदुयुग प्राचीन और नवीन का संधिकाल था । नवीन भावनाओं को लिए हुए भी उस काल के कवि देश की परम्परागत चिरसंचित भावनाओं और उमंगों से भरे थे । भारतीय जीवन के विविध रूपों की मार्मिकता उनके मन में बनी थी । उस जीवन के प्रफुल्ल स्थल उनके हृदय में उमंग उठाते थे । पाश्चात्य जीवन और पाश्चात्य साहित्य की ओर उस समय इतनी टकटकी नहीं लगी थी कि अपने परम्परागत स्वरूप पर से दृष्टि एकबारगी हटी रहे । होली, दीवाली, विजयदशमी, रामलीला, सावन के झूले आदि के अवसर पर उमंग की जो लहरें देशभर में उठती थीं उनमें उनके हृदय की उमंगें भी योग देती थीं । उनका हृदय जनता के हृदय से विच्छिन्न न था ।[2]

अतः कहना न होगा कि भारतेंदुयुग के काव्य में आधुनिक युगीन नई चेतना का उद्‌भव और संस्कृति तथा परम्परा के अद्‌भुत सम्मिश्रण के संघर्षपूर्ण उन्मेष लक्षित होते हैं । संघर्षपूर्ण इसलिए कि जहाँ भारतीय समाज अपनी हर मृत जीवित परम्परा को सांस्कृतिक धरोहर के रूप में छाती से चिपकाए हुए था, वहाँ युगीन आधुनिक विचारों के प्रभाव में विचारकों समाजसुधारकों के कटाक्ष एवं वैचारिक प्रहार उन्हें क्षुब्ध भी किया करते थे । हर नई बात से प्रथमतः बिदकने की प्रवृत्ति अन्य पुरातन समाजों की भाँति भारतीय समाज की भी अक्षय थाती थी । इस विशेषता को रेखांकित करते हुए रामविलास शर्मा लिखते हैं :

> भारतेंदुयुग के काव्य-साहित्य को पढ़ने से एक विचित्र कोलाहल सा अनुभव होता है । विभिन्न धाराओं के एक साथ मिलने से पाठक को आकाशभेदी कलकल ध्वनि सुनाई पड़ती है । कुछ लोग नायक-नायिकाओं के नखशिख वर्णन में लगे हैं तो दूसरे प्रतिभावान समस्यापूर्ति में चमत्कार दिखा रहे हैं । अन्य कवि महामारी, अकाल, टैक्स पर लोकगीत रच रहे हैं और कुछ लोग कविता में गद्य की भाषा के प्रयोग भी कर रहे हैं । तात्पर्य यह कि काव्य साहित्य में व्यवस्था का अभाव है, पुरानी रूढ़ियों पर चलने वाले काफी हैं तो साहस से नए प्रयोग करने वालों की भी कमी नहीं है । ऐसे लोग भी अनेक हैं जो कुछ दिन रूढ़ियों पर चलने के बाद नये प्रयोगों की ओर झुक रहे हैं । दरबारी संस्कृति ओर नवचेतना का संघर्ष कविता में ही सबसे ज्यादा दिखाई देता है ।[3]

रीतिकालीन नारी विषयक दृष्टि के स्थान पर नारी सामाजिक परिवेश में एक नए आदर्श रूप में देखी जाने लगी । पर्दा प्रथा विरोधी भावना, विधवा विवाह की आवश्यकता, स्त्री-शिक्षा आदि विषय काव्य चेतना के अंतर्गत समाविष्ट हो आए । दूसरी ओर स्वदेशप्रेम, देशभक्ति, धार्मिक-राजनीतिक शोषण से मुक्ति के स्वर भी मुखरित होने लगे । सामाजिक सुधारवादी प्रवृत्तियाँ भी काव्यांतर्गत आ गईं ।

राष्ट्रीय नवोत्थानवादी विचार

भारतेंदुकाल में यद्यपि विदेशी शासकों की स्तुति-गान की परिपाटी राजदरबारी परम्परा के अनुसार चलती रही, तो भी विदेशी शासक की बुनियादी सामाजिक बुराइयों पर कस कर चोटें की जाती रहीं । देखने में यह वैचारिक असंगति मालूम होती है किन्तु यह समय की मांग और व्यावहारिकता का तकाज़ा था । निम्न उद्धरण में भारतेंदु ने अंग्रेजी राज की प्रशंसा तो की है, साथ ही 'भारत दुर्दशा' के असली आर्थिक कारण का भी स्पष्ट उल्लेख किया है :

> अंग्रेज राज सुख साज सजे अति भारी ।
> पै धन विदेश चलि जात इहै अति ख्वारी ।।
> ताऊ में महँगी काल रोग विस्तारी ।

दिन दिन दूने दुख ईस देत हाहा री ।।
सब के ऊपर टिक्कस की आफत आयी ।
हा ! हा ! भारत दुर्दशा न देखी जाई ।।[4]

'भारत' दुर्दशा नाटक में भारतेंदुजी ने जहाँ अंग्रेजी राज की कतिपय अच्छाइयों का उल्लेख किया है, वहाँ अंग्रेजी शोषण की कार्यप्रणाली टैक्स लगाकर धन बटोरना और उसे विदेश ले जाना का भी उद्‌घाटन साहसपूर्वक किया है । इस टैक्स लगाने से महँगाई बढ़ रही है जो काल रोग के समान है । यही भारतवासियों की दुर्दशा, निर्धनता और इससे जुड़ी विपत्तियों का कारण है । इस देश की तबाही धन के विदेश चले जाने की आर्थिक प्रणाली में निहित है । इस कार्य-प्रणाली से भारतीयों के लेखे दिन दिन 'दूने दुख' देखने-सहने को आ रहे हैं, जिनका सिलसिला समाप्त होने को नहीं है । यह देशभक्ति या सामाजिक-जागृति का विचार राष्ट्रीय जागरण की तत्कालीन विचारधारा का अभिन्न तत्त्व है, जो भारतेंदुयुग के अन्य कवियों में भी देखा जा सकता है ।

भारतेंदुयुगीन कवियों ने साम्राज्यवादी अनीतियों का खुलकर विरोध किया । विदेशियों अंग्रेजों के शोषण के प्रति घृणा तक के विचार उत्पन्न करने में कवियों ने पहल की :

अपने काम अपने ही हाथन सों भल होई ।
परदेसिन परधर्मिन सों आशा नहिं कोई ।।
धन धरत जिन हरी सु करि है कौन भलाई ?
जोगी काके मीत कलंदर केहिके भाई ।।[5]

देश की भलाई अपने हाथों से स्वदेशियों के उद्यम उद्योग से सम्भव है, विदेशियों तथा पर-धर्मियों से देश का उपकार नहीं हो सकता । जिन विदेशियों ने धन और धरती छीन ली हो उससे भलाई की क्या आशा की जा सकती है । प्रतापनारायण मिश्र इन पंक्तियों में साम्राज्यवादी नीतियों के तिरस्कार के लिए लोकपक्ष में प्रचलित अनुभवगत प्रमाण का अवलंबन लेते हैं कि धन-धरती छीनने वाला किसी का मीत नहीं होता । साथ ही लोक-विश्रुत इस लोकोक्ति में निहित विचार को राष्ट्रीय विचार की पुष्टि हेतु प्रस्तुत किया है कि जोगी किसी का मित्र नहीं होता और कलंदर किसी का भाई नहीं होता । इसी प्रकार ये विदेशी अंग्रेज शासक भी किसी के, विशेषकर भारतीयों के, हितैषी नहीं हो सकते । एक लोक-प्रसिद्ध धारणा को विचार-पुष्टि के निमित्त प्रयुक्त किया गया है ।

'भारत दुर्दैव' नामक नाट्य रचना में भारतेंदु ने तीखे व्यंग्यकटाक्षों द्वारा अंग्रेजी साम्राज्यवादी नीयत के बखिये उधेड़े हैं :

उपजा ईश्वर कोप से, औ आया भारत बीच,
छार खार सब हिन्द करूँ, मैं तो उत्तम नहिं नीच ।।
कौड़ी-कौड़ी को करूँ, मैं सबको मुहताज
भूखे प्रान निकालूँ इनका, तो मैं सच्चा राज ।।

फूट, बैर और कलह, बुलाऊँ, ल्याऊँ सुस्ती जोर ।
घर घर में आलस फैलाऊँ, छाऊँ दुख घनघोर ।।
काफिर काला नीच पुकारूँ, तोड़ूँ पैर और हाथ ।
दूँ इनको संतोष, खुशामद कायरता भी साथ ।।
मरी बुलाऊँ, देस उजाड़ूँ, महँगा करके अन्न ।
सबके ऊपर टिकस लगाऊँ, धन है मुझको धन्न ।।
मुझे तुम सहज न जानो जी, मुझे इक राक्षस मानो जी ।।[6]

उक्त उद्धरण में साम्राज्यवादी चेहरे को पूरी तरह बेनकाब करने के लिए जिस व्यंग्य विचार का सहारा लिया गया है, वह भारतीयों की काहिली, शोषण एवं आलस्य, फूट, बैर, कलह की प्रवृत्तियों की गहरी व्याप्ति को भी नश्तर से चीर गया है । अंग्रेज यदि राक्षस है तो भारतीय अपनी मूढ़ता में उसका भोज्य हैं । साम्राज्यवादी शासनप्रणाली के तहत अंग्रेज भारतीयों के आर्थिक शोषण के अतिरिक्त उनमें कायरता, खुशामदपरस्ती बढ़ाना, उनके जातीय गौरव को छीन कर उन्हें काफिर, काला और नीच पुकारना आदि कार्य-नीतियों से राज्य संस्थापन में सफल हुए । भारतेंदु उन्हीं कार्य-व्यवहारों को नंगा करके देशवासियों में जागरण, स्फूर्ति, संगठन, एकता और स्वदेश-प्रेम के विचारों को उद्‌बुद्ध करना चाहते हैं । व्यंग्य-विचार की मार से उनकी सोई हुई चेतना आत्मा को जगाना चाहते हैं ।

बदरीनारायण चौधरी 'प्रेमघन' ने भी देशवासियों को कर्म और उद्योग की ओर प्रेरित करने वाली कविताएँ लिखीं :

कर नए उद्योग कछु महा आलसी होय ।
आस कर्म आधीन सब मन में राखे गोय ।।[7]

श्रीधर पाठक ने अपने राष्ट्रीय गीतों में प्राचीन भारत का गुणगान किया, स्वतंत्रता का जयघोष भी किया :

जय जयति सदा स्वाधीन हिन्द,
जय जयति जयति प्राचीन हिन्द,
हिन्द अनुपम अगम बन, प्रेम बेल रस पुंज,
श्रीधर मन मधुर फिरत गुंजत नित नवकुंज ।[8]

अतः यह प्रकटतः मुखर तथ्य है कि भारतेंदुकालीन कवियों ने राष्ट्रीय विचारों को जहाँ अपने काव्य का विषय बनाया वहाँ राष्ट्रीय दुरवस्था को व्यंग्य की मार से उघाड़ा और नवोत्थानवादी विचारों को फैलाया :

हाय वहै भारत भुव भारी,
सब ही विधि तें भई दुखारी ।।
रोम ग्रीस पुनि निज बल पायो ।
सब विधि भारत दुखित बनायो ।।

हाय पंचनद, हा पानीपत ।
अजहुँ रहे तुम धरनि बिराजत ।।
हाय चितौर निलज तू भारी ।
अजहुँ खरो भारतहि मंझारी ।।[9]

उक्त उद्धरण में कवि ने रोम-ग्रीस के पुनः बल प्राप्त करने का उल्लेख किया है । भारत की निजी शक्ति क्षीणप्राय हो रही है । उसका भी उल्लेख किया है । वस्तुतः यह कविता भारतेंदु ने 'विजयिनी विजय वैजयंती' नाम से मिस्र में भारतीय सेना की विजय के उपलक्ष में लिखी थी जिसमें देशभक्ति की व्यंजना के साथ आत्मग्लानि के भाव भी छिपे नहीं रह सके । कवि ने पंचनद, पानीपत, चित्तौड़ आदि वीरभूमियों के स्मरण द्वारा (जहाँ भारतीयों के जौहर की कहानियाँ अंकित हैं) राष्ट्रीय विचारों को जगाना चाहा है । भारतीय वीरता के प्रतीक 'चित्तौड़ के निर्लज्जतापूर्वक भारत में स्थित रहने' के उल्लेख से कवि भारतीय परा-धीनता की स्थिति से छुटकारा पाने की प्रेरणा जगाना चाहता है ।

समाजोत्थान संबंधी विचार

राजनीतिक चेतना के विकास के साथ भारतेंदुयुगीन कवियों ने तत्कालीन सामाजिक आंदोलनों से प्रश्रय पाकर सामाजिक रूढ़ियों, अंधविश्वासों और रूढ़ चलनों-व्यवहारों पर भी व्यंग्य प्रहार किए । काव्य रीतियों और रूढ़ काव्यविषयों का भी प्रादुर्भाव हुआ । नरेशों और दरबारियों के मनोरंजन के विषयों को छोड़कर कवियों ने सार्वजनिक जीवन के मामूली किन्तु जीवन संबद्ध विषयों को लेकर रचनाएँ कीं । जनसंस्कृति के प्लावन से काव्यभूमि पुनः लहलहा उठी ।

आचार्य रामचंद्र शुक्ल के शब्दों में : 'साहित्य के एक नवीन युग के आदि प्रवर्तक के रूप में खड़े होकर भारतेंदु ने यह प्रदर्शित किया कि नए-नए या बाहरी भावों को पचाकर इस प्रकार मिलाना चाहिए कि वे अपने ही साहित्य के विकसित अंग से लगें । प्राचीन नवीन के उस संधिकाल में जैसी शीतल कला का संचार अपेक्षित था वैसी ही शीतल कला के साथ भारतेंदु का उदय हुआ; इसमें संदेह नहीं ।[10] समाजोत्थान संबंधी विचारों में ही धर्मसुधार संबंधी जागरूकता भी परिलक्षित होती है "भारतेंदु ने 'भारत दुर्दशा' के पदों में देश-दशा का करुण वर्णन किया । 'हिन्दी की उन्नति' नाम के व्याख्यान में उन्होंने हिन्दी के माध्यम से शिक्षा प्रचार और सामाजिक उन्नति करने के लिए जनता का आह्वान किया ।[11] इसे निम्न पंक्तियों में लक्षित किया जा सकता है :

देखी तुमरी कासी, लोगो, देखी तुमरी कासी ।
जहाँ बिराजैं विश्वनाथ विश्वेश्वर जी अविनासी ।।
आधी कासी भांट-भंडेरिया बाह्मन औ संन्यासी ।
आधी कासी रण्डी मुण्डी रांड खानगी खासी ।।

लोग निकम्मे भंगी गंजड़ लुच्चे बे-बिसवासी ।
महा आलसी झूठे शुहदें बे-फिकरे बदमासी ।।[12]

काशी जैसे पवित्र हिन्दू तीर्थ में फैले व्यभिचार, पाखंड और वहाँ के निवासियों में झूठ, शुहदापन और विश्वासहीनता के कुलक्षणों पर कितने सधे हुए खुले प्रहार भारतेंदु ने किए :

पढ़ि कमाय कीन्हों कहा हरे न देश कलेश ।
जैसे कन्ता घर रहे तैसे रहे विदेश ।।[13]

पढ़े-लिखे नागरिकों में देश की दशा के प्रति उपेक्षाभाव पर चोट है ।

पुलिस प्रशासन, वकीलों की स्वार्थपरता और न्यायालय पर भी व्यंग्य द्रष्टव्य है :

झूठी साची कैसिहु वारिदात में कोय ।
आप भलो मानुष फैसै जन्म सुफल तब होय ।।
फूट बढ़ै सब घरन में हारे जीते कोय ।
खुली अदालत नित रहे जन्म सुफल तब होय ।।[14]

न्यायालय में न्याय नहीं, वकीलों के धंधे फलते हैं और न्यायालय चलते हैं । कोई आसामी फंसनी चहिए । कोई भी जीते-हारे इससे किसी वकील को या न्यायालय को कुछ सरोकार नहीं । बस धंधा फलना-फूलना चाहिए । इस प्रकार धार्मिक-सामाजिक बुराइयों पर कविता में व्यक्त विचारों के रूप में तत्कालीन कवियों की समाजोत्थान की चिंताएँ व्यक्त हुई हैं ।

भारतेंदुकालीन लेखकों के लेखन और विचारों के संबंध में शिवदानसिंह चौहान का मत कितना भी कटु और एकतरफा क्यों न हो, किन्तु उसमें युगीन सच्चाई का अनुपाततः कुछ अंश तो सत्य लगता है । उनका कहना है कि ...'प्रतिभा की स्वल्पता के साथ-साथ भारतेंदुयुगीन लेखकों की विचार-पूँजी भी स्वल्प थी ।'[15] वैसे रामविलास शर्मा ने शिवदानसिंह चौहान के उक्त मत को अपने पैने-महीन व्यंग्य से यह कहकर निरस्त कर दिया कि इतना घटिया प्रचार साहित्य रचने पर भी चौहान जी ने भारतेंदु का नाम अपनी पुस्तक में दर्ज कर दिया, इसे उनकी सहज उदारता के अलावा और क्या कहा जा सकता है ।'[16]

समग्रतः भारतेंदुयुग के काव्य में राजनीतिक, सामाजिक, धार्मिक नए आधुनिक युगीन विचारों की भावी समृद्धि की शुरुआत हो चुकी थी । ये विचार कविता में प्राणतत्त्व के रूप में अनिवार्यता बन कर नहीं, प्रत्युत सामाजिक आंदोलनों के प्रवर्तन से सामाजिक दायित्व बनकर ग्रहीत हुए । भारतेंदु के भारतीय पराधीनता के जिस एक महासूत्र 'पै धन विदेश चलि जात इहै अति ख्वारी' के संबंध में रामविलास शर्मा का कथन है, कि भारतेंदु ने देश की पराधीनता का मूल सूत्र पकड़ा था, विदेश को धन जाना' और 'भारतेंदु की मिसाल बतलाती है कि देशभक्त लेखकों का संगठन किस तरह करना चाहिए ।

समाज-संस्कार और देश-प्रेम के उद्देश्य लेकर जब साहित्यकार एक होंगे तभी वे कुछ कर सकेंगे, वरना रूढ़वादियों से एका करके साहित्य का रथ पीछे ठेला जा सकता है, आगे नहीं बढ़ाया जा सकता ।'[17]

उक्त कथन से भारतेंदुयुगीन काव्य के विचारों की पहचान साफ हो जाती है, जिनका जन्म मुख्यतः राष्ट्रीयता या सामाजिक समस्यात्मकता से हुआ, जो आदर्शात्मक रूप में गृहीत होकर काव्य विषय बने । ये विचार काव्य संरचना का अंग बन कर, घुलमिल कर, नहीं आए । उसका पूर्व निश्चित निर्धारित रूप ही तुकबंदियों, छंदों आदि के ढांचों में व्यक्त हुआ है । यह व्यवहार मध्ययुगीन विचार और काव्यव्यवहार से विशेष भिन्न नहीं है । भारतेंदुयुगीन विचार यहाँ कथ्य के स्तर पर मध्ययुगीन बोध से पृथक् एवं आधुनिक युगीन धारणाओं के निकट हैं । इसका कारण राष्ट्र एवं समाजगत परिस्थितियाँ समस्याएँ हैं, यही इन विचारों का उद्गम है, जबकि मध्ययुगीन विचार वैष्णव विचारधारा से उद्भूत संप्रदायगत प्रकृति का विचार था, जिसका स्वरूप और व्यवहार प्रायः निश्चित प्रकार का था । इन रचनाओं को परखने से साफ दीखता है कि रचना के लिए विचार नहीं, अपितु विचारों के लिए रचनाएँ हुई हैं ।

द्विवेदीयुगीन काव्य में विचारतत्त्व

महावीरप्रसाद द्विवेदी के नाम से अभिहित 'द्विवेदीयुग' में भी पूर्व युग की राष्ट्रीय जागरण, समाजसुधार और स्वतंत्रता की चेतना, जनसमाज के नव नियोजन की अनिवार्यता, आत्मविश्वासपूर्ण कर्मठ समाज की रचना, भारतीय संस्कृति की समृद्ध, राष्ट्रीय चेतना का विकास आदि पर विशेष बल दिया गया ।

भारत में व्याप्त व्यापक अशिक्षा, अंधविश्वास, अज्ञानता, धर्मोन्माद आदि का लाभ उठाकर अंग्रेज शासक मुस्लिम-हिन्दू वैमनस्य एवं सांप्रदायिकता को अपने हित साधन के लिए अस्त्र की भाँति प्रयोग कर रहा था । किन्तु द्विवेदीकालीन कवि इन तुच्छ आत्मघाती विचारों को जनता को मन से दूर कर राष्ट्रीय चेतना एवं सुधारवादी विचारों को वाणी दे रहे थे । द्विवेदीजी ने समकालीन कवियों को नई प्रेरणाएँ प्रदान कीं । 'सरस्वती' के संपादन काल में उन्होंने कवियों को न केवल उनका कर्तव्य बताकर प्रोत्साहित किया बल्कि उन्हें नए-नए विषयों की ओर भी प्रेरित किया ।[18]

राष्ट्रवादी विचार

समाज में एकता, धार्मिक सौमनस्य और राष्ट्र के प्रति उत्सर्ग भाव भरने वाली, जातीय गौरव तथा स्वदेशी भावना के उत्कट विचारों के साथ भारत में बंगभंग जैसे कृत्रिम विभाजनों, वर्गभेदों को बढ़ावा देने वाली अंग्रेज शासकों की नीतियों को निरस्त करने वाली कविताएँ भी लिखी गईं । विचार को सम्बोधन रूप में प्रयोग करने का उदाहरण देखें :

आओ एक प्रतिज्ञा करें, एक साथ सब जीवें मरें ।
चाहे बंग होय सौ भाग, पर न छूटे अपना अनुराग ।।
भोग विलास सभी दो छोड़, बाबूपने से मुँह लो मोड़ ।
अपनी चीजें आप बनाओ उनसे अपना अंग सजाओ ।
भजो बंग माता का नाम, जिससे भला होय अंजाम ।[19]

देशवासियों में संकल्पबुद्धि जाग्रत करने, बाबूपन और भोगवादी वृत्तियों को छोड़ने और स्वदेशी वस्तुओं पर बल देने के साथ बंगभंग के विरुद्ध प्रचारी रूप में यहाँ विचार का प्रयोग हुआ है । राष्ट्रीय स्वतंत्रता आंदोलन में स्वदेशी के तथा आत्मनिर्भरता के विचारों का श्रीगणेश उक्त पंक्तियों में द्रष्टव्य है ।

सामाजिक सद्‌भाव और सुधार संबंधी विचार

राष्ट्रीय विचारों के साथ-साथ ही समाज में व्याप्त छुआछूत जैसी मान्यताओं के विरुद्ध मानवीय समानता के विचारों को भी अभिव्यक्ति का विषय बनाया गया, जिससे सामाजिक जागरण की प्रक्रिया तीव्र हो सके :

हाय हमने भी कुलीनों की तरह,
जन्म पाया, प्यार से पाले गए,
जो बचे फूले-फले तो क्या हुआ,
कीट से भी तुच्छतर माने गए ।।
जो दयानिधि को तनिक आवे दया,
तो अछूतों की उमड़ती आह का,
यह असर होवे कि हिन्दुस्तान में,
पाँव जम पावे परस्पर का ।।[20]

द्विवेदीकालीन कविता में स्थूल, इतिवृत्तात्मक, बाह्य विषयों की प्रधानता थी । इतिवृत्तात्मक गद्यात्मकता तुकबंदियों से बोझिल कविता में राष्ट्रीय सामाजिक विचारों को सर्वाधिक स्थान देने वाले कवि मैथिलीशरण गुप्त ने शिक्षा (मैकाले द्वारा परिकल्पित, राष्ट्रीय स्तर पर गुलामों की फौज तैयार करने वाली) के संबंध में विचार प्रकट किए हैं :

श्रीमान शिक्षा दें उन्हें तो श्रीमती कहती वही
'घेरो न लल्ला को हमारे, नौकरी करनी नहीं ।'
शिक्षे, तुम्हारा नाश हो, तुम नौकरी के हित बनीं,
लो मूर्खते ! जीती रहा, रक्षक तुम्हारे हैं धनी ।[21]

तथा

बिकने लगी विद्या यहाँ अब, शक्ति हो तो क्रय करो,
यदि शुल्क आदि न दे सको तो मूर्ख रहकर ही मरो ।[22]

यहाँ निर्धनों की स्थिति एवं शिक्षा की अप्राप्ति के साथ शिक्षा की व्यापारिक और वर्गीय पहुँच पर व्यंग्य के माध्यम से वैचारिक प्रहार है ।

दूसरी ओर 'एक भारतीय आत्मा' के नाम से विख्यात माखनलाल चतुर्वेदी की स्वतंत्रता और देश-प्रेम से ओत-प्रोत वाणी की रक्त में उत्तेजना लाने वाली विचारोत्तेजक कविताएँ भी सामने आईं । 'कैदी और कोकिल' कविता में गुलामी, यातना और अंग्रेजी शासन के जुल्मों का वर्णन निम्न पद्यांश में द्रष्टव्य है :

क्या देख न सकती जंजीरों का गहना ?
हथकड़ियाँ क्यों ? यह ब्रिटिश राज का गहना,
कोल्हू का चर्रक चूं जीवन की तान ।
हूँ मोट खींचता लगा पेट पर जुआ,
खाली करता हूँ ब्रिटिश अकड़ का कूआ ।
दिल में करुणा क्यों जगे रुलाने वाली ?[23]

द्विवेदीयुगीन अन्य कवियों में रामनरेश त्रिपाठी, नाथूराम शर्मा 'शंकर', श्रीधर पाठक, हरिऔध आदि में राष्ट्रीय चेतना के विकास के स्वर स्पष्ट सुनाई पड़ते हैं । इसी युग के उत्तरार्द्ध में बालकृष्ण शर्मा 'नवीन' का नाम भी विशेष उल्लेख्य है । राष्ट्रीय जागरण के स्वरों के अतिरिक्त उनके काव्य में अंग्रेजों के प्रति, उनकी शोषण प्रधान नीतियों के लिए क्रोध एवं घृणा के भाव थे, जो परिवेशगत अनुभवों, गरीबों की दयनीय स्थितियों को देखकर ज्वालामुखी के लावे की भाँति फूट निकले हैं :

अरे चाटते जूठे पत्ते जिस दिन मैंने देखा नर को,
उस दिन सोचा : क्यों न लगा दूँ आग आज इस दुनिया भर को ?
यह भी सोचा : क्यों न टेंटुआ घोंटा जाए स्वयं जगपति का ?
जिसने अपने ही स्वरूप को रूप दिया इस घृणित विकृति का ?[24]

उक्त पंक्तियों में आर्थिक वैषम्यग्रस्त सामाजिक बदहाली की स्थितियों पर मानवहितैषी विचारों का तीव्र प्रस्फुटन यह सिद्ध करता है कि द्विवेदीयुगीन कवियों ने अनेक विषय उठाकर, देश और धरती के लोगों के प्रति सच्ची चिन्ता एवं सहानुभूति, दायित्व एवं करुणा व्यक्त की । रत्नाकर पांडेय के शब्दों में : 'कृषक, विधवा तथा अन्य सामान्य वर्गों के जनजीवन की तत्कालीन विकट समस्याओं से पूर्णतः सम्बद्ध होने के कारण द्विवेदीयुग की कविता का आचार, अत्याचार, घृणा, अराष्ट्रीयता, अनुपकार और अधिक्षेप तथा निरसनमयी अवहेलना का चित्रण कर तत्कालीन सामाजिक चेतना का यथार्थ बोध अंकित कर रही थी । इन कवियों ने जन मानस की चेतना को तीव्र आत्म विश्वासमयी सक्रियता के साथ उद्घाटित किया ।'[25] यथार्थ बोध एवं चेतना के प्रसार के लिए अपने युगीन बोध और विचारों का भरपूर प्रयोग किया गया ।

विचार की बनावट की दृष्टि से मुख्यतः सामाजिक उत्थान और तत्संबंधी चिन्तना

ही कवियों का सरोकार रही । जातीय आदर्शों का वर्णन कर सांस्कृतिक महत्ता की स्मृतियों का पुनःस्थापन ही कवियों का मुख्य उद्देश्य था । वे मनुष्य की समस्याओं के बाह्यावरणों के चित्रण तक ही सीमित रह पाए । आचार्य नन्ददुलारे वाजपेयी के शब्दों में : 'द्विवेदीकालीन काव्यकारों या पुस्तक रचयिताओं को ही लीजिए, क्या उनमें हम केवल बाह्य आकार-प्रकार और व्यवहार की स्थूल वर्णना ही मुख्यतः नहीं पाते ? यही नहीं, प्रेममूलक जिन कविताओं में वे समीक्षक अन्तःसौंदर्य देखा करते हैं उनमें कहीं-कहीं तो अन्त-सौंदर्य यही होता है कि वे एक उत्तेजनाशील प्रज्वलन मात्र उत्पन्न करती हैं ।'[26]

अतः कहना न होगा कि द्विवेदी युग में भी काव्य का विचारगत पक्ष समस्याओं के स्थूल बाह्य वर्णनों तक ही सीमित रहा । मानव का सामाजिक दायित्व-पक्ष ही उभार कर प्रस्तुत किया गया, जो देश की राजनीतिक दशाओं और सुधारात्मक पक्षों तक सीमित रहा ।

छायावादी तथा रहस्यवादी कविता में विचारतत्त्व

द्विवेदीयुग की इतिवृत्तात्मक शुष्कता एवं गद्य प्रधान कविता के प्रति विद्रोहस्वरूप छायावादी कविता का जन्म हुआ और इसके साथ ही बाह्यात्मकता की अपेक्षा छायावादी कविता में अन्तदर्शन की प्रधानता बढ़ी ।[27] इस काल के कवियों ने परम्परागत नियमावली, रूढ़िगत आदर्शोन्मुखता, स्थूल सौंदर्य की निर्जीव आवृत्ति को अस्वीकार कर सूक्ष्म सौंदर्यचित्रण में स्थूल रूपरेखाओं का अंकन न करके सूक्ष्म छायामय चित्रों की सृष्टि में छायावादी अधिक प्रवृत्त रहता है । वह आंतरिक प्रभाव का विश्लेषण प्रस्तुत करता है, अपने मन और कल्पना पर पड़े स्थूल के प्रभाव का सूक्ष्म विश्लेषण कर उन्हें तीव्र अनुभूतिजनक रूपरंग देकर साकार करना उसका ध्येय है ।'[28]

इस धारा के प्रमुख कवियों में जयशंकर प्रसाद, महादेवी वर्मा तथा रामकुमार वर्मा में निजी सुख-दुख की वैयक्तिक अभिव्यक्तियों को प्रधानता मिली । इस कारण इनके काव्य में सामाजिक चेतना एवं संघर्ष का पक्ष उतना सबल नहीं, जितना कि निराला, पन्त, भगवतीचरण वर्मा, उदयशंकर भ और बच्चन आदि कवियों का है । इन कवियों में जनवादी चेतना, प्रगतिवादी कवियों की भाँति की नहीं थी, तो भी सामाजिक सांस्कृतिक पक्ष पर्याप्त मुखर था । राजनीतिक दृष्टि से, सामाजिक विडंबनाओं पर प्रहार तथा सांस्कृतिक एवं जातीय गौरव का स्मरण भी उपलब्ध होता है । वासुदेव के कथनानुसार, 'हिन्दी की छायावादी कविता में 19वीं शताब्दी की नवीन दार्शनिक चेतना और सांस्कृतिक पुनरुत्थान की ही काव्यात्मक अभिव्यक्ति हुई है । हमारे कवि किसी न किसी आधुनिक दार्शनिक से अवश्य प्रभावित हुए हैं । पन्त, प्रसाद, निराला, महादेवी हिन्दी के ऐसे ही दार्शनिक कवि हैं जैसे कभी हुए ही नहीं ।'[29]

दार्शनिक विचार का प्रयोग

प्रसाद के काव्य में आनन्दवादी दर्शन, निराला के काव्य में अद्वैतवादी दर्शन, पन्त की प्रारम्भिक रचनाओं में रवीन्द्र का प्रभाव तथा परवर्ती रचनाओं में मार्क्सवादी दर्शन और अरविंद दर्शन के सम्मिलित प्रभाव देखने में आते हैं । महादेवी के काव्य में बौद्ध दर्शन का दुःखवाद अत्यन्त मुखर है । किन्तु ये दार्शनिक विचार अपने संश्लिष्ट रचनाविधान और जटिलता में ही निहित हैं । भारतीय परम्परा की स्वभावगत संकुल मानसिकता उसमें प्रतिबिम्बित हो आई है, जो आद में अपनी उच्चता संश्लिष्टता तक कभी पहुँच नहीं पाई ।

छायावादी कविता में दार्शनिक विचार अपनी सांस्कृतिक संकेतक्षमता के साथ संरचनात्मक ढांचे में ही घुलमिल गए हैं । छायावाद में काव्य विचार, अपने स्वतंत्र रचनात्मक अर्थों में सक्रिय हो सका है । इस रचनात्मक स्वतंत्रता के हेतु छायावादी कविता के स्वप्नात्मक कल्पनाप्रवण रवैये में सम्भव हो सके हैं । नित्यानन्द तिवारी के शब्दों में :

भारतेंदु, मैथिलीशरण में जहाँ वैचारिक संकल्पनाएँ ठीके की तरह लुढ़कती-पुढ़कती दिखाई देंगी वहाँ छायावदी काव्य में घुलकर वे संरचनात्मक विन्यास में पर्यवसित हो जाती हैं । छायावाद में बौद्धिक और वैचारिक संस्पर्श को उसके रचना विधान में ही महसूस करना पड़ेगा । यानी परिस्थितियाँ और युग सापेक्षता उसके रचनात्मक विन्यास में हैं । उसमें लौकिक, अलौकिक, आध्यात्मिक, कल्पना, स्वप्न संवेग को संगठित करने का निर्देशक केन्द्र विचार है, जो परिस्थिति और समस्यात्मकता में से उत्पन्न होता है और जिसके ताप को छायावादी काव्य से हटा सकना असम्भव है ।[30]

दार्शनिक विचार की स्थिति

यह ठीक है कि छायावादी कविता में यह विचार काव्योपकरणों का अनुशास्ता है और केन्द्र में स्थित है, तो भी छायावादी कविता का यह विचार आध्यात्मिक दर्शन की सूक्ष्म प्रतिपत्तियों प्रत्ययों के जिस रोमानी वायवीय आधार पर उद्भूत होकर आया उससे तत्कालीन समस्याओं के चेहरे कहीं पहचान में नहीं आते और कि उनकी आदर्शात्मक उच्च कल्पना भूमियाँ धरती से स्वर्गिक दूरी जैसी असम्भावयतः से ग्रसित हो उठीं । इनमें न तो भौतिक तापश्वाप सम्मुख थे, न उसके समाधान की ओर प्रेरित करने वाली विचारकर्म की जोड़ी । छायावादी दार्शनिक विचार की समन्वयकारिणी आनन्दवादी भूमिका, लोक संघर्ष विमुख बनाने वाली उदासीपूर्ण, शांति की चारदीवारी में घिरी हुई थी ।

नित्यानन्द तिवारी छायावादी 'इस'[31] विचार की शृंखला को जिस विचार से जोड़ रहे हैं, वह तो जनोन्मुख संघर्षशील सामाजिक विचार है, किन्तु छायावादियों की मानसिकता, जिस व्यक्तिवादी अन्तर्मुखी भूमि पर पली है, वह उसे भक्ति शृंगार की आनन्दवादी धारा के ही निकट ले जाती है । फिर दार्शनिक विचार का प्रयोग निश्चित दार्शनिक मान्यताओं से निरपेक्ष स्वतंत्र सर्जनात्मक विचार की भाँति उस तरह सम्भव भी नहीं बन पड़ा, जिस तरह तिवारीजी ने उसे गौरवान्वित किया है । कारण, दर्शन विचार की अपनी पूर्व

निर्धारित कुछ सीमाएँ होती हैं, जिन्हें कवि अपने संवेगात्मक व्यवहारों से कितना ही गला-तपा ले, वे अपनी बनावट में इतने रीढ़हीन नहीं हो जाते कि उन्हें मात्र रंगतों-शेडों में या वायवीय व्यवहारों में दफनाया जा सके । तिवारी जी लिखते हैं, 'छायावाद में लौकिक और अलौकिक में से किसी की आत्यांतिक वैधता नहीं है । दोनों सच या झूठ हो सकते हैं, इस सम्भावना के आधार पर जो अनुभव निर्मित होगा उसमें दोनों पक्ष एक दूसरे में घुलते-मिलते नजर आऐंगे और दोनों अपने स्वरूप में अनिश्चित होंगी ।'[32]

दार्शनिक मान्यताओं-अवधारणाओं-विचारों को इतना लचीला मानना कि उनका उभयपक्षीय अर्थ प्रयोग झूठ और सच दोनों अर्थों में हो सकता है, और छायावादी काव्य में हुआ है भ्रामक धारणा है । छायावादी काव्य में निहित विचार निश्चित विशिष्ट प्रकार का विचार जरूर रहा है, जो अपनी दार्शनिक सूक्ष्मता से रचनाओं के भीतर रचा बसा हुआ है । वास्तव में वह एक समृद्ध सांस्कृतिक दृष्टिकोण की तरह अंतःस्यूत है । इस सांस्कृतिक उच्च परम्परा की भूमि पर मानवतावादी आदर्श चिंतना और व्यापक सूक्ष्म सौंदर्यानुभूति भीतर से महक की भाँति उठ रही है । किन्तु वह गंध ही है, दुर्गंध मान लेने के विकल्प विचार वैभिनन्य के कारण तो माने जा सकते हैं, अर्थगत वैभिनन्य के कारण नहीं । अतः छायावादी विचार इस हद तक विकल्पात्मक सम्भावनाओं की सीमा तक खुला हुआ नहीं माना जा सकता ।

तिवारीजी आगे लिखते हैं : 'किन्तु स्वयं छायावादी कविता में जो पूर्णता के प्रति आग्रह विद्यमान है वह इस तरह की बौद्धिक क्रिया को उद्विग्न और छिन्न करने में बराबर हस्तक्षेप करता है । यह छायावादियों का उभयतोपाश था जिसके तनाव को संवेगों की स्फीति में सहनीय बनाने की कोशिश की । फलतः छायावादी और उत्तर-छायावादी कविता का अधिकांश कविता की पुरानी और मौलिक पहचान से बहुत बाहर नहीं जा सका ।'[33] यहाँ 'पूर्णता' पर ध्यान देना अपेक्षित है । यह पूर्णता छायावादी कवियों के काव्य में दृष्टिकोणगत विशिष्टता के रूप में सर्वत्र द्रष्टव्य है, जिसके कारण वे मौलिक पहचान की सर्वथा अमिट छाप छोड़ सके हैं । तब रचनागत विचार के उभयतोपाश की धारणा स्वयं कट जाती है । अस्तु !

छायावादी प्रमुख कवियों के काव्य में विचार का स्वरूप एवं व्यवहार

छायावाद के प्रमुख स्तम्भ प्रसाद जी के विचारों को उनके महाकाव्य 'कामायनी' के आधार पर ही परखा जा सकता है, जो छायावाद का एकमात्र महाकाव्य है । आचार्य नन्ददुलारे वाजपेयी का कथन है : 'प्रसाद जी का मानव, धर्म की रूढ़ियों से छूटकर, आत्मा की अमरता की सीख लेता है और खुली आँखों सांसारिक स्थिति को देखता है । व्यक्तिगत सुख-दुःख से ऊपर उठाने वाली आध्यात्मिकता और रहस्यभावना का प्रयोग, जीवन से पराङ्मुख करने का साधन क्यों माना जाय ? गीता में यही निरूपण अर्जुन को महाभारत के संघर्ष के लिए तैयार कर सका था ।'[34]

इसके अतिरिक्त वाजपेयीजी ने प्रसाद की दो विशेषताएँ गिनाते हुए लिखा है : 'रति उनका हृदयपक्ष है, जिज्ञासा उनका मस्तिष्कपक्ष'[35] कामायनी की विशेषताएँ गिनाते समय 'सुविकसित मनोवैज्ञानिक आधार' 'अन्तर्निहित दार्शनिक निरूपण' तथा 'समन्वयशील विचारणा नवीनयुग की यथार्थोन्मुख प्रवृत्तियों"[36] का उल्लेख किया गया है, तथा यह स्वीकार किया है कि, 'वैज्ञानिक संघर्षात्मक प्रवृत्ति दर्शन ही आधुनिक प्रगतिशील साहित्य के मूल में हैं'[37] और कि '...यह स्वीकार करने में हमें कोई आपत्ति नहीं है कि प्रसादजी ने नवीन संघर्ष से उत्पन्न भौतिक विकासवादी दर्शन को सम्पूर्ण स्वीकृति नहीं दी है ।'[38]

छायावादी कवियों में निराला सबसे अलग एवं वैचारिक वैशिष्ट्य अपने काव्य में उत्पन्न कर पाए । 'जागो फिर एक बार', 'शिवाजी का पत्र', 'भिक्षु', 'वह तोड़ती पत्थर' आदि कविताओं में उनकी विचार-ऊर्जा अत्यन्त प्रखर रूप में अभिव्यक्त हुई है । विचार कल्पना, महाकाव्ययी औदात्य और दार्शनिकता, सांस्कृतिक सम्पदा, विद्रोह भावना का रक्षण निराला की कविताओं को दूसरों से अलग करता है । निराला काव्य का सुपुष्ट वैचारिक आधार 'जागरण' गीत की इन पंक्तियों में देखें :

तुम हो महान, तुम सदा हो महान
है नश्वर यह दीन भाव, कायरता, कामपरता
ब्रह्म हो तुम,
पदरज भर भी रे नहीं पूरा यह विश्व भार
जागो, फिर एक बार ![39]

इस कविता में सांस्कृतिक परम्परा की श्रेष्ठता एवं जातीय गौरव का स्मरण कर उद्‌बोधनात्मक शैली में कवि आध्यात्मिक उत्तेजन, पैदा करना चाहता है । अतीत संस्कृति एवं धर्मपुरुषों के नाम से सुषुटत जातीय स्मृतियों को जगाना ही कवि का ध्येय है तथा इसके पीछे वेदान्त दर्शन का प्रामाणिक आधार है । इसके साथ ही सामान्य जन और उसकी दशा का मार्मिक चित्रण है :

वह तोड़ती पत्थर
देखा उसे मैंने
इलाहाबाद के पथ पर [40]

या 'भिक्षुक' कविता की ये पंक्तियाँ :

वह आता
दो टूक कलेजे के करता, पछताता, पथ पर आता ।
पेट पीठ दोनों मिलकर हैं एक,
चल रहा लकुटिया टेक ।
मुट्ठी भर दाने को भूख मिटाने को

मुँह फटी पुरानी झोली का फैलाता
दो टूक कलेजे के करता पछताता पथ पर आता ।[41]

इन उद्धरणों में कवि की करुणा जिस सधे बेलौस यथार्थ चित्रण के द्वारा सामाजिक वैषम्य को बेनकाब कर रही है, वह मात्र सहानुभूतिवश अकस्मात उभर आए भावुक बखान का नहीं, अपितु विचार दीप्त चित्रण है । सामाजिक वैषम्य को चीरकर असली हालत को नंगा करने वाला बेखौफ तटस्थ विचार, जो चेतना में ठोकर देता है, इस विचार की धार कवि की वह चेतना है, जो मानवतावादी व्यापक विश्वदर्शन के स्तर पर युग के श्रेष्ठ कवियों की वाणी और चिंतना का गहन-सुदृढ़ आधार है ।

'मैं और तुम', 'कर्ण', 'अधिवास', 'पंचवटी प्रसंग', 'अणिमा', 'तुलसीदास', 'राम की शक्तिपूजा' आदि कविताओं में निराला की सांस्कृतिक दार्शनिक विचारणा को सर्वाधिक स्थान मिला है । जीव और आत्मा के अभेद अद्वैतवादी दार्शनिक विचार देखें :

तुम तुंग हिमालय शृंग
और मैं चंचल गति सुर सरिता ।
तुम विमल हृदय उच्छ्वास
और मैं कान्त कामिनी कविता ।[42]

जीव और ब्रह्म में एक ही तत्त्व ब्रह्म विद्यमान है, जिस प्रकार हिमालय और गंगा में एक ही तत्त्व जल सघन और तरल रूप में विद्यमान है । कहना न होगा यही अद्वैत विचार दर्शन ब्रह्म और जीव का अभिन्न रूप निराला की 'भिक्षु' एवं 'वह तोड़ती पत्थर' आदि कविताओं की करुणा और संवेदना की पृष्ठभूमि है ।

आचार्य नन्ददुलारे वाजपेयी के शब्दों में : 'निराला' जी में पूर्ण मानवोचित सहृदयता और तन्मयता के साथ उच्चकोटि का दार्शनिक अनुबन्ध है, अतएव उनके गीत भी मानवजीवन के प्रभाव से निखरे हुए, फिर प्रकाश से चमकते हुए हैं । उनमें क्लिष्ट कल्पनाओं और उड़ानों का अभाव है; किन्तु यही उनकी विशेषता है ।'[43] वाजपेयी जी ने निराला के काव्य को 'पुरुषकाव्य'[44] की संज्ञा भी दी है । अतः उक्त तथ्यों के प्रकाश में कहा जा सकता है कि निराला के काव्य में विचार की अपेक्षा स्वतंत्र रचनात्मक प्रयोग भविष्य में चलकर एक साहित्यिक मान का रूप और आदर्श खड़ा कर सकने में समर्थ हुआ।

पन्त के काव्य में कल्पना व्यापार सर्वाधिक बढ़ा-चढ़ा होने के कारण अधिकांशतः कोमल-सुंदर-रंगमय चित्र अपनी अद्वितीयता के कारण सर्वत्र प्रशंसित हुए हैं, तो भी बाद में चल कर 'परिवर्तन' में पन्त की कल्पना का सचेत व्यवहार दृष्टिगत होता है । 'उच्छ्वास', 'आंसू', 'ग्रंथि' आदि के वैयक्तिक अनुभवों के उपरान्त 'परिवर्तन' में कवि की निर्लेप कल्पना प्रस्फुटित हो उठी है और यहाँ वह जीवन के संबंध में निराशामूलक किन्तु तटस्थ विचार प्रकट करती है । यदि यह कथन ठीक है कि कविता शरीर की रीढ़ दर्शन (फिलासफी) है तो 'परिवर्तन' में कविता को यह रीढ़-दृढ़-रीढ़ मिल गई है ।"[45]

इस प्रकार पन्त की यथार्थदर्शनी दृष्टि, तटस्थ निरीक्षण क्षमता और जीवन का सार एवं आश्वासन व्यक्त हुआ है ।

महादेवी वर्मा के काव्य में रहस्यवादी अनुभूति उनके दुखवादी दर्शन की उपज है । 'सांध्यगी' की भूमिका में वे लिखती हैं : 'मेरे गीत अध्यात्म के अमूर्त आकाश के नीचे लोकगीतों की धरती पर पले हैं । भौमिक दुख वेदना और रहस्यभावना की सहानुभूति ने उन्हें और अधिक पुष्टि दी । इस प्रकार भक्तिभावपूर्ण भावुकता से मेरे गीतों का प्रयाण हुआ ।'[46]

अतः रहस्यवादी वेदनानुभूति, मानव की समस्याओं के भावुक समाधानों की ओर प्रवृत्त होने तथा वेदना की अतिशयता में डूबते जाने की ओर बढ़ती है, और प्रकट जीवन में किसी भी व्यावहारिक संघर्ष से कतराती है । परोक्ष रूप से भले ही यह अनुभूति मानवतावादी किन्हीं सरोकारों चिंतनाओं को सबल करती हो, प्रकटतः उसका संबंध संघर्षशील विचारों से कहीं भी जुड़ता हुआ नहीं दीखता । दुख और करुणा के व्यापक भारतीय दार्शनिक विचारों से अपने साम्य के कारण और सांस्कृतिक सन्दर्भो-स्फुरणों के द्वारा वे सम्प्रेषण का आधार उपलब्ध कर सके हैं ?

प्रगतिवादी काव्य में विचारतत्त्व

विचारधारात्मक विचार का प्रयोग

छायावादी कविता में दार्शनिक विचार प्रकट हुआ है तो प्रगतिवादी कविता में विचार का स्वरूप विचारधारात्मक है । कारण, प्रगतिवाद प्रसिद्ध मार्क्सवादी विश्वदर्शन पर आधारित है । प्रगतिवाद ने कल्पना प्रधानता के उस रवैये के विरोध में जन्म लिया, जिसके तहत कवि आकाश की नीलिमा पर रीझ कर उड़ानें भरता हुआ इतना ऊँचा निकल गया कि धरती से उसका नाता ही टूट गया । प्रगतिवाद पुनः धरती और धरती के आदमी की समस्याओं को गौरव देने का आन्दोलन था जिसने छायावाद की रोमानी उड़ानों भरी काव्यप्रवृत्ति को असमय ही विराम लगा दिया । नगेंद्र के शब्दों में : 'प्रगतिवाद छायावाद की भस्म से नहीं पैदा हुआ, वह उसके यौवन का गला घोंटकर ही उठ खड़ा हुआ ।' वह छायावाद ही स्वाभाविक परिणति न होकर विरोध स्वरूप उठा राजनीतिक विचार दर्शन से प्रेरित साहित्यिक आन्दोलन था ।

यथार्थवादी आग्रह

सुमित्रानन्दन पन्त ने छायावाद को समृद्धि व शक्ति प्रदान करने के पश्चात् प्रगतिवादी काव्य-धारा को न केवल पुष्ट-समृद्ध किया अपितु उसके वास्तविक पुरस्कर्ता का गौरव भी प्राप्त किया । 'कारण प्रगतिवाद के आरम्भिक वर्षों में जब भावावेश और उन्मादों के बवंडर के बीच प्रगतिवादी कविता किसी समतल धरातल को खोज पाने में असमर्थ सी

प्रतीत हो रही थी, उसके एक पुष्ट व्यक्तित्व के रूप में उन्होंने उसे एक संयमित, स्वस्थ और संतुलित रूप में हिन्दी काव्यजगत के समक्ष रखा था ।'[48] 'युगांत' (1936), 'युगवाणी' (1939), में 'ग्राम्या' (1940) में पन्तजी की प्रगतिवादी विचारों की रचनाएँ संगृहीत हैं । हिन्दी साहित्य में मार्क्सवादी विचारधारा ही प्रगतिवाद के रूप में उभरी । पन्त पुकार उठे :

ताक रहे हो गगन ?
मृत्यु-नीलिमा गहन गगन ?
निमेष अमिटबन; काल-नयन ?
निस्पन्द, शून्य, निर्जन, निपवन
देखो भू·को
जीव प्रसू को[49]

सौंदर्य, कोमलता और छायावादी वायवी आकाश में रमा कवि गगन की नीलिमा को 'मृत्यु-नीलिमा' से उपमित कर ठुकराने को बाध्य हुआ और 'जीव-प्रसू' 'भू' को देखने के आग्रहों से भर उठा । इस धरती के हाड़-मांस के जीवों को पशुओं से भी बदतर जीवन व्यतीत करते देख उसकी आत्मा चीख उठी । किन्तु पन्त के प्रगतिवादी विचार उनकी कवि प्रकृति के सहानुभूतिपूर्ण व्यवहार को तो व्यक्त कर पाए, वैचारिक धरातल पर चेतनागत ऊर्जा से समन्वित नहीं हो पाए । आचार्य नन्ददुलारे वाजपेयी के शब्दों मे : "इधर पन्तजी के 'युगांत', 'युगवाणी' और 'ग्राम्या' के नाम के संग्रह भी प्रकाशित हुए हैं । क्रमशः पन्तजी के काव्य में बौद्धिक विश्लेषण की कृत्रिमता बढ़ती गई है और काव्य का सहज प्रवेग क्षीण होता गया है ।"[50]

प्रगतिवादी धारा के प्रमुख कवियों में डॉ. रामविलास शर्मा, केदारनाथ अग्रवाल, नागार्जुन, शिवमंगलसिंह सुमन, रांगेय राघव, गजानन माधव मुक्तिबोध, त्रिलोचन, भारतभूषण अग्रवाल, नेमिचन्द्र जैन आदि के नाम उल्लेखनीय हैं ।

कलामानों की उपेक्षा

प्रगतिवादी दौर के आरम्भ का अर्थ था संवेगात्मक रवैये के स्थान पर कविता में वैचारिक सरोकारों को गौरव देना । समस्या के कारणों की पड़ताल और मानव की हेय, शोषण स्थितियों का पर्दाफाश, शोषक-स्वार्थी वर्गों के प्रति रोष और घृणा का प्रकटन आदि । किन्तु छायावादी काव्य में विचार और काव्यसंघटना के नियोजन में जिस चुनौतीपूर्ण कौशल का निर्वाह करना अभिव्यक्ति पक्ष की कसौटी बन चुकी थी, वह प्रगतिवादी कविता में एक उपेक्षापूर्ण सरलीकरण का शिकार हो कर स्खलित हो गई । नित्यानन्द तिवारी का कथन इस संबंध में उल्लेख्य है : '...किसी विचारधारा के निश्चित मार्ग को स्वीकार करने में आसानी हो सकती है । प्रगतिवादी विचारधारा को स्वीकार कर कविधर्म की कठिनाई को सुगम बना दिया, साथ ही पिछली कविताओं के मुकाबले उसने अपनी भिन्नता भी सिद्ध

की ।'[51] इस भिन्नता को सिद्ध करने का आधार जहाँ अन्तर्मुखता के स्थान पर नितान्त बाह्योन्मुखता ने लिया, वहाँ रचनात्मक चुनौतियों से भी आँखें मूँद लेना कितना घातक सिद्ध हो सकता है; इसका अंदाजा प्रगतिवादी कवियों ने तब नहीं लगाया था । अतः इनके काव्य में विचार-धारात्मक विचार सिद्धान्तों के कठघरों से मुक्त होकर रचना का अंग बनने की अपेक्षा आरोपित लगने लगे । जब तक कविचेतना का अंग बनकर विचार दृष्टिरूप में प्रस्तुत न हों, अनुभूति में श्वास से रमें नहीं, तब तक वे अपने सैद्धान्तिक रूपों में, नएपन के बावजूद अग्राह्य बने रहेंगे । प्रगतिवादी कविता के साथ यही दुर्घटना हुई ।

प्रगतिवादी कवियों के काव्य में विचार का स्वरूप एवं व्यवहार

प्रगतिवादी कुछ कवियों की कविताएँ, फिर भी आकर्षित करती हैं, तो इस कारण कि वहाँ विचार भावपक्ष में कुछ अधिक निमज्जित होकर आए हैं । शिवकुमार मिश्र लिखते हैं, : 'जहाँ तक डॉ. रामविलास शर्मा की कविताओं के विचार और भावपक्ष का संबंध है, व्यंग्य कविताओं में अतिवादिता और राजनीतिक मताग्रह होते हुए भी, समग्र रूप से वह आकर्षित और प्रभावित करता है ।'[52] इस सन्दर्भ में, उनकी कविताएँ 'कवि', 'किसान-कवि और उसका पुत्र', 'विश्वशान्ति', 'पंजाब का हत्याकांड' आदि द्रष्टव्य हैं । स्वस्थ-सबल वाणी; जिसमें जनवादी स्वर मुखर हैं, द्रष्टव्य है :

एक दिशा में उठते हैं अब
लाखों कदम धूल माटी में सने हुए सब एक साथ ही
आजादी की सरिता में कितनी भँवरें हैं
पर अदम्य अन्तर्धारा-सी
इस धरती पर बहती है पावन जन-गंगा[53]

उक्त उद्धरण में 'आजादी की सरिता में कितनी भँवर' से मानव-मुक्ति के मार्ग में पड़ने वाले जोखिमों की ओर संकेत है, 'अदम्य अन्तर्धारा सी' के द्वारा मानव-संघर्ष की अजस्र धारा की सतत प्रवाहमयता और स्वाभाविक उद्गम एवं उद्दामता अभिव्यक्त हुई है । किन्तु इन प्रतीकार्थों में संकेतित विचारों को प्रगतिवादी कवि द्वारा एक ही दिशा में 'लाखों कदमों' के उठने की विचारधारागत ग्रहीत धारणा को जबरन अनुभूति के गले में बाँध देने से कितनी निरीह स्थिति उत्पन्न हो आई है । भले ही उक्त प्रतीक समूह-क्रिया को घोषित कर रहे हैं, किन्तु साम्यवादी धारणा की अतिरंजनात्मक व्यवहृति उसे ले डूबी है । कवि की पूर्व निर्धारित धारणा अपने रूढ़ चरित्र के कारण उक्त प्रतीकों की ताजगी और वैचारिक अर्थ-गर्भित सम्भावनाओं को अपने पक्ष में बंधक बनाकर उनकी हत्या कर रही है । जबकि कविता में विचारों को उस धारणाओं से बचाना चाहिए और किसी विचार धारा का अंधानुसरण या धारणाओं के ठेठ रूपों के प्रयोग तक को छोड़ने का प्रयास करना अपेक्षित है । जबकि प्रगतिवादी कवि राजनीतिक जागरूकता से भी कहीं आगे बढ़कर राजनीतिक भागीदारी को साहित्य के लिए अनिवार्य मानकर चले हैं । उनके लिए साहित्यिक

प्रतिबद्धता से पहले साहित्य की राजनीतिक प्रतिबद्धता जरूरी है । अनेक प्रगतिवादी साहित्यिक चूंकि एक विशेष राजनीतिक दल से भी सम्बन्धित हैं, अतः वे इस बात पर प्रायः व्यवहारतः सहमत हैं कि कला अथवा साहित्य को पार्टी का ही एक अंग बनकर, उसकी सफलता में हाथ बँटाना चाहिए, जबकि राजनीतिक प्रचार को महत्त्व देने वाली किन्तु कला-सौंदर्य से च्युत कृति के पक्ष में लेनिन भी कभी नहीं रहे ।[54] इस आदर्श को जिन प्रगतिशील साहित्यिकों ने ओझल नहीं होने दिया उनकी संख्या अत्यल्प है । रचना व्यवहार में सिद्धान्त ही इन पर हावी रहे हैं । अतः प्रगतिवादी कविता के सैद्धान्तिक जकड़ बंदी वाले विचार और जीवन के नितांत बाह्य पक्ष को लेकर रचे गए अनुभूतिशून्य काव्य की आलोचनाओं को देखते यह धारणा बल पकड़ती है कि प्रगतिवादी विचार रचना विधान को शक्ति देने के बजाय, अपने पूर्व निर्धारित रूपों के कारण, अधिक कमजोर ही करता रहा है । इसी सन्दर्भ में कुछ और उद्धरण देने अपेक्षित हैं :

सुख-सुविधा सब के हेतु सहज, सब सक्षम, सब होंगे प्रबुद्ध,
आबाल-वृद्ध वनिता सारे कर्तव्यनिरत, निर्माणशील,
सब एक सूत्र में गुम्फित कुसुमावलिसमान
अमरत्व न चाहेगा कोई, सब होंगे जीवन और मरण[55]

इन पंक्तियों में प्रगतिवादी कवि के समक्ष एक साम्यवादी आदर्शात्मक विचार है जो यथार्थ जीवन को देखकर उसके विपरीत एक स्वप्न देख रहा है, जहाँ सब के प्राण एक समता सूत्र में पिरोए हुए होंगे, तब धरती पर ही स्वर्ग उतर आएगा । जीवन और मृत्यु में अन्तर नहीं रह जाएगा, किन्तु यथार्थ जीवन के अनुभव ने उक्त स्वप्नों को निराधार सिद्ध कर दिया है । साम्यवादी सिद्धान्त गलत सिद्ध न भी हुए हों, किन्तु यथार्थ का दोहन और विचार आज प्रभावहीन सिद्ध हुए हैं । विचारधारात्मक विचार इसी प्रकार काव्य को झुठलाकर कवि को हास्यास्पद स्थिति में डाल देता है । जब तक कवि युगीन विसंगतियों, विडम्बनाओं और समाज के वर्गीय संबंधों को गहराई से जाँच कर किन्हीं अनुभूत सत्य में से अर्जित नहीं करता, तब तक वह ऐसी भूलें करता रहेगा । पुराने निर्णयों को प्रगतिवादी कवियों ने अधिकांशतः विचारों का अर्जन परिवेशीय विसंगतियों-आर्थिक सामाजिक संबंधों-व्यवहारों की गहरी छानबीन करके स्वतंत्र वैचारिक प्रक्रियाओं से गुजर कर नहीं किया, बल्कि बनी बनाई धारणाओं को काव्यात्मक वस्त्र पहना दिए हैं ।

प्रकटतः प्रगतिवादी काव्य में विचार का स्वरूप विचारधारात्मक ही अधिक रहा है । एक ओर उसने जहाँ रोमानी भाववाद का गला घोंट कर कविता को यथार्थ जीवन भूमि पर उतार कर खड़ा कर दिया, तो दूसरी ओर उसके काव्य में कलामानों से उसकी अपनी जमीन से दूर ले जाकर उसकी प्रकृति के साथ बलात् व्यवहार किया । इस काल के अधिकांश कवियों की प्रकृति भी छायावादी संस्कारों से मुक्त नहीं हो पाई थी, किन्तु, उन्होंने अपने स्वाभाविक काव्योन्मेषों को दबाकर चाँद को हंसिया (शिवमंगलसिंह सुमन) बताने जैसे प्रतीकों की अस्वाभाविकता से अपने काव्य को भर दिया । हाँ, इन कवियों में गजानन

माधव मुक्तिबोध, शमशेर बहादुर सिंह, केदारनाथ अग्रवाल, त्रिलोचन आदि ने अपने काव्य में विचार के साथ अनुभूति पक्ष को समाहित कर यानी विचार का अनुमूल्यात्मक संस्कार कर, प्रस्तुत किया और समादृत हुए । प्रगतिवाद के बड़े से बड़े विरोधियों ने भी उक्त कवियों के काव्य के वैचारिक पक्ष के प्रति पर्याप्त संतोष व्यक्त किया है । यही कारण है कि इन कवियों का काव्य भारतेंदु, निराला की परम्परा में वैचारिक उन्मेषों के लिए, काव्य में चेतना सम्पन्न दृष्टि के विकास के लिए, आदर्श प्रस्तुत करता है । मुक्तिबोध की कविता में मार्क्सवादी चेतना सूक्ष्म-व्यापक रूप में प्रयुक्त हुई है । उसे उन्होंने 'संवेदनात्मक ज्ञान' की संज्ञा देकर जहाँ 'ज्ञान' (विचार) को कविता के लिए आधार बतलाया है, वहाँ संवेदना (बुनियादी काव्य व्यवहार) की भूमिका भी अपरिहार्य सिद्ध की है । यही कारण है कि मुक्तिबोध के अधिकांश काव्य में विचार और संवेदना का आदर्श समीकरण प्रस्तुत हुआ है ।

प्रयोगवादी एवं नकेनवादी कविता में विचारतत्त्व

विचारभूमि : नए मानवतावाद का उदय

प्रयोगवादी काव्यधारा का उदय द्वितीय महायुद्धोत्तर पृष्ठभूमि पर हुआ; जिसमें अणुबम-विस्फोटों में मनुष्य के साथ मनुष्य की मध्ययुगीन दृष्टि, चिंतन, भावभूमि और विश्वास के आधार की धज्जियाँ भी उड़ गईं, मानवता की पुरातन धारणाओं के स्थान पर नई धारणाओं का विकास हुआ । मनुष्य और उसके जीव की नई सार्थकता को खोजा जाने लगा । धर्मवीर भारती के शब्दों में : 'मनुष्य की गरिमा का नए स्तर पर उदय हुआ और माना जाने लगा कि मनुष्य अपने में स्वतः सार्थक और मूल्यवान है... लेकिन जहाँ एक ओर सिद्धान्तों के स्तर पर मनुष्य की सार्वभौमिक-सर्वोपरि सत्ता स्थापित हुई, वहीं भौतिक स्तर पर ऐसी परिस्थितियाँ और व्यवस्थाएँ विकसित होती गईं तथा उन्होंने ऐसी चिंतनधाराओं को प्रेरित किया जो प्रकारांतर में मनुष्य की सार्थकता और मूल्यवत्ता में विश्वास करती गईं ।'[56]

द्वितीय महायुद्ध की भीषणता को पश्चिमी राष्ट्रों ने भोगा । चिंतकों द्वारा नए दर्शनों का सूत्रपात हुआ, जिनके केन्द्र में आधुनिक मनुष्य, उसके अस्तित्व और मुक्ति के प्रश्न मुख्य थे । फ्रायड, मार्क्स, नीत्शे आदि ने जिन नई चिंतनाओं को जन्म दिया, वे आधुनिक विश्व के सभी सजग साहित्यिकों में चर्चा एवं साहित्यिक विश्वासों की कसौटी, विश्लेषणों का आधार बनीं । साथ ही विज्ञान की मानवमूल्य विहीन यांत्रिकता के दबाव, औद्योगिक पूँजीवाद पर आश्रित प्रजातंत्रवाद के कारण मनुष्य का जो भारी अवमूल्यन हुआ, उसके प्रति भी विश्वमेधा की सशंक चिंताएँ आधुनिक साहित्य की संवेदना-सक्रियता का हेतु बनीं।

नेमिचंद्र जैन इस सन्दर्भ में लिखते हैं : 'तीव्रतम संघर्ष के इस युग में अनेक बाहरी दबावों के कारण जब व्यक्ति टुकड़े-टुकड़े होकर बँट जाता है, जब बुद्धि और हृदय, आदर्श और व्यवहार, विवेक और कर्म किसी में परस्पर सामंजस्य नहीं बचता'[57] तब साहित्य में

समग्रता आ पाना भी कैसे सम्भव हो सकता था । इसी तथ्य के मूल्यग्रहण पक्ष को गिरिजाकुमार माथुर ने इन शब्दों में व्यक्त किया है : 'नूतन मूल्यबोध का ग्रहण दो स्तरों पर हुआ था, नवीन ज्ञानविधियों (मार्क्स और फ्रायड) के अध्ययनगत प्रभाव से युगीन समस्याओं के प्रति आकस्मिक जागरूकता के स्तर पर, और दूसरे, संक्रमणकालीन ऐतिहासिक अनिवार्यता के रूप में ।'[58]

युद्धध्वस्त आस्थाविहीनता से आहत, प्राचीन मूल्यों के धराशायी हो जाने और अस्तित्व के गहरे संकट के कारण जिस नायक विहीन युग का हिन्दी साहित्य में आरम्भ हुआ, वह 1943 में प्रकाशित 'तारसप्तक' में 'प्रयोगवाद' का नाम लेकर अवतरित हुआ । "प्रयोगवाद का प्रतीकपुरुष विघटित मूल्यों से युक्त, ध्वस्त अन्तर्रात्मा, सम्पन्न, व्यक्तित्व के अभाव में पीड़ित तथा उसे खोजने के लिए प्रयत्नशील, नितांत असामाजिक और 'अन्तर्गुहावासी' के रूप में लक्षित होता है ।"[59]

'तारसप्तक' के सम्पादक तथा प्रयोगवादी काव्यांदोलन के अग्रणी अज्ञेय ने कहा 'उपदेशवादी, रोमेंटिक तथा प्रगतिवादी तीनों युगों के अपने-अपने प्रतीकपुरुष अथवा नायक थे ...', उन्होंने मानवमूल्यों के आधुनिक आग्रहों के संबंध में लिखा : 'इतना अवश्य है कि मानव के बाहर मूल्यों के किसी आधिदैविक स्रोत का आग्रह आज नहीं है और मानव मूल्यों का उद्‌गम भी साधारण मानव से है, किसी काल्पनिक आदर्श अथवा प्रतीकपुरुष से नहीं ।'[60]

प्रयोगवादी कवियों की यही विचारभूमि है, जिस पर खड़े होकर उन्होंने काव्य सृजन किया । मूल्यों के ध्वंसावशेषों पर खड़े विभ्रमित, कुंठित, निराश, टूटे हुए पश्चिम के सीधे प्रभावों से प्रयोगवादी कवि स्वयं को बचा नहीं पाए । एक ओर वे काव्यगत नए प्रयोगों से अग्रसर हुए तो दूसरी ओर किसी सुनिश्चित विचारदर्शन के अभाव में युगीन विसंगतियों, विडम्बनाओं की स्थितियों के बौद्धिक चित्र उतारने लग गए । 'वे किसी मंजिल पर पहुँचे हुए नहीं, अभी राही हैं राही नहीं, राहों के अन्वेषी ।'[61]

प्रयोगवादी काव्य में विचारतत्त्व

प्रयोगवाद वस्तु और शिल्प में नए प्रयोगों को लेकर चर्चित हुआ । 'वस्तु' की अपेक्षा 'शिल्प' में ही उसकी प्रवृत्ति अधिक रमी । प्रयोगवाद की विचारभूमि और उसके रचना-संगठन पर अपनी तीव्र प्रतिक्रिया प्रस्तुत करते हुए आचार्य नन्ददुलारे वाजपेयी ने लिखा : 'प्रयोगवादी रचनाएँ पूरी तरह काव्य की चौहद्दी में नहीं आतीं । वे अतिरिक्त बुद्धिवाद से ग्रस्त हैं ।' और कि 'प्रयोगवादी रचनाएँ वैचित्र्यप्रिय हैं, वृत्ति का सहज अभिनिवेश उनमें नहीं है ।' इतना ही नहीं सामाजिक दायित्वबोध से रहित होने और वैयक्तिक अनुभूति के प्रति भी गैरईमानदार होने का आरोप प्रयोगवाद पर लगाया गया । 'प्रयोगवादी रचनाएँ वैयक्तिक अनुभूति के प्रति ईमानदार नहीं हैं और सामाजिक उत्तरदायित्व को भी पूरा नहीं करतीं ।'[62]

प्रयोगवादी कविताओं के पढ़ने से एक तथ्य जो सर्वत्र सर्वप्रमुख दृष्टिगत होता है वह है उसकी अतिशय बौद्धिकता । वास्तव में प्रयोगवाद 'छायावादी हिस्टीरिया रोग' और 'प्रगतिवादी अपरिपक्वता'[63] के विपरीत अपने लिए एक बौद्धिक आनन्द का सुखलाभ अर्जित करने में ही चुक गया । उसके सारे काव्यविवरण आधुनिक युगीन अपने उपार्जित ज्ञान-विज्ञान के बखान तक सीमित हैं । बौद्धिक तोष ही उसके लिए नई उपलब्धि और प्रयोग का फल है । 'तारसप्तक' के प्रथम कवि गजानन माधव मुक्तिबोध की, साम्यवादी विचारों को (बौद्धिक रुझानों को !) प्रकट करने वाली कविता 'पूँजीवाद के प्रति' का उद्धरण लें :

'छोड़ो हाय, केवल घृणा और दुर्गंध
तेरी रेशमी वह शब्द संस्कृति अन्य
देती क्रोध मुझको, खूब जलता क्रोध
तेरे रक्त में भी सत्य का अवरोध
तेरे रक्त से भी घृणा आती तीव्र
तुझको देख मिलती उमड़ आती शीघ्र
तेरे हास में भी रोग-कृमि हैं उग्र
तेरा नाश तुझ पर क्रुद्ध, तुझ पर व्यग्र ।
मेरी ज्वाल, जन की ज्वाल होकर एक
अपनी उष्णता से धो चलें अविवेक
तू है मरण, तू है रिक्त, तू है व्यर्थ
तेरा ध्वंस केवल एक तेरा अर्थ ।'[64]

यहाँ उक्त कविता की आरम्भिक आठ पंक्तियों को छोड़कर शेष बारह पंक्तियाँ उद्धृत की गई हैं । समूचे उद्धरण में बौद्धिक पूँजीवादी समाज व्यवस्था के बुद्धिगृहीत तथ्यों का अनुभूतिविहीन जो संयोजन हुआ है, उसका प्रारम्भ तो इस कविता की आरम्भिक आठ पंक्तियों में अपने उत्कट रूप में वर्णनात्मक रीति में निहित है ही । (जिसे आचार्य नन्ददुलारे वाजपेयी ने जानबूझ कर प्रयोगवादी अक्षमता के उदाहरणरूप में प्रस्तुत किया लगता है । इस तथ्य की ओर मुक्तिबोध ने अपने लेख 'प्रयोगवाद' में स्पष्ट संकेत किया है)। उक्त उद्धरण में जनवादी चेतना अदृष्ट नहीं रहती जब कवि 'अपनी ज्वाल को जन की ज्वाल' में समाहित कर इस समेकित उष्णता से इस मरणोन्मुख, रिक्त और व्यर्थ, पूंजीवादी समाज में अविवेक को 'धो चलने' नष्ट करने की अपनी बौद्धिक आदर्शवादिता को प्रकट करता है । इस समाज की रुग्णता के चिन्हों व्यवहारों को गिनाना उपलब्ध अधुनातन वैज्ञानिक-चैकित्सिक समझसम्मत स्पष्ट संकेत हैं । अतः अपने कुल काव्य व्यवहार में प्रयोगवादी कवियों का रुझान बौद्धिक, बुद्धिजनित विवरणों, जानकारियों से पूर्ण ठहराता है जिसमें अनुभूति और संवेदना की विरलता और रुक्षता इतनी अधिक थी कि

मुक्तिबोध को स्वीकार करना पड़ा; 'मेरा अपना मत यह है कि अभी तक प्रयोगवादी कवियों में यह विशाल चेतना नहीं आ पाई है जिसे हम महत्त्व देते हैं । कुछ कवि तो मात्र मानसिक प्रत्याघातों का चित्रण करके ही चुप रह जाते हैं ।'[65]

नगेंद्र के शब्दों में, 'एक गहन बौद्धिकता इन (प्रयोगवादी) कविताओं पर सीसे के पर्त की तरह जमती जाती है । छायावाद के रंगीन कल्पना-वैभव और सूक्ष्म-तरल भावना चिंतन के स्थान पर यहाँ ठोस बौद्धिक तत्त्व का बोझीलापन है, परन्तु स्मरण रहे कि ये रचनाएँ प्राचीन दार्शनिक अथवा चिंतन-विचार-प्रधान कविताओं की परम्परा में नहीं आतीं ।'[66] इन कविताओं में एक ओर यह बौद्धिक बोझीलापन उक्ताहट का विषय बना तो दूसरी ओर उसमें व्यक्तिवाद, निराशा, कुंठा, टूटन, क्षणवाद और बीभत्स-कुरूप के प्रति प्रायोगिक स्फीति में अतिरिक्त उत्साह प्रदर्शित कर चौंकाने और चकित करनेवाले तमाशायीपन ने उसे गम्भीर सामाजिक दायित्वबोध से वंचित रख कर किसी विचारधारा दर्शन से सीधे नहीं जुड़ने दिया । बीभत्स-कुरूप चित्रण के उदाहरण जो बौद्धिक बोझिलता भी लिए हैं :

शेष हूँ अभी तक
जैसे रोगी मुर्दे के
मुख में शेष रहता है
गंदा कफ
बासी थूक
शेष हूँ अभी तक मैं ।[67]

इन कथ्यप्रयोगों की चेतना कुरूप असौंदर्य की सौंदर्यचेतना प्रयोगवादियों को पाश्चात्य अनुकरणात्मक सूझों के निकट ले जाती है । प्रयोगवादी कविता बुद्धिगृहीत दूरस्थ बिम्बप्रतीक बहुलता के कारण भी पाठक में चिढ़ एवं क्षोभ ही उत्पन्न कर सकी । सहृदयता की भी अपनी सीमाएँ होती हैं । प्रयोगवादी इन सीमाओं को एक झोंक में लाँघ गए । अतः उनके सारे प्रयोग एक वैचारिक जिज्ञासा, कौतूहल या हलचल के स्थान पर मात्र कौतुक बनकर रह गए ।

भावना के विरुद्ध : बुद्धितत्त्व की स्थापना

प्रयोगवादियों ने भावना के विरुद्ध बुद्धितत्त्व की स्थापना की तथा भावना का पूर्ण तिरस्कार प्रकट किया । इस तिरस्कार के कारण भले ही पूर्वकाव्यधाराओं में निहित हों, तो भी भावना का, अपने न्यून अनुपात में ही सही, उपयोग काव्य के लिए अनिवार्य रहता है । इस बौद्धिक आग्रह के पीछे प्रयोगवादी कवियों के मन में ये तर्क रहे कि उनकी कविता में अब बौद्धिकों, सुशिक्षितों, संस्कृत-प्रबुद्धों के आकर्षण की वस्तु बन गई है ।'[68] इन अर्थों में वे अपनी सार्थकता घोषित करते हुए पूर्वकाव्यधाराओं में बुद्धि के तिरस्कार की प्रतिक्रियास्वरूप भावना को उपेक्षित करके मानो प्रतिशोध लेने लगे थे ।

नकेनवादी प्रयोगवाद

प्रयोगवादियों में नकेनवादी सच्चे और परिनिष्ठित शुद्धतावादी होने का दावा लेकर अवतरित हुए । उन्होंने अपने 'प्रयोग-दश-सूत्री' में अपने अतिवादी सिद्धान्तों में अपने को असली प्रयोगवादी घोषित किया और यहाँ तक कहा कि 'प्रयोगशील प्रयोग को साधन मानाता है, प्रयोगवादी साध्य'[69] अतः स्वयं को 'प्रयोगवादी' और सप्तकीय प्रयोगवादियों को 'प्रयोगशील' घोषित कर उन्होंने स्वयं को जिस अतिवादी बिंदु पर स्थित किया, वह उन्हें किसी विशेष, भिन्न वैचारिक स्थिति पर अधिष्ठित नहीं करता, सिवाय उनकी अतिवादिता के और कोई तथ्य हाथ नहीं लगता । नलिन विलोचन शर्मा, केसरी कुमार और नरेश अपने नामों के पहले अक्षर के आधार पर 'नकेनवाद' के प्रतिष्ठापक बने । आचार्य नन्ददुलारे वाजपेयी के शब्दों में : "अंततः नकेनवाद एक ऐसी अन्तवर्ती विचारसृष्टि थी जैसी यूरोप में बिम्बवादियों की हो गई है, जिसके प्रतिनिधि एजरा पांउड थे । जिस प्रकार यूरोप में इस बिम्बवाद को अधूरा तथ्य मानकर उसे समाप्त हो जाने दिया गया है वही स्थिति हिन्दी में 'नकेनवाद' की हुई है ।"[70] अत प्रयोगवाद चाहे प्रयोगशीलों के हाथों में हो या प्रयोगवादियों के हाथों में दोनों ने ही उसे स्थापित कर रूढ़-परम्परित को एकबारगी त्याग कर कुछ नई कौतुकपूर्ण चौंकानेवाली रचनाएँ देना अभीष्ट समझा और उसी में अपने काव्य कर्म की इतिश्री समझी एवं संतोष अनुभव किया । भले ही बाद में आने वाली नई कविता के लिए इस प्रायोगिक प्रवृत्ति ने जमीन तैयार कर दी हो, किन्तु अपने अल्पकालीन जीवन में हिन्दी साहित्य में कुछ विशेष अर्जित नहीं किया, जिसे वैचारिक-दार्शनिक आधार पर विश्लेषित किया जा सके ।

सन्दर्भ

1. वासुदेव : विचार और निष्कर्ष (भारतीय साहित्य मंदिर, दिल्ली : 1956), पृ. 11. ❑ 2. रामचन्द्र शुक्ल : प्रेमघन सर्वस्व (प्रथम भाग, प्रथम सं. : 1966), भूमिका ❑ 3. रामविलास शर्मा : भारतेंदु युग (विनोद पुस्तक मंदिर, आगरा, 1951), पृ. 134. ❑ 4. भारतेंदु : भारत दुर्दशा (विनोद पुस्तक मंदिर, आगरा, 1956), पृ. 458. ❑ 5. प्रतापनारायण मिश्र : लोकोक्ति शतक (1888), पृ. 2. ❑ 6. भारतेंदु : भारतेंदु नाटकावली, भारतेंदु ग्रंथावली भाग-1, (नागरी प्रचारिणी सभा, वाराणसी : 2007 वि. सं.), पृ. 462–3. ❑ 7. 'पितर प्रलाप', प्रेमघन सर्वस्व, वही, पृ. 160. ❑ 8. श्रीधर पाठक : 'हिन्द वंदना' (प्रथम संस्करण : 1885), पृ. 48. ❑ 9. भारतेंदु ग्रंथावली, द्वितीय भाग (नागरी प्रचारिणी सभा, काशी, 1927 वि सं.), पृ. 803–4. ❑ 10. रामचन्द्र शुक्ल : हिन्दी साहित्य का इतिहास (नागरी प्रचारिणी सभा, काशी, 1597 पुनर्मुद्रण : 2022 वि.सं.). ❑ 11. रामविलास शर्मा : भारतेंदु हरिश्चन्द्र, पृ. 107. ❑ 12. भारतेंदु हरिश्चन्द्र : 'प्रेम जोगिनी', भारतेंदु ग्रंथावली, भाग-1 (नागरी प्रचारिणी सभा, काशी 2007 वि. सं.), पृ. 333. ❑ 13. प्रताप पीयूष : 'लोकोक्ति शतक' (प्रथम सं. 1933), पृ. 217. ❑ 14. रामविलास शर्मा : भारतेंदु हरिश्चन्द्र, उद्धृत, पृ. 134. ❑ 15. वही । ❑ 16. वही । ❑ 17. वही, पृ. 120. ❑ 18. कैलाश वाजपेयी : आधुनिक हिन्दी कविता में शिल्प (आत्माराम एंड संस, दिल्ली : 1963), पृ. 128. ❑ 19. बालमुकुंद गुप्त : निबंधावली, पृ. 711. ❑ 20. रामचन्द्र शुक्ल : 'अछूत की आह', जातीय कविता, पृ. 55–6. ❑ 21. मैथिलीशरण गुप्त : भारतभारती (साहित्य सदन झांसी : 2011 वि. सं.), पृ. 120.

❑ 22. वही, पृ. 122. ❑ 23. हरिकृष्ण 'प्रेमी' : माखनलाल चतुर्वेदी (राजपाल एंड संस, दिल्ली : 1960), पृ. 69. ❑ 24. बालकृष्ण शर्मा 'नवीन', हम विषयायी जनम के (भारतीय ज्ञानपीठ, वाराणसी, 1964), पृ. 493–4. ❑ 25. रत्नाकर पांडेय : हिन्दी साहित्य : सामाजिक चेतना (पांडुलिपि प्रकाशन, दिल्ली 1976), पृ. 173. ❑ 26. आचार्य नन्ददुलारे वाजपेयी : हिन्दी साहित्य : बीसवीं शताब्दी (लोकभारती प्रकाशन, इलाहाबाद, संशोधित परिवर्धित संस्करण 1966), पृ. 117. ❑ 27. केसरी नारायण शुक्ल : आधुनिक काव्यधारा का सांस्कृतिक स्रोत (नन्दकिशोर, वाराणसी : 1916), पृ. 170. ❑ 28. रामबहोरी शुक्ल और भगीरथ मिश्र : हिन्दी साहित्य का उद्भव और विकास (हिन्दी भवन, जालंधर, इलाहाबाद : 1956),पृ. 213 ❑ 29. वासुदेव : विचार का निष्कर्ष, पृ. 15. ❑ 30. नित्यानन्द तिवारी : विचार कविता की भूमिका (सं. डॉ. नरेंद्र मोहन, डॉ. महीपसिंह : 1973), पृ. 13. ❑ 31. छायावादी काव्य को यदि एक कड़ी में जोड़ना-देखना होगा तो वह भारतेंदु की सामयिक विचारवाली कविताओं और हरिऔध मैथिलीशरण के काव्य से जुड़ेगा न कि भारतेंदु की भक्ति-शृंगार की कविताओं और रत्नाकर के काव्य से ?' विचार कविता की भूमिका, पृ. 13 ❑ 32. वही, पृ. 12. ❑ 33. वही, पृ. 15. ❑ 34. आचार्य नन्ददुलारे वाजपेयी : हिन्दी साहित्य : बीसवीं शताब्दी (लोकभारती प्रकाशन, इलाहाबाद : 1966, पृ. 127. ❑ 35. वही, पृ. 118. ❑ 36. वही, पृ. 124. ❑ 37. वही, पृ. 133. ❑ 38. वही । ❑ 39. निराला : अपरा (साहित्यकार संसद, इलाहाबाद : 2007 वि. सं.), पृ. 99. ❑ 40. वही । ❑ 41. वही । ❑ 42. वही । ❑ 43. हिन्दी साहित्य : बीसवी शताब्दी, पृ. 145. ❑ 44. वही, पृ. 144. ❑ 45. वही, पृ. 156. ❑ 46. महादेवी वर्मा : सांध्यगीत (भारती भंडार, प्रयाग : 2009 वि. सं.), भूमिका. ❑ 47. नगेन्द्र : आधुनिक हिन्दी कविता की मुख्य प्रवृतियाँ, पृ. 108. ❑ 48. शिवकुमार मिश्र : नया हिन्दी काव्य (अनुसंधान प्रकाशन, कानपुर : 1962), पृ. 81. ❑ 49. पन्त : युगवाणी (भारती भंडार, इलाहाबाद : 2004 वि.सं.), पृ. 69. ❑ 50. हिन्दी साहित्य : बीसवीं शताब्दी, पृ. 160. ❑ 51. नित्यानन्द तिवारी, विचार कविता की भूमिका, (सं. डॉ. नरेन्द्र मोहन, डॉ. महीपाल सिंह), पृ. 15. ❑ 52. शिवकुमार मिश्र : नया हिन्दी काव्य, पृ. 183. ❑ 53. उद्धृत, रामविलास शर्मा, वही । ❑ 54. लेनिन : संस्कृति और सांस्कृतिक क्रान्ति (अनुवादक : राजीव सक्सेना, पीपुल्स पब्लिशिंग हाउस, दिल्ली सं. : 1967), पृ. 203. ❑ 55. उद्धृत नागार्जुन, नया हिन्दी काव्य, पृ. 174. ❑ 56. धर्मवीर भारती : मानव मूल्य और साहित्य (भारतीय ज्ञानपीठ प्रकाशन, वाराणसी : 1960), पृ. 10. ❑ 57. तारसप्तक : नेमिचन्द्र जैन (वक्तव्य), पृ. 5. ❑ 58. वही : गिरिजाकुमार माथुर (वक्तव्य), पृ. 152. ❑ 59. नरेंद्रदेव वर्मा : प्रयोगवाद (अनुसंधान प्रकाशन, आचार्यनगर, कानपुर, 1964), पृ. 76. ❑ 60. सच्चिदानन्द हीरानन्द वात्स्यायन अज्ञेय : आज का भारतीय साहित्य (राजपाल एंड संस, दिल्ली : 1976), पृ. 401–2. ❑ 61. तारसप्तक, सं.अज्ञेय (भूमिका, चतुर्थ संस्करण : 1972), पृ. 11. ❑ 62.आचार्य नन्ददुलारे वाजपेयी : नई कविता (दि मैकमिलन कम्पनी आफ इंडिया लिमिटेड, दिल्ली : 1976),पृ. 95. ❑ 63. तारसप्तक : प्रभाकर माचवे (वक्तव्य), पृ. 184. ❑ 64. वही, पृ. 25. ❑ 65. नये साहित्य का सौंदर्यशास्त्र : मुक्तिबोध (राधाकृष्ण प्रकाशन, दिल्ली : 1971), पृ. 62. ❑ 66. डॉ. नगेन्द्र : विचार और विवेचन (गौतम बुक डिपो, दिल्ली : 1953), पृ. 144–5. ❑ 67. धर्मवीर भारती : अंधायुग (किताब महल, इलाहाबाद : 1955). ❑ 68. 'प्रकाश'; सं. श्री नरेश, अंक 1952. ❑ 69. वही । ❑ 70. आचार्य नन्ददुलारे वाजपेयी : नई कविता, पृ. 60.

6

स्वातंत्र्योत्तर नए जीवनयथार्थ का अभ्युदय और नई काव्य अभिव्यक्तियाँ

स्वतंत्रता की महा घटना और उपयुक्त उल्लास का अभाव

सन् 1947 में देश स्वाधीन हुआ । ब्रिटिश शासन से स्वाधीन होकर देश ने नए वातावरण में साँस लिया । भारतवासियों के लिए इस स्वाधीनता का दोहरा अर्थ था । एक साम्राज्यवाद से स्वाधीनता प्राप्त करना और दूसरा राजतंत्र से प्रजातंत्र में प्रवेश का उल्लास; किन्तु यह एक आश्चर्य ही है कि सदियों की पराधीनता के उपरान्त प्राप्त होने वाली इस स्वाधीनता की महा घटना को हम उपयुक्त उल्लसित एवं उत्सवधर्मी उत्साह से नहीं ले पाए । एक कारण सम्भवतः यह रहा कि द्वितीय महायुद्ध के निराशापूर्ण वातावरण में हम स्वाधीनता का समुचित स्वागत करने का जोश नहीं सहेज सके और दूसरा देश विभाजन के समय होने वाला अप्रत्याशित एवं अश्रुतपूर्व रक्तपात, नृशंस अत्याचार, अमानवीय कृत्य, मानवीय संवेदना को हठात जड़ीभूत कर गया । अचंभे में हम निर्णय नहीं कर सके कि रक्तसनी इस स्वाधीनता को हम किस तरह अपनाएँ । फिर भी देश के लिए स्वतंत्रताप्राप्ति की घटना इतनी महत्त्वपूर्ण थी कि वह हिन्दी साहित्य में पर्याप्त प्रतिक्रिया जगा सकी । उसका प्रभाव तत्कालीन काव्य में देखा जा सकता है ।

स्वतंत्रता की घटना का विभिन्न काव्यधाराओं पर प्रभाव

द्विवेदीयुगीन काव्यधारा

हिन्दी की विभिन्न काव्यधाराओं के कवियों पर इसका प्रभाव भी भिन्न-भिन्न प्रकार से पड़ा । द्विवेदीयुगीन पुनरुत्थानवादी काव्यधारा के कवियों के लिए यह अवसर इसलिए स्वागत योग्य था, क्योंकि स्वाधीनता के आगमन से, उन्हें लगा कि भारत का व्यतीत वैभव

पुनः लौटने वाला है । अतः वे आशीष वचनों के साथ जयगान गाने और विजयघोष करने लगे ।

छायावादी काव्यधारा

छायावादी धारा के कवियों ने भी स्वाधीनता को अपूर्व उपलब्धि क रूप में लिया । पन्त, दिनकर एवं अन्य छायावादी कवियों ने भावापन्न मनःस्थिति से स्वाधीनता का गुणगान किया और 'बापू' के प्रति कृतज्ञता भाव का ज्ञापन भी किया । भावोच्छ्वासी ढंग से स्वाधीनता का स्वागत करने के पीछे भी गाँधीवादी विचारों का समर्थन एवं गुणगान तो छिपा ही हुआ था ।

छायावादोत्तर एवं नई कविताधारा

आत्ममंथन या स्थिति का वस्तुवादी अभिग्रहण नए कवियों ने दर्शाया । देश विभाजन के समय हुए नरसंहार को वे अनदेखा नहीं कर सके । तदोपरान्त महात्मा गाँधी की हत्या, स्थितियों के विश्लेषणपरक स्वीकर एवं वैचारिक आग्रहों ने नई पीढ़ी के कवियों को ही अधिक मथा । उनकी वाणी में स्वाधीनता का स्वागत था तो नए दायित्वों का बोझ भी ध्वनित हो रहा था क्योंकि शत्रु तो प्रकटतः भारतीय भूमि से हट चुका था, किन्तु वह शोषणग्रसित, सुषुप्त चेतन एवं कमजोर देश को अपनी छायाओं से ग्रसे रख सकता था । शत्रु के निहित स्वार्थ, उसके चाटुकारों, स्वामिभक्तों के द्वारा साधने की अपेक्षाएँ निःशेष नहीं हुई थीं :

ऊँची हुई मशाल हमारी
आगे कठिन डगर है
शत्रु हट गया, लेकिन उसकी
छायाओं का डर है
शोषण से मृत है समाज
कमजोर हमारा घर है
किन्तु आ रही नई जिन्दगी
यह विश्वास अमर है ।[1]

यहाँ समुचित दायित्वपूर्ण ढंग से नए विश्वास का गहन एहसास और चिंतनपरक स्वीकार है । इसी बिन्दु पर नए कवि अपने से पूर्व के छायावादी कवियों पन्त आदि और छायावादोत्तर कवियों माखनलाल चतुर्वेदी, दिनकर, बच्चन आदि से पृथक् चिंतनपरक गाम्भीर्य से देश की भावी स्थितियों और कारगुजारियों को लेते रहे । नए कवि ही उस समय जीवनवास्तव को ग्रहण करने की दृष्टि विकसित कर पाए थे । रघुवंश के शब्दों में : 'वस्तुतः स्वतंत्रता प्राप्ति के समय से काव्य के क्षेत्र में आधुनिकता का जो दृष्टिकोण अधिकाधिक स्पष्ट होकर विकसित हो रहा है और नए मूल्यों की उपलब्धि कर रहा है,

उसकी भूमिका प्रयोगकालीन कवियों की बौद्धिक जागरूकता, आत्मान्वेषण की प्रवृत्ति, वैज्ञानिक दृष्टि तथा युग के विघटित मूल्यों के प्रति अनास्था में देखी जा सकती है । वास्तव में प्रयोगशील कहलाने वाले कई प्रमुख कवि आज नई कविता के साथ हैं ।'[2]

हिन्दी का छायावादी काव्य अपनी युगीन मानसिकता को बड़े कौशल से प्रतिनिधित्व प्रदान कर सका है । गाँधीजी ने अनपढ़, सामाजिक-धार्मिक रूढ़ियों से ग्रसित पिछड़े हुए एवं निर्धन भारतवासियों को सामाजिक-सांस्कृतिक क्रान्ति से पहले राजनीतिक आजादी की ओर उत्प्रेरित करने के लिए अध्यात्म, भक्ति, समर्पण, त्याग, बलिदान, श्रद्धा और विश्वास का पाठ पढ़ाया । छायावाद सौन्दर्य, अतिशय कल्पनाशीलता, वायवीय आदर्श आदि अपने युगीन माहौल से लिए हुए हैं । छायावाद का रहस्यभाव, आनन्दवाद, मानवतावादिता, जीवनयथार्थ से कटे हुए एवं थोथे सिद्ध हुए क्योंकि वे तत्कालीन जीवनवास्तव के साक्षात्कार में अधिगृहीत न होकर भारतीय सांस्कृतिक श्रेष्ठता के विचार एवं गाँधीवादी अध्यात्मोन्मुखी विचार के आधार पर टिके थे ।

प्रगतिवादी — समाजवादी काव्यधारा

यही कारण है कि प्रगतिवादी और समाजवादी विचारधाराओं ने जनमानस, यथार्थ स्थितियों, विषमताओं और शोषण की ओर अपने ढंग से ध्यान दिया । उनके विचार मात्र बाह्यपरक होने से ऊपरी, अल्प प्रभावकारी सिद्ध हुए । भारतीय जीवनयथार्थ की आंतरिक असंगतियों एवं विरोधाभासों की वास्तविक प्रक्रियाओं को पकड़ने में असफलता के परिणामस्वरूप प्रगतिवादी आन्दोलन शीघ्र चुक गया । कहा जाता है कि वह विदेशी विचारधारा और नगरों में उलझकर अपनी वास्तविक जनता की भावभूमि को स्पर्श नहीं कर सका । दूसरी ओर मार्क्सवादियों का यह मत है कि निहित स्वार्थों की राजनीति ने प्रगतिवाद के बढ़ते प्रभाव से घबराकर काव्य की धारा को मोड़ने के लिए प्रयोगवाद को खड़ा किया, पाला और बड़ा किया । 'तारसप्तक' के प्रकाशन के पीछे इसी पूंजीवाद चाल का हाथ वे मानते हैं ।

प्रगतिशील आंदोलन ने पन्त एवं निराला जैसे छायावादियों को भी प्रभावित किया था । पन्त के 'ग्राम्या' तथा 'युगवाणी' में प्रगतिशील जीवनदर्शन के प्रति सैद्धान्तिक सहानुभूति ही अधिक मुखर है किन्तु निराला की 'बेला', 'नए पत्ते' और 'कुकुरमुत्ता' में प्रगतिशील धारा से मुक्त रहकर भी क्रान्तिकारी स्वर को उभार मिला है । निराला के स्वर में मात्र सहानुभूति नहीं अनुभूत विचारानुभूति की तलखी है । वह इसलिए कि वे पन्त की तरह किसी बाह्य आग्रह की अपेक्षा सच्ची आत्मीय पहचान के आधार पर निर्धनों-दुखियों से जुड़े थे ।

स्वातंत्र्योपरान्त नए जीवनयथार्थ का साक्षात्कार

सार्वजनिक विकास के नए आयाम

देश की स्वाधीनता के बाद जनता की इच्छाएँ और जन नेताओं से अपेक्षाएँ भी बढ़ीं । देश का नया संविधान बना, संसद एवं विधान मंडलों में जनता की अपनी सरकारें बनीं । देश के विकास की पंचवर्षीय योजनाएँ बनीं । नए बाँध, कारखाने बने । शिक्षा के प्रसार की योजनाएँ एवं विद्यालय-महाविद्यालय एवं विश्वविद्यालय खोले गए । जीवन के सर्वांगीण-विकास के लिए तीव्रगति से नए-नए कार्य आरम्भ हुए ।

सार्वजनिक ह्रास के आयाम

दूसरी ओर विसंगतियाँ एवं विडंबनाएँ भी एक के बाद एक फन उठाए साँपों की तरह बढ़ती ही चली गईं । चोरबाजारी, लूट-खसूट, घूसखोरी, नर संहार, अत्याचार आदि का नग्न रूप देखने को मिला । पुलिस चोर, उचक्कों, डाकुओं लुटेरों का रक्षण और भोले-भाले नगारिकों का भक्षण करने लगीं । विधानमंडलों में परस्पर गबन के खुले आरोप-प्रत्यारोप एवं जूते-चप्पल का विधान हो चला तो शिक्षा के क्षेत्र में हुड़दंग, शिक्षकों का घिराव, पथराव का खूब चलन हुआ जो उत्तरोत्तर विकसित-कुत्सित होता चला गया । न्यायालय अन्याय-अनीति के सर्वमान्य अड्डे माने जाने लगे; राजनीति व्यवसाय और नौकरशाही घूसखोरी के गर्त में चली गई । आराम हराम है की तर्ज पर काम हराम है देश का चरित्र बन गया । नैतिकता, मूल्य और चरित्र नाम को नहीं रह गए । वस्तुतः स्वतंत्रता अराजकता के अर्थ देने लग गई । निर्धनता इतनी कि पूरे के पूरे परिवार अन्नाभाव में सामूहिक आत्महत्या को बाध्य होने लगे ।

नए व्यवसायी वर्ग : सत्ता का दुरुपयोग

सत्ताधारी दल के साथ जुड़े हुए व्यवसायी लोगों के हाथ में शासन की बागडोर आ गई भारत में, केंद्रीय स्तर पर बड़े व्यापारिक घरानों के हाथ में लोकतंत्र के तंत्र थे, तो स्थानीय स्तर पर इन दलों के प्रमुख कार्यकर्ता मुख्यतः दुकानदार-कुट्टीवाले, दूध की डेरी वाले, हलवाई, नानबाई, चक्की वाले, टैंट हाउस के मालिक, ट्रकों वाले, खुदरा और थोक व्यापारी आदि थे । ये लोग स्थानीय निकायों-प्रशासनों में प्रमुख स्थानों से लेकर झंडा उठाने, दरियाँ बिछाने, नारे लगाने, भीड़ इकट्ठी करने, जुलूस निकालने और समर्थन सभाएँ करने के कार्यों को सम्पन्न करते थे । इनके पक्ष में, इनके संकेतों पर स्थानीय राजनीति चलती-पलती थी । यही दूषण क्रमानुसार ऊपर की राजनीति तक चला गया था । मिलों-फैक्ट्रियों के स्वामी, परमिट-कोटों की प्राप्ति में हर उपाय करने वाले सेठ-साहूकार सक्रिय थे । स्वार्थ व्यवसाय ही उनकी दलगत निष्ठाओं का संबल था । युद्ध हो या

शांति-दोनों अवसरों पर शासकवर्ग के साथ जुड़े ये कड़ुवी बेल की तरह बढ़ते रहते । जनहित को ध्यान में रखकर भूल से भी इन्हें कुछ कहना मानो बर्र के छत्ते को छेड़ना था ।

मानवीय दृष्टि का ह्रास और बढ़ती हुई वर्गीय दरार

साथ ही मानवीय दृष्टि से विचार करने वाले नेता देश से क्रमशः उठते चले गए और उनके स्थान पर भ्रष्ट, निम्न आशयों-आकांक्षाओं वाले चरित्रहीन-विचारहीन छुटभैये लोग उनका स्थान लेते गए । जनता के सिर पर से योजनाएँ गुजरती चली गईं और वह नग्न, भूखी, बेपनाह मूढ़वत ताकती रही । देश में अरबों-खरबों रुपए के विदेशी सहायता के ऋण आए बाँध बने, नहरें खुदीं, फैक्ट्रियाँ लगीं भारत के नए तीर्थ बने, इन स्थानों पर, जनसंख्या के विस्फोट के परिणामस्वरूप जंगली आक की तरह बढ़े लोग मजदूरी में खपते रहे । ऊँचे पदों-ओहदों पर उच्च अधिकारी वर्ग, नवधनाढ्य वर्ग, नेतावर्ग के अंग्रेजी स्कूलों में पढ़े नए नवाब ही आसीन होते गए । इन योजनाओं से जो फल झड़े, वे भी उक्त सुविधाभोगी वर्गों में विभाजित होते गए । नीचे का व्यक्ति और अधिक नीचे धँसता गया तथा ऊँचा और ऊँचे चढ़ता गया ।

मिलावट और काले धन का कमाल

प्रमाण लेना चाहेंगे ? भारत की राजधानी दिल्ली में ही, भारतीय सरकार की नाक के नीचे उठी बीस-बीस मंजिली इमारतें हैं, जिन पर चढ़कर देखें तो नीचे खड़े व्यक्ति की औकात और हैसियत रो उठेगी । किन्तु वह नीचे खड़ा पिद्दी या चींटी जैसा व्यक्ति भी देश पर चढ़े अरबों-खरबों के ऋणों का समान रूप से देनदार है । अन्तर्राष्ट्रीय तस्करी और होटल-क्लब तथा काला धन जिस अनुपात में बढ़ा है उसी अनुपात में देश में बने हर प्रकार के सामान में, दवाओं में सत्यता घटी और मक्कारी-मिलावट बढ़ी है । सार्वजनिक भूमि एवं धन हड़पना, दल बदलना, साम्प्रदायिक दंगे कराना आदि बातें राजनीतिक कौशल के तहत आ गईं । कुल मिलाकर यह है हमारा स्वातंत्र्योत्तर सामाजिक-राजनीतिक-आर्थिक परिवेश सन्दर्भ ।

स्थितियों के प्रति काव्यात्मक प्रतिक्रिया

उक्त स्थितियों एवं परिवेश में साहित्यकार-कवि को रचनारत रहना था । यह उसकी नियति थी । डॉ. रघुवंश ने लिखा है : 'यह संक्रान्ति का समय सैलाब का समय है, और इस सैलाब में जाने कितना विस्तार है, प्रसार है, कितनी धाराएँ-उपधाराएँ मिलकर दिशाओं और सीमाओं को प्लावित कर रही हैं । प्लावन के प्रवेग में कूड़ा-करकट, मैला-कुचैला, खरपतवार उमड़ता आ रहा है । इस सैलाब में यह कह पाना कि मुख्य धारा कहाँ है और किधर है, कठिन है ।'[4] ऐसी अनिर्णय एवं दिशाहीनता की स्थितियों में कवियों को सृजन कर युग-सत्य को वाणी देनी थी ।

छायावादी और प्रगतिवादी काव्य प्रतिक्रिया

पुरानी पीढ़ी के कवि मैथिलीशरण गुप्त 'जयभारत', दिनकर 'रश्मिरथी', पन्त 'स्वर्ण-किरण' तथा 'स्वर्णधूल' के बाद इसी परम्परा को और भी प्रौढ़ रूप में 'उत्तरा' से 'अतिमा' तक बढ़ा ले गए, बच्चन 'खादी के फूल' और 'सूत की माला' पिरोने में लगे थे, माखनलाल चतुर्वेदी तथा बालकृष्ण शर्मा 'नवीन' आध्यात्मिक रहस्य के भेदों में डूब गए । नरेंद्र शर्मा 'अग्निशस्य' और अंचल 'वर्षान्त के बादल' काव्यसंग्रहों के माध्यम से यौवन, सौंदर्य एवं रोमांटिक भावनाएँ ही प्रस्तुत कर सके । नागार्जुन 'युगधारा' में जरूर विस्तृत जीवनफलक को लेकर चिन्तन और विचार को, व्यंग्य की पुट देकर, तीखे ढंग से उभार रहे थे । पुराने कवियों में युगजीवन और नए यथार्थ को ग्रहण करने और अभिव्यक्ति देने की क्षमताएँ अविकसित ही रहीं ।

नई कविता : प्रतिक्रिया

दूसरी ओर 'नई कविता के नएपन में यही ऐतिहासिक, वैयक्तिक, सामाजिक और आत्मव्यंजक सत्य वे आयाम और धरातल विकसित करते हैं जो परम्परा से भिन्न होते हुए भी सार्थक एवं समर्थ रूप में नई अभिव्यंजना को अवतरित करते हैं । यही नहीं, इन नएपन में उस नवीन धरातल, मानसिक स्थिति, अनुभूति और संवेदनशील तथ्यों की अभिव्यक्ति मिलती है जिसमें यथार्थ की स्वीकृति है, मिश्रित भावनाओं की संवेदना है, रसबोध के नए स्तर हैं, सौंदर्य अनुभूति की भिन्न सार्थकता है और बदलते हुए सन्दर्भों के मानवजीवन के प्रति जागरूक जिज्ञासा है ।'[5] कवियों पर युगसत्य एवं परिवेशीय दबाव परम्परा की पकड़ की अपेक्षा अधिक उत्तेजक एवं प्रेरक सिद्ध हुए ।

संशय, विद्रोह, पीड़ा का वरण तथा यथार्थवादी विचार

इससे स्पष्ट है कि नई कविता जिस युग यथार्थ और संवेदनाओं को अभिव्यक्ति देने में संलग्न थी, उसके पीछे भिन्न मानसिकता, नवीन धरातल, मानव जीवन के प्रति जागरूकता थी । 'नई कविता का विचार-बोध और उसकी अभिव्यक्ति वह चरम-बिन्दु है जहाँ कलाकार अथवा कवि की कलाकृति उन माध्यमों को त्यागकर चलती है जो निष्प्राण, चेतनहीन रूप में अपने जीर्ण-शीर्ण कलेवरों के साथ आज के जीवन में स्वारोपित रूप में जीना चाहते हैं ।'[6] स्पष्ट ही नई कविता ने स्थापित को संशय-संदेह की दृष्टि से देखा, परम्परित सड़े-गले के प्रति विद्रोह किया, युग के पीड़ित-त्रस्त मानव की पीड़ा का वरण किया । इस सबके साथ वैयक्तिक चेतना का आत्मशक्ति के रूप में ग्रहण, अहं एवं अस्तित्व का विस्तार, रोमांटिक मनोभाव, असंपृक्त यथार्थदृष्टि, युगजीवन के ठोस सन्दर्भ की अनिवार्यता, वैज्ञानिक यथार्थ का स्वीकार एवं यांत्रिक जड़वाद के विपरीत मानवतावाद की प्रतिष्ठा, जीवन को उनकी गति में ग्रहण करने के आग्रह नई कविता को अपने युग एवं यथार्थवादी विचार के निकट ले आते हैं ।

धर्मवीर भारती का 'अंधायुग', 'प्रमथ्युगाथा', नरेश मेहता की 'समय देवता' एवं 'संशय की एक रात', अज्ञेय की 'असाध्य वीणा', मुक्तिबोध की 'अंधेरे में', विजयदेव नारायण साही की 'अलविदा', कुँवर नारायण की 'आत्मजयी' आदि लम्बी एवं वृहद् रचनाओं में नए कविता के बोध, विचार एवं युगजीवन के यथार्थ को अभिव्यक्ति मिली है । इनके अतिरिक्त छोटी कविताओं में भी उक्त प्रवृत्तियों को समुचित प्रमाण आधार उपलब्ध है ।

मोहभंग, अनिश्चय एवं परम्परित रूढ़ियों का नकार

इसके साथ ही नई कविता में अनिश्चय और अनिश्चयजनित हैरानी की अभिव्यक्ति हुई है, जो युगीन मानसिकता को रेखांकित करती है । नई कविता का युग वस्तुतः मोहभंग और अनिश्चय का युग भी था । स्वातंत्र्योत्तर काल की अपेक्षाएँ अपूर्ण रह गईं और व्यक्ति पुनः क्या करें, किधर जाएँ के प्रश्नों को लेकर चौराहे पर आ खड़ा हुआ । इससे खीझ और निराशा में भरकर वह परम्परा और रूढ़ियों से विद्रोह की ओर बढ़ा । मूल्यों की ढूँढ़ में उसने पिछले संस्कारों और थोथी मर्यादाओं को तोड़ने की आवाज उठाई :

दर्द हूँ तो
साल के आखिरी दिन की साँझ का
जो धार से ज्यादा नए की प्रार्थना है,
हर नया शुभ हो !
हर क्षण बने माथे पर धरा मंगल तिलक,
अभी तो तोड़ दो, बस,
बाद में हम चाँदनी की फसल काटेंगे ![7]

तोड़ने के इस क्रम में हर प्रतिष्ठित प्रतिभा को तोड़ने की ओर कवि बढ़ चला तो यह उसकी पुरातन परम्परित अंधी श्रद्धा के प्रति मुखर नकार था

हर अंधी श्रद्धा की परिणति है यह खंडन ।
हर खंडित मूर्ति का प्रसाद है प्रश्न-चिन्ह ।।[8]

वैज्ञानिक-भौतिककवादी यथार्थ में मानव की स्थिति : लघु मानववादी विचार

जीवन के यथार्थ अर्थों को पकड़ने की दिशा में जो सत्य मिलता है वह कितना ही वैयक्तिक अनुभव पर आधारित हो किन्तु उसके माध्यम से ही दूसरों तक पहुँचने का रास्ता निकलता है । दर्द सबको माँजता भी है और जोड़ता भी है । दर्द में गहरे उतर कर ही सत्यरूपी ज्योति का मोती मिलता है जिसके प्रकाश में नए अर्थ खुलने लगते हैं । सामाजिक यथार्थ व्यक्ति की पीड़ाओं, कुंठाओं में से युग के यथार्थ को भी संकेतित करता है :

जीवन है कुछ इतना विराट इतना व्यापक
उसमें है सबके लिए जगह सबका महत्त्व
ओ मेजों की कोरों पर माथा रखकर रोने वाले
यह दर्द तुम्हारा नहीं सिर्फ, यह सबका है
सबने पाया है प्यार, सभी ने खोया है
सबका जीवन है भार
और सब जीते हैं
बेचैन न हो
यह दर्द अभी कुछ गहरे और उतरता है
तब एक ज्योति मिल जाती है
जिसके मंजुल प्रकाश में सबके अर्थ नए खुलने लगते
ओ मेजों की कोरों पर माथा रखकर रोने वाले
हर एक दर्द को नए अर्थ तक जाने दो ।[9]

आधुनिक युग के वैज्ञानिक भौतिकवाद एवं यांत्रिक जीवनक्रम में पिसता हुआ व्यक्ति 'लघुमानव'[10] की नियति ढोने को बाध्य है । उसका अहंस्फीत व्यक्तित्व उसे जीवित होने का एहसास भी देता है और बौना हो चुकने की पीड़ा भी । फौलाद की थाती उसे कितना विवश और परवश कर गई है, इसकी पीड़ा नए कवि को बराबर सालती रहने वाली है :

छिली हुई पपड़ी पर छाल चढ़ जाती है
दुधियारे पत्तों में बाल बस जाती है
जटाएँ भी झुकती हैं भूतल को छूती हैं ।
चरवाहे की वंशी की टेर भटक जाती है
मगर
एक मैं हूँ : फौलाद की थाती लिए
जीता हूँ
मैं आज भी जिंदा हूँ ।[11]

यह यातनामुखी टीस जो फौलाद की थाती की बदौलत प्राप्त हुई है, इसके कारण भारतीय व्यक्ति-कवि यथार्थ की धरती पर उतर आया; उसकी स्वप्निल आदर्शों की महत्तम महामानवी धरती छिन गई ।

मानव और मशीन के नए रिश्तों की तलाश : नए युग के निर्माण का संकल्प

मनुष्य और मशीन के संबंधों के आपसी संघर्ष में मनुष्य की हार और मशीन की सर्वात्मशोधी मार को जिसमें 'पूँजीपति महासेठ'[12] 'आटोमैटिड ईश्वर'[13] के पद को प्राप्त विशालकाय मशीनों का महाशोषण तंत्र भी सम्मिलित है व्यक्ति सहता हुआ निःसत्व होता

हुआ भी प्रतिरोध कर रहा है, अपनी अस्मिता और संवेदनीयता को बचा ले जाने के लिए संघर्षरत है । मशीन पर फिर भी कुछ नियमबद्धता एवं मानव अधिकार में संचालित होने से कुछ बचाव बाकी रह जाते हैं, किन्तु काश 'बड़े दाम वाले साहबों में ऐसी इंसानियत होती' :

एक मशीन के जबड़ों में एक रोज मेरा हाथ पड़ गया ।
कंट्रोल का अलार्म चीख उठा, मशीन बन्द हो गयी, जबड़े
हट गए, मेरा हाथ निकल आया ।
काश, हमारे नए कारखाने में बड़े दाम वाले साहबों में
ऐसी इन्सानियत होती !![14]

मैं मगर 'आन' नहीं करने का
यह भी ढंग है
मशीन से झगड़ने का ।[15]

इस प्रकार हम देखते हैं कि नई कविताकाल में युगजीवन के यथार्थ की ओर झुकाव अधिक होता गया है और परम्परित कथ्य निर्वाह और विषयचयन के सीमाबंध टूटते गए हैं । सामाजिक परिचित परिवेश की उलझनों परेशानियों से लेकर संवेदनात्मक यथार्थ की लड़ाई लड़ता हुआ नया कवि युगीन चेतना एवं विचारों से स्वयं को सज्जित कर रहा है । इस सन्दर्भ में डॉ. रघुवंश का कथन है : 'इस काव्य में विचारों का तीव्र आघात और संघर्ष, भावों का संकुलित उलझाव अचेतन-उपचेतन मन के नानाविध प्रभावों का वर्णन समान रूप में मिल जाता है । उसी तरह इसमें नवीन अनुभूतियों, अन्तर्द्वंद्वों, विचारात्मक संघर्षों तथा यथार्थ सत्य को झेलने की आंतरिक पीड़ा को व्यक्त करने के लिए पुरानी व्यंजनाशैली के प्रति विद्रोह भी है । स्पष्टतः इसका कारण देश के व्यापक जीवन का मोड़ है, संक्रान्ति है, जो पिछले युगों के विध्वंस पर नवीन युग का निर्माण कर रही है ।'[16] नए युगीन जीवन यथार्थ को नए कवियों ने नियतिगत एवं नीयत आग्रहों में उठाया है । उनके निकट नवीन युग के निर्माण का संकल्प और विश्वास तथा एक गहन दायित्व भाव है ।

सन्दर्भ

1. गिरिजा कुमार माथुर : धूप के धान, पृ. 56. ❑ 2. रघुवंश : साहित्य का नया परिप्रेक्ष्य (भारतीय ज्ञानपीठ प्रकाशन, वाराणसी, द्वितीय संस्करण : 1968), पृ. 137. ❑ 3. वही, पृ. 135. ❑ 4. वही, पृ. 139. ❑ 5. लक्ष्मीकांत वर्मा : नए प्रतिमान : पुराने निकष (भारतीय ज्ञानपीठ प्रकाशन, वाराणसी : 1966), पृ. 173–4. ❑ 6. वही, पृ. 174. ❑ 7. धर्मवीर भारती : ठंडा लोहा (भारतीय ज्ञानपीठ प्रकाशन, वाराणसी : 1970), पृ. 87. ❑ 8. लक्ष्मीकांत वर्मा : नए प्रतिमान : पुराने निकष, पृ. 92. ❑ 9. धर्मवीर भारती : ठंडा लोहा, पृ. 87. ❑ 10. लक्ष्मीकांत वर्मा : नए प्रतिमान : पुराने निकष, पृ. 92. ❑ 11. लक्ष्मीकांत वर्मा : नई कविता 1. ❑ 12. तीसरा सप्तक : मदन वात्स्यायन, पृ. 94–5. ❑ 13. वही । 14. वही, पृ. 101. ❑ 15. कैलाश वाजपेयी : तीसरा अँधेरा, पृ. 63. ❑ 16. साहित्य का नया परिप्रेक्ष्य, पृ. 205–6.

7

नई कविता में विचारतत्त्व

नई कविता के व्यावहारिक पक्ष पर विचार करने के लिए हम 'दूसरा सप्तक' की कविताओं को उठाना चाहते हैं; क्योंकि ऐतिहासिक दृष्टि से विचार करें तो 1951 में प्रकाशित 'दूसरा सप्तक' ही 'स्वातंत्र्योत्तर कविता' की परिधि में आता है, साथ ही 1951 में प्रकाशित संकलन में संकलित कवियों की प्रायः चार एक वर्ष पहले की चुनिंदा श्रेष्ठ कविताओं के संगृहीत होने का अनुमान है । 'तारसप्तक' में प्रयोगवादी धारणा को स्थापिति मिलने के उपरान्त 'नई कविता' की संज्ञा 'दूसरा सप्तक' तथा उसके बाद की कविताओं को दी जाती रही है । 1953 में 'नए पत्ते' नामक पत्रिका के प्रकाशन से नई कविता का आरम्भ माना जाता है ।

जगदीश गुप्त और रामस्वरूप चतुर्वेदी के सम्पादन में 1954 में प्रकाशित पत्रिका 'नई कविता' में सर्वप्रथम नई कविता की अवधारणागत स्थिति एवं प्रतिमानों पर प्रकाश डाला गया । इसके नामकरण के पीछे सर्वथा नई दृष्टि के साथ अवतरित नए भावबोध के प्रतिमान थे । इस नई काव्यधारा को उस वैयक्तिक यथार्थ और सामाजिक यथार्थ के साथ उन प्रतिमानों को लेकर विकसित किया गया जो आज के भावबोध को वहन करते हुए सर्वथा नई दृष्टि के साथ अवतरित हो रहे थे । नई कविता का मूल स्रोत तत्कालीन युगसत्य और युग यथार्थ में निहित है । इसलिए इसमें गद्य का यथार्थ और काव्य संवेदनशील अभिरुचि, दोनों एक साथ सर्वथा नई भावभूमि पर समूची अनुभूति को प्रस्तुत करती हैं ।

विचार की भावनात्मक प्रकृति

नई कविता अपने वस्तुगत विकासक्रम में जिन युगीन प्रभावों के संग्रहण से गुजरी उनके आधार पर उसे 'स्वच्छंदतावादी', 'नवमानववादी' तथा 'नवीन यथार्थ की पोषिका'[1] माना जाने लगा । इतना होने पर भी नई कविता अपने आधार में कहीं गहरे में, वैयक्तिकता को नहीं छोड़ पाई । स्थितियों को देखने-जानने की एक व्यक्तिवादी दृष्टि, नितांत निजी भावनात्मक प्रतिक्रिया ही व्यक्त होती रही । ये प्रतिक्रियाएँ कवियों के वैयक्तिक अनुभवों पर आधारित थीं । सामाजिक अनुभव और उद्वेलन उनमें से प्रायः नदारद थे । नई कविता,

यों अपने लिए एक व्यक्तिवादी अनुभववादी भूमिका का निर्माण करती गई । जगदीश गुप्त के शब्दों में : "वह (नया कवि) किसी 'विषय' पर कविता नहीं लिखता, उसका अनुभव ही कविता का विषय होता है ।"[2]

नई कविता अपने लिए चुन ली गई इस व्यक्तिवादी अनुभववादी भूमिका के घेरे में से बाहर नहीं निकल पाई । यह स्व अनुभवोन्मुक्त युगीन बोधों और विश्वदर्शनों के प्रचलित प्रभावों के ग्रहण से गम्भीर हो उठी,[3] किन्तु अपने लिए सामाजिक प्रमाण नहीं जुटा पाई । नए कवियों द्वारा विश्वदर्शनों की चर्चा और आधुनिकताबोध, युगबोध आदि की चर्चा भाषणों में करते रहना एक बात है, उन्हें अपनी चेतना का अंग बनाकर या अपनी चेतना को उस स्तर तक उठाकर विकसित करके रचना में उपयोग करना, दूसरी बात है । 'दूसरा सप्तक' और 'तीसरा सप्तक' के अधिकांश कवियों की मानसिक स्थिति संकलित कविताओं में देखने पर भावनावृत्त, व्यक्तिवादी-अनुभववादी सिद्ध होती है । इनके द्वारा वैयक्तिक अनुभव ही प्रमाण एवं अनुभूति की प्रामाणिकता ही निकष माने गए ।

व्यक्तिवादी अनुभव और यर्थाथग्रह : नई कविता के बोधपक्ष में निहित अनुभव व्यक्तिवादी प्रकृति का है । व्यक्ति के कष्टों-क्लेशों के प्रति स्वानुभूतिपूर्वक विचार किया गया है, जिससे सहानुभूति तो प्रकट होती है किन्तु उन कष्टों-क्लेशों की उत्पत्ति के कारण एवं प्रभाव सामाजिक आधारों से विच्छिन्न हैं । लगता है, व्यक्ति व्याधियों के सामाजिक कारणों से जानबूझकर आँखें फेरकर नए कवि व्यक्ति की यथार्थ स्थिति का चित्रण करके समाज में अपना एक नया चेहरा गढ़ रहे थे । यदि वे चिलचिलाती दोपहरी का चित्रण भी करते थे तो उस 'धूप' के प्रतीकार्थ किन्हीं सामाजिक सन्दर्भों में नहीं ले जाते थे, न ही 'ग्रामीण' के कष्टों को सामाजिक-आर्थिक संबंधों के रूप में विश्लेषित करने वाली किसी विचारधारा का आश्रय लिया जाता था । शकुंत माथुर की कविता 'दोपहरी' का उद्धरण है :

गर्मी की दोपहरी में
तपे हुए नभ के नीचे
काली सड़कें तारकोल की
अंगारे सी जली पड़ी थीं
छाँह जली थी पेड़ों की भी
पत्ते झुलस गये थे
नंगे-नंगे दीर्घकाय, कंकालों से वृक्ष खड़े थे
हों अकाल के ज्यों अवतार ।

कभी एक ग्रामीण धरे कंधे पर लाठी
सुख-दुख की मोटी सी गठरी
लिए पीठ पर

भारी जूते फटे हुए
जिनमें से थी झाँक रही गाँवों की आत्मा
जिन्दा रहने के कठिन जतन में
पाँव बढ़ाये आगे जाता ।[4]

यहाँ दोपहरी का यथार्थ चित्रण तो है, ग्रामीण की आर्थिक दुरवस्था का उल्लेख भी है, किन्तु इस दुरवस्था के कारणों का कोई उल्लेख नहीं । मोटी-सी गठरी और फटे हुए जूतों में से कवयित्री को गाँव की आत्मा झाँकती दिख जाती है । इस भावनात्मक कथन में 'गठरी' और 'जूते' तो आ गए हैं, ग्रामीण का संघर्ष, उसके भूखे बच्चों के परिवार के कोई सन्दर्भ नहीं उभरते । वे नीतियाँ और सामाजिक सन्दर्भ गायब हैं, जो भारतीय ग्रामीण को वास्तविक जीवंत सामाजिक परिप्रेक्ष्य में रखकर प्रस्तुत कर सकते थे । यहाँ ग्रहीत विचार को तर्क प्रमाण पर नहीं कसा गया अपितु अपनी भावनात्मक अनुक्रिया को ही रखा गया है ।

'दूसरा सप्तक' के हरिनारायण व्यास बादलों के उठने और झुकने का चित्रण करके बादलों को बरसने का आह्वान करते हैं :

उधर उस नीम की कलगी पकड़ने को
झुके बादल ।
नयी रंगत सुहानी चढ़ रही है ।
सब के माथे पर,
उड़े बगुले, चले सारस,
हरस छाया किसानों में ।
बरस भर की नयी उम्मीद,
छायी है बरसने के तरानों में ।
बरस जा रे, बरस जा ओ नयी दुनिया के
सुख सम्बल ।
पड़े हैं खेत छाती चीर कर
नाले नदी सूने ।
बिलखते दादुरों के साथ सूखे झाड़
रूखे झाड़ ।
हवा बेजान होकर सिर पटकती
रो रही सरसर
जमीं की धूल है बदहोश
भूली आज अपना घर ।
किलकता आ, बरसता आ,
हमारी ओ खुशी बेकल ।[5]

यहाँ भी आरम्भ की पंक्तियों में वर्षागमन का चित्रण है, जिससे किसान को अच्छी फसल के अरमान बँधे हैं । बादलों को देखकर किसान में एक खुशी की भावना छा गई है, जिसे बगुले और सारस की उड़ानों के माध्यम से संकेतित किया गया है । बाद की दस पंक्तियों में कटु यथार्थ का चित्रण है । प्रकृति के सहारे टिके किसान के खेत पानी के अभाव में, छाती चीर कर पड़े हैं । सूखे के मारे उनमें दरारें पड़ गई हैं । नदी-नाले भी सूने पड़े हैं । बेजान हवा बदहोश धूल के प्रतीकों से किसान की बेहाली-बेबसी का यथार्थ चित्रण हुआ है । इस चित्रण से भारतीय किसान की सिंचाई साधनों के लिए निपट प्रकृति-निर्भरता का ही भान होता है, देश की स्वतंत्रता के बाद की सरकारी नीतियों, पंचवर्षीय योजनाओं आदि में ग्रामीण उत्थान की अपेक्षा महानगरों-महाउद्योगों के उत्तरोत्तर अपेक्षतया अधिक विकास की नेहरू सरकार की नीतियों की ओर, किसान की बेहाली के आर्थिक सामाजिक ठोस कारणों की ओर कोई संकेत नहीं है । अतः ये चित्रण मात्र यथार्थ दृश्यों को उभारकर भावनात्मक अनुशंसाएँ तो जगाते हैं, किन्हीं वैचारिक परिणतियों की ओर नहीं बढ़ते ।

नई कविता के कवियों में यथार्थ को समझने की उत्सुकता और उसे चीन्हने की जिज्ञासापरक दृष्टि जरूर मिलती है । इस सन्दर्भ में रघुवीर सहाय का कथन है : 'कोशिश तो यही रही है कि सामाजिक यथार्थ के प्रति अधिक से अधिक जागरूक रहा जाए और वैज्ञानिक तरीके से समाज को समझा जाए । वास्तविकताओं की ओर ऐसा ही दृष्टिकोण रहना चाहिए और यही जीवन को स्वस्थ बनाए रख सकता है ।'[6] जीवनयथार्थ के प्रति यह वैज्ञानिक दृष्टिकोण दूसरे और तीसरे सप्तक के कुछ ही कवियों के कृतित्व में आ सका है । कुछ ने तो सिर्फ उसकी चर्चा ही चलाई है । शमशेर बहादुर सिंह अधिकांशतः उत्तरछायावादी रोमानीपन और भावात्मक प्रकृति-रूचि से आज तक ग्रस्त हैं ।[7] बावजूद अपने इस कथन के कि 'अपने चारों तरफ की जिन्दगी में दिलचस्पी लेना, उसको ठीक ठीक यानी वैज्ञानिक आधार पर (मेरे नजदीक यह वैज्ञानिक आधार मार्क्सवाद है) समझना, अनुभूति और उसके अनुभव को इसी समझ और जानकारी से सुलझाकर स्पष्ट करके, पुष्ट करके अपनी कला, भावना को जगाना ।'[8] शमशेर की कविता में कलाभावना, अनुभूति और अनुभव के अमूर्तन का एक ऐसा स्वरूप उपलब्ध होता है, जो गहन कलारुचियों के पारखियों द्वारा एक एक परत एक-एक रंग उघाड़कर देखे जाने की जरूरत जगाता है । आम पाठक या साहित्यिक रुचि के बस की यह चीज नहीं । वहाँ विचार भी भावना के रूप में परिणत हैं । भावनारूप जिन अनोखे बिम्बरूपों में प्रयुक्त हुए हैं, उनके क्रम को बिम्बों से भावना और फिर भावना से विचारों तक आ पाने की क्षमता को, कलाभावना थकाकर तोड़ देती है; जिसमें कहीं संगीत और कहीं चित्रकला के रंग मनोविज्ञान, तो कहीं उर्दू-अंग्रेजी के क्लासिकों को नजाकत के कई-कई पेंच दिए गए होते हैं । उनके काव्य में विचार कभी-कभार ही वैचारिक पहचान के रूप में मिलता है, वरना

भावनात्मक पहचानों में घुला-खिला हुआ, बिम्ब प्रतीकों में अति सूक्ष्म विश्व झिलमिलाता हुआ मिलेगा ।

नए कवियों में मध्यवर्गीय श्रेष्ठता-कुलीनता का वर्गीय बोध उनके निम्नवर्ग से जुड़ने में बाधा बना रहा । ऐसे में जो वैयक्तिक अनुभव उन्हें प्राप्त हुए, वे वास्तविकता की दृष्टि से एकांगी, बोदे और पोले सिद्ध हुए । उनमें यथार्थ का वैयक्तिक पक्ष तो प्रकट हुआ, सामाजिक सत्य छूट गया । आचार्य नन्ददुलारे वाजपेयी के शब्दों में : "वस्तुक्षेत्र में नई वैचारिकता, नए प्रस्थान और नवीन प्रश्नों की स्थिति अवश्य दिखाई देती है ।... फिर यह वस्तुपक्ष, जैसाकि कहा जा चुका है, 'एंपेरिकल' और 'इक्लेक्टिक' (अनुभव प्रमुख और अवस्तुनिष्ठ, वैज्ञानिक पुष्टि से रहित) ही बना हुआ है ।"[9] अतः नए कवियों का यथार्थ को देखने का दृष्टिकोण वैयक्तिक नहीं, व्यक्तिवादी है ।

अनुभूति का भावनात्मक रूप : उत्तरछायावादी काव्य में जो भावनाओं की अराजकता, भावात्मक विह्लता, नियतिवादिता एवं इंद्रियजीवी प्रवृत्तियाँ थीं, वे नई कविता में थोड़ी शमित हो गईं और उनकी बजाय वैज्ञानिक युगीन गांभीर्य, नई प्रश्नाकुलता, मानववादी चिंतना प्रतिबिम्बित होने लगी थी । परन्तु नई कविता की मूल अनुभूति एक ओर व्यक्तिवादी होने के कारण सामाजिक सत्य से परिपक्व नहीं हुई, दूसरी ओर भावनात्मक उत्स के कारण छुई मुई ही बनी रही । उसे नए कवियों ने अपने अहंनिष्ठ व्यक्तिवादी अनुभवों के घेरे से बाहर नहीं निकलने दिया ।

नए कवियों ने अपने बचाव पक्ष में 'अनुभूति की प्रामाणिकता' की मिथ खड़ी कर ली थी । यह मिथ, भले ही, समय के अंतराल के साथ, यथार्थ के दबाव को नहीं सह सकी और असमय ही दरक गई । लक्ष्मीकान्त वर्मा ने 'आत्मानुभूति'[10] और डॉ. जगदीश गुप्त ने 'सह-अनुभूति'[11] की चर्चा द्वारा अनुभूति की प्रामाणिकता की मिथ को ही पुष्ट किया है ।

नरेश मेहता की कविता 'चाहता मन' की काव्यपंक्तियाँ उद्धृत कर हम गृहीत अनुभूति की प्रकृति को स्पष्ट करेंगे :

गोमती तट,
दूर पेंसिल रेख सा वह बांस झुरमुट
शरद दुपहर के कपोलों पर उड़ी वह धूप की लट,
जल के नग्न ठंडे बदन पर कुहरा झुका
लहर पीना चाहता है ।[13]

गोमती तट पर शरद की दुपहर की वेला का चित्रण कवि ने किया है । उक्त समय के परिदृश्य की अनुभूति कवि को अपनी व्यक्तिगत कल्पना-भावना दृष्टि के अनुसार ऐसी हुई है कि उसे बाँस का झुरमुट पेंसिल के रेखांकन सा लगा है । शरद की दुपहर की ध ूप मानो शरदऋतुमयी नायिका के कपोलों पर लट सदृश हो और जल (नायिका) के नंगे ठंडे शरीर पर कोहरा (नायक) लहर को पीने के लिए झुका हो ।

यह सारी उद्‌भावना कवि की अपनी रुचि-प्रकृति के अनुरूप ग्रहीत अनुभूति के आधार पर खड़ी है, जिसमें काल्पनिक सौन्दर्य, भावना आकार ग्रहण कर सकी है । यहाँ सामाजिक, तथ्यात्मक या यथार्थ वैचारिक आधार ग्रहण नहीं किया गया । कवि को विशिष्ट क्षणों में विशिष्ट परिदृश्य में जो अनुभूति हुई उसका प्रमाण कवि मन है । और कवि मन में उद्‌बद्ध उद्‌भावना का प्रमाण वह परिदृश्य और क्षण हैं ।

महानगरीय परिवेश में बंदी और आर्थिक नीतियों के मारे धुआँ-धूल की नियति से बँधे फैक्ट्री मजदूरों या खेत मजदूरों और आम शहरियों का कहाँ इतना समय और अवसर मिल पाता है कि वे गोमती या अन्य किसी नदी के तट पर जाकर दुपहर तक निष्क्रिय बैठें और इस चरम अनुभूति के क्षणों की प्रतीक्षा करें; तादात्म्य अनुभव कर चमत्कृत हो सकें । उनके यथार्थपरिवेश ओर जीवनवास्तव के साथ कवि की इस आत्मप्रमाणित अनुभूति का कोई संबंध नहीं । यदि नई कविता की अनुभूति का आधार सामाजिक यथार्थ होता और सिर्फ अनुभूति को सामाजिक आशय से जोड़ा जाता और वैयक्तिक काल्पनिक अनुभूति के स्थान पर प्रत्यक्षानुभूति को अधिकृत किया जाता तो नई कविता युगयथार्थ को सही अर्थों में प्रकट करती । उससे नए भ्रमों की रचना को विराम मिलता, नए युगीन यथार्थ को अभिव्यक्ति मिलती ।

'सामाजिक आशय' से जुड़कर 'सिर्फ अनुभूति' वैचारिक अनुभूति बन जाती है; तथा वह कच्ची या बोदी नहीं रह जाती है, बल्कि पुष्ट एवं सच्चे अर्थों में प्रमाण भी अर्जित कर लेती है । सामाजिक अनुभवप्रेरक वैचारिक प्रमाण अर्जित करके सीमित वैयक्तिक दायरों की अपेक्षा समाजेतिहासिक परिपक्वता से जुड़ जाती है । तब साहित्य के सामाजिक सरोकारों को यह प्रतिफलित करती है । इस धरातल पर आकर उसका पुनःसंस्कार होता है । वह विचार की अनुवर्तिनी बनती है । अपने समय की लड़ाइयों में हिस्सेदारी कायम करके अपनी अनुगूंजें सुदूर समय तक फैला देती है । तब कविता अपनी युगीन प्रासंगिकता और प्रामाणिकता उपलब्ध कर ऐतिहासिक दृष्टि से चिरस्थायी पहचान पैदा कर लेती है, किन्तु नई कविता इस निकष पर खरी नहीं उतरती ।

नई कविता की तथाकथित सौंदर्यानुभूति के संबंध में मुक्तिबोध का कथन है : "तथाकथित सौंदर्यानुभूति के क्षणों के बाहर जाना होगा और भाव का आधार बनने वाले ज्ञान का विस्तार करना होगा । केवल एक क्षण के उत्कर्ष का चित्रण करने के बजाय, हमें लम्बी नजर फेंकनी होगी; और वह सारा तानाबाना अंकित करना होगा, जिससे वह समस्या एक विशेषकाल और परिस्थिति में विशेष रंग और रूप में विकसित और ग्रथित हुई है ।"[13] किन्तु नई कविता का पूरा मिजाज और व्यवहार उसे 'व्यक्तिमन की प्रतिक्रिया' सिद्ध करता है । नई कविता में वृहत समाज या सामाजिक मन (सामूहिक मन) का नहीं प्रत्युत एक विशेष सीमित समाज, वर्ग और परिवार में पाए जाने वाले व्यक्ति के मानस का चित्रण है । उसमें एक मनोवृत्ति है और इसीलिए वह सामाजिक आशयों और सामाजिक सरोकारों से कटी हुई व्यक्तिमन की निजी क्रिया-प्रतिक्रिया में कैद है ।

नई रोमांटिकता : नई कविता ने छायावादी कविता से अपना संबंध विच्छेद कर के स्वयं के लिए प्रयोगवादी बौद्धिक आधारभूमि का आश्रय स्वीकार किया और अपना स्थापत्य आरम्भ किया; किन्तु उसने जहाँ अबाध रोमांटिकता का विरोध किया वहाँ अनचाहे-अनदेखे ही नई रोमांटिकता को अपनी सीमा बना लिया । नए युगीन बोध-अस्तित्वबोध के नाम पर अपने लिए जो आत्मकुंठाओं के घेरे बना लिए, उनके रहते नई कविता नई रोमांटिकता की शिकार हुई । केदारनाथ सिंह के शब्दों में "प्रयोगवाद का अन्वेषण निश्चित रूप से आध्यात्मिक नहीं था । कोशिश की गई होती तो उसके वस्तुगत स्रोत का भी पता लगा लिया गया होता और उस बाह्य दबाव का भी, जिसके चलते प्रयोग एक अनिवार्यता बन गया था । परन्तु यथार्थदर्शन से उत्पन्न होने वाली कुंठा के मूल में जाने की किसी ने जरूरत नहीं समझी । दो एक कवियों में यह चेतना जाग्रत जरूर थी, पर 'तारसप्तक' का जो सामूहिक व्यक्तित्व बना उसमें वह दब सी गई ।"[14] अतः नई कविता का सामूहिक चरित्र भी एक नई प्रकार की रोमांटिकता से ग्रस्त हो गया ।

उक्त कथन को एक अन्य तथ्य से भी प्रमाणित किया जा सकता है । 'तारसप्तक' के कवि मुक्तिबोध में राजनीतिक झुकाव सर्वाधिक स्पष्ट है । इस झुकाव के कारण उनकी मार्क्सवादी-वैज्ञानिक विचारदृष्टि है जो उनके काव्य को स्पष्ट वैचारिक धार से पैना बना गई है । सप्तकीय अन्य कवियों में, लगता है, अपनी इसी विचारदृष्टि के कारण मुक्तिबोध को अवहेलित किया गया । इस तथ्य से भी प्रमाणित होता है कि नई कविता की प्रकृति अपनी तथाकथित रोमांटिकता विरोधी भूमिका के बावजूद एक नए प्रकार की आत्मकुंठा वाली रोमांटिकता की शिकार हो गई । अपनी इसी प्रवृत्ति के कारण वह विचारदर्शन का सामना करने से कतराती रही और यों कई तरह के मानसिक झुकावों, झोंकों और दृष्टियों का समुच्चय बन कर रह गई । हमारा उक्त कथन नामवर सिंह द्वारा उल्लिखित तथ्य से पुष्ट होता है : 'मुक्तिबोध को छोड़कर नई कविता का स्वीकृत होना इस बात का पक्का प्रमाण है कि नई कविता ने कहीं न कहीं पूर्ववर्ती रोमांटिकता से साथ चुपचाप समझौता कर लिया था ।'[15] इस समझौते की कार्यान्विति भी नए कवियों की रोमांटिकतावादी प्रवृत्ति को सिद्ध करती है ।

रोमांटिकता की भावना के अन्तर्गत 'प्रणय प्रसंग' भी आते हैं, जिन्हें 'तारसप्तक' में अज्ञेय ने 'दमितवासना' और 'कुंठित जीवन की अभिव्यक्ति' करने वाला घोषित किया था । उनके अनुसार 'आधुनिक युग का साधारण व्यक्ति यौन वर्जनाओं का पुंज है ।' और 'उसकी (नए कवि की) सौंदर्यचेतना भी इसी से आक्रान्त है । उसके उपमान सब यौन प्रतीकार्थ रखते हैं ।'[16] इस सन्दर्भ में उन्होंने अपनी एक कविता 'सावनमेघ' की ओर संकेत किया है, जिसे हम उद्धृत कर रहे हैं :

> घिर गया नभ, उमड़ आए मेघ काले,
> भूमि के कम्पित उरोजों पर झुका सा
> विशद, श्वासाहत, चिरातुर

छा गया इन्द्र का नील वक्ष
वज्र सा, यदि तड़ित से झुलसा हुआ सा ।
आह, मेरा श्वास है उत्तप्त
धमनियों में उमड़ आयी है लहू की धार
प्यार है अभिशप्त
तुम कहाँ हो नारि ?[17]

'अभिशप्त प्यार' से प्यार के स्वाभाविक भाव पर सामाजिक वर्जनाओं के अंकुश की विवशता तो प्रकट हुई है किन्तु नारी के प्रति जो उच्छ्वसित उत्तप्तश्वासी रवैया प्रकट हुआ है वह उसे रोमांटिकता के निकट ले जाता है । भूमि के कंपित उरोजों पर इंद्र के नील वक्ष से कवि कामोन्मत्त हुआ है । यह कामोन्माद उसके वर्जना आबाधित सोच को तोड़ देता है और कवि नारी को पुकार उठता है । प्रेम और वासना को उद्दीप्त करने वाले उद्दीपन व्यवहार को स्पष्ट लक्षित किया जा सकता है ।

इन्द्र को भूमि का संसर्ग प्रकृतिलब्ध है किन्तु भूमि पर रहने वाले मनुष्य के लिए नारी का संसर्ग सहज उपलब्ध नहीं । इस विचार को उन्मादी व्यवहार से अभिव्यक्त किया गया है । नई कविता के 'दूसरा सप्तक', 'तीसरा सप्तक' के कवियों ने अपनी कविताओं में कुंठित-वर्जित प्रेम, प्रणय प्रसंग एवं प्रकृति की व्यावहारिक क्रियाओं के द्वारा प्रतीकार्थों में अपने भावना आच्छादित विचारों को अभिव्यक्त किया है । यहाँ छायावादी कौतूहल और जिज्ञासा तो नहीं, किन्तु आवेश, उन्माद आवेग आ जाने से नई रोमांटिकता का प्रसार हुआ है । 'तारसप्तक' में ऐसी कविताएँ प्रचुर मात्रा में हैं ।

'दूसरा सप्तक' के कवियों के काव्योद्धरणों से हम इस तथ्य को स्पष्ट करेंगे । शंकुत माथुर की कविता 'पूर्णमासी रातभर' का उद्धरण है :

पूर्णमासी रात भर
पीती रही सुधा
अंक में शशि के सिमट कर
धोती रही श्यामल बदन
सुधबुध बिसार
दिन सरी श्वेत चादर ढांक
उस सुनहली सेज पर
तारकों का जाल था जिस पर बना
पूर्णिमा की सुख भरी थी रात ।[18]

पूर्णिमा और चाँद का मानवीयकरण किया गया है । पूर्णिमा रात भर प्रियतम की गोद में सिमट कर रसपान करती रही । सुधबुध भूलकर सफेद चादर ढांककर रति व्यापार में निमग्न अपना श्यामल तन धोती रही । पूर्णिमा की सुखभरी रात में तारकों का जाल

भी बना हुआ था । कवयित्री के स्वर में वर्जना नहीं है, न ही कुंठा; किन्तु छायावादी रोमांटिकता की महादेवी की छाया जरूर आ गई है । रति व्यापार में वही आभिजात्य एवं लाक्षणिकता झलक रही है ।

शमशेरबहादुर सिंह की कविता में कुंठावर्जना के स्वरों के स्थान पर स्वस्थ प्रणय के स्वर हैं :

सुन्दर ।
उठाओ ।
निज वक्ष
और कस उभर ।
स्वप्नजड़ित मुद्रामयि
शिथिल करुण ...[19]

धरो शिर
हृदय पर
वक्ष वह्नि से तुम्हें
मैं सुहाग दूँ
चिर सुहाग दूँ !
प्रेम अग्नि से तुम्हें
मैं सुहाग दूँ ।[20]

पहले उद्धरण में जिसे उभर कर सुंदर वक्ष उठाने को कहा गया है, वह नायिका स्वप्न जड़ित है; जिसका यथार्थ जीवन से संबंध नहीं है या कवि की दृष्टि स्वप्नमयी है । यदि ऐसा नहीं है तो यह गोपनभाव कैसा ! दूसरे उद्धरण में वक्षवह्नि और प्रेम अग्नि से नायिका को चिर सुहाग देने का, अहंपूर्ण आश्वासन है । शर्त यह है कि नायिका हृदय पर सिर धरे । कवि के पास शरीर धर्म की यह सीमा है । यानी नायिका द्वारा कवि के वक्ष पर सिर धर देने पर उसे कवि द्वारा प्रेम अग्नि का सुहाग मिलने वाला है, तब काम अतृप्ति तो ज्यों की त्यों बनी रही । ऐसी भी क्या झिझक ! या तो काम वासना के यथार्थ से बचने की, आँखें चुराने की लज्जायुक्त पर्दगी है यह, या फिर स्वयं के नपुंसक यथार्थ को पर्दे में रखा गया है, जिसे व्यक्ति सन्दर्भों से अधिक नई कविता के मिजाज के रूप में समझना अधिक संगत होगा ।

धर्मवीर भारती में प्रणय को लेकर न तो अतिरिक्त लज्जाभाव है और न अनावश्यक गोपन या वर्जना । प्रेम प्रणय के प्रति एक पवित्र स्वीकार और सामाजिक वर्जनाओं को ललकारता खुलापन है । मांसल प्रणय के कुंठा रहित चित्र देखें :

इन फीरोजी होठों पर बरबाद
मेरी जिन्दगी !

गुलाबी पांखुरी पर एक हलकी सुरमई आभा
कि ज्यों करवट बदल लेती कभी बरसात की दुपहर !
इन फीरोजी होठों पर !
गुनाहों से कभी मैली हुई बेदाग तरुणाई ?
सितारों की जलन से बादलों पर आँच कब आई ?
न चंदा को व्यापी अमा की घोर कजराई ![21]

अगर मैंने किसी के होठ के पाटल कभी चूमे
अगर मैंने किसी के नैन के बादल कभी चुमे
महज इससे किसी का प्यार मुझ पर पाप कैसे हो !
महज इससे किसी का स्वर्ग मुझ पर शाप कैसे हो ![22]
ये शरद के चाँद से घुले उजले नुल से पाँव,
मेरी गोद में !
ये लहर पर नाचते ताजे कमल की छाँव,
मेरी गोद में !
दो बड़े मासूम बादल, देवताओं से लगाते दाँव,
मेरी गोद में ![23]

रख दिये तुमने नजर में बादलों को साधकर,
आज माथे पर, सरल संगीत से निर्मित अधर;
आरती के दीपकों की झिलमिलाती बाँह में
बाँसुरी रखी हुई ज्यों भागवत के पृष्ठ पर ![24]

उक्त चारों उद्धरणों में एक बेबाकी है जो मांसल सौंदर्य में कहीं भी अन्यत्र देखने में नहीं मिलती । न यहाँ छायावादी रहस्यमय या आध्यात्मिक सांकेतिकता है, न कुंठित प्रणयप्रसंग है, बल्कि पारदर्शी खिलते-खुलते यौवन के सहज उद्‌गार हैं, जिन्हें सौंदर्य के नए रंगों-रूपों में, प्रतीकों-बिम्बों में अभिव्यक्ति मिली है । अत्यंत सूक्ष्म पर्यवेक्षण का परिचय देती कविदृष्टि गुलाबी पांखुरी पर पड़ी हल्की सुरमई आभा को शब्दों में बाँध लाई है । कोमल भाव के साथ यह बेखौफ विचार भी व्यक्त हुआ है कि बेदाग तरुणाई कभी गुनाहों से मैली नहीं हुई यानी सामाजिक मान्यताओं में जो गुनाह हैं, वे वास्तव में तरुणाई का गौरव हैं ।

द्वितीय उद्धरण में कवि यह विचार व्यक्त करता है कि महज होठ या नैन चूम लेना पापकर्म नहीं है, जैसा कि सामाजिक मानते हैं । तृतीय उद्धरण में प्रेमिका के संसर्ग में मांसल सम्पर्क के वर्णन में देवताओं से उपमित कर प्रणयक्रिया को धार्मिक पवित्रता देता हुआ कवि भाव का उदात्तीकरण कर गया है । तो चतुर्थ उद्धरण में रुबाई छंद की चार पंक्तियों

में एक पग और आगे बढ़कर एक अनोखी, अछूती, उपमा से चुंबनक्रिया का स्थिर चित्र अंकित किया है । प्रेमिका ने कवि (प्रेमी) के माथे पर अधर रख दिए (चूमने के लिए), कवि ने बस इतनी ही क्रिया के स्थिर चित्र को उपमित करते हुए कहा है कि प्रेमिका के अधर माथे पर ऐसे पड़े हैं ज्यों भागवत के पृष्ठ पर बाँसुरी पड़ी हो । वह भागवत झिलमिलाते दीपकों की छाँह में पड़ी हो और अधर सरल संगीत से निर्मित हों तब । आवेशमय क्षणों का सूक्ष्म पर्यवेक्षण और तटस्थ चित्रण, अत्यंत पवित्र भावों के साथ प्रणय क्रिया की सन्निधि कवि को विचारदृष्टि और औदात्य के स्तर पर बहुत ऊँचा कर देते हैं । किन्तु इस सबके पीछे पवित्रतावादी एक भावना तो जरूर लगी हुई है, जिसके माध्यम से उक्त विचार व्यक्त हुआ है । कवि का विचार किसी यथार्थवादी तर्क पर आधृत न होकर शुद्ध वैयक्तिक भावना पर आधारित है ।

प्रणय-प्रेम प्रसंग के अतिरिक्त नई कविता में प्रकृति के आलम्बनात्मक चित्रण भी रोमांटिकता की अभिवृद्धि कर रहे हैं । द्रष्टव्य हैं भवानी प्रसाद मिश्र की कविता 'मंगल वर्षा'[25] की ये पंक्तियाँ :

फुर फुर उड़ी फुहार अलक हल मोती छाये री,
खड़ी खेत के बीच किसानिन कजरी गाये री,
झर-झर झरना झरे, आज मन प्राण सहाये री,
कौन जन्म के पुण्य कि ऐसे शुभ दिन आये री,
रात सुहागिन गात मुदित मन साजन परसा री ।
पी के फूटे आज प्यार के, पनी बरसा री ।[26]

यह वर्षा की मंगल वेला की प्रसन्नता को प्रकट करते हुए कवि ने जो उपमान जुटाए हैं, वे, प्यार के, रोमांस के क्षेत्र के हैं । वर्षा की प्रसन्नता को व्यक्त करने के लिए सुहागिन के मन की खुशी से उपमा दी है । शरीर पर साजन के स्पर्श को पाकर मुदित हो रही सुहागिन की खुशी जैसा आनन्द दे रही है यह वर्षा । 'दूसरा सप्तक' में संकलित हरिनारायण व्यास की कविता 'नशीली चाँद', नरेश कुमार मेहता की 'उषस-1', 'उषस-2', 'उषस-3', 'उषस-4', रघुवीर सहाय की कविता 'बसंत' आदि में कहीं संयोग श्रृंगार के चित्र हैं तो कहीं प्रकृति का मानवीकरण करके उससे रूपयौवन-प्रेम के अर्थसंकेत दिए हैं । इन चित्रणों द्वारा रोमांटिक भावनाओं का ही प्रसार करना कवियों का अभीष्ट था ।

विषय की अपेक्षा रूपविधान पर बल : नई कविता, क्योंकि प्रयोगवादी प्रवृत्ति का विकास है , जो प्रगतिवादी प्रवृत्ति की प्रतिक्रिया स्वरूप सामने आई, अतः स्वाभाविक ही उसमें प्रगतिवादी कविता के विषय-विचार-आग्रह की अपेक्षा रूपविधान पर अधिक बल दिया गया; प्रगतिवादी काव्य में जिसका स्थान गौण था । प्रगतिवाद में साम्यवादी विचारधारा के प्रचार-प्रसार के आग्रहों के कारण रूपविधान और कलारूपों की उपेक्षा का अभिनिवेश हुआ और इसे ही प्रगतिवाद के दोष के रूप में खूब तूल भी दिया गया । स्वाभाविक था कि नई कविता इससे सीख लेकर चलती, किन्तु उधर एक दूसरी अति

दिखाई देने लगी । यानी कलारूप की सँभाल में विचारवस्तु के गौण होने का अभियोग उन्होंने गले लगा लिया ।

नई कविता पर 'विचारवस्तु' के गौण होने के आरोप का उत्तर अज्ञेय ने अपने एक प्रयोगशील लेख में 'अध्येता' (प्रवक्ता) के मुँह से दिलाया है; 'प्रयोगशील कविता में विचारवस्तु हमेशा महत्त्वपूर्ण होती है पर उसका कलात्मक उद्देश्य कभी संदिग्ध या अस्पष्ट नहीं होता, घटिया कविता में भी नहीं । घटिया प्रगतिवादी कविता में कलात्मक उद्देश्य होता ही नहीं, निकृष्ट तल पर तुलना करें, तो यह अंतर है । उच्च तल पर तो मैं कह चुका कि ऐसा विरोधी नहीं है ।"[27] किन्तु कितनी भी सफाई दी जाए सच्चे अध्येता (बनाए, गढ़े गए, खड़े किए गए नहीं) इस तथ्य को आसानी से रेखांकित कर लेते हैं । नई कविता के वैचारिक आधार के दुर्बल-उपेक्षित होने की सत्यता इससे भी सिद्ध होती है कि एक ओर नए कवियों ने कथ्य से आँखें चुराई हैं, तो दूसरी ओर अपनी नव्यता प्रदर्शित करने के लिए उन्हें शिल्प पर अतिरिक्त बल देने की जरूरत महसूस हुई है । नई कविता के प्रायोगिक आधार मुख्यतः शिल्पगत ही हैं । विचार की स्थिति तो खिलवाड़मात्र की कौतुकी भावना के पीछे इतनी नगण्य सी है कि उसे नए कवि स्वयं उठा-उठाकर दिखाने की जरूरत समझते हैं । अन्यथा स्थितियाँ, मनोभाव, क्षणिक आवेश या तोष के भाव नई कविता में प्रमुख हो उठे हैं । नागार्जुन ने अपनी एक कविता में उक्त तथ्य को व्यंग्य के माध्यम से रखा है :

नहीं-नहीं, अभी नहीं
अभी तो सिर्फ श्री गणेश है
अपने पदों को
बार बार माँजो
माँजो और माँजो, माँजते जाओ
मत करो परवाह क्या है कहना
कैसे कहोगो, इसी पर ध्यान रहे
चुस्त हो सेंटेंस, दुरुस्त हों कड़ियाँ
पकें इतमीनान से गीत की बड़ियाँ
ऐसी जल्दी भी क्या है ?
तल कर, घोल कर, बघार कर कहो
वस्तु है भूसी, रूप है चमत्कार
ध्वनि और व्यंग्य पर मरता है संसार
वाच्य या आशय पर कौन देता है ध्यान
तर्ज और तरन्नुम है शायरी की जान ...[28]

यहाँ प्रकट ही नागार्जुन का आरोप है कि नई कविता में वस्तु का भूसी के तुल्य

महत्त्व माना जाता है, चमत्कार, ध्वनि, व्यंग्य के साथ चुस्त सेंटेंस, दुरुस्त कड़ियों पर ध्यान केन्द्रित रहता है, वाच्य और आशय को पीछे धकेल दिया गया है । अतः तर्ज, तरुन्नुम और अदा ही नई हिन्दी कविताई की जान बना दिए गए उसकी रूह विचारवस्तु को नगण्य, उपेक्षित और गौण बना दिया गया ।

यह बात और है कि सप्तकों में संकलित प्रगतिवादी रुझान के कवियों की कलात्मक कविताओं के कथ्य और चेहरे को आगे करके नई कविता के पक्षधर अपनी स्थिति सँवारना बेजान समझते थे । अपने आरम्भिक दौर में शमशेरबहादुर सिंह की मुखर प्रगतिवादी स्वर की कविता 'समय साम्यवादी'[29] को उद्धृत न करके, उसी संकलन में संकलित 'बात बोलेगी' को नई कविता का पक्षधर अध्येता उद्धृत[30] करता है, तो इसलिए कि 'समय साम्यवादी' के उल्लेख से उसमें निहित विचार की स्थापना भी हो जाने का डर था, जिससे नई कविता के चरित्र से बलात्कार होने का भय था । 'बात बोलेगी' में विचारवस्तु तो है, किन्तु उसके ध्वनि आसंगों से एक यह छूट मिल जाती है कि हर कवि की अपनी वह बात बोलेगी, जिसे कवि अपनी कविता में रखेगा । बात को कवि सापेक्ष मान लिया जाकर उद्धृत किया गया लगता है । कुछ इस प्रकार कि चेहरा भी बचा रहे और बात भी अपनी अपनी, अपने प्रकार की, वह भी रहे या न रहे । हम अपने इस कथन को स्पष्ट करने के लिए पूरी कविता उद्धृत करना समीचीन समझते हैं :

बात बोलेगी
हम नहीं
भेद खोलेगी
बात ही ।
सत्य का मुख
        झूठ की आँख
        क्या देखें !
समय का रुख
        समय का रुख है :
अभय जनता को
        सत्य ही सुख है,
सत्य ही सुख ।
        दैन्य दानव; काल
        भीषण, क्रूर
        स्थिति; कंगाल
        बुद्धि; घर मजदूर ।
सत्य का
क्या रंग ?

पूछो एक संग ।
एक जनता का
                दुःखः एक ।
हवा में उड़ती पताकाएँ
                अनेक ।
दैन्य दानव । क्रूर स्थिति ।
कंगाल बुद्धि । मजूर घर भर ।
एक जनता का अमर वर ।
एकता का स्वर ।
अन्यथा स्वातंत्र्य इति ।[31]

क्या 'अध्येता' इस बात का उत्तर देगा कि उसने 'बात बोलेगी' को उद्धृत करते समय 'दैन्य दानव; काल/भीषण क्रूर/ स्थिति; कंगाल/बुद्धि; घर मजदूर' की ये चार पंक्तियाँ, जो मध्य में पड़ती थीं, क्यों छोड़ दीं ? और इनसे पहले और बाद की पंक्तियाँ उद्धृत करके पुनः अन्त की चार पंक्तियाँ उद्धृत क्यों नहीं कीं ? हम इसका कारण यह मानते हैं कि इन छोड़ी गई पंक्तियों में 'बात' को परिभाषित किया गया है तथा दैन्य के दानव, काल की भीषणता, स्थिति की क्रूरता, बुद्धि की कंगाली को घर मजदूर की सापेक्षता में उल्लिखित किया गया है । इसके बाद इन्हीं पंक्तियों की अन्त में पुनरावृत्ति के साथ 'एकता का स्वर' के विचार की स्थापना एवं वरण पर बल है, जो कि नई कविता के व्यक्तित्व में समा नहीं सकता था । इसलिए अपने मतलब की पंक्तियों को ही उद्धृत किया गया । बीच में पड़ने वाली पंक्तियों को छोड़कर तथ्य को अपने स्वार्थहित के अनुरूप खंडित करके प्रस्तुत किया गया ।

नई कविता का यह विशिष्ट 'अध्येता' प्रकारान्तर से यह सत्य स्वीकार लेता है, भले ही दबे स्वर से, कि नई कविता की प्रायोगिकता अधिकांशतः शिल्पपक्ष को लेकर ही है । विचारवस्तु के अभाव में एक नया चमत्कारी 'अनूठा रस' (बुद्धि रस ?) उसमें आ गया है ।[32] अतः कहने की अदा पर अतिरिक्त ध्यान देने के इरादों के पीछे विचारवस्तु पर से ध्यान हटाने के अभिप्राय छुपे नहीं रह सके ।

स्थितियों के प्रति तात्कालिक प्रतिक्रियाएँ : नई कविता में अधिकांशतः स्थितियों के प्रति मुक्त तात्कालिक प्रतिक्रियाओं की अभिव्यक्ति मिलती है । इस अभिव्यक्ति में फुटकर धारणाओं, भावनाओं, संशयों, जिज्ञासाओं, आशाओं, निराशाओं आदि के अनेक रूप उपलब्ध होते हैं । सामान्यतः अपनी सम्मतियों के पक्ष-विपक्ष तक सीमित रहकर निजी व्याकुलताओं, प्रश्नों और सन्दर्भों को इस प्रकार उठाया गया है कि वे अन्यों के अनुभूतिप्रसार में भी पहुँच जाती हैं । जीवन की मामूली बातों-सन्दर्भों को उठाने से, भाषा में सहज बोलचाल का मुहावरा लाने से, नई कविता के कुछ कवियों को यह सफलता भी मिली है कि उनकी बात दूसरों की भी बन गई है । केदारनाथ अग्रवाल,

भवानीप्रसाद मिश्र, भारतभूषण अग्रवाल की कविताएँ इस बात का प्रमाण हैं ।

नई कविता में वैयक्तिक अनुभूति को समष्टि तक पहुँचाने वाले कवियों में भवानी प्रसाद मिश्र को सबसे अधिक सफलता मिली है । संभवतः इसलिए भी कि वह अपने वक्तव्य और रचना में एकता साध पाए हैं । अपने विचारों को भी अनुकूल ढाल पाए हैं । उनकी वैचरिक प्रतिबद्धता की उद्घोषणा है : 'दर्शन में अद्वैत, वाद में गाँधी का, और टेकनीक में सहज-लक्ष्य ही मेरे बन जाएँ, ऐसी कोशिश है ।'[33] उनके काव्य में उक्त कथन चरितार्थ भी हुआ है :

ये कमल के फूल
लेकिन मानसर के हैं
इन्हें हूँ बीच से लाया
न समझो तीर पर के हैं ।[34]

कवि मानसर के बीच से जो काव्यकमल लेकर आया है, उसका दावा झूठा नहीं है । नए वर्ष के प्रति अपनी जिज्ञासा प्रकट करता हुआ कवि लिखता है :

ओ अपरिचित
लाओगे ! क्या लाओगे !
पूछते हैं घर
दिशाएँ
नदी-नाले
गाँव-जंगल
लाओगे ! क्या लाओगे !
गंध पहले बौर की
या फलों पर चढ़ते सुनहरे रंग,
स्पर्श हाथों का नया
या सर्द पानी-सी छुअन निस्संग
लाओगे ! क्या लाओगे !"[35]

नए वर्ष के आगमन के साथ आनेवाले प्राकृतिक नए बौर, गंध, फल के साथ मानवीय संबंधों का उल्लेख भी हुआ है कि आगामी नए वर्ष में हाथों के नए स्पर्श मिलेंगे या समय के भावी अंदेशों में घिरे लोगों के स्पर्श सर्द पानी जैसे निस्संग हो जाएँगे । भावी को लेकर स्वप्न और दुःस्वप्न की काल्पनिक संघटना यहाँ आकार ले सकी है । व्यक्त धारणाओं का आधार जीवनपरिवेश में विद्यमान घटनाएँ और क्रियाएँ हैं, जो दुःस्वप्नमयी हैं । कवि यहाँ जीवन के निकट-सूक्ष्म चित्रणों द्वारा अपने विचारों को सामाजिक स्थितियों से प्रमाणित कर रहा है ।

एक प्रकृतिचित्र एवं क्रिया के माध्यम से अपनी धारणा का प्रक्षेपण करते हुए

सर्वेश्वरदयाल सक्सेना ने काव्यमाध्यम का कैसा उपयोग किया है यहाँ पूरी कविता उद्धृत है :

तेजी से जाती हुई कार के पीछे
पथ पर गिरे पड़े
निर्जीव सूखे पीले पत्तों ने भी
कुछ दूर दौड़ कर गर्व से कहा
'हम में भी गति है,
सुनो, हम में भी जीवन है,
रुको-रुको हम भी
साथ चलते हैं
हम भी प्रगतिशील हैं ।'
लेकिन उन से कौन कहे
प्रगति, पिछलग्गूपन नहीं है
और जीवन, आगे बढ़ने के लिए
दूसरों का मुँह नहीं ताकता ![36]

प्रतिशीलता, साम्यवादी विचारधारा के अन्तर्गत एक विशिष्ट धारणा है । मोटे रूप में इससे अभिप्रेत है कि साम्यवादी विचारधारा का अनुसरण करते हुए जीवन के प्रत्येक क्षेत्र व्यापार में जड़ता एवं निगति को तोड़ना और सामाजिक उत्थान के कार्य में गति लाना । किन्तु स्वनामधन्य प्रगतिशीलों पर व्यंग्य करते हुए कवि ने उनकी वास्तविक जड़, पिछलग्गू, निगतिशीलता संबंधी अपनी धारणा को भी स्पष्ट किया है । समाजवादी विचार से साम्यवादी विचार को काटा है । अपने कथ्य को नए प्रतीकों-संकेतों से प्रेषित किया है । 'निर्जीव सूखे पत्ते' के माध्यम से पिछलग्गूपन के अर्थ ग्रहण किए हैं । ये प्रतीक विचारों के वाहक हैं । एक धारणा या विचार को विचार के अस्त्र से काटा गया है । किन्तु सामाजिकों के कार्यों, व्यवहारों-व्यापारों के बल पर अपनी व्यक्तिगत धारणा भी बना ली जा सकती है । जैसे :

सब जो हैं,
अपनी कुंठाओं के स्वामी !
बे-बस हारे लाचार
जिंदगी के खेलों में
असफल नामी
सब जो
ऊँचे लक्ष्यों से दूर,
अज्ञान-मूढ़ता-जड़ता,

निम्न तुच्छता के
भावों से भरपूर ।[37]

अपनी कुंठाओं में, अज्ञान, मूढ़ता, जड़ता में बंदी, जिन्दगी के खेलों में असफल लोगों की नियति का चित्र अंकित किया गया है । जीवन के खेल में, यथार्थ के संघर्ष में लगे लोग किन नीचाइयों पर उतर जाते हैं और ऊँचे लक्ष्यों से कितने दूर हट जाते हैं यह विचार कवयित्री की निजी धारणा के रूप में यहाँ प्रेषित हुआ है ।

अतः नई कविता में विभिन्न मनःस्थितियों, जीवनस्थितियों के प्रति तात्कालिक निजी धारणाओं-दृष्टिकोणों की अभिव्यक्तियाँ अधिक मिलती हैं; सम्भवतः इसलिए भी कि छोटी कविताओं में विचार-दर्शन के सुस्पष्ट रूप समा नहीं पाते और नई कविता के कवि विभिन्न दृष्टियों, रुचियों, पसंदों, आशाओं-विश्वासों के कवि हैं । नई कविता की यह एक विशेषता ही समझनी चाहिए कि उसमें मनःस्थितियों, जीवन-स्थितियों के प्रति विभिन्न अधिकांशतः क्षणवादी प्रतिक्रियाएँ ही व्यक्त हुई हैं ।

दार्शनिक विचारों की अभिव्यक्ति

नई कविता में विभिन्न आधुनिक दर्शनों-विचारधाराओं को भी अभिव्यक्ति मिली है । नई कविता में मार्क्सवाद, अस्तित्ववाद, गाँधीवाद, समाजवाद, अरविंद दर्शन आदि से सम्बन्धित विचार भी उपलब्ध होते हैं । नई कविता में मोटे रूप में मुख्यतः दो विचारधाराएँ अधिक प्रबल रही हैं : (1) अस्तित्ववादी विचारधारा, और (2) मार्क्सवादी विचारधारा । इनके अतिरिक्त नई कविता के कवि भावनीप्रसाद मिश्र के काव्य में गाँधीवादी विचारधारा को सर्वाधिक अभिव्यक्ति मिली है । रघुवीर सहाय, विजयदेव नारायण साही, सर्वेश्वरदयाल सक्सेना ने समाजवादी विचारधारा को अंगीकार किया है । पन्त और दिनकर के परवर्ती काव्य में अरविंद के विचारों का पर्याप्त प्रभाव देखा जा सकता है ।

अस्तित्ववादी विचारधारा एवं दार्शनिक प्रतिपत्तियों, धारणाओं को काव्याधार देने वाली कृतियों में 'असाध्यवीणा' (अज्ञेय), 'अंधायुग' (धर्मवीर भारती), 'संशय की एक रात' (नरेश मेहता), 'आत्मजयी' (कुँवर नारायण), 'एक पुरुष और' (विनय) आदि को रखा जा सकता है ।

अस्तित्ववादी दर्शन व्यक्ति केन्द्रित होने के कारण व्यक्ति की निरपेक्ष सत्ता, चिंतन एवं आस्तित्विक अनुचिंतन की व्यक्तिवादी प्रक्रियाओं का हामी है । स्वतंत्रता, अभिव्यक्ति, चयन आदि की दार्शनिक प्रपत्तियों के विकास में भी उसकी यही विचार-प्रक्रिया स्वरूप लेती हैं । यहाँ व्यक्ति सर्वोपरि है । नई कविता में अस्तित्ववादी दर्शन के अधीन अनुभव एवं भाव के स्तर, बोध के धरातल ही भिन्न हो जाते हैं । वैयक्तिक विचार की बुनावटें तो मुखर हो उठी हैं, किन्तु सामाजिक चिंतना गौण हो गई है । अनुभवों की इस अलग-थलग प्रक्रिया के परिणामस्वरूप विचार की बाह्य टकराहट प्रायः स्थगित रह जाती है । इस कारण

वह कर्म में परिणत नहीं हो पाता । यह सामाजिक कटाव का परिणाम है ।

नई कविता में ऐसी अनेक कविताएँ भी मिलती हैं जिनमें सामाजिक चेतना विद्यमान है और जहाँ मानववादी, मानवहितैषी विचारों को स्थान मिला है ।

धर्मवीर भारती का स्वर समष्टि तक व्याप्त होता है, इसलिए कि उसमें समष्टि चिंता व्याप्त है :

सृजन की थकन भूल जा देवता !
अभी तो पड़ी है धरा अनबनी,
अभी तो पलक में नहीं लिख सकी
नवल कल्पना की मधुर चाँदनी
अभी अधखिली ज्योत्स्ना की कली
नहीं जिंदगी की सुरभि में सनी
अभी तो पड़ी है धरा अनबनी
अधूरी धरा पर नहीं है कहीं
अभी स्वर्ग की नींव का भी पता !
सृजन की थकन भूल जा देवता ![38]

कवि की चिंता का विषय अनबनी पड़ी धरा है, जिसे पूरा बनाना, सँवारना, मधुर चाँदनी, ज्योत्स्ना और जिंदगी की सुरभि से पूर्ण करना शेष है । यानी नए मानवमूल्यों न्याय, सुरक्षा, स्वतंत्रता, मुक्ति आदि से धरावासियों के जीवन को सँवारना शेष है । अपने विचार को कवि ने 'मधुर चाँदनी', ज्योत्स्ना की 'अधखिली कली' के बिम्ब-प्रतीकों से मूर्त किया है ।

रघुवीर सहाय की अनुभूति में वैचारिक-बौद्धिक गम्भीरता अपेक्षाकृत अधिक है क्योंकि उनकी कविताएँ 'संशय', 'कोशिश', 'अनिश्चय', 'एकोऽहं बहु स्याम', आदि अपने शीर्षकों द्वारा, अपनी अन्तर्वस्तु के निर्वाह द्वारा वैचारिक प्रक्रियाओं के अधिक निकट हैं । फिर कवि का स्वयं का विश्वास भी है : 'सामाजिक यथार्थ के प्रति अधिक से अधिक जागरूक रहा जाए और वैज्ञानिक तरीके से समाज को समझा जाए ।... विचार वस्तु का कविता में खून की तरह दौड़ते रहना कविता को जीवन और शक्ति देता है, और यह तभी सम्भव है जब हमारी कविता की जड़ें यथार्थ में हों ।'[39] अतः स्वाभाविक ही है कि कवि के दृष्टिकोण में यथार्थ ग्रहण की प्राथमिकता आ जाए :

मैं, तुम, यह, वह
मम के चारों कोने
और व्यक्ति की ये सीमाएँ
कब टूटेंगी ?[40]

जागें जन-जन,
ज्योतिर्मय हो दिन का क्षण-क्षण
जो स्वप्नप्रिये, उन्मीलित कर दे आलिंगन
इस गरम सुबह, तपती दुपहर
में निकल पड़ें
श्रमजीवी, धरती के प्यारे ।[41]

प्रथम उद्धरण में व्यक्ति की सीमाएँ 'मम' के चारों ओर की घेराबंदी के टूटने और उसके समष्टि में विलय की कामना तथा द्वितीय उद्धरण में जन जन के जागरण की, श्रमजीवी जो वास्तव में धरती के प्यारे हैं, की वास्तविक सचेतनता का विचार चिंताकुल रूप में व्यक्त हुआ है, जिसके पीछे कवि का समाजवादी रुझान स्पष्ट है । स्वप्नप्रिया को अपना आलिंगन छोड़ दोपहरी की तपन के एहसास को अंगीकार करना है । यथार्थ का सामना करना है । यथार्थ का विचार, श्रमजीवी और धरती के प्यारे मजदूरों के तपती दोपहर में निकल पड़ने के प्रमाण से पोषित है ।

विजयदेवनारायण साही समाजवादी प्रतिबद्धता के कवि हैं । उनकी कतिपय कविताओं में समाजवादी विचार आए हैं, किन्तु उनकी प्रवृत्ति भावना-आविष्ट है । शेष अधिकांश कविताओं में मनःस्थितियों के प्रति तात्कालिक धारणाएँ ही व्यक्त हुई हैं :

मैं आज सरल धरती का अभिलाषी,
उठ रहा धुएँ-सा बल खाता शहरों का कोलाहल,
जिसकी ऐंठन में डूब रहे मेरे सपने झलमल,
हर शाम यहाँ मानव-लहरों से भर जातीं सड़कें
हर बूँद अकेली किन्तु, अकेला सब का रंग महल;
वैभव वाले ये राज-भवन, जगमग सुख के साधन,
ये इन्द्र-धनुष से रंग-भरे जग के अनमोल रतन,
पड़ कहीं न जाय धूल तृषित अरमानों की मेरे
मेरे ही सपने आज बचाते हैं मुझसे दामन ।[42]

कवि ने अपनी विचार-दृष्टि अभिव्यक्त की है कि वह सरल धरती का निर्माण करना चाहता है । यह क्या कि सरल जीवन के स्थान पर महानगरों का शोर उठ रहा है ? इसकी ऐंठन में कवि के सभी झलमल सपने डूबते जा रहे हैं । इन महानगरों की सड़कें हर शाम मनुष्यों से भर जाती हैं जहाँ हर व्यक्ति अपने आप में अकेला है । दूसरी ओर अलग-थलग पड़े, जगमग सुख-साधन से भरे-पूरे राज-भवन उठ आए हैं । इन पर अभावग्रसित, शोषित, तृषित इच्छाओं की धूल न पड़ जाए । अर्थात् जिनके बल पर ये राज भवन उठे हैं, उनकी स्थिति अत्यन्त दयनीय है । उनकी क्रुद्धदृष्टि इन महलों को धराशायी न बना दे । यह स्थिति की विडंबना है कि जो सपने कवि ने गढ़े थे सुखद-सामाजिक जीवन के वे आज स्वयं कवि से ही मुँह चुरा रहे हैं : दामन बचा रहे हैं ।

अब हम नई कविताओं को विचारतत्त्वों के निकष पर कस कर देखना चाहेंगे ।

परिज्ञान

समस्या-स्थिति के परिज्ञान में नई कविता के कवि की दृष्टि में निहित भावनात्मक कोण और विह्वल-व्याकुल भाव कहीं भी छूट नहीं पाते । उसके व्यवहार पर भावना का अंकुश इतना कड़ा है, कि वह उससे इतर सोच नहीं सकता । 'दर्द' और 'नेह' की पहचान से लेकर आत्मदया तक की भावना जगाने में उसका दृढ़ विश्वास वस्तुनिष्ठ प्रत्यक्ष ज्ञान की प्रक्रिया के सर्वथा विपरीत पड़ता है ।

इस दुखी संसार में जितना
बने हम सुख लुटा दें;
बन सके तो निष्कपट मृदु हास के,
दो कण जुटा दें;
दर्द की ज्वाला जगायें, नेह
भीगे गीत गाते ही रहें
फिर रीत जायें;
यह कि तब पछताएगी अपनी
विवशता पर प्रलय भी ।
मत रहे यह झोंपड़ी
मिट जाय फिर नीलम-निलय भी ।[43]

'प्रलय' शीर्षक कविता में इस विचार को प्रतिपादित किया गया है कि प्रलय आए तब भले ही झोंपड़ी भी न रहे और नीलम-निलय भी मिट जाए । स्थिति के परिज्ञान में दुखी संसार का चित्र उभरता है । इस संसार को सुखी बनानेवाले समाधान में कवि सुख और मृदुहास लुटाने का सुझाव देता है । कवि स्वयं के लिए ज्वाला, नेह भीगे गीत गाते हुए रीत जाना श्रेयस्कर मानता है । तब निश्चय ही प्रलय भी पश्चाताप करेगी ।

संसार के दुखी होने के कारणों में और इस प्रलय की अवधारणा में वर्गविभाजन के या वैज्ञानिक-औद्योगिक विकासजन्य आधुनिक-सामाजिक कष्ट-क्लेश के प्रति कहीं कोई स्पष्ट उल्लेख या संकेत नहीं । हाँ, विनाश प्रक्रिया का चित्रण अवश्य मार्मिक है । कहीं पता नहीं चलता कि कवि ने संसार को दुखी किन कारणों से माना है । उसकी इस मान्यता का आधार भौतिकता की वृद्धिजन्य हाय-हाय भी नहीं । कविता के हेतु का प्रकट आधार गायब है । हाँ, परम्परित यह अवधारणा, कवि-मन में, कार्य करती लग सकती है कि यह संसार दुखों का घर है । अतः वस्तुस्थिति का ज्ञान अधूरा और अप्रत्यक्ष रह जाने से परिज्ञान भी अधूरा रह जाता है ।

फिर समाधार में, प्रलय के साधन पक्ष में कवि की भाव-विह्वल, सुदूर वायवी काल्पनिक एप्रोच एवं सामाजिक-पारिवेशिक सन्दर्भहीनता के कारण जो दृश्य चित्रण हुआ

है, वह भी आधुनिक सामाजिक किसी समस्या-स्थिति से उद्भूत न होने के कारण कोई वैचारिक प्रभाव नहीं छोड़ता । इसी प्रकार 'दूसरा सप्तक' में ही संकलित 'टूटने का सुख' कविता में भी कवि किसी वैयक्तिक-स्वभावगत सुख को चित्रित कर पाया है । वैयक्तिक प्यार के बन्धन, पहचान के सूत्र टूटने पर कवि दुख की अतिशयता में सुख की कल्पना करता है, जिसे शरद के रसहीन बादल; श्लथ-बन्धन, पीले पड़ चुके फूल आदि के प्रतीकार्थों के माध्यम से कह रहा है ।

भवानी प्रसाद मिश्र द्वारा चुने गए अद्वैतदर्शन और गाँधीवाद उनकी बाद की कविताओं में उत्तरोत्तर परिपक्व होता गया है । उसे प्रमाण मिला है अपने जीवन परिवेश के यथार्थ ज्ञान में । 'गीत फरोश' कविता में व्यंग्य के द्वारा जो विचार खड़ा किया गया है, वह समाज में कवि, कविता और कला की स्थिति के अतिरिक्त समाज की कलात्मक मूल्यमयी दृष्टि की क्षीणता एवं निरासक्तिमयी उपेक्षा की पहचान कराता है :

> मैं बिलकुल अंतिम और दिखाता हूँ
> या भीतर जा कर पूछ आइए, आप ।
> है गीत बेचना वैसे बिलकुल पाप;
> क्या करूँ मगर लाचार हार कर
> गीत बेचता हूँ ।
> जी हाँ, हुजूर, मैं गीत बेचता हूँ ।[44]

समाज व्यवस्था और राजनीतिक व्यवस्था द्वारा कला की उपेक्षा पर इससे करारा व्यंग्य क्या होगा कि कवि को लाचार होकर गीत कला को बेचना पड़ रहा है; जबकि यह बोध भी उसे है कि कला को बेचना पाप है । 'भीतर जाकर पूछ आइए, आप' से कवि का संकेत शासन व्यवस्था के भीतरी उस हलके से भी है जहाँ वस्तुओं-व्यक्तियों-कलाओं संबंधी नीति निर्धारण होता है । भारतीय लोकतंत्रीय व्यवस्था में कवि लाचारी की अंतिम सीढ़ी पर खड़ा है ।

बीसवीं शताब्दी के भयावह परिवेश का चित्रण कर परिदृश्य की अत्यन्त क्रूर पहचानों को गिरिजाकुमार माथुर ने इस प्रकार उभारा है :

> खत्म हो जाने दो
> जितनी भी जल्दी हो
> घाव पर बैठी हुई मक्खी-सी
> आधी विक्षिप्त सदी
> निकली हुई मन की कत्लगाहों से
> नस काट, ख़ून पीती, मादा चिमगादड़
> वैम्पायर, भूतनी
> नफरत की राजनीति

बैठी हुई
ढेर जली लाशों
मलबे बने शहरों
वियतनाम के मसानों में
वहशी गुरिल्ला ग्रेनेडों में
सभ्यता को फोड़ती
आसमानी डकैतियों में अकस्मात
टाइम-बमों की मरती चीखों में मिली आवाज
उत्सवों के खुले माथे
दागी पिस्तौलों के घोड़े पर
मिस्मार जल-बाँधों में
पानी में छोड़े रसायनी जर्म-जहरों में [45]

'नफरत की राजनीति' के द्वारा 'आधी विक्षिप्त सदी' कितनी घातक-क्रूर और जानवर हो चुकी है, इसका परिचय कवि ने प्रस्तुत किया है । इस सदी के लोग आधे पागल हो चुके हैं, उनके मन कत्लगाहों में बदल गए हैं । इस धरती पर लाशों के ढेर हैं, बमों से ध्वस्त मलबा बन चुके शहर हैं, आसमानी डकैतियाँ हैं, टाइम-बमों की मार से मिली चीखें, दागी जाती पिस्तौलें और सार्वजनिक पीने के पानी में रसायनी जर्म और जहर घोले जाते हैं । इस प्रकार सामूहिक हत्याएँ करने वाली, निम्नतर स्तरों को छूती राजनीति ने इस सदी को घाव पर बैठी घिनौनी मक्खी या घृणित बना दिया है । यह बीसवीं सदी का यथार्थ परिवेश है ।

दूसरी ओर भारतीय परिवेश में आधुनिक-औद्योगिक सभ्यता के विस्तार में बड़े के नगरों-कारखानों के विस्तार से वहाँ वासियों और कर्मचारियों की वास्तविक स्थिति का ज्ञान मदन वात्स्यायन की काव्यपंक्तियों में उभरा है :

ओ मेरे अफसर,
तुम ने मेरे हृदय में अन्धकार भर दिया,
मेरी आँखों की उषा छीन ली,
मेरा हँसमुख हृदय संध्या के रंगीन बादलों की तरह
धीरे-धीरे फीका पड़ता-पड़ता काला हो गया है ।
मैं मर रहा हूँ ।
तुम सरकारी अफसर हो, तुम्हारा काटा पानी नहीं माँगता ।
कानून की दरार में से तुमने गोली चलायी,
और मुझे चुपचाप सुला दिया ।
अपने फाइलों के जंगल में ले जाकर तुमने मुझे कत्ल कर दिया ।[46]

देशीय शासन व्यवस्था की तरह ही शासन-तंत्र के भ्रष्ट-अमानवीय और कातिलाना व्यवहार को व्यंग्य विचार के द्वारा उद्घाटित किया गया है । शासन और शासनतंत्र के व्यवहार तथा रीति में माध्यम का अन्तर तो है नीति का नहीं, सबसे क्रूर स्थिति व्यक्ति से उसकी संवेदना छीन लेना है ! हृदय में अंधकार भर कर, आँखों की ज्योति छीनकर उसे पशुवत् बना देने वाले तंत्र में कानून की दरारें और फाइलों के जंगल हैं । ये फाइलें ही कत्लगाह हैं जहाँ मनुष्यों को ज़िबह किया जाता है ।

अनुचिंतन

अनुचिंतन में कवि मन की स्थिति सापेक्ष क्रियाशीलता मुख्य रहती है । पूर्व संचित ज्ञान एवं अनुभवविशेष तर्कशीलता में प्रतिक्रिया करते हैं, यह एक प्रकार की मानसिक पुनरीक्षण की क्रिया ही है । इसमें स्मृति-कल्पना अपने प्रबल वेगवान रूप में उपस्थित होकर सोच को गति देते हैं । रघुवीर सहाय की 'कोशिश' कविता इस प्रक्रिया का अच्छा उदाहरण है । यहाँ अनुचिंतन की क्रिया कविता के संगठनात्मक ढाँचे में भी लक्षित की जा सकती है :

पीछे, पीछे, पीछे - अपने हटते जाओ,
ओ हटो, हटो जाने दो
पीछे जाने की दो राह मुझे, मैं लौट रहा हूँ
जैसे बैठे ही बैठे; उठती जाती है देह उर्ध्व में...
आता-जाता है याद सभी कुछ, एकएक कर
ठिठक-ठिठक जाते हैं; सम्मुख चित्र विगत के;

कोई तो मेरे ऊपर मुस्काता है
कोई मुझको गुस्से से घूर देखता है
क्या ? पश्चाताप ? नहीं, यह मेरा ध्येय नहीं
मेरे जीवन की कोई घटना हेय नहीं
कुछ कर न सका इसका भी मुझे खेद नहीं
लेकिन अब जो करना है उसकी चिंता है ।

मैं जुटा रहा हूँ अपनी सब पिछली बातें,
सपने, वादे, निश्चय, भूलें, दिन और रातें
अब शेष नहीं रह गया नया कुछ होने को,
बस इधर पुराने जैसे पड़ते जाते हैं
कोरे कागज पर तुरत लिखे गीले अक्षर
जो सूख रहे हैं मेरी आँखों के आगे ।[47]

जीवन-जगत में कुछ विशेष करने के अरमान कवि में व्याकुलता बनाए हुए हैं ।

किन्तु वह हारा नहीं है । अभी भी उसकी कोशिश चुकी नहीं, वह अपनी नाकामयाबी पर विचार करने अपने अतीत में लौटता है । यह लौटना ऊर्ध्वमुखी प्रक्रिया है । इस प्रक्रिया में कल्पना के सहारे कवि अपने अतीत के एक-एक चित्र का पुनरवलोकन करता है । कवि की असफलता पर उसे मित्रों के क्रोधित-घूर रहे चेहरे याद आते हैं । किन्तु कवि को इस सबका पश्चाताप इसलिए नहीं, क्योंकि उसे विश्वास है कि उसके जीवन की कोई भी घटना हेय नहीं रही, पर उसे अब भी जो करना है, उसी की चिंता है । स्थिति की, पुनरीक्षण की, इस प्रक्रिया में विचार के अनुचिंतन पक्ष का परिचय मिलता है । अपने भावी कार्य को पूर्ण-सफल बनाने हेतु कवि अपनी अतीत बातों को जुटाता है । उसके सम्मुख जो सपने, वादे, निश्चय, भूलें रही हैं उनसे उसे शिक्षा लेनी है । किन्तु अंततः उसे लगता है, नया कुछ भी होने को अब शेष कुछ नहीं रहा । एक निराशा उसे घेर लेती है । भले ही यह निराशावादी विचार पाठक को कविमुख से अपेक्षित न लगे किन्तु इससे स्थिति के पक्ष में अनुचिंतनात्मक प्रक्रिया का विकास स्पष्ट हो जाता है ।

एक अन्य कविता 'अनिश्चय' में भी रघुवीर सहाय वैचारिक प्रक्रियाओं से गुजरने की अपनी प्रक्रिया को स्पष्ट करते हैं :

किया है घबरा के खुद अपना निरीक्षण मैंने
अपने में लौट गया था मेरा मन ऐसे ही ।
पर इसका अर्थ नहीं मैं सदा निष्क्रिय ही रहा
मैंने तो चिंतना की तपश्चर्या में गला डाला हृदय
ताज्जुब, मैंने सदा सोचा हृदय में, अपने माथे में नहीं
मेरे अंगों ने सोचा, खून ने मेरे सोचा
किन्तु क्यों
जब मेरे विचारों ने बाहर आना चाहा
जैसे सहमा हुआ खरगोश, उठाता है झाड़ियों से
नन्हे सिर को तनिक
चूके निशाने का देखें धुआँ कम हुआ या नहीं
ऐसे जब मेरे विचारों ने कुछ समझना चाहा
चलते-चलते जैसे लिखता है कोई कागज पर
ऐसे हिले-डुले मेरे अन्दर से वे अक्षर निकले ।[48]

अनुचिन्तन की प्रक्रिया आत्मनिरीक्षणपरक है । विचार की अनुचिंतन प्रक्रिया में कवि स्थिति-समस्या के परिज्ञान के उपरान्त चिंतन की, मानसिक विचार-विमर्श, तर्क-संवाद की आंतरिक जिन क्रियाओं से गुजरता है, उसका चित्रण यहाँ भलीभाँति मिलता है । आगामी बातों का आभास होने या भविष्य चिंता होने पर आत्म निरीक्षण करता है । बाह्यस्थिति की सापेक्षता में अपने निज की भीतरी रणनीति ('स्ट्रेटेजी') का जायजा लेता है । क्षमता-अक्षमता स्वीकार-नकार की ताकतों को तौलता है । बाहर से निष्क्रिय लगने वाली

यह भीतरी सक्रियता तर्कयुक्त एवं अनिवार्य तपश्चर्या ही समझें । इसका ताप सहे बिना स्थिति का संधान हो नहीं सकता । अनुचिंतना की गहराई और धैर्य में कवि-व्यक्ति का मन सोने की कुठाली का काम करता है, जिसमें रखा सोना ताप खा पिघलकर निखर उठता है और उसका मूल तत्त्व सुरक्षित भी बना रहता है ।

अनुचिंतन में कवि का मात्र मस्तिष्क ही कार्यरत नहीं होता, हृदय, ज्ञानेंद्रियाँ और खून भी इस सोच में भागीदार बनते हैं । या यों कह लें कि किसी दार्शनिक चिंतक का सोचना केवल मस्तिष्क की क्रिया है, जबकि कवि के सोचने में चिंतन व्यापार में मन ज्ञानेंद्रियाँ एवं रक्त भी पूरा दखल रखते हैं । और तब उसके विचार स्थिति-समस्या-व्यवहार को समझने लगते हैं । बाह्यस्थिति एवं विचार से मुठभेड़ की स्थिति में आते हैं, यही द्वंद्व तनाव की स्थिति है । इसके उपरान्त उन्हें अक्षर मिलने लगते हैं । सोच सवाक् हो उठती है । इसके सवाक् होते ही भीतर निर्णय चमक उठते हैं । कवि भीतरी किन्हीं निष्कर्षों को प्राप्त कर लेता है । संवेदनात्मक उद्देश्य गहराने लगते हैं । निर्णय आकार ग्रहण करते हैं । समूची विचार प्रक्रिया रचनात्मक अभिव्यक्ति में जुट जाती है, जो रचनात्मक प्रतिफलन के रूप में उपलब्ध होती है ।

उक्त काव्य उद्धरण में अनुचिंतन की प्रक्रिया न केवल घटित हो रही है, प्रत्युत्तर प्रमाण भी मिल रहा है । रघुवीर सहाय गम्भीर विचार प्रक्रिया के कवि हैं । विचारवस्तु और कविता का नाता उनके निकट, खून और देह का नाता है । विचारवस्तु का कविता में खून की तरह दौड़ाते रहना कविता के जीवन और शक्ति के लिए वह अनिवार्य समझते हैं । अतः यह विचार मात्र प्रत्यात्मक, ठस्स या रूढ़ न होकर समूची काव्य प्रक्रिया में समाया हुआ है, इसलिए सक्रिय-आत्मिक तत्त्व है ।

द्वंद्वात्मक तनाव

नई कविता में भी द्वंद्वात्मक तनाव की पहचान मिलती है । इस पहचान को मुक्तिबोध ने सर्वाधिक गहराई से समझा और व्यक्त किया । बाह्य और आंतरिक मूल्यगत दूरियों और वैचारिक सरोकारों के कारण द्वंद्व और तनाव का समीकरण उनके काव्य को सबसे पृथक् आभास में ढाल सका । कविताओं की लम्बाई का आयाम भी द्वंद्वात्मक तनाव ही है । इस तनाव की उपस्थिति उनके काव्य में जीवनगत तनाव के समान्तर ही उभर आई है । और यह सर्वविदित तथ्य है, कि उन्होंने जीवन और जीवनगत मूल्यों के तुल्य ही काव्य और काव्य मूल्यों को महत्त्व दिया है । मुक्तिबोध के काव्य में, नई कविता के अन्य कवियों के काव्य से हट कर, तनाव का संबंध वैचारिक दृष्टिगत है । नई कविता के अधिकांश कवियों में तनाव की स्थिति क्षणसापेक्ष घटनाओं, संबंधों, प्रतिक्रियाओं तक सीमित है । गहरे वैचारिक द्वंद्वों से उत्पन्न तनाव गहरी वैचरिक आकुलताओं से ही उत्पन्न होता है :

> अन-खोजी निज समृद्धि का वह परम उत्कर्ष,
> परम अभिव्यक्ति...

मैं उसका शिष्य हूँ
वह मेरी गुरु है,
गुरु !!
वह मेरे पास कभी बैठा ही नहीं था,
वह मेरे पास कभी आया ही नहीं था,
तिलिस्मी खोह में देखा था एक बार,
आखिरी बार ही ।
पर, वह जगत की गलियों में घूमता है प्रतिपल
वह फटेहाल रूप ।
तड़ितरंगीय वही गतिमयता,
अत्यन्त उद्विग्न ज्ञान-तनाव वह
सकर्मक प्रेम की वह अतिशयता
वही फटेहाल रूप ।[49]

इस 'अत्यन्त उद्विग्न ज्ञान-तनाव' को मुक्तिबोध ने ही सर्वाधिक पहचाना, जो युगीन अभिव्यक्ति का अनिवार्य गुण है । उन्होंने ज्ञान तनावमयी इस अभिव्यक्ति की विशिष्ट प्रक्रिया को भी स्पष्ट किया है :

परम अभिव्यक्ति
लगातार घूमती है जग में
पता नहीं जाने कहाँ, जाने कहाँ
वह है ।
इसलिए मैं हर गली में
और हर सड़क पर
झाँक - झाँक देखता हूँ हर एक चेहरा
प्रत्येक गतिविधि,
प्रत्येक चरित्र
व हर एक आत्मा का इतिहास,
हर एक देश वह राजनैतिक परिस्थिति
प्रत्येक मानवीय स्वानुभूत आदर्श
विवेक प्रक्रिया, क्रियागति परिणति !![50]

इस विवेक प्रक्रिया, क्रियागत परिणति के बाद उन्हें जो स्थितियाँ और मानसिकता उपलब्ध होती है वह समभावमयी-शांतिदायी न होकर विषम विचारमयी-अशान्त और उद्वेलित करने वाली है, क्योंकि उसमें हर गली, हर सड़क पर हर चेहरे को झाँकते-आँकने की उत्सुकता है । कवि प्रत्येक गतिविधि, प्रत्येक चरित्र तथा हर एक आत्मा का इतिहास

जान लेना चाहता है । वह प्रत्येक देश की राजनीतिक स्थिति एवं प्रत्येक मानवीय स्वानुभूत आदर्श को, विवेक की सम्पूर्ण प्रक्रिया को और क्रियागत परिणति के समूचे विज्ञान को अभिव्यक्ति का अभिन्न विषय बनाकर देखता है, जिससे अभिव्यक्ति 'परम अभिव्यक्ति' बन जाती है । इस सम्पूर्ण प्रक्रिया को स्वीकार कर उसमें से निकलना, द्वंद्वमयता को संघर्ष को स्वीकार कर एक लगातार तनाव की स्थिति का साक्षात्कार कर चित्रित किया है :

है इसी से तीव्रता इतनी विशिख में
प्रखर प्रत्यंचा इसी से खिंच रही
इतनी असह इतनी कठिन...
ओ क्रान्तिदर्शी,
यहीं तो संघर्ष है
आलोक के तम के प्रबल इस द्वंद्व में ।
त्रस्त युग की तीव्रता
अंधी बुभुक्षा
है यहीं संचित प्रबल
अनिवार्य प्रतिहिंसा भरी...[51]

यहाँ भी क्रान्ति दृष्टि और साम्यवादी जीवन-दृष्टि के अंगीकार के फलस्वरूप द्वंद्व और संघर्ष उभरा है । युग की त्रासद बुभुक्षा के संचित होते रहने से प्रतिहिंसा का अनिवार्य हो जाना भी लाजमी है । यह बाह्य-सामाजिक संघर्ष जब चेतना के स्तरों पर उतरता है, महसूस किया जाता है, जब वह तनाव की कोटि में पहुँचकर कवि-कलाकार को सृजनोन्मुख करता है । बाह्य-अन्तः की टकराहटों से घहराता सर्जक का मन कला माध्यम के अनुकूल अभिव्यक्ति पा लेता है । युगीन यातना एवं त्रासदी को चेतना पर लगातार सहने के कारण कवि के भीतर एक असह एवं कठिन खिंचाव उभर आता है । यह तभी सम्भव हो पाता है जब कवि जगतगति को स्वयं में व्याप्त होने देता है । अपने परिवेश-अपने वर्ग के साथ आत्मीय स्तरों पर जुड़ता है । उसके सारे क्लेश-कष्ट अपनाकर लगातार द्वंद्व और तनाव की स्थितियों को जीता है :

चक्र से चक्र लगा हुआ है...
जितना ही तीव्र है द्वंद्व क्रियाओं घटनाओं का
बाहरी दुनिया में,
उतनी ही तेजी से भीतरी दुनिया में,
चलता है, द्वंद्व कि
फिक्र से फिक्र लगी हुई है ।[52]

बाहरी दुनिया की क्रियाओं-घटनाओं की तीव्र द्वंद्वमय गतियाँ ही भीतरी द्वंद्व बन कर परिचालित होती हैं, बशर्ते कविचेतना उन्हें आत्मसात कर सके, बाहरी फिक्र को आन्तरिक

फिक्र का विषय बना लें, बाहरी चक्र भीतरी चक्र से सम्बद्ध होकर चलायमान हो, तभी वैचारिक द्वंद्वमयता गहराती है और सृजनात्मक तनाव आकार लेता है । उक्त उद्धरणों में जहाँ द्वंद्वात्मक तनाव परिभाषित हुआ है वहाँ इसकी विशिष्ट तात्विक पहचान भी उपलब्ध हुई है ।

नई कविता में द्वंद्वात्मक तनाव के इस गहरे दृष्टिगत-विचारधारात्मक स्वरूप के अतिरिक्त क्षण सापेक्ष स्थितियों की प्रतिक्रियास्वरूप भी द्वंद्वपूर्ण तनाव की अभिव्यक्ति मिलती है । अभिव्यक्ति में स्थितियों-दशाओं की विश्लेषणपरक या जिज्ञासु उधेड़ और चीड़फाड़ के स्थान पर भावुक लगाव, आत्ममुग्धता मिलती है । शमशेरबहादुर सिंह की कविता इस प्रवृत्ति का प्रतिनिधित्व करती है :

यही द्वंद्व मेरी भी आदिम स्वयंभूत कला का
तुम्हारी तटस्थ कलाशक्ति
से होता है : मैं धन्बा पर टंकार
साधे हुए हूँ
तुम्हारे मर्म की ओर ।[53]

यहाँ भी कला का द्वंद्व रूपायित हुआ है और 'धन्बा पर टंकार' में तनाव की पहचान स्पष्ट हुई है किन्तु आत्मश्लाघापूर्ण अहंस्फीति का भाव आ जाने के कारण उसकी स्थिति मानसिक उद्वेग पर आधारित है, वैचारिक ऊर्जा से प्रस्फुटित नहीं प्रतीत होता ।

अतः नई कविता में द्वंद्वात्मक तनाव के वैचारिक रवैये और सरोकार की अपेक्षा भावात्मक रवैया और भावनात्मक सरोकार ही अधिक उपलब्ध होते हैं :

उमड़ता ही रहेगा उत्तप्त ताजा लहू
धरती से अजस्र, अशेष, आती ही रहेगी धार,
यातना के बीच मेरा गर्व देता है चुनौती
कौन छीजेगा प्रथम :
रिसती समय की रेत, या अनुभूति का यह क्षुब्ध पारावार ?
इसलिए, ओ दंशिनी !
मैं नहीं हूँगा मौन या श्रीहीन;
लो, सिमटती चेतना में
हुलस आई हैं वही पावन, समर्पित वन्हियाँ :
मंद, भीगे स्वरों में
फिर ध्वनित है हर पोर :
घिरी चारों ओर, चारों ओर, चारों ओर, चारों ओर...[54]

उत्तप्त ताजे लहू की अजस्र-अशेष धार का धरती से फूटते रहना और 'यातना भोगती चेतना' से निश्चय ही द्वंद्वात्मक तनाव का व्यवहार प्रकट होता है, किन्तु उसके उत्स

में भावनात्मक मसृणता की चमक अधिक साफ है । साथ ही 'मैं' का गर्वपूर्ण कथन कि 'मैं' नहीं हूँगा मौन या 'श्रीहीन' तथा 'मंद, भीगे स्वरों' में ऐंद्रिकता भावनापन्न परिणति की सूचक है । 'चारों ओर' शब्द की पुनरावृत्ति भी भावस्फीति को ही प्रकट करती है ।

अतः नई कविता में द्वंद्वात्मक तनाव बहुधा भावनात्मक रूप में ही मिलता है ।

निर्णय

निर्णय की प्रकृति बाह्य आरोपित न होकर सृजन प्रक्रिया की परिणति के रूप में ही प्रकट होती है । विचारप्रक्रिया के सोपानों से गुजरते हुए निर्णय ढूँढ़े जाते हैं, थोपे नहीं जाते । उन्हीं की स्वीकृति यहाँ अपेक्ष्य है । वस्तुतः रचनाकार रचना के माध्यम से निर्णयों की तलाश में निकलता है । यह हो सकता है कि किन्हीं पूर्वनिर्धारित-निश्चित निर्णयों को कवि प्रस्थानबिन्दु बनाकर उड़ान भरे, उनके सामने रचना प्रक्रिया के दौरान प्रश्नचिन्ह लगाए, उनसे नए निर्णयों का दोहन करे, किन्तु विचारधारात्मक-दार्शनिक प्रपत्तियों-प्रत्ययों को वह अस्वीकार कर इस तलाश में लगता है । इसकी विस्तृत परिभाषा एवं व्याख्या हम अलग अध्याय में कर आए हैं । यहाँ नई कविता में इस 'निर्णय' के घटित रूप को हम जाँचेंगे ।

नई कविता की भावुक, भावविह्वल और भावनापन्न मानसिकता के अनुरूप ही उसमें स्थितियों-दशाओं-संबंधों के पक्ष-विपक्ष, मत-सम्मत मिलते हैं । दृश्य चित्रणों से लेकर संबंधों-दशाओं के विवरणों या वर्णनों के अन्तर्गत कवि की धारणाएँ किस करवट बैठती हैं सत्ता, व्यवस्था, राजनीति, समाज आदि के प्रति अपनी बन आई धारणाओं को कैसे निर्णयों के रूप में व्यक्त किया है ? इन निर्णयों में क्षोभ, घृणा, प्रहार की अनेक रंगतें और पहलू भी समाहित रहते हैं ।

प्रयाग शुक्ल की कविता पंक्तियों में निर्णय का भावाकुल स्वरूप स्पष्ट लक्षित किया जा सकता है :

याद आती हैं डूबी हुई शामें ।
उनमें लिपटी हुई गंध,
उनमें लिपटे हुए दृश्य,
उनमें भरा हुआ कोहरा,
उनमें घिरता अँधेरा ।
औ उनमें मैं, उनमें मेरे संबंध ।
डूबती जाएँगी शामें ।
डूबती जाएँगी गंध ।
डूबते जाएँगे दृश्य ।
डूबता जाऊँगा मैं ।[55]

गाँव-देहात की धरती से उखड़ कर शहरी महानगरीय परिवेश में घिरा व्यक्ति अपनी

अतीत-व्यतीत डूबी हुई शामों को याद करता-कुंठित होता है । क्योंकि अब उसे गाँव-देहात की प्राकृतिक सौंदर्य गर्भित शामें गंध, दृश्य, कोहरा, अँधेरा लिए डूबती शामें महानगर में उपलब्ध नहीं हैं, अतः कवि इस धारणात्मक निर्णय पर पहुँचा है कि इस सर्वग्रासी महानगरीय शोषक परिवेश से छुटकारा नहीं है । यहाँ सौंदर्य का प्रतिरूप, चेतना में बसी शामें भी डूबती जाएँगी; गंध, दृश्य भी डूबते जाएँगे और व्यक्ति भी दिनोदिन ऐसे ही इस परिवेश में गारत गर्क हो जाएगा । महानगरीय दानवी परिवेश जीवित मानवों से उनकी सम्पूर्ण संवेदनाएँ, शक्तियाँ छीन लेता है, उनके जीवन रस को चूस डालता है । इस ध ारणा की अभिव्यक्ति में प्राकृतिक उपकरणों को प्रतीकार्थों में युक्त तो किया गया है, किन्तु भावोद्रेकी व्यवहार के कारण विचार से उसकी दूरी और अलगाव को स्पष्ट देखा जा सकता है ।

बौद्धिक पहचान और परिचय देने वाले स्वर में अपने मानवीय कोमल एहसासों के पक्षधर होने का प्रमाण देता विचारकवि देवराज की कविता पंक्तियों में मिलता है :

तुम्हारी राय का कोई वजन नहीं है
तुम्हारी संवेदना की कोई अहमियत नहीं है,
दुनिया की निर्णायक कुर्सियों पर
ऐसे बौने लोग बिठा दिए गए हैं
जो कंठ व्यावहारिक हैं
जो आदर्श की दुहाई
सिर्फ वोट लेने
और यथार्थ के इंजिनों पर
गिरफ्त पाने के लिए करते हैं...
और तुम ?
लेखक, कवि और विचारक ?
तुम मात्र दर्शक हो
सम्बलहीन, अक्षम,
दुनिया के घटना प्रवाह में
उठने तिरोहित होने वाले
बुदबुद और फेन जैसे
वेसत्व बेदम
बेदमखम ।[56]

विश्व राजनीति को परिचालित करने वाली निर्णायक शक्तियों के सामने कवि-कलाकार की सम्मति एवं गति की कुछ भी अहमियत नहीं रह गई है । आज, लेखक कवि आदि तो मात्र दर्शक बनकर रह गए हैं, उनके पास आततायी, बर्बर, घातक हाथ को रोक सकने

की ताकत या दमखम नहीं रह गया है । वे स्वयं पानी पर बुलबुले के समान अस्तित्व रखते हैं । देवराज ने वर्तमान युगीन यथार्थ की कसौटी पर साहित्य कविता आदि का मूल्य आँक कर दिखा दिया है । उक्त स्थितियों में अपनी जो धारणा बनी है, कवि ने उसे सीधे शब्दों में सपाट ढंग से प्रस्तुत कर दिया है । किन्तु यह महज अभिधात्मक कथन न होकर व्यंग्य और लताड़ की पुट भी लिए हुए है, जिसमें वर्तमान कवि लेखक की चेतना को उद्‌बुद्ध करने, उकसाने की अपेक्षा सन्निहित है ।

युग परिवेश में बढ़ती हिंसा और 'मांस काटखाने के दाँत' के निकल आने को मुक्ति बोध ने अपनी 'शून्य' कविता में व्यक्त करते हुए अपना मत दिया है :

इसीलिए जहाँ देखो वहाँ
खूब मच रही है, खूब ठन रही है,
मौत अब नए - नए बच्चे जन रही है ।
जगह - जगह दाँतदार भूल,
हथियार बंद गलती है,
जिन्हें देख, दुनिया हाथ मलती हुई चलती है ।[57]

बीसवीं सदी में हिंसक दाँत के उग आने और उसमें खून लग जाने से सर्वत्र हिंसा मच रही है । आपस में दुश्मनी ठन रही है । मृत्यु के अब कई-कई भयावने और घातक रूप एवं साधन ईजाद हो गए हैं । मृत्युमुखी भूलें स्थान-स्थान पर दृष्टिगोचर हो रही हैं । इन्हें देखकर दुनिया पछताती हुई चल रही है ।

भारतीय जनजीवन में व्याप्त भ्रष्टाचार का 'नामकरण' करते हुए कैलाश वाजपेयी ने अपना मत व्यक्त किया है :

रोटी से लेकर शोहरत तक
गंदी थी हर सड़क
जच्चाघर-मुर्दाघाट के बीच
कहाँ नहीं थी
हर जगह एक रण्डी थी ।[58]

राजनीतिक नेतृत्व के भ्रष्ट हो जाने पर राजनीति एक मूल्य बन कर अपने समय में सर्वत्र व्याप्त हो जाया करती है । राजनीति ही क्यों, कोई भी चरित्रगत गुण नेतृवर्ग में से होता हुआ जनता में अपना व्यापक प्रभाव छोड़ता है । भ्रष्टाचार भी ऊपर से नीचे तक इसी प्रकार उतरा, जिसे कवि ने 'रण्डी' की संज्ञा प्रदान की है; क्योंकि

सबके सब उस रण्डी की कृपा पर जिन्दा थे
कोरे दिमागी फितूर से चूर - चूर
बौद्धिकों का
था काम सिर्फ ताली बजाना

भारत तब
गणिकाना था ।[59]

कवि ने भारतवासियों की समकालीन चरित्रगत विशेषता का तर्कसहित विश्लेषण करने के बाद 'नामकरण' किया है । इस नामकरण के पीछे झाँकते यथार्थ के आईने में हमें उक्त तथ्य चाहे वह कितना ही कटु हो, स्वीकार्य है, क्योंकि भारतीय जीवन में यह भ्रष्ट अनैतिक आचरण वस्तुतः गहरे उतर चुका है ।

संवेदनात्मक उद्देश्य

संवेदनात्मक उद्देश्यों में रचना का समूचा कलापक्ष आ जाता है, और रचनाकार का व्यक्तित्व, दृष्टिकोण, रचना का हेतु आदि भी इसी में समाहित रहते हैं । वस्तुतः इस तत्त्व के आधार पर रचना की समग्र जाँच और मूल्यांकन किया जा सकता है । कवि की रचना प्रक्रिया, युगीनबोध और सौंदर्य चेतना की कसौटी भी संवेदनात्मक उद्देश्य को ही बनाया जा सकता है । रचना का प्रभाव एवं कवि व्यक्तित्व की छाप इसी तत्त्व में निहित रहती है । यहाँ हम नई कविता के कलापक्ष में बिम्ब-प्रतीक भाषा और प्रभाव पर ही विचार करेंगे । अतः समूची कविता को उद्धृत करना जरूरी होगा, जिसे समग्रतः विवेचित किया जा सके । इस सन्दर्भ में हम अज्ञेय की 'हरा अंधकार' शीर्षक कविता लेना चाहेंगे :

रूपाकार
सब अंधकार में हैं :
प्रकाश की सुरंग में
मैं उन्हें बेधता चला जाता हूँ,
उन्हें पकड़ नहीं पाता ।
मेरी चेतना में इसकी पहचान है
कि अंधकार भी
एक चरम रूपाकार है,
सत्य का, यथार्थ का विस्तार है;
पर मेरे शब्द की इतनी समाई नहीं
यह मेरी भाषा की हार है ।
प्रकाश मेरे अग्रजों का है
कविता का है, परम्परा का है,
        पोढ़ा है, खरा है :
अंधकार मेरा है,
        कच्चा है, हरा है ।[60]

उक्त कविता में कवि की चेतना दृष्टि, संवेदना की पहचान के साथ नए बिम्ब,

प्रतीक एवं भाषागत क्षमता-अक्षमता का भी उल्लेख है ।

सर्वप्रथम सब रूपाकार अंधकार में है । कवि उन्हें प्रकाश की सुरंग में बेधता चला जाता है, पकड़ नहीं पाता । आखिर क्यों ? और प्रकाश की सुरंग में रहकर भी रूपाकार अँधेरे में कैसे रह गए हैं ? यह एक विसंगत कथन है । खैर ! कवि की चेतना में इस तथ्य की पूरी पहचान है कि अंधकार अपने आप में एक चरम एवं विशिष्ट रूपाकार है, जो सत्य और यथार्थ का विस्तार है । किन्तु कवि स्वीकार करता है कि इस अंधकार को अंगीकार करने, रूपाकार को पकड़ने और अभिव्यक्त करने की उसमें क्षमता नहीं । उसके भाषायी सामर्थ्य की इतनी समाई नहीं, अतः यह उसकी भाषा की हार है ।

हाँ, प्रकाश को जरूर वह रूपायित करने की अपनी क्षमताओं को जानता है, क्योंकि यह प्रकाश उसे अग्रजों का, कविता और परम्परा का प्रदत्त लगता है । इसीलिए पोढ़ा और खरा भी । और अंधकार को रूपायित न कर पाने की अक्षमता का कारण, कवि के निकट यह है कि यह कवि का अपना है, उसके समय का है, कच्चा-हरा है, यानी अभी वह कवि से कटा नहीं, पका नहीं और हरापन खोकर सूखकर परम्परा का अंग नहीं बन पाया । दूसरे अर्थों में यह अंधकार समय की कसौटी पर अभी कसा नहीं गया है । अतः ग्राह्म नहीं बन सका है ।

मुख्यतः 'अंधकार' और 'प्रकाश' दो प्रतीक शब्द सारी कविता में नया अर्थ भरते हैं । 'अंधकार' में युगीन शोषण, क्लेश, अभाव, हिंसा, हाय-हाय सब समाहित हो गए हैं, 'प्रकाश' में आशा, विश्वास, सत्य, प्रेम, आदर्श, त्याग आदि भारतीय जीवन के परम्परा सिद्ध मूल्य समाहित हैं । वस्तुतः ये दोनों प्रतीक परस्पर विलोम भी हैं । मूल्य-परम्परा-बोध का कवि इनमें से प्रकाश को अपनी चेतना के निकट और अनुकूल पाता है । अतः माना जा सकता है कि वह मूल्य-परम्परा और बोध के स्तर पर परम्परापोषी है । अन्य अर्थों में, मार्क्सवादी दृष्टिकोण से, वह यथास्थितिवादी और सत्ता प्रतिष्ठान के साथ अविरोध की स्थिति में है, क्योंकि वर्तमान भारतीय परिवेश में व्याप्त अंधकार को वह छूना भी नहीं चाहता और अपनी हार घोषित करके मुक्त हो जाना चाहता है जबकि इस 'अंधकार' को उद्‌घाटित करना और इसकी रचयिता शक्ति को नंगा करना, उसके विरुद्ध संघर्ष में, अंधकार में छटपटाते हुओं का साथ देना आज कविता के लिए अनिवार्य प्रासंगिकता और मूल्य मान लिया गया है ।

भारत में लगी आपात स्थिति के सन्दर्भ में सन् 1975 में रचित रामदरश मिश्र की कविता 'बसंत' को समूची उद्धृत करना हम अभीष्ट समझते हैं :

कोयल से मैंने कहा
गाओ
कुछ सन्नाटा कटे
वह चुप रही ।

मैंने कहा
मेरे पास आओ
कुछ सन्नाटा कटे
वह डाल पर बैठी रही ।
मैंने कहा
अच्छा सुनो मैं ही गाता हूँ
उसने सहमी निगाहों से चारों ओर देखा
और एकाएक उड़ गई...[61]

आपातकालीन दहशत की भयावहता मनुष्यों से होती हुई पशु-पक्षियों तक में व्याप्त हो गई । या कवि को परिवेशगत यह भयावहता इतनी व्यापक लगी और उसने कोयल के प्रतीक से उसे व्यक्त किया । कुछ भी हो, उक्त छोटी सी कविता में डर का सजीव एवं सटीक चित्र साकार हो जाता है, जब कोयल तक गाना भूल जाती है या डर कर गाती नहीं, न जाने उसके गाने का क्या अर्थ लगा लिया जाए और उसका गाना उसके लिए मौत का कारण बन जाए । कोयल सहमी हुई चुप रहती है । जब, अंततः कवि ही गाने को तैयार होता है तो वह इसलिए उड़ जाती है कि कहीं वह भी कवि के साथ न पकड़ ली जाए । इस प्रकार आपातकाल के अनिश्चित किन्तु अनिवार्य भय की अभिव्यक्ति उक्त कविता में बड़ी मर्मस्पर्शी बन गई है । कवि फिर भी, अपनी भावुकता में, गाने का जोखिम मोल ले सकता है, किन्तु कोयल अपनी सतर्कता में, ऐसी भूल नहीं कर सकती । मानवेतर प्रकृति से प्रतीक उठाकर अपनी तात्कालिक प्रासंगिकता और विचार को मुखर करने का कारगर प्रयत्न हुआ है । कोयल इस मानवेतर प्रकृति का प्रतिनिधित्व कर रही है । प्रकृति को मानवीय संवेदनाएं व्यक्त करने के माध्यम के रूप प्रयुक्त करने वाली प्रवृत्ति का विकास यों तो छायावाद में आरम्भ हो गया था, किन्तु अपने तात्कालिक राजनीतिक विचारों-संघर्षों को व्यक्त करने के स्तर पर वह समकालीन कविता में ही उतर पाई है । इस तथ्य का रामदरश की उक्त कविता एक अच्छा उदाहरण है ।

रघुवीर सहाय ने भी भ्रष्ट राजनेताओं की चरित्रगत विशिष्ट हँसी को हँसी की अनेक रंगतों को प्रकट किया है, जो जनता को मूर्ख बनाकर उसके ऊपर हंसने के हर अवसर को उपकृत करते रहे हैं :

निर्धन जनता का शोषण है
कह कर आप हँसे
लोकतंत्र का अंतिम क्षण है
कह कर आप हँसे
सब के सब हैं भ्रष्टाचारी
कह कर आप हँसे

चारों ओर बड़ी लाचारी
कह कर आप हँसे
कितने आप सुरक्षित होंगे
मैं सोचने लगा
सहसा मुझे अकेला पाकर
फिर से आप हँसे ।[62]

जनता के द्वारा प्रदत्त राज्यशक्ति के बल पर जनता को ही उत्पीड़ित कर असीम शक्ति से उसे विवश, निरीह और बेबस स्थितियों में डालकर देश के लोकतंत्र को तानाशाही में परिणत कर शासकवर्ग की हँसी उसकी अपूर्व धूर्तता की परिचायक है । मजा यह है कि शासकदल स्वयं शोषण करते हुए शोषक नीतियों-रीतियों का पक्षधर होकर भी जनता के शोषण की बात कर हँस देता है । स्वयं लोकतंत्र को समाप्त करते हुए उसके समाप्त होने के अंतिम क्षणों की चर्चा करके हँस देना कितनी हिमाकत की बात है । इसी प्रकार अत्याचार, लाचारी की बात करते हुए फूटी हँसी में कितने प्रकार की, कितनी दुष्ट हरकतें उघड़ रही हैं । कवि ने इस हँसी को निर्मम, निरुद्वेगी, भावुकता रहित ढंग से हमारे लिए उद्‌घाटित किया है । अपनी इस समझ और दुःसाहस के लिए कवि अकेला पड़ चुका है । समाज में उसकी अलग-अकेली पड़ चुकी स्थिति से आश्वस्त, निर्भय होकर शासक पुनः हँसता है, जबकि कवि उसके लिए सुरक्षित न रह सकने के प्रबन्ध अपनी कविताओं के माध्यम से कर रहा है ।

समय-समय पर फूटी शासकीय हँसियों को उद्‌घाटित कर कविता अपना कर्म-धर्म निभा रही है । यह सतत निरुद्वेगी संघर्ष का स्वर विचार को मानववादी परिप्रेक्ष्य प्रदान करके अपनी सामाजिक संबद्धता और भूमिका पर भी खरा उतर रहा है । 'लोकतंत्र' एक मूल्य एवं लोकतांत्रिक अधिकारों-आकांक्षाओं का प्रतीक बनकर प्रयुक्त हुआ है । भारतीय परिप्रेक्ष्य में 'लोकतंत्र का अंतिम क्षण' से जनता की स्वातंत्र्य संबंधी सभी आशाओं, आकांक्षाओं, अधिकारों के छिन जाने की धारणा समाहित है । यह धारणा लोकतांत्रिक विचारों को आधुनिकता के सन्दर्भ में सम्पादित-आन्दोलित करने वाली है । लोकतंत्र का अन्त हो जाने का अर्थ है स्वतंत्रता, समानता और जनतंत्री मूल्यों का अन्त हो जाना । अतः लोकतंत्रीय मूल्यों में विश्वास रखने वालों को उसकी रक्षा के लिए सजग करता हुआ कवि अपना धर्मनिर्वाह करने में सचेत है । उसका यह विचार जनपक्षीय मूल्यवान विचार है ।

सन्दर्भ

1. जगदीश गुप्त : नई कविता : स्वरूप और समस्याएँ : (भारतीय ज्ञानपीठ प्रकाशन, वाराणसी : 1966), पृ. 293. ❑ 2. वही, पृ. 294. ❑ 3. 'पश्चिमी विचारकों और दर्शनों की उपपत्तियाँ हिन्दी के नए कवियों के विचारक्षेत्र तक सीमित रही हैं, जिसका प्रदर्शन भी वे बहुत कुछ नाटकीय विधि से करते रहे हैं, परन्तु जिसको उन्होंने अपनी भाव भूमिका पर अधिक अहमियत नही दी है ।' आचार्य नन्ददुलारे वाजपेयी : नई कविता

(मैकमिलन कंपनी आफ इंडिया, दिल्ली : 1976), पृ. 75. ❑ 4. दूसरा सप्तक, शंकुत माथुर, (सं. अज्ञेय, भारतीय ज्ञानपीठ प्रकाशन, वाराणसी, द्वितीय संस्करण : 1970), पृ. 32. ❑ 5. वही, हरिनारायण व्यास, पृ. 60. ❑ 6. वही, रघुवीर सहाय, पृ. 138. ❑ 7. शमशेरबहादुर सिंह : चुका भी हूँ नहीं मैं (राधाकृष्ण प्रकाशन, दिल्ली : 1975) में संकलित रचनाएँ । ❑ 8. दूसरा सप्तक, शमशेरबहादुर सिंह, पृ. 80. ❑ 9. आचार्य नन्ददुलारे वाजपेयी : नई कविता, पृ. 82. ❑ 10. 'कला की प्रत्येक अभिव्यक्ति आत्मानुभूति की अभिव्यक्ति होती है' लक्ष्मीकांत वर्मा : नये प्रतिमान : पुराने निकष (भारतीय ज्ञानपीठ प्रकाशन; वाराणसी : 1966), पृ. 244. ❑ 11. 'सह-अनुभूति के स्तर पर लिखी गई कविता रसानुभूति के स्तर पर लिखी गई कविता की अपेक्षा कवि से भिन्न प्रकार के कविकर्म की मांग करती है ।' जगदीश गुप्त : नई कविता : स्वरूप और समस्याएँ, पृ. 98. ❑ 12. दूसरा सप्तक, नरेश मेहता, पृ. 110. ❑ 13. गजानन माधव मुक्तिबोध : नये साहित्य का सौंदर्यशास्त्र, : (राधाकृष्ण प्रकाशन, दिल्ली : 1971), पृ. 56. ❑ 14. आलोचना. (जुलाई-सितम्बर 1967) केदारनाथ सिंह का लेख । ❑ 15. नामवरसिंह : कविता के नए प्रतिमान (राजकमल प्रकाशन, दिल्ली, पटना; द्वितीय संस्करण : 1974), पृ. 36. ❑ 16. तारसप्तक, भूमिका, अज्ञेय (संपा. 'अज्ञेय', भारतीय ज्ञानपीठ प्रकाशन, दिल्ली, चतुर्थ संस्कारण : 1972), पृ. 272. ❑ 17. वही, पृ. 276. ❑ 18. दूसरा सप्तक, शंकुत माथुर, पृ. 39. ❑ 19. वही, शमशेरबहादुर सिंह, पृ. 88. ❑ 20. वही, पृ. 86. ❑ 21. वही, धर्मवीर भारती, पृ. 172–73. ❑ 22. वही, पृ. 174. ❑ 23. वही, पृ. 176. ❑ 24. वही, पृ. 181. ❑ 25. वही, भवानी प्रसाद मिश्र, पृ. 14. ❑ 26. वही । ❑ 27. सच्चिदानन्द वात्स्यायन : हिन्दी साहित्य : एक आधुनिक परिदृश्य (राधाकृष्ण प्रकाशन, दिल्ली : 1967), पृ. 146. ❑ 28. वही, नागार्जुन, उद्धृत, पृ. 145–6 ❑ 29. दूसरा सप्तक, पृ. 102–3. ❑ 30. हिन्दी साहित्य : एक आधुनिक परिदृश्य, पृ. 149–50. ❑ 31. दूसरा सप्तक, शमशेरबहादुर सिंह, पृ. 81–82. ❑ 32. 'नई कविता के बहुत से प्रयोग छंद के ही हैं, इसी से कई लोग नई कविता का मतलब केवल छंद की अनर्गलता ही समझ लेते हैं, पर यह नई कविता के और उसके अनूठे रस के साथ अन्याय है' सच्चिदान्नद वात्स्यायन : हिन्दी साहित्य : एक आधुनिक परिदृश्य, पृ. 151. ❑ 33. दूसरा सप्तक, भवानी प्रसाद मिश्र, पृ. 5. ❑ 34. वही, पृ. 6. ❑ 35. तीसरा सप्तक, केदारनाथ सिंह, पृ. 121. ❑ 36. वही, सर्वेश्वरदयाल सक्सेना । ❑ 37. वही, कीर्ति चौधरी, पृ. 37. ❑ 38. दूसरा सप्तक : धर्मवीर भारती, पृ. 168. ❑ 39. वही, रघुवीर सहाय, पृ. 138–9. ❑ 40. वही, पृ. 156. ❑ 41. वही, पृ. 144. ❑ 42. तीसरा सप्तक, विजयदेवनारायण साही, पृ. 177. ❑ 43. दूसरा सप्तक, भवानीप्रसाद मिश्र, पृ. 18. ❑ 44. वही, पृ. 25. ❑ 45. गिरिजाकुमार माथुर : भीतरी नदी की यात्रा (नेशनल पब्लिशिंग हाउस, दिल्ली 1975), पृ. 62–3. ❑ 46. तीसरा सप्तक : मदन वात्स्यायन, पृ. 98. ❑ 47. दूसरा सप्तक, रघुवीर सहाय, पृ. 150. ❑ 48. वही, पृ. 152. ❑ 49. गजानन माधव मुक्तिबोध : चाँद का मुँह टेढ़ा है (भारतीय ज्ञानपीठ प्रकाशन, वाराणसी : 1964), पृ. 316–17. ❑ 50. वही । ❑ 51. नेमिचन्द्र जैन : एकान्त (भारतीय ज्ञानपीठ प्रकाशन, नई दिल्ली : 1973), पृ. 67. ❑ 52. गजानन माधव मुक्तिबोध, : चाँद का मुँह टेढ़ा है, पृ. 286. ❑ 53. शमशेर बहादुर सिंह : चुका भी हूँ नहीं मैं (राधाकृष्ण प्रकाशन, दिल्ली : 1975), पृ. 73. ❑ 54. तीसरा सप्तक, विजयदेवनारायण साही, पृ. 204. ❑ 55. प्रयाग शुक्ल : कविता सम्भव (अमिताभ प्रकाशन, कलकत्ता : 1968), पृ. 33–4 ❑ 56. देवराज : सुबह के बाद (राजपाल एण्ड सन्ज, दिल्ली : 1975), पृ. 56–7. ❑ 57. गजानन माधव मुक्तिबोध : चाँद का मुँह टेढ़ा है, पृ. 166–67. ❑ 58. कैलाश वाजपेयी : तीसरा अँधेरा (राजकमल प्रकाशन, दिल्ली, पटना : 1972), पृ. 119. ❑ 59. वही, पृ. 119–20. ❑ 60. 'अज्ञेय' : पहले मैं सन्नाटा बुनता हूँ (राजपाल एण्ड सन्ज, दिल्ली : 1974), पृ. 13. ❑ 61. रामदरश मिश्र : कंधे पर सूरज (राधाकृष्ण प्रकाशन, दिल्ली : 1977), पृ. 72. ❑ 62. रघुवीर सहाय : हँसो हँसो जल्दी हँसो (नेशनल पब्लिशिंग हाउस, दिल्ली : 1975), पृ. 16.

8

समकालीन कविता में विचारतत्त्व

'तीसरा सप्तक' (1959) के प्रकाशन के साथ नई कविता अपने भावबोध, भाषा व्यवहार को लेकर रूढ़ हो गई और उसमें बदलते युगीन यथार्थ को पकड़ने की क्षमताएँ पूर्णतः चुक गईं । इसी अर्थ में नई कविता ने प्रासंगिकता खो दी और व्यतीत हो गई । भारतीय परिवेश में वैज्ञानिक-औद्योगिक तीव्र प्रगति के साथ राजनीतिक घटनाचक्र एवं आर्थिक स्थितियों की विकटता ने कवियों को हतप्रभता के बंजर में ला पटका । तत्कालीन जीवन में गति और वेग के बहाव में मानवमूल्य, आस्था, विश्वास, उत्साह, मानवता आदि शब्द व्यर्थ हो गए । इनके स्थान पर अवमूल्यन, अनास्था, अविश्वास, हतोत्साह, अमानवीयता आदि ने अधिकार ग्रहण किया । इस तीखे वेग की लहरें ग्रामीण जीवन को भी छू रही थीं, किन्तु उतने तेज रूप में नहीं । आठवें दशक की कविता के संबंध में रमेश कुंतल मेघ का मत है : "यूँ सातवें दशक में भी वही पूँजीवादी व्यवस्था थी जिसे नए और युवक कवियों ने 'मुखौटावादी' तथा 'क्रूर' एवं 'गलत' व्यवस्था कहा है । यही व्यवस्था छठे दशक में भी थी और अब भी आठवें दशक में है ।"[1] किन्तु राजनीतिक परिदृश्य अधिक घिनौना, छली और नंगा हो गया, जहाँ विभिन्न विरोधी दल लोगों को एकत्र करके लम्बे-जोशीले जुलूस निकालकर अपनी माँगों की फहरिश्तें ठेलों पर लाद कर लोकसभा के पटल तक ले आते थे, वहाँ सत्ता व्यवस्था पहले तो उन्हें लाठी गोली, अश्रुगैस, पुलिस कार्रवाई से दबाने की कोशिश करती, या फिर उससे भी बड़े भाड़े के समर्थक-जुलूसों के आयोजनों द्वारा विपक्षियों की माँगों को बेकार सिद्ध करवा देते । क्योंकि सातवें दशक में सही अर्थनीति का अभाव तो था ही, राजनीति को भी सही दिशा नहीं मिली ।

राजनीतिक मोहभंग एवं नई राजनीतिक समझ का विकास

सन् बासठ में चीन के साथ मुठभेड़ में करारी हार खाकर सिर्फ नेहरू ने ही नहीं बल्कि भारतवासियों ने मोहभंग का जो तिक्त अनुभव प्राप्त किया उससे नेहरू का आदर्शवाद भी लड़खड़ा गया । युवा कविता में यह मोहभंग व्यापक रूप में अभिव्यक्त हुआ है :

मतदान होते रहे
मैं अपनी सम्मोहित बुद्धि के नीचे
उसी लोकनायक को
बार-बार चुनता रहा
जिसके पास हर शंका और
हर सवाल का
एक ही जवाब था
यानी कि कोट के बटन-होल में
महकता हुआ एक फूल
गुलाब था ।[2]

इस मोहभंग और जनता को मूढ़ बनाकर मूँड़नेवाली राजनीति के असली चेहरे से नकाब उठ चुके थे । भारतीय जीवन में कहीं भी सन्तुलन और संयोजन नहीं रह गया था । विदेशी भाषा और संस्कृति की अनुकृति और पूँजीवादी दासता की जकड़नें सख्त पड़ती जा रही थीं । भारतीय जन संस्कृति और उसकी लड़ाई का हर मोर्चा बार-बार तोड़ दिया जाता और नकली, छद्म, अभिजात्यप्रधान, दोगली, प्रदर्शनी, सरकारी संस्कृति का व्यापक प्रसार विश्वमेलों में, प्रदर्शनियों में छाता जा रहा था ।

इसके विपरीत सर्वप्रथम प्रतिक्रिया सामने आई सन् 1963 में प्रकाशित 'प्रारम्भ' के माध्यम से : 'राजनीतिक विचारों पर काव्य रचने का जमाना लद चुका, समाज का द्रष्टा कवि आज मानवीय चेतना के बौद्धिक स्तरों को प्रतिभासित कर रहा है । यह कहने में मुझे कोई अड़चन नहीं कि किसी भी कुंठित या ग्रस्त राजनीतिक विचारधारा में हमारा विश्वास नहीं है ।'[3] इस प्रकार राजनीतिविहीन राजनीति के पक्ष में उक्त वक्तव्य जहाँ कविता को तत्कालीन घातक राजनीति से काटने की अवसरवादी समझ को सामने लाता है , वहाँ कविता में सही समझ के विकसित होने को विराम लगाकर गलत दिशा में मोड़ देता है ।

यह भय की राजनीति का एक चेहरा भी है कि साहित्य में से तत्कालीन राजनीति और उसके सन्दर्भ गायब हैं, जिसने लोगों को निर्धन और निर्वसन करके रख दिया । शायद इसमें राजनीतिक अति के प्रति प्रतिक्रियास्वरूप उपेक्षाभाव निहित रहा हो, किन्तु यह धारणा सत्य और वास्तव से दूर है, क्योंकि सन् पैंसठ के बाद की कविताओं में राजनीति के प्रति जागरूकता का उन्मेष होने लगता है । अन्यथा सन् 1963 में प्रकाशित 'प्रारम्भ' में संकलित चौदह 'नव्य काव्य' के कवियों में से किसी की कविता में कोई राजनीतिक सन्दर्भ नहीं मिलता । लगता है कि प्रगतिशील आन्दोलन के हिमायती साहित्यकार और पक्षधर इतने हतप्रभ, निश्चेष्ट हो गए थे और राजनीतिक आकाश पर ऐसा घटाटोप छा गया था कि कवियों-साहित्यकारों ने सारी की सारी चिंता राजनीतिज्ञों पर छोड़कर ईश्वर, पिता, स्त्री, नगर अर्थात् धर्म और समाज पर अपना ध्यान गड़ा दिया । आधुनिकता का

एक ज्वार सा आया और समस्त हस्ताक्षरों का कृतित्व उसी में डूबने-उतराने लगा । विदेशी नकल को अपने लिए असल मानकर 'प्रारम्भ' की भूमिका में यहाँ तक कहा गया : "इंग्लैंड के 'एंग्रीयंगमैनों' की तरह एक क्षुब्धता आज के हिन्दी कवियों में है । किन्तु इन युवा आक्रोशी कवियों में असामाजिकता कहीं भी नहीं है, वह समाज का विध्वंस नहीं करना चाहते, मात्र एक परिवर्तन चाहते हैं ।"

मात्र सामाजिक परिवर्तन की पैरवी और वह भी 'इंग्लैंड के यंगमैनों' की तराजू पर ! सामाजिक परिवर्तनकारी पीढ़ी का एक अन्य संकलन सन् 1965 में 'अभिव्यक्ति'[4] प्रकाशित हुआ । उसमें तत्कालीन लगभग एक सौ एक पुराने-नए समर्थ कवि-साहित्यकारों की रचनाओं में कहीं भी मुखर राजनीतिक सन्दर्भ नहीं उठाए गए । यह अमानवीयता, ऊब, और खीझ, नफरत, नगर, यांत्रिकता, परम्पराविरोध, खोखलापन, अर्थहीनता, निरुद्देश्यता, कुंठित अहं, व्यर्थता आदि का खुला एक रंगारंग वृहद अभिव्यक्ति पटल है ।

आक्रोश और क्रोध

आक्रोश और क्रोध की अभिव्यक्ति तो इसमें है, किन्तु वह सामाजिक क्षेत्र तक सीमित है । अमानवीय सभ्यता पर मानवपक्षीय व्यंग्य :

और कुछ नहीं दिया
सभ्यता ने
कम से कम यह तो किया है
सभी को
बराबर अमानव बना दिया ।[5]

मानवसभ्यता के मानवीय गुणों के लुप्तप्राय हो जाने और सर्वत्र अमानवीय स्थितियों दशाओं के छा जाने के प्रति विक्षुब्ध होकर तीखा व्यंग्यप्रहार किया गया है । सभी में मानवोचित गुणों के प्रसार के स्थान पर अमानवीयता का प्रसार कर सभ्यता में बराबरी लाई गई है । इस भौंडी बराबरी पर व्यंग्य कर स्थिति की विडंबना को उद्घाटित किया गया है ।

कुंठाएँ और हताशा

'प्रारम्भ' की भूमिका में हालाँकि प्रयोगवादी और नए कवियों को कुंठाग्रस्त, लघु मानव और 'क्षण के दर्शन' से ग्रस्त बताया गया किन्तु स्वयं भूमिका लेखक की रचनाओं में केवल 'कुंठाओं का अम्बार' एवं स्वीकार देखें :

बस कुंठा है
केवल कुंठाओं का अम्बार
यहाँ,

वहाँ,
तुम तक
मुझ तक
उस चीनी गुड़िया-सी... तक ।[6]

इतना ही नहीं 'मैथुनों में रत भग्न आँखों में उलूकों के रात के उजड़े हुए निश्वास' के सन्दर्भ, अतृप्त तृष्णाओं, वितृष्णाओं और कुंठाओं के सन्दर्भ भरे पड़े हैं :

रेंगते बिलबिलाते साँप
गोबर और मैले से जन्मे बिच्छू
रात के अँधेरे में देख सकने वाले उल्लू,
मैले में मुँह मारते थूँथनी वाले सूअर,
दीवार से चिपकी जहरीली छिपकली-से
हम जीवन से चिपके
अपनी कुंठाओं में गिलबिला रहे हैं !
शायद कभी हमारी कुंठाएँ,
वितृष्णाएँ
सिंह का लबादा पहन लें,...[7]

'प्रारम्भ' में संकलित राजकमल चौधरी की कविताओं में काम, कुंठा और नग्नता के सन्दर्भ, औरत : एक जश्न, वेश्याएँ, परकीया, वासना, स्त्री, आदि कविताओं में ही नहीं अन्य अनेक कविताओं में भी मिलते हैं ।

बौना व्यक्तित्व एवं नपुंसकता

व्यक्तित्व का खोखलापन, नपुंसकता, दिशाहीनता, मामूलीपन और साथ ही बरबस आत्म संवेदनाएँ भी व्यक्त हुई हैं :

मैं हूँ
मेरा व्यक्तित्व है
मेरा पलस्तर रहित
दीवारों की दरारों-सा
खोखला व्यक्तित्व
जो कभी भी ढह सकता है ।[8]

पलस्तर रहित उघड़ी-नंगी दीवारों जैसा व्यक्तित्व उतना ही खोखला और नग्न होने का एहसास उस समय के कवियों की और कविता की पहचान को उद्घाटित कर रहा है । किन्तु इन स्वरों से भिन्न वास्तविक जीवन की ऊब, अन्याय, भीड़, संत्रास, टूटन के गम्भीर, जिम्मेदार ऐसे स्वर भी विशेष रूप से उभरे जो अन्तश्चेतना से सामाजिक परिवेशीय

विसंगतियों, विडंबनाओं, यंत्रणाओं को ईमानदार विचारों, अनुभूतियों में ढाल रहे थे :

मेरी मामूली दिनचर्या में
जिज्ञासा नहीं
चाय के प्यालों में विचारों, यंत्रणाओं
नगर-साझों का रोता-उजेला ![9]

अब की यह अनुभूति वास्तविक जीवन यथार्थयुक्त एवं अनुभूत यथार्थ से जुड़ी हुई होने के कारण ईमानदार इन अर्थों में है कि वस्तुस्थिति को जीवन की मामूली दिनचर्या में से भावुकता विहीन मनःस्थिति द्वारा उकेरा गया है । यहाँ 'जिज्ञासा' इसलिए शेष नहीं रही क्योंकि जीवन की सार्थकता का विश्वास खो गया है । 'रोता उजाला' भी इसी गहन निराशा को द्योतित कर रहा है ।

भय एवं संत्रास

भारत में ही नहीं विश्वभर में बढ़ते अन्याय के विरुद्ध न्याय की प्रतीक्षा और सम्भावनाओं में प्रतीक्षारत लोगों की कविताओं में वेदना, भय, संत्रास को भी सन्दर्भ मिले हैं :

सहसा आसमान को सहमकर, सशंकित चिड़ियों को पंख फैलाने दो
न्याय की प्रतीक्षा में सारे संसार को तकिये में मुँह गाढ़ सोने दो ।[10]

यहाँ निजी वैयक्तिक मनमानी भड़ास नहीं विश्व सन्दर्भों में दो-दो बर्बर महायुद्धों की अमानवीयता के बाद भी शीतयुद्ध का भय, शस्त्रास्त्रों की होड़, गहराते तनाव, असुरक्षा और तृतीय महायुद्ध की आशंकाएँ एक ओर, और न्याय-शांति के नाम पर अन्याय-शोषण की घातक कूटनीति के बढ़ते प्रभावों को देखकर संसार निश्चेष्ट एवं चुप है । इस स्थिति के प्रतिकार के स्वर उक्त उद्धरण में मुखर हैं ।

भीड़ में अकेलापन-अजनबीपन

भाषणों के रेले और प्रदर्शनी भीड़ों में खोया व्यक्ति स्वयं की बुद्धि और साहस पर अविश्वास लिए भौचक है । महानगरीय भीड़ों और नेताओं द्वारा जुटाई सभाओं मे एकतरफा भाषणों के जनता पर पड़े प्रभावों को देखकर कवि इतना विक्षुब्ध-क्रुद्ध हो उठा है । ऐसी स्थिति में निष्क्रिय-निश्चेष्ट बना रहना उसे मूर्ख या कायर या गद्दार बना रहना लगता है । तीखे-सीधे प्रहार द्वारा कवि लोगों में सक्रियता और उक्त स्थितियों का प्रतिकार देखना चाहता है । सामाजिक विचारों की अभिव्यक्ति यहाँ उपलब्ध होती है :

अक्सर ऐसा होता है
कि भाषणों से भरी सभाओं
और प्रदर्शनों की सारी भीड़ों में

मुझे लगता है कि मैं ही एक मूर्ख हूँ
कायर ! गद्दार !![11]

सन्दर्भहीनता, नामहीनता, चेहराविहीनता भी तत्कालीन कविता में उदित एक प्रवृत्ति मानी जा सकती है । महानगरीय भीड़ के सामने, व्यक्ति के व्यक्तित्वहीन और पहचान रहित हो जाने से लेकर इतिहास, समाज में भी अनपहचाना रह जाने, अजनबीपन अनुभव करने, अचीन्हेपन का दर्द भी मुखर हुआ इस विचार के पीछे युगीन राजनीति, जो बूढ़े-बुजुर्गों के हाथों, पिताओं के पास सुरक्षित थी, के प्रति युवा पीढ़ी की ओर से गहरी वेदना को लिए हुए पर्याप्त आरोप भी लगाए गए :

मेरी कोई पीढ़ी नहीं ओ बुजुर्गो
कोई पीढ़ी नहीं
वह मैं जिसको पुकारते हैं आप
शायद कहीं हो
शायद कहीं...

मंच पर दृश्य परिवर्तन के बीच कहीं
जो अंधकार आता है
जिसका कोई दर्शक नहीं कोई श्रोता नहीं
उसका अनजाना-अनदेखा
अस्तित्व
आप नहीं जानते, नहीं पहचानते
धृष्टता क्षमा करें ।[12]

दृश्यपरिवर्तन के मध्य के अंधकार को अपनी पीढ़ी से उपमित करके कवि ने पिछली और आगामी पीढ़ी की सापेक्षता में अपनी निराशा को व्यक्त किया है ।

उपेक्षा और सन्दर्भहीन होने का दर्द

युवा पीढ़ी की उपेक्षा का दर्द विशेषरूप में रमेश गौड़ की कविताओं का विषय रहा है, और इस प्रकार वह स्वयं के, अपनी पीढ़ी के दर्द को स्वर देते हैं, जिससे मिथकों को नए, युगीन अर्थ-सन्दर्भ भी उपलब्ध होते हैं । 'सन्दर्भहीन मैं', 'अभिमन्यु' 'बेमानी व्यक्तित्व' आदि कविताओं में ऐसे विचार व्यक्त हैं । एक उद्धरण :

अब तुम
मेरे साथ नत्थी कर दो
कोई भी मनचाहा अर्थ
माथे पर चिपका दो

किसी भी नाम का साइनबोर्ड
कोई भी नासूर
मुँह नहीं खोलेगा ।[13]

विद्रोह और विक्षोग के विचार

आधुनिक साहित्य में विद्रोह कवि-साहित्यकार की अस्तित्वगत लाचारी है । यह उसका चुनाव नहीं है । इसलिए व्यक्ति स्थिति सामाजिक स्थिति बनकर उसे विद्रोह की नियति में डाल देती है । व्यक्ति के समूचे व्यक्तित्व के जीवंत होने की, स्थिति से टकराने की भी यह एक कसौटी है । अतः विद्रोह और आधुनिक जीवन को अलग करके नहीं देखा जा सकता । विद्रोह जीवन को प्रमाणित भी करता है और गतिशील भी बनाता है । परम्परा के सड़े-गले तत्त्व, फूहड़ जीवन स्थितियों का टुच्चापन, राजनीतिक शोषण-व्यवस्थाएँ, सामाजिक बन्धनों की दमघोट पिछड़ी मान्यताएँ, धर्म के आडम्बर और खोखले आदर्श एवं साम्प्रदायिक रूप, वैज्ञानिक, महानगरी सभ्यता के बढ़ते-कसते पंजों में लाचार व्यक्ति की छटपटाहट ये सारी स्थितियाँ विद्रोह की कारणतत्त्व हैं । यों व्यक्ति का मानवघाती स्थिति से उबरने और मुक्तिकामी प्रयत्न विद्रोह के अन्तर्गत आते हैं । नरेन्द्र मोहन के शब्दों में : 'विद्रोह की चेतना अन्यायपूर्ण और आततायी स्थिति के सामने पड़ने पर जगती है ।... अधिकारों के प्रति सजगता, संघर्षशील प्रवृत्ति और मुक्ति कामना विद्रोह की आधारभूत विशेषताएँ हैं ।[14]

राजीव सक्सेना के शब्दों में 'हिन्दी में ऐसा विद्रोह एक नई संघटना है, मुख्यतः स्वातंत्र्योत्तर प्रवृत्ति है ।'[15] इस प्रवृत्ति का व्यापक स्तर पर परिचय मिलता है । आठवें दशक में हिन्दी काव्य में विद्रोह की कई रंगतें और पहलू विकसित हुए हैं । कुछ कवियों ने विद्रोह को नितांत व्यक्तिवादी भूमिका पर आधारित करके अभिव्यक्ति दी है, जो एक नाराजगी और निजी क्रोध की अभिव्यक्ति बन कर रह गई । ऐसी व्यक्तिवादी धारणा और विद्रोह की कल्पना एक कौतुक, बचकाना और हास्यास्पद प्रयास बनकर रह गई है । क्योंकि "व्यक्तिगत (या व्यक्तिवादी) विद्रोह में 'सनक' ही प्रक्रिया होती है और 'सनक' ही प्रयोजन होता है ।"[16] अकवितावादी विद्रोह अधिकांशतः सनकप्रधान विद्रोह माना जाएगा, क्योंकि उसके पीछे एक आत्यंतिक दृष्टि का योग उसे सार्वजनीन न बनाकर वैयक्तिक घेरे में बंद रखता है । वास्तविक विद्रोह में जीवन और समाज की असंगतियों के विरुद्ध संघर्ष एक सतत प्रक्रिया रूप में आता है ।

नामवर सिंह ने भी विद्रोह की प्रवृत्ति को नवलेखन के सन्दर्भ में स्वीकार करते हुए उसके दो रूपों 'मूलगामी' और 'सतही' की ओर संकेत किया है । उनका कथन है 'ज्यादातर साहित्य आज का यही है जो किसी न किसी रूप में विद्रोह है । किसी न किसी रूप में । अब विचारणीय यह है कि वह विद्रोह कितना मूलभूत है, मूलगामी है और कितना सतही है ।'[17]

अकवितावादी और 'श्मशानी पीढ़ी' के काव्य में अधिकांशतः सतही, उथला और गैरजिम्मेदार विद्रोह मिलता है । इनके काव्य में मात्र यौनसन्दर्भों को चौंकानेवाली मुद्राएँ मिलती हैं, जिन्हें संघर्षशील सामाजिक भूमिका से पृथक् करके पहचाना जा सकता है । भारत भूषण अग्रवाल का इस सन्दर्भ में कथन है : "अकवितावादियों को अज्ञेय से जोड़ा जा सकता है, क्योंकि अज्ञेय की कविताओं में 'तीन टांग पर खड़ा धैर्य धन गदहा' या वह 'तेरी प्राण पीठिका पे लिंग सा खड़ा हुआ' जैसे प्रयोग प्रायः इसी तरह का कुछ - कुछ उथला और गैर-जिम्मेदार काम था जैसा आज की रचनाओं में मिलता है ।"[18]

अकविता और श्मशानी पीढ़ी के कुछ उद्धरण देना जरूरी है :

सभी मर्द घिनौने कछुओं से पहने हुए हैं खोल
केंकड़े सी सिमटी जा रही हैं रतिक्रांत युवतियाँ
बुझे बल्बों की कतार सी टिड्डियों की टोली :
नपुंसकों का हुजूम ।[19]

प्रेमिका,
तुम्हारे फूले हुए स्तन
और ऊँचे नितम्ब पर
हजार - हजार पुरुषों की आँखें
विषैले कीड़ों के समान रेंगती हैं ।[20]

तुम्हारे बायें गाल और
दायीं जाँघ के मस्से
किन्हीं विशेष कीड़ों की भाँति
मेरी अंगुलियों में चिपक कर
उलझ गये हैं ।[21]

इन उद्धरणों में 'रतिक्रांत युवतियों', 'टाँगों की बीच', 'दंशित झाड़ियाँ', 'फूले हुए स्तन' और 'ऊँचे नितम्ब' 'जाँघ के मस्से' के उल्लेखों से जिस उथली भावुकतापरक किशोर मानसिकता का परिचय मिलता है वह जिम्मेदार, गम्भीर कवि कर्म के रूप में स्वीकार नहीं किया जा सकता, तो भी इससे विद्रोह का एक सतही भ्रामक रूप तो प्रकट होता ही है । बाप को गालियाँ देना, गंदी नाली के कीड़ों को सर पर पनाह देना, किस कला स्तर, और मानसिकता को द्योतित करते हैं, जबकि कवि चेतन रूप में अच्छा और भला मनुष्य हो :

काँपती टाँगों के बीच दंशित झाड़ियों ने
क्यों ढँक लिया है सारे देश को
प्रदर्शनों के मध्य,

क्या सोचते हैं नपुंसक और हिजड़े ।[22]

वह नालियों से गंदे कीड़े निकाल
उन्हें देता है पनाह अपने सर पर ।[23]

ऋतुगंध में भीगे चीथड़े-सा फेंक दिया गया हूँ ।[24]

शमियाने में आग लगाकर
उसके नीचे लेटकर अब आकाश में उड़ता हुआ नीलापन देख रहा हूँ
दुखदर्द की सुनवाई स्थगित रख
मैं अपने सारे शक से जिरह कर रहा हूँ ।[25]

धीरे-धीरे ठंडी और सफेद प्रेत छायाओं से
भरने लगा है आपरेशन थियेटर
ईश्वर उतरने लगा मेरी अंतड़ियों की चक्राकार
सीढ़ियों से नीचे और नीचे
किडनी से ब्लाडर में होकर
मूत्र मार्ग के भीतरी दरवाजे पर लोहा पीटते हुए हथौड़ों से
लगातार दस्तक देता हुआ
एनस्थेसिया की काली टोपी से ढका हुआ मेरा चेहरा ।[26]

पहले उद्धरण में शामियाने में आग लगा देने की मंशा शक से जिरह की कारण शृंखला से जुड़ी है । दुखदर्द की सुनवाई के स्थगन में उत्पन्न हुई यह कल्पनात्मक विनाशेच्छा देश परिवेश में घटित क्रूरताओं की छाया में जन्मी है । शामियाना वर्तमान विश्व संघटनात्मकता का प्रतीक, जिसे फूँक देने की क्रूर कल्पना यहाँ की गई है ।

दूसरा उद्धरण अपने में जटिल अनुभव, लम्बी रुग्ण मनःस्थिति के दबाव में अपसामान्यताओं (एब्नार्मलिटीज) में लिखी गई कविता से है । यहाँ यथार्थ और मिथक का तांत्रिक सम्मिलन अपनी देह पर घटित होता हुआ अनुभव किया गया है । देहधर्मी शब्दों के माध्यम से व्यापक देशीय संदर्भों को व्यक्त किया गया है । किन्तु इसके विपरीत गंदी नालियों से कीड़े बीनना या ऋतुगंध के चीथड़े से भरी जिस अकविताई प्रवृत्ति को ये शब्द अभिव्यक्त करते हैं, वे अंधे-संवेगी, अश्लील, चौंकाऊ, बचकाने मुहावरों के अतिरिक्त और कुछ भी नहीं माने जा सकते । अधिकांशतः अकविता में राजकमल चौधरी और मलयराय चौधरी की भौंडी नकल मिलती हैं जो देश-काल-व्यक्ति-स्थिति से भी प्रायः असम्बद्ध है ।

दूसरी ओर वास्तविक, गम्भीर, उत्तरदायी स्वरों में विद्रोह की सक्षम अभिव्यक्ति मिलती है । समय के साथ साक्षात्कार में अपनी सारी नफरत, खीझ, गुस्सा और विनाश कामना को परिवेश की विसंगतियों से उपलब्ध कर और कला माध्ध्यम की सीमाओं में अभिव्यक्ति देने वाली कविताएँ भी प्रचुर मात्रा में लिखी गईं । देश-विदेश की मानवघाती राजनीति, धर्म, ईश्वर, समाज परम्परा, अतीत से विद्रोह, आधुनिक युगीन स्थितियों के साथ व्यक्ति स्थितियों को जोड़कर घटित हुआ है । विद्रोह के सार्थक स्वरों को समाज-देश परिवेश से और राजनीति से जोड़कर व्यक्त करनेवाले कवियों में धूमिल, रमेश गौड़, ओमप्रकाश निर्मल, कुमार विकल के नाम उल्लेखनीय हैं । इन स्वरों को 'सार्थक राजनीतिक समझ का विकास' के अन्तर्गत विश्लेषित किया गया है ।

सार्थक राजनीतिक समझ का विकास

सातवें दशक के उतरार्द्ध में हिन्दी कविता में राजनीतिक समझ देश की राजनीतिक चेतना के समान्तर विकसित हुई है । देश की बिगड़ती आन्तरिक व्यवस्था और अर्थनीति के कारण विदेशी सहायता के लिए याचना करना और गिड़गिड़ाने से लेकर व्यापक भूख, निराशा और नफरत में डूबा हिन्दुस्तान सातवें दशक में अपनी पहचान खड़ी करता है । देश व्यक्तित्व और कवि व्यक्तित्व की स्थितियों-दशाओं की अपूर्व एकात्म समानता, जिन अर्थों के मुखर करती है वे वैचारिक होकर राजनीतिधर्मी हैं । देश और व्यक्ति के समान स्थितिज चेतना और वर्गीय पक्षधर पहचान की वैचारिक और सार्थक समझ राजनीति के प्रति-राजनीतिक प्रतिमानों, मूल्यों, व्यबहारों, सांस्थानक आचरणों के प्रति घोर घृणा और पर्दा उठाकर नंगई दिखाने की ताब और तलखी सातवें दशक के उत्तरार्द्ध की कविता में उत्तरोत्तर तीव्र होती गई है । रमेश कुंतल मेघ के शब्दों में : 'यह सही और सच्ची, सार्थक और प्रतिबद्ध समझ सातवें दशक के अन्त में आई है और इस बिन्दु पर युवा कवियों ने आत्मनिर्वासन बोध छोड़कर अनिवार्यताबोध अपनाया है : साहित्य की राजनीति के पाखंड पर्व को खंड - खंड करके देश में तरक्कीराम को पटकथा दिखाते हुए राजनीतिक कविता को ही आज की सही और सच्ची कविता मान लिया है ।[27]

यह राजनीतिक चेतना मानवीय स्थितियों के साथ सम्बद्ध होकर गहराई और संवेदित हुई है । क्रूर और घातक होती गई विश्व राजनीति के सन्दर्भों के समानान्तर देशीय सन्दर्भों के विवरण और उल्लेख तथा उनकी परिणतियों के विभिन्न आयाम इस दौर के काव्य में उपलब्ध होते हैं । सिर्फ राजनीतिक शब्दों के प्रयोग तक ही कवि ठहर नहीं गए, बल्कि बिना किसी राजनीतिक शब्द के प्रयोग किए भी मानवीय स्थिति की विडंबनाओं, वेदनाओं, पीड़ाओं को गहन अभिव्यक्ति मिली है । राजनीतिक सन्दर्भ मानवीय सन्दर्भों से अनिवार्यतः संश्लिष्ट रूप में जुड़े हुए हैं । वस्तुतः मानवस्थितियों और राजनीतिक स्थितियों को अलगा पाना भी कठिन है । वर्तमान मानव स्थितियाँ राजनीतिक सत्ता की ही देन हैं । व्यक्ति स्थितियों की भाँति ही देशीय स्थितियाँ अन्तर्राष्ट्रीय राजनीति से उद्भूत एवं संबद्ध हैं ।

व्यक्ति और देश की हीन-छोटी स्थितियों में जीने की इस नियति का कारण देश-विदेश की शोषणपूर्ण, मानवघाती राजनीति ही है । उसकी साफ पहचान खड़ी करना अनिवार्य था । सातवें दशक के उत्तरार्द्ध में यह पहचान स्पष्ट उभरी है । पिसते हुए, राजनीतिक षड्यंत्रों के शिकार आम हिन्दुस्तानी का चेहरा हिन्दुस्तान से मिलता-जुलता प्रतीत हुआ तो इसलिए कि अन्तर्राष्ट्रीय धरातल पर चलने वाली राजनीतिक पैंतरेबाजी का शिकार पिछड़ा, घिघियाता, बौना, आत्मनिर्भरताविहीन व्यक्तित्व लिए हुए हिन्दुस्तान भी षड्यंत्रों का शिकार हो रहा थाः

हत्यारा ! हत्यारा ! हत्यारा !!!
(मुझे ठीक-ठीक याद नहीं है मैंने यह
किसको कहा था । शायद अपने-आपको
शायद उस हमशक्ल को (जिसने खुद को
हिन्दुस्तान कहा था) शायद उस दलाल को
मगर मुझे ठीक-ठीक याद नहीं)[28]

हत्यारी स्थितियों का शिकार हिन्दुस्तान और हिन्दुस्तानी दोनों हमशक्ल इसलिए हैं, क्योंकि दोनों ही हमशक्ल हत्यारी राजनीति के शिकार हो रहे हैं । राजनीतिक दुरभिसंधि, निर्वासन, धुआँ और आग की राजनीति का चेहरा दूधनाथसिंह की इन पंक्तियों में देखें :

लख मेरी धरती ! दुरभिसंधि रच, मुझको निर्वासित कर,
धुआँ उठा, आग उगल
फूँक .... ।[29]

राजकमल चौधरी की 'मुक्तिप्रसंग' में भी राष्ट्रीय-अन्तर्राष्ट्रीय राजनीति की घातक नीतिमत्ता के व्यापक सन्दर्भ हैं । विश्वक्षितिज पर राजनीति की सूत्रधार महाशक्तियों की चालों में आए छटपटाते-लुटते, जलते-ध्वस्त होते, विकासशील एवं अविकसित देशों-देशांतरों के उल्लेख 'मुक्तिप्रसंग' से भरे पड़े हैं । विश्वक्षितिज पर छाई पुंजीवादी-साम्राज्यवादी शक्तियों-नीतियों के शिकार हर देश को-इकाई को व्यापारिक बुद्धि कैसे अपने हित में खंडित-विभाजित और तबाह करती है, इसे इन पंक्तियों में कवि ने उजागर किया है :

जिसे बे-डौल टुकड़ों में बाँटकर अलग-अलग चाहते हैं
भोग करना बनिये सौदागर
इस दुनिया की सबसे नंगी सबसे मजबूत औरत का नाम है वियतनाम
उत्तर वियतनाम और दक्षिण वियतनाम
उत्तर कोरिया और दक्षिण कोरिया
सफेद अफ्रीका और काला अफ्रीका
पूर्वी जर्मनी और पश्चिमी जर्मनी

पाकिस्तान और हिन्दुस्तान
सफेद अमरीका और काला अमरीका
जान्सन का अमरीका और एलन गिंसबर्ग का अमरीका
इंदिरा गाँधी का हिन्दुस्तान
और मलयराय चौधरी का हिन्दुस्तान

इस दुनिया की प्रत्येक मजबूत और नंगी औरत दो टुकड़ों में बँटी है ।[30] इस विभेदक और विभाजक राजनीति की गिरफ्त में आए कमजोर और साधनहीन अविकसित एवं विकासशील देशों की तरह ही भारत का आम व्यक्ति भी दो-दो हिस्सों में बँटा हुआ और एक दूसरे के विरुद्ध अड़ा हुआ है । एक ओर सामाजिक द्वंद्वों और दूसरी ओर मानसिक द्वंद्वों को छूने का प्रयास है ।[31] अतः देह अंगों के सीधे नाम लेने और ईश्वर के स्मरण की वैधता सिद्ध होती है ।

अविकसित और विकासशील देशों में साम्राज्यवादी-पूँजीवादी नीतियों का शिकार निर्धन और साधनहीन, अनपढ़ और अज्ञानी आम आदमी बढ़ रहा है, जो अपनी हताश और निराश स्थितियों के वर्गीय जंगलों में शिकारी की गोली का शिकार और भोज्य बन रहा है । महाशक्ति को खुराफातों ने और महाखुराफातों की शक्तियों ने राजनीतिक दृष्टि से जो स्थितियाँ रची हैं, वे सब जगह एक जैसी हैं । इन्हें बदल पाने में नेकनीयत कवियों-कलाकारों के संयुक्त युद्धविरोधी वक्तव्यों का भी कहीं कुछ प्रभाव नहीं :

कवियों की शब्दावली में लिखे गये शांति के संयुक्त वक्तव्य
हाइड्रोजन बम परीक्षण में पंख फड़फड़ाते हुए
कबूतरों की मौत मर जाते हैं
और बाकी शहरों में राजनीतिक वेश्याओं ने पीला मटमैला
अँधेरा फैला रखा है
अपनी देह को उजागर करने के लिए
नई दिल्ली में और ढाका, कराची में अब कोई फर्क नहीं है ।[32]

उक्त उद्धरणों से स्पष्ट सिद्ध हो जाता है कि राजनीतिक सन्दर्भ मानवस्थितियों की अनिवार्य पहचान बनाकर आए हैं । इन सन्दर्भों की व्यापक गूँज रमेश गौड़, ओम प्रकाश निर्मल के अतिरिक्त ऋतुराज, लीलाधर जगूड़ी, कुमारेंद्र पारसनाथ सिंह, मुद्राराक्षस, राजीव सक्सेना आदि की कविताओं में समाई हुई है ।

इस राजनीतिक चेतना को मानवस्थिति से काटकर किसी साहित्यिक राजनीतिक घेरेबंदी में डालकर नहीं देखा जा सकता । पहले के साहित्यिक वादों ने जो 'वादी' घेरे बना रखे हैं । सप्तम दशक के उत्तरार्द्ध की कविता की राजनीतिक चेतना ने उस साहित्यिक राजनीति के साहित्य और जीवन के अलगाव को पाकर भाषा, अभिव्यक्ति, संवेदना को वैचारिक आयाम से जोड़ दिया । यह वैचारिक आयाम सर्वग्रासी राजनीति के शिकार, हर

स्तर पर अपमानित-शोषित, असहाय और साधन-संबलहीन मनुष्य की पक्षधरता में उठी संघर्षशीलता से जुड़ा हुआ है । इस प्रकार हम देखते हैं कि सप्तम दशक के उत्तरार्द्ध की कविता में सत्ता और साहित्य की राजनीति के विरुद्ध एक सर्वघृणा और तिरस्कार का स्वर प्रबल हुआ, जो वर्तमान मनुष्य की दशा को वैचारिक आयाम के साथ जोड़कर सशक्त, सच्चा और संघर्षशील बन गया ।

क्रान्तिचेतना एवं धारदार वैचारिक मुहावरे

आठवें दशक में आते-आते देश की सामाजिक, आर्थिक, राजनीतिक स्थिति पहले से बदतर हो गई थी । अंधाधुंध बढ़ती महँगाई, उपभोक्ता वस्तुओं के बढ़ते दाम, महँगाई भत्तों के सूचकांकों के बढ़ने और महँगाई भत्तों की माँगों के प्रमाण, आर्थिक स्थिति का सिर्फ एक पहलू बताते हैं । दूसरा पहलू वह है जो गाँव-देहात में निर्धनता और फटेहाली का जीवित रूप सामने लाता है ।[33] बांग्ला देश की आजादी के संघर्ष और भारत द्वारा उसमें सहयोग, लाखों शरणार्थियों का भारत द्वारा भरण-पोषण, पाकिस्तान के साथ युद्ध आदि के कारण देश की आर्थिक स्थिति अधिक बिगड़ गई थी ।

सामाजिक-राजनीतिक स्थितियों में पहले से अधिक अंधेर और अँधेरा, अमानवीय व्यवहार (हरिजनों को जीवित जला देने की घटनाएँ आदि), क्रूरता, हिंसा, टुच्चापन, छद्म निर्लज्जता, चरित्रहीनता इतनी अधिक बढ़ गई कि सब ओर त्राहि-त्राहि मच गई । साहित्य और कविता से संबंध रखने वाले चिंतनशील मस्तिष्क अधिक गहरी चिंताओं में डूब गए । सामाजिक क्षेत्र में सांप्रदायिकता, अल्पसंख्यकों में असुरक्षा भावना की वृद्धि से, नौकरशाह, पूंजीपति और काला धन के निहित स्वार्थी-अंधे इस्तेमाल से सारा सामाजिक क्षेत्र क्षुब्ध और अराजकता के निकट जा पहुँचा था । 1947 से 1970 तक के 'तेईस वर्षों में सारी रस्मी सदेच्छाओं और सद्‌भावनाओं के बावजूद हिन्दुस्तान भर में एक पुरानी निष्ठुरता, राजनीतिक षड्‌यंत्र, कुशिक्षा, धर्मोन्माद, आर्थिक प्रतिर्स्पधाओं के जाने-पहचाने कारणों से टुच्ची और अमानवीय सांप्रदायिक विध्वंस की किश्तें अदा होती रहीं । अहमदाबाद, जलगांव, जबलपुर या रांची शहरों के नाम से एक बर्बर और क्रूर जहनियत सब जगह मौजूद थी ।'[34] इस क्रूर जहनियत के पीछे मुख्यतः राजनीतिक स्वार्थ थे, जो साम्प्रदायिक दंगे करवा कर राजनीति को अपने पक्ष में मोड़ने की चालें चलते रहते ।

शिक्षित युवावर्ग में बेकारी-बेहाली से एक गहरी बेचैनी व्याप्त हो रही थी जो अस्तित्व चिंता के साथ जुड़ गई । भविष्य के पूर्णतः एवं सर्वदा के लिए अंधकारमय होने के विश्वास रूढ़ हो चुके थे । निराशा अब रूढ़ रूप धारण कर चुकी थी, जिससे सामाजिक परिवर्तनों की अनिवार्यता ने जन्म लिया । यह अनिवार्यता राजनीतिक क्षेत्र में आधुनिक क्रांतिकारी धारणाओं की ओर बढ़ी । युवापीढ़ी क्रान्ति की नई प्रणालियों, नीतियों की ओर अग्रसर हुई । विश्वक्षितिज पर युवा आक्रोश और आन्दोलनों के ज्वार के समानान्तर भारतीय युवा भी विद्रोह अस्वीकार के साथ तोड़-फोड़, आगजनी तथा सशस्त्र क्रान्ति के नक्सल स्वरूपों

से जुड़ गए । परिवेश में व्याप्त मद्दिम और तीव्र हिंसा-गतियों, चालों-व्यवहारों ने युवाओं को हिंसा दर्शन की ओर प्रेरित किया । अतः युवा लेखक क्रान्तिचिंतन के साथ जुड़ा । युवा कवियों ने उक्त हिंसक-क्रूर परिवेश की पहचान को रचनाओं में स्पष्ट और तीखे चित्रणों द्वारा संवेदना धरातल प्रदान किया । पवनकुमार मिश्र के शब्दों में : 'सामयिक दर्शन का तीखापन, और धुंधलाते प्रजातंत्र की कड़वाहट नई आँखों को बारंबार आँखें साफ करने को विवश करती हैं ।'[35] अतः समकालीन कवियों में इस पहचान की साफ दृष्टि चरितार्थ हुई है जिसने स्थितियों के पीछे नीतियों के छुपे हाथ को पहचानना और जानना शुरू कर दिया था ।

आठवें दशक में सबसे क्रूर, अमानवीय, अत्याचारी चरित्रहीन मूल्यों-मानों से जुड़ी हुई देशीय प्रजातंत्रीय भ्रष्ट सत्तात्मक तस्वीर उभरकर सामने आई । इस तसवीर के कई-कई पक्ष समकालीन कविता में उद्घाटित हुए हैं । समाजवाद के नाम पर मुखौटे, प्रजातंत्र की रक्षा के नाम पर प्रजातंत्र के राक्षसी भक्षण का कार्य, लोकतांत्रिक मूल्यों के नाम पर फासीवादी मूल्यों-व्यवहारों का ग्रहण करके वैयक्तिक स्वार्थों के पोषण के लिए बहुरुपिया नकाबों के प्रचलन से एक व्यापक अन्यायी-अत्याचारी स्वरूप स्पष्ट होता गया, जो सन् 1975 में आंतरिक आपातकाल की उद्घोषणा के साथ उघड़ गया । वैचारिक आधार जब कर्म के साथ जुड़कर क्रान्ति में परिणत होने की ओर प्रवृत्त हुए तभी सत्ता की सर्वात्म हिंसा, अन्याय और अत्याचार बरस पड़े ।

समकालीन हिन्दी कविता में इन बढ़े हुए, विचार और सामाजिक पक्षधरता प्रतिबद्धता के आग्रहों को मानवीय हिंसा और गुलामी के विरुद्ध उत्तरोत्तर तीव्र होते साफ देखा जा सकता है । भारतीय जीवन में व्याप्त हिंसा-क्रूरता की प्रतिछवियों को, समकालीन कविता के आठवें दशक में आकर रचनाकारों ने जिस इंसान की पक्षधरता में उकेरा है, वह हर स्तर पर, हर दृष्टि से लुटा-पिटा हुआ है । हिंसा का यह इतिहास, अपनी ऐतिहासिकता में अपूर्व सिद्ध हुआ है । शोषण और शक्ति (राजनीतिक-सत्तात्मक पूँजीनिकायी) से समन्वित होकर अधिक पेचीदा, अमूर्त-मूर्त, व्यापक तथा अनेकमुखी हो गई हिंसा की प्रभाव-प्रसार नीति को समकालीन कविता में देखने का प्रयास हम करना चाहते हैं ।

उक्त हिंसा के इतिहास की रचना करनेवाले तत्त्वों को धूमिल ने अपराधियों के संयुक्त परिवार[36] की संज्ञा दी है । समाजवाद की आड़ में यह परिवार समृद्धिशाली बनता गया है । यदि समकालीन कविता को उक्त हिंसा की एक खौफनाक खबर मान लिया जाए तो उसकी भयानकता के आसंगों के विस्तार में जाकर नृशंसताओं को आकलित करना भी जरूरी हो जाता है । धर्मवीर भारती इस संबंध में लिखते हैं :

शहर का हर वशर बाकिफ़ है
कि पच्चीस साल से यह मुजिर है

कि हालात को हालात की तरह बयान किया जाए
कि चोर को चोर और हत्यारे को हत्यारा कहा जाए [37]

समकालीन हिन्दी कविता में यों तो, 'हालात' का 'बयान' स्वातंत्र्योत्तर काल में कमोबेश किया जाता रहा, किन्तु आठवें दशक के पूर्वार्द्ध का काव्य तो इस सन्दर्भ का एक विशिष्ट ऐतिहासिक दस्तावेज बन गया है ।

अतः आठवें दशक की समकालीन हिन्दी कविता के पहलुओं को समझने के लिए उन सभी अहसासों को सँजोना-परखना होगा, जो घटनात्मक या अघटनात्मक तरीके से खौफनाक खबरों को रचने के आयाम खोलते रहे हैं । स्वातंत्र्योत्तर काल से आपातकाल (1947 से 1975) तक का अन्तः साक्ष्यहिंसा क्रूरता के प्रति क्रान्ति के विचारों से भरा पड़ा है, जो कभी गौण और कभी मुख्य-मुखर स्वरों को उभारता आया है । राजीव सक्सेना के शब्दों में :

हजारों बरस से राज यह खुला है वह दोगला है
जो सुराग नहीं लेगा अंधियारी सुरंग का और शोहदे मौसम की
गढ़ी गोड़ते हुए लहलहाती धरती वापस नहीं देगा ।[38]

हजारों वर्ष से चले आते शोषणक्रम में सत्ता को दोगलापन जुड़कर जो कमाल दिखा रहा था, वह रघुवीर सहाय द्वारा लगाए इस सीधे अभियोग में फूट पड़ा :

तुमने मार डाले लोग
क्योंकि वे हँसे थे
क्योंकि वे सुस्त पड़े थे
क्योंकि वे बहुत सारे लोग थे ।[39]

इन सुस्त पड़े बहुत सारे लोगों की हँसी कैसी प्रतिहिंसा का कारण बनी कि उन हँसनेवालों को जान से हाथ धोना पड़ा । यह हँसी हिंसक इरादों को किस हद तक उभार सकी और उत्तेजक सिद्ध हुई ! कितनी अरूप-मुखर लिपियों को संकेतित करने वाली वह हँसी रही होगी कि शासक उत्तेजित होकर उन्हें समाप्त करने को आमादा हो गया ।

धूमिल ने सत्ता के इस हिंसक, मानवघाती चेहरे को और उसके कृत्य को निम्न प्रकार से उद्‌घाटित किया :

मुझे लगा आवाज़
जैसे किसी जलते हुए कुएँ से
आ रही है ।
एक अजीब-सी प्यारभरी गुर्राहट :
जैसे कोई मादा भेड़िया
अपने छोने को दूध पिला रही है और
साथ ही किसी मेमने का सिर चबा रही है ।[40]

स्थिति की विद्रूपता और ठंडी-निर्मम-निश्चित-निरुद्वेगी हत्या-प्रणाली को खोला गया है । सत्ता मादा भेड़ियों के रूप में चित्रित हुई है, जो अपनी अर्द्ध पूँजीवादी-हत्यारी नीतियों से निहित स्वार्थी तत्त्वों को दूध पिला कर पाल रही है तो दूसरी ओर निरीह जनता-रूपी मेमने का सिर भी चबा रही है । 'मादा भेड़िया', 'उसका छोना' और 'मेमना' के प्रतीकार्थों की संगति 'दूध पिलाने' और 'सिर चबाने' की अर्थसूत्रता बहुत दूर तक मेल खाती है और समसामयिक देशीय सत्ता की नीतियों की बौद्धिक आलोचना के साथ वैचारिक सरोकारों को जाग्रत करनेवाली है । समूचा देश कुएँ जैसी बंद चारदीवारी में घिरा हुआ जल रहा है ।

समय के खूनी स्वरूप, आततायी, बर्बर चेहरे को इन उद्धरणों में साफ-साफ देखा जा सकता है :

मैं नाखून पर नाखून जमा कर
वर्तमान से अपना संवाद शुरू कर देता हूँ
जबकि
वर्तमान
खून के आईने में
अपनी शक्ल खोजने में लगा रहता है ।[41]

आसपास तेरे गिद्ध उड़ रहे हैं
माथे पर बर्फ
पाँव लावे में
तेरे शहर और गाँव जल रहे हैं ।[42]

'वर्तमान का खून के आईने में शक्ल बदलना' तथा 'जलते हुए शहर और गाँव' वाले मुखर उल्लेख जिन बर्बर कृत्यों की खुलकर उद्घोषणा कर रहे हैं, वे सत्ता के खूनी स्वरूपों के परिचायक हैं । गिद्धों की उड़ानें निर्धनों-निस्सहायों को नोचने-खानेवाले तत्त्वों की दृष्टि-कार्य की सूचक हैं, 'माथे पर बर्फ' रक्त और सोच को जमा देने वाली मृत्यु की सन्निकटता के प्रतीकार्थ हैं, 'पाँव लाबे में' से यथार्थ की झुलसाती स्थितियों का बोधार्थ ग्रहण होता है । इस लावे में झुलसी हुई लाशों को खाने को गिद्ध उड़ान भर रहे हैं । यह भयावह परिवेश भारतीय यथार्थ का चित्र है ।

आठवें दशक का पूर्वार्द्ध (1971–1975) इंदिरा युग (1966–67) का उत्तरार्द्ध है । इस काल में विशेषकर 1972 के लोकसभा चुनावों में राज्यसत्ता के दुरुपयोग और भ्रष्टाचार के आरोपों के पश्चात् राजनीतिक दुराचार खुलकर सामने आ गया । हिंसा, इतिहास, अव्यवस्था, आपाधापी, अन्याय का खेल खुलकर खेला जाने लगा । इस सबको बल भी लोकतंत्र प्रणाली के चुनावी तंत्र द्वारा मिलता रहा, जिस पर देश के कुछ बड़े पूँजीनिकायों

का लगभग एकाधिकार रहा है । सार्वजनिक भारतीय जीवन का झुलसा हुआ धुआँख चेहरा संवेदनशील आँखों से ओझल कभी नहीं हुआ । अन्तर मात्र इतना रहा है कि वधस्थली की मौजूदगी की सच्चाई और उस पर उठे हुए फरसाधारी हाथों को कुछ कवियों ने भय में, तो कुछ ने स्वार्थ में अनदेखा किया है, और कुछ अन्य चिल्ला उठे । कविता उनके लिए जानबूझकर चीख जैसी ही अनिवार्य रही, क्योंकि जिंदा रहने और जिंदा होने का सबूत देना भी जरूरी होता है । स्वयं जीवित होने के एहसास के लिए चीखना कैसी विडंबना उत्पन्न करता है । विडंबना की ऐसी स्थितियाँ भारतीय परिवेश की उपज रही हैं ।

लोकतंत्र जब गिरोहतंत्र बन कर दलीय स्वार्थों के हित में न्याय व्यवस्था का गला-घोंटने, हरिजनों के घर फूँकने, उन्हें जिंदा फुँकवाने की हिंसक वारदातों को बढ़ाता है, कानून व्यवस्था को अपने हक में मोड़ देता है, तब सार्वजनिक हिंसा अस्पतालों में नकली दवाओं के रूप में, घरों में मिलावटी उपभोक्ता वस्तुओं के रूप में पहुँचने में लगती है और सार्वजनिक सम्पत्तियों-सुविधाओं का इस्तेमाल बदल जाता है; प्रत्येक नागरिक सत्ताशाहों के आगे अपराधी बन जाता है । तब न्याय की परिभाषाएँ और संविधान की पवित्र धाराएँ बदल जाती हैं । सन् 1975 के आसपास की कविताओं में और विशेषकार आंतरिक आपातकाल की घोषणा के बाद की रचनाओं में उक्त आशयों के विचार व्यक्त हुए हैं :

डाक्टर ने मेज पर से
आपरेशन का चाकू उठाया
मगर वह चाकू नहीं
जंग लगा भयानक छुरा था
छुरे को बच्चे के पेट में भोंकते हुए
उसने कहा
अब यह बिल्कुल ठीक हो जाएगा ।[43]

चिकित्सक के पेशे के प्रति व्यक्ति में स्वाभाविक विश्वास होता है । जब चिकित्सक के हाथों में ही उस विश्वास का घात होता है, तब मनुष्यमात्र पर से विश्वास उठ जाता है । आपातकाल की घोषणा भारतीय जीवन में व्याप्त रोगों का निदान न होकर आपरेशन के नाम पर जंग लगा पुराना छुरा घोंपने जैसा कृत्य था ।

लोकतांत्रिक अधिकारों के अपहरण पर अभिव्यक्ति के माध्यम कैसे सूखा जाते हैं ! बाहर से जनता बिलकुल खामोश दिखती है, सब तरफ कानून और शान्ति, किन्तु भीतर गहरे में मचा हाहाकार और अंधेयुग को भोग रही जनता के विचारों को कवि ने अभिव्यक्त किया है :

हमारे शहर की दीवारें
सफाचट्ट हैं
न नारे न इश्तहार

बिलकुल खामोश हैं जुलूस, भीड़ की गुमराहें,
रेलें समय से हमें ले जाती हैं अज्ञात दिशाओं में ।
शान्ति और कानून का युग
अवतरित है ।
हम भी गम्भीर :
तुम भी मत पूछो, अंधायुग ।[44]

लोकतंत्र की इससे अधिक क्या विडंबना हो सकती है कि व्यक्ति का पता ही न चले कि रेलें उसे किस दिशा में ले जाएँगी । और तब भी न्याय व्यवस्था, लोकतंत्र और शान्ति की मुनादी पीटी जाती रहे और विश्व में अपनी लोकतंत्री नाक और धाक ऊँची रखी जाए ! ऐसे में क्या कुछ सम्भव नहीं हो सकता :

सभी कुछ सम्भव
जब चीजें दलदल में हों
या छुरे की नोंक पर ।[45]

छुरे की नोक पर ही ऐसी मुर्दा शान्ति स्थापित की जा सकती हैं और चीजें कीमती-बहुमूल्य वस्तुएँ न्याय, संविधान, स्वतंत्रता आदि को दलदल में फेंककर इनके नाम की दुहाई दी जा सकती है ।

आपातकालीन (जून 1975 से फरवरी 1977) दौर की कविताओं में अपने समय की साक्षी और वैचारिक लड़ाई की मुद्रा अधिक मुखर होकर सामने आई है । हिन्दी की विभिन्न छोटी पत्रिकाओं के माध्यम से प्रकाश में आईं, बाद में संकलन-3[46] रूप में भी 34 कवियों की प्रकाशित हुई कविताओं में समस्त उद्वेलन, निराशा, आक्रोश, विसंगति, विडंबना, भय, हिंसा आदि की वास्तविक पहचान उभरी है इस संकलन में संकलित कवि हैं सर्वश्री अजामिल, अनूप, अशेष, ओमप्रकाश निर्मल, कुंतलकुमार जैन, धनंजय सिंह, धर्मवीर भारती, नन्द चतुर्वेदी, नरेन्द्र मोहन, नरेन्द्र वशिष्ठ, पद्मधर त्रिपाठी, परमानन्द श्रीवास्तव, प्रणवकुमार वंद्योपाध्याय, बलदेव वंशी, भवानीप्रसाद मिश्र, मणि मधुकर, रमेश गौड़, रमेश रंजक, राजकुमार कुंभज, राजेन्द्रप्रसाद सिंह, राजेश जोशी, रामदरश मिश्र, विद्यानिवास मिश्र, विनय, विनोद शर्मा, विश्वनाथ प्रसाद, विश्वम्भरनाथ उपाध्याय, शैलेन्द्र श्रीवास्तव, श्रीकान्त जोशी, श्रीराम वर्मा, सतीश वर्मा (अजमेर), सतीश वर्मा (बम्बई), सुखबीर सिंह, हरदयाल, हंसराज रहबर ।

इनके अतिरिक्त अन्य कवियों की कविताओं में भी आपातकाल के विरुद्ध आक्रोश और विरोध के विचार व्यक्त हुए हैं, उनमें प्रमुख सर्वश्री अज्ञेय, लक्ष्मीकान्त वर्मा, दूधनाथ सिंह, विकल, मोहन सपरा, वेणु गोपाल, नचिकेता, कुमारेंद्र पारसनाथ सिंह, सुधा गुप्ता, सुमन राजे, रमेश शर्मा, ज्ञानेन्द्रपति, लीलाधर जगूड़ी आदि हैं ।

अब हम विचार तत्त्व के अन्तर्गत काव्य विचार के दूसरे चारित्रिक तत्त्व के आधार पर समकालीन कविता का विश्लेषण करेंगे ।

परिज्ञान

स्वतंत्रता प्राप्ति के बाद भारत में वर्गीय विभेद की चौड़ी होती गई खाई तथा व्यवस्था की नीति-रीति के सर्वथा जनविरोधी, गलत स्वरूप का परिचय देते हुए क्रान्ति विचार को कवि ने प्रस्तुत किया है । व्यवस्था ने आज तक जिसे सही कहा और जनता को बरग़लाए रखा, कवि उस सबको गलत करार देता हुआ कहता है :

> गलत गलत गलत
> जल्दी से अपनी जेबें टटोलो
> मैं जानता हूँ कि माचिस की डिबिया कभी भी खाली नहीं होती
> कि तीली हर कहीं मिल जाती है । टटोलो-टटोलो ।
> एक तो तीली मिल ही जायेगी ? और फिर उसकी लपट
> में देखो ! अंधेरे के पार की नंगी सच्चाइयाँ फिर देखो
> 1947, आजादी, कांग्रेस, पंचवर्षीय योजनाएँ
> तेलंगाना और हरितक्रान्ति । फिर देखो,
> इस सब पर जमे हुए समाजवाद के मलवे को, जो रोज़
> सबेरे कुछ और बढ़ जाता है । फिर देखो
> मुल्क को, दुनिया को, अपने आपको,
> अपनी बेचैन धड़कनों को सिर्फ एक तीली । और
> तुम देख लोगे कि आज तक जितना भी सही सही
> तुम सुनते आये थे वह सबका सब गलत गलत गलत था ।[47]

सामाजिक जागरण के लिए कवि ने रक्तिम-क्रान्ति के विचार को अपनी धारणाओं द्वारा पुष्ट करके व्यक्त किया है । 'तीली हर कहीं मिल जानी है', उसकी लपट में वस्तुस्थिति का असली चेहरा देखा जा सकता है । देश में प्रचलित शासकीय समाजवाद के नारे, योजनाएँ और उन्नति के आशावान छलावे, देश और दुनिया की असली तस्वीर को देखने के लिए रक्तिम क्रान्ति की क्रूरता, अनिवार्यता परिदृश्य की अमानवीय के अभिज्ञान के साथ जुड़कर चरितार्थ हुई है । परिदृश्य की पहचान और परिचय चुनिंदा घटनाओं के उल्लेख में सम्भव हुआ है :

> आदमी को निगलते भवन
> चूसते
> हिचर प्लांट की तरह पूरे के पूरे नगर
> रास्तों पर मरे हुए कीड़े

और अधमरे-अपनी केंचुल सम्भाले हुए
छाती से लगाए जन्म-विकलांग चेहरे
टेढ़े-मेढ़े बेडौल शरीर आधारहीन खंभों पर लटके हुए
नये ईसा निरन्तर फूँकते तपे हुए स्वर ।[48]

नगर पूरे के पूरे आदमी को 'पिचर प्लांट' वृक्ष पादप, जो कीड़ों को पूरा निगल जाता है । की तरह निगल जाते हैं, या लोग रास्तों पर कीड़ों की तरह कुचले जाकर मर जाते हैं; या अधमरी दशा (क्योंकि नगरजीवन की अनिवार्य परिणतियों में मनुष्य की यह नियति है) में अपने विकलांग चेहरों को छाती से या खंभों पर (बिजली के खंभों पर) करेंट लगने पर नए युग के ईसा (ईसापुत्र) आधारहीन लटके हुए मिलते हैं । यह आधुनिकीकरण की चपेट में आए नगरवासियों के जीवन का परिदृश्य है । इस परिदृश्य में घटित होने वाली मृत्यु के उक्त सन्दर्भ हमारे मन में आधुनिक नगरों के प्रति वितृष्णा उत्पन्न करते हैं । महानगर और मृत्युबोध के सन्दर्भ आपस में गुँथे हुए हैं । इन्हें पृथक् नहीं किया जा सकता ।

नगर के व्यवहार के लिए कवि ने वनस्पतिशास्त्र का एक शब्द प्रयोग किया 'पिचर प्लांट' । नगर अपनी उत्पत्ति की प्रक्रिया में भी घटपर्णी से पर्याप्त समता रखता है । आधुनिक सभ्यता का अनिवार्य अंग होने के कारण नगर अपने आसपास के कृषि प्रधान अंतर्देश को अपने हितों के लिए खर्च करता है, बच्चे माल और मजदूर तथा उत्पादन की खपत के लिए भी इसी पर आधारित रहता है । खेत-खलिहानों के स्थान पर औद्योगिक कारखानों का विस्तार होने से खेतिहर किसान श्रमिक समुदाय में बदल जाते हैं । या दूर देहातों से खटने को महानगरों में आते हैं तो महानगर उन्हें समूचा निगल जाता है उनकी शक्तियों को सोखकर उनकी हड्डियों को पीसकर, उनके रक्त को चूसकर, उन्हें थोथा बनाकर फेंक देता है निस्सार कूड़ा-करकट की शक्ल में :

कल एक गाँव जल गया
उसके पहले
उसके पास वाला गाँव
जल गया था । और उसके पहले भी ।
उसके पास वाला
और इस तरह गाँव के गाँव जल गये थे ।[49]

एक पर एक गाँव जल रहे हैं और यह क्रम बिना रुके जारी है तो आखिर क्यों ? क्या न्याय-व्यवस्था के रहते यह सब किसी लोकतांत्रिक देश में सम्भव हो सकता है ? यदि है और है ही, तो किनके बल पर ? वे शक्तियाँ कौनसी हैं, उनके हाथ कितने लम्बे हैं ? इन सारे प्रश्नों तक कवि पाठक को ले जाकर वस्तुस्थिति और सामाजिक वर्गीय संबंधों स्वार्थों की यथार्थ पहचान करा रहे हैं ।

भारतीय परिवेश की तानाशाही, फौजी धौंस पर टिकी शासन व्यवस्था का चित्र नए प्रतीकार्थों में व्यक्त करने के लिए पहाड़ों से उतरकर मैदानों, देहातों, नगरों, उपनगरों को 'घेरती वहशी, खूँखार नदी' के रूपक से स्पष्ट किया गया है । यहाँ नदी क्रूर-फासीवादी-फौजी हुकूमत का पर्याय बन कर आई है :

अत्यन्त दुरूह उपधाराएँ
नगरों
                उपनगरों को घेर रही
                हैं गुर्राती और छींकती
                लहरें
बुलबुलों और वहशी लहरों का तानाशाही साम्राज्य
उभर आया है
जिसमें व्यक्ति-समूह
                उतर गये हैं
                चुपचाप
नदी की थापों में
फौजी बूटों की पदचाप है
पानी के तमाचे
                मौत का खेल
                पूरी क्रूरता से खेला जा रहा है
और एक शोक-धुन
बज रही है
                नदी नीचे उतर रही है
                अभी और [50]

राजनीतिक कार्य-व्यापार नृशंस-क्रूर व्यवहार को नदी के रूपक से उजागर करने का प्रयास हुआ है । इस नदी की थापों में फौजी बूटों की पदचाप सुनाई पड़ रही है । इसके फैलाव में व्यक्ति-समूह सब गर्क हो गए हैं । सब कुछ मूल्यवान और स्पृहणीय को अपनी लपेट में लेकर यह नदी बराबर नीचे उतर रही है । यानी जीवन-मानों के निचले से निचले स्तरों पर उतारती आती राजनीतिक व्यवस्था की, पराकाष्ठा बताती उक्त काव्यपंक्तियाँ भारतीय जीवन के आन्तरिक, मूल्यगत संकट की भयावहता को सामने ला देती हैं । इस प्रकार परिदृश्य का विशिष्ट ज्ञान हमें उपलब्ध होता है ।

अनुचिंतन

'जब मैं अपनी कविताओं के बारे में सोचता हूँ / तो मुझे कई हथियारों के नाम

याद आते हैं / और जब मेरे सामने कोई ताजा संतरे छीलता है / तो मैं अपने बचपन में लौट जाता हूँ ।'[51]

यहाँ कविताओं से हथियारों की याद कविता के हथियार बन जाने की नई विद्रोह-क्रान्तिमूलक धारणा के अधीन वस्तुओं के सह-संबंध को चरितार्थ किया गया है । क्रान्ति के शास्त्र की शब्दावली में कविता भी ठोस शस्त्र की तरह एक उत्पाद है, जिसे संघर्ष में शत्रु के विरुद्ध प्रयुक्त किया जा सकता है । कवि ताजा संतरे छीलते देख कर चाक्षुष-घ्राण ऐंद्रियपरक अनुभूतियों से बचपन की याद-स्मृत कल्पना के आश्रय से पूर्वज्ञान में उतर जाता है । किन्तु स्मृत कल्पना का सूत्र पकड़ कर चलते हुए उसे संतरे न खाने वाली वीरां द्वारा कहानी सुनाने का प्रसंग, कहानी से माँ द्वारा सुनाई गई कहानी में जेहलम नदी में डूबकर मरनेवालों की भटकती आत्माओं का सन्दर्भ......और इस पौराणिक धारणा का, कवितांतर्गत मुख्य विचार को आधार देने हेतु अभिग्रहण कि आत्मा कभी मरती नहीं' फिर नागार्जुन की याद उनके कथन का स्मरण

कि कलकत्ता आओ
 मैं तुम्हें भटकती आत्माएं दिखाऊँगा
भय और आतंक की ऐसी कविता सुनाऊंगा
कि जिस्म के रोंगटे खड़े हो जाएँगे
आँखों में दहशत के जंगल उग आएँगे[52]

यहाँ शब्द प्रमाण दूसरों के शब्द से प्रमाणित तथ्य के आश्रय से यथार्थ ज्ञान को पुष्ट कर विचार को स्वरूप दिया गया है । कवि उक्त प्रमाणप्रक्रिया के पश्चात् इस धारणा पर पहुँचता है :

कलकत्ता अब सिर्फ एक शहर का नाम नहीं
एक व्यवस्था का प्रतीक है
जिसे वनतंत्र कहते हैं
और जिसकी हिफाजत के लिए
आदमीनुमा दरिन्दे दनदनाते हैं :
नहीं, मैं कलकत्ता नहीं जाऊँगा
नहीं देखूँगा किस तरह आदमी
एक आतंक से दूसरे आतंक तक जीता है
पीठ पर लाठियाँ खाता है
आँखों से अश्रुगैस पीता है ।[53]

माँ द्वारा सुनाई गई कहानी और नागार्जुन की कविता के तथ्य मिलकर जिस रहस्य को उद्घाटित करते हैं, वे कवि को इस निष्कर्ष पर पहुँचाते हैं : कि अपने देश की समाज व्यवस्था और अर्थव्यवस्था दोनों ही क्रूर हैं, निर्दयी हैं । हिंसक हैं । जहाँ संतरों

से खुशबूदार जिस्मों वाली दो जवान बहनों को एक कारखाने की भट्ठी में जिंदा जला दिया जाता है.. और यह कि इस तरह के कारखाने हर शहर में होते हैं । कवि प्रत्येक शहर में दो कारखानों की दर से हिसाब लगाने लगता है और चालीस तक पहुँच कर अलीबाबा (चालीस चोर) पर जाकर रुकता है । संकेतार्थों में कवि ने नगरसभ्यता की, देहात या गाँव सँस्कृति पर अपने हित के लिए रची क्रूर-शोषण प्रणाली के समूचे तंत्र को उघाड़ कर रख दिया है । इस सबके कारणों की व्यापक संवेदना कथा को कह देने के बाद कवि अपने मन में निहित विचार को प्रगतिशील मार्क्सवादी विचार को रूपाकार दे देता है । उसकी अनुचिंतन प्रक्रिया जिन तथ्यों का उद्घाटन करती है वह मार्क्सवादी चिंतन प्रणाली के निकट है ।

अनुचिंतनात्मक प्रक्रिया में तर्क का भी विशिष्ट हाथ है । कुमारेंद्र पारसनाथ सिंह अपने तर्क को कैसे लागू करते हैं कि विचार प्रक्रिया अपने आप उद्घाटित होती चलती है :

सड़क पर चप्पा खा कर मर जाने वाली पिल्ले
मुझे आदमी से ज्यादा इनकलाबी लगते हैं
माना कि उनमें से किसी ने ताजमहल खड़ा नहीं किया
न ही किसी को पीसा टावर या स्टैच्यू आव
लिबर्टी को खड़ा करने का गौरव प्राप्त है
मगर उनके हिसाब में कम से कम कोई क्यूबा
या वियतनाम तो नहीं है ।[54]

अन्याय सहकर जीवित रहने वालों की अपेक्षा चप्पा रोटी खा कर मर जाने वाते कुत्ते के पिल्ले को कवि अच्छा बता रहा है तो इसलिए कि चप्पा रोटी न पाने पर भी जीवित रहना जलालत से बँधे रहना, और ऐसी कायर जिंदगी के चक्कर में फँसे रहना है जिससे कि वास्तविक क्रान्ति अधर में अटकी हुई है । ज्ञानेन्द्रपति अपने तर्क को व्यंग्य बाण पर चढ़ा कर छोड़ता है :

मैं यह बात बिना किसी हुज्जत से मान लूँगा
कि मेरी पसलियों के दर्द का
आज़ादी से कोई संबंध नहीं है
हाँ, मैं ठीक कहता हूँ
आप एक बार कहें और मैं मान लूँगा
कि आपकी तोंद का भी
आज़ादी से कोई संबंध नहीं है ।[55]

फटेहाल, कुपोषण के शिकार, भय खाए करोड़ों लोगों की कातर, करुण वाणी का

प्रति-निधित्व करती उक्त तर्क की विडंबना दहलाने वाली है । पसलियों के दर्द का और देश की आज़ादी का कितना गहरा संबंध है । और फिर तोंद और आजादी कितने परोक्ष रूपों में जुड़े हुए हैं । एक ओर रोग और सूखे के मारे देशवासी आज़ादी के बाद की आर्थिक दुर्नीति का शिक़ार हुए हैं तो दूसरी ओर उसी आजादी का फल खाकर तोंदें बढ़ी हैं : जिन्हें भयभीत, निर्धन, रुग्ण व्यक्ति जुबान पर लाता हुआ भी डरता है । कहता भी है तो उच्च वर्ग की सुखभावनी भाषा में हाँ में हाँ मिलाता हुआ कि वह इस विभेद विडंबना के चिलचिलाते सत्य को जोड़ कर देख नहीं बेख रहा । इस रवैये से व्यंग्य विचार के सम्मिलित व्यवहार से काव्य विचार अधिक धारदार हुआ है और अनुचिंतनात्मक प्रक्रिया मुखर हुई है लोकतंत्रीय देश की आजादी की इस पेचीदा स्थिति की तहें उधेड़ने वाली उक्त अनुचिंतन प्रक्रिया हमें यथार्थ ज्ञान तक ले जाती है ।

राजीव सक्सेना भी स्वातंत्र्योत्तर जीवन स्थिति की तहों में जाने की जिज्ञासा उकसाते हुए लिखते हैं :

तह दर तह बिछी हुई हिमानी चादर
भरा हुआ पानी
निश्चय ही सफेद सच है सतह पर
क्या यही ध्रुव सत्य है
क्या आज हर बात की तह में नहीं जाना होगा
नये सिरे से [56]

व्यापक स्तर पर भारतीय जीवन यथार्थ ऊपर से देखने पर जैसा लगता है, उसके भीतर झाँकने पर, तहें उठाकर देखने पर, और भी अधिक कटु एवं घातक सत्य से साक्षात्कार किया जा सकता है । सतह का सच ही असली सच नहीं । यही ध्रुव सत्य नहीं है । फिर सतह पर दीखने वाला सत्य भी कौन सा जीवनानुकूल है । कई तहों में बिछी एक हिमानी चादर और भरा हुआ पानी है सतह पर । किन्तु इस 'सफेद सच' की जाँच करने के लिए नए सिरे से हर बात की तह में जाना जरूरी है । इस ज़रूरत को तीव्र करने में कवि ने तर्काश्रय लिया है । इस तर्क के आधार पर प्रत्येक बात को फिर से जाँच कर ही सत्य निर्धारित करना होगा । कवि बाह्य यथार्थ से अधिक गहरे में छिपे सत्य तक पहुँचने की प्रश्नाकुलता जगाना चाहता है ताकि हर कोई अपने आसपास की, हर सम्बन्धित बात की तह में जाकर स्वयं उस सत्य की तलाश करे ।

द्वंद्वात्मक तनाव

समकालीन हिन्दी कविता में तनाव एक अनिवार्य तत्त्व के रूप में उभरा है । जीवन की अन्तःबाह्य स्थितियों की टकराहट से व्यक्ति के भीतर, व्यक्ति और व्यक्ति के भीतर और सामाजिक जीवन संबंधों को लेकर यह द्वंद्वात्मक तनाव सृजन में आकार लेता है । यह

रचना का निकष भी बन गया है क्योंकि द्वंद्व और उत्तेजना के सम्मिलित रूपों में यह तनाव वर्तमान जीवनयथार्थ का ही पर्याय है ।

वर्जनाओं और निषेधों की उपस्थिति में व्यक्ति के भीतर अद्‌भुत काम संबंधों को लेकर स्नायविक तनाव भी रचना का कारण है । मौना गुलाटी की कविता में इसे लक्षित किया जा सकता है :

रति-क्रिया करने के लिए आकाश यदि गहरा हो जाए समुद्र की
भाँति, तो भी वह नहीं पायेगा
अंडा
एक आदिम तनाव से मुक्ति पाने के लिए बौखलाता हुआ समय
कोई भी आकार लेकर गुम हो जाना चाहता है ।[57]

कामुकतापरक आदिम तनाव, जिन अर्थसन्दर्भों में प्रयुक्त हुआ है, वह नगरबोध और आधुनिकता की निषेधात्मक आकांक्षाओं का वशवर्ती होकर आया है । नितांत दैहिक अर्थों में यौनेच्छा की विकरालता में समय के सो जाने का उल्लेख है । 'आकाश', 'समुद्र' यौनेच्छा की व्यापकता और गहराई के प्रतीक हैं, जो यौन-बुभुक्षा के अर्थवाह हैं । स्नायुगत तनाव की स्थिति ही समूची कविता में आकार ले सकी है : प्रयुक्त कविता का केंद्रक यह तनाव है जो प्रथम पाँच पक्तियों में धारणात्मक रूप में प्रयुक्त है । फिर इसी तनाव के अन्तर्गत-'वेश्याग्रह', 'एय्याशपरम्परा', 'नंगी औरतों की भीड़', 'बलात्कार', 'बीभत्स हास्य', 'कापालिक-क्रिया', 'तांत्रिक साधक' के शब्द प्रतीकों को पार करती, कई धारणात्मक प्रत्ययों को पिरोती हुई कविता 'हमेशा जेब में दहशत रखे हुए घूमना होगा' की हिदायत के साथ समाप्त होती है । उक्त कविता का तथ्याश्रित तर्क सामाजिक व्याधि को अविवेकसम्मत निराशा और दहशत के भ्रम में फेंकने वाला है ।

इसी से मिलती-जुलती अर्थहीन तनाव की एक अन्य स्थिति को सकलदीप सिंह ने आँका है :

अर्थहीन
संकल्प के 'पोज़' से
एक बल लेता हूँ एक तरीका लेता हूँ
कथनी और करनी
चिन्ता और व्यवहार के
इस तनाव को
झेले जा रहा हूँ[58]

कथनी-करनी और चिंता-व्यवहार के अन्तर से उत्पन्न इस तनाव का कारण है विभाजित व्यक्तित्त्व क्योंकि तनाव यहाँ रचनात्मक आयाम न लेकर टूटन, दिशाहीन विद्रोह,

अर्थहीन पोज की ओर मुड़ गया है । अकविता में तनावी स्थितियों का निषेधकामी यह हश्र हुआ है ।

दूसरी ओर अन्तःबाह्य संबंधों, विरोधों टकराहटों के फलस्वरूप उत्पन्न वैचारिक द्वंद्व में तनावी स्थितियाँ चित्रित हुई हैं, जो रचना के तकाजे को और मनःस्थिति को एक साथ उद्घाटित कर रही हैं । सतीश वर्मा की काव्यपंक्तियों में वैचारिक द्वंद्व और तनाव को लक्षित किया जा सकता है :

मैं अपने मृत पिता की आँखें देखना चाहता था
और उनमें झाँक कर यह पूछना चाहता था
कि मौत का कुआँ कितना गहरा है ?
और उसकी गूँज कितनी दूर तक जाती है ?
इसलिए कि जब हम अपनी बाँहों को काट-काट उसमें फेकेंगे
तो क्या पानी का रंग लाल हो जायेगा ?
और मेरे बालों से गिरते हुए अंगारे बुझ जायेंगे[59]

भीतरी तनाव की स्थिति, जो बाह्य जीवनगत क्रूर-मृत्युमुखी स्थितियों के साक्षात्कार में जन्मी है, के कारण स्वयं को स्थिति के समक्ष दर्द में सचेत रखने की जरूरत घटित हुई है । मौत के कुएँ की गहराई, उसमें अपनी बाँहें काट कर फेंकने की असलियत के रहते कैसी मानसिक उद्वेलन की स्थिति घहरायी है । अपने अंगों को बंधुओं-मित्रों को काट कर अलग करने की विवशताजन्य निर्दय जीवनस्थिति का दबाव द्वंद्व और तनाव की चरम स्थिति को रचना में चरितार्थ कर गया है ।

पद्माशा ने बिहार आन्दोलन में मुजफ्फरपुर के एक दिन का चित्र अंकित करते हुए नगरजीवन में उत्पन्न तनावी ऐंठन को मृत कर दिया है :

उसने माँ को पुकारा था
माँ नहीं थी
नींद नहीं थी
सुरक्षा नहीं थी
जगह-जगह गश्त लगाती हुई
सुरक्षा-पुलिस के खाकी दस्ते थे
दुर्निवार अपमान में
ऐंठी जा रही
नागरिक पीड़ाओं की
बन्द-बन्द आवाजें थीं
अश्रु-गैस के पीले बादल थे
उस दिन शहर रोया था ।[60]

बाहरी संबंध से उत्पन्न इस तनाव का चेहरा द्वंद्वात्मक है जो नागरिकों के व्यवहार में कैसी दरार पैदा कर देता है, दुर्निवार अपमान और बंद आवाजों में रोदन, भय, असुरक्षा की स्थितियाँ व्यक्ति के भीतरी जगत को झिंझोड़ कर द्वंद्वात्मक तनाव को पैदा करती हैं जो रचना की समूची पृष्ठभूमि में समाया हुआ रहता है । निम्न कविता पंक्तियों में इसे देखा जा सकता है :

तुम्हारी उत्तेजना के सिरहाने
यह । सूरज का एक टुकड़ा पड़ा है
अपनी बद्‌किस्मती में
कि समस्त करतब
आराम उठाते हुए । चले गये
बर्फ-इमारत के अन्तर्गत
हाँ भाई
रक्त में अंगारे रखने का
यही एक वाजिब वक्त है । यहाँ
कि हवा का बन्द आचरण
अपनी मुट्ठियों में रख लो

क्योंकि दुर्घटनाओं का जुलूस
सवैधानिक हथियारों से लैस है
और तुम्हें । तुम्हारी ईमानदारी
नगाड़े की तरह बजा रही है [61]

व्यक्ति की उत्तेजना, सिरहाने सूरज का टुकड़ा-आशा-विश्वास का खंडित रूप, बर्फीली इमारत में समा चुके सभी प्रयास, रक्त में अंगारे रखने की उचित घड़ी का एहसास, इन सबकी कारणता जन-ईमानदारी और दूसरी ओर व्यवस्था की ईमानदारी हथियारों से लैस मक्कारी के साथ बँधी है । सामाजिक संबंधों में परिवेशगत सवैधानिक दुर्घटनाओं की दुर्भावनाएँ व्याप्त हैं । ये मिलकर द्वंद्वात्मक और तनाव की प्रक्रिया को विकसित करने और रचना-क्षमता को ऊर्जस्वित करने को पर्याप्त हैं । अतः समकालीन कविता में अन्तःबाह्य इन स्थितियों के कारण द्वंद्वात्मक तनाव अनिवार्य निकष बन गया है ।

निर्णय

समकालीन कविता वैचरिक उद्वेलन द्वंद्व, तनाव की स्थितियों के रचाव की अनिवार्यता को पूरा करने के साथ ही कवि पक्ष-विपक्ष को लेकर अपनी सम्मति, निष्कर्ष या निर्णय भी प्रस्तुत करता है । यह निर्णय पहले से बना-बनाया न होकर कथ्य में से उद्‌भूत होता है । निर्णय विचार का विशिष्ट तत्त्व बनकर आता है, आरोपण बनकर नहीं । समकालीन

कविताओं से ऐसे अनेक उद्धरण प्रस्तुत किये जा सकते हैं, जहाँ निर्णय की पहचान अत्यंत मुखर और स्पष्ट है । अन्यथा कोई भी कविता, जो वैचारिक स्थितियों को लेकर खड़ी होती है, उसमें निर्णय-निष्कर्ष अवश्य गर्भस्थ रहता है । हम कुछ उदाहरण देना जरूरी समझते हैं :

जवान और बीमार लड़के की मृत्यु सज्जनो !
और करीब आ गयी है, लोग अब यहाँ बैठ कर
रोयेंगे नहीं
फिर वे क्या करेंगे
यह किस रंग का फूल मैं अपने कोट में लगाऊँ
जैसा सांस्कृतिक सवाल नहीं है
और न मुझे यह कहने की ज़रूरत है कि
वे फिर क्या करेंगे ?
मैं तो केवल यही कहने के लिए बार-बार आता हूँ कि
अब बहुत थोड़ा समय है
कुछ नहीं के बराबर समय है
और मैं उन लोगों के साथ हूँ
जो बीमार और मृत लड़के की मृत्यु पर रोयेंगे नहीं
बल्कि कुछ करेंगे ।[62]

परिवेश में घटित जवान और बीमार लड़के की मृत्यु की कारणता जिन आर्थिक-निर्मम शासकीय नीतिमत्ता में आकार ले पाई है उस पृष्ठभूमि पर जन क्रान्ति ही एकमात्र समाधान रह गया है । अतः कवि अपने इस निर्णय को बार-बार दोहराते रहने का उल्लेख करता है कि समय बहुत कम रह गया है । मृत लड़के की मृत्यु पर रोने का समय नहीं बल्कि कुछ करने का समय है । इस समय को गँवाना नहीं है । समस्या का समाधानात्मक उक्त निर्णय, स्पष्ट ही क्रान्ति विचार को बढ़ावा देने वाला है ।

नरेन्द्र मोहन की कविता 'इस हादसे में' की अंतिम चार पंक्तियों में भी निर्णय स्पष्ट उभर कर आया है :

लेकिन मुझे इस हालत में पहुँचाकर
आप निर्लिप्त और निरापद बने रहेंगे
और में शांतिपाठ करता रहूँगा
यह मुमकिन नहीं ।[63]

यहाँ कवि ने अपने निर्णय को स्पष्ट रख दिया है कि "हालात इस कदर बिगड़ जाने पर भी / आप धूर्त्तता से मुस्कराते हुए चुप रहें / यह कहाँ की तमीज़ है / संवाद जारी रखने के लिए..." संवादहीनता की स्थिति विस्फोटक होती है, जिसका कवि ने स्पष्ट उल्लेख

किया है । अतः टकराहट अवश्यंभावी है । संवादहीन स्थिति और धूर्त्तता की मुस्कराहट को तभी विराम लग सकता है । एक को विपद में डालकर दूसरा (सत्ता-व्यक्तित्व) कब तक निरापद बना रह सकता है ?

समकालीन कविताओं में काव्यप्रक्रिया से उद्‌भूत निर्णय कविताओं में विचार की स्थिति और परिणति बन कर घटित होते हैं । उन्हें प्रक्रिया से अलग करके नहीं देखा जा सकता । यह समकालीन कविता की विशिष्ट पहचान का बिन्दु भी है :

क्योंकि मौत से भी भयावह है
चीजों में छिपा हुआ कपट
जो किसी भी बच्चे के जन्मदिन को
यातना का तहखाना बना सकता है
संगीनों की नोक से भी ज्यादा खौफनाक है
सूचनाओं की सदाशयता
जो मौत को ठण्ड
भूख को मक्खी
बहते खून को पानी का नाम दे सकती है
ऐसे में आत्मघात से अधिक नुकसानदेह होती है
वह चुप्पी
जो दुश्मन को दुश्मन, भेदिए को भेदिया
नहीं कह सकती....[64]

परिवेशगत वस्तुओं को चरित्रभ्रष्टता एवं संशययुक्त रख-रखाव उन्हें मृत्यु से भी निकृष्ट बना देते हैं । मिलावटी खाद्यवस्तुओं के प्रयोग से बच्चे का जन्मदिन उसके मरण दिन में बदल जाता है । कपट व्यवहार वाली सदाशयी सूचनाएँ अपने षड्‌यंत्री धोखेबाज चरित्र के कारण संगीन की नोक से भी अधिक खौफनाक परिणाम सामने ला सकती हैं । ऐसे में व्यवस्था की नालायकी से हुई मृत्यु को ठंड के कारण हुई मृत्यु बता दिया जाता है; बहते हुए खून को पानी । अतः उक्त परिवेश में चुप्पी सिर्फ आत्मघात ही मानी जाएगी । ऐसी चुप्पी जो डर के मारे दुश्मन को दुश्मन और भेदिये को भेदिया नहीं कह सकती । अन्तर्राष्ट्रीय सन्दर्भों को उठाते हुए कवि ने संवेदनाविहीन, मानव-विरोधी, जीवनविरोधी, युद्ध आकांक्षाओं के प्रति अपनी अस्वीकृति एवं प्रतिकार के निर्णय को आकार दिया है :

वे हमेशा बे-रहम होते हैं
दूसरों का आकाश अपनी मुट्ठियों में बंद करने वाले
निचोड़ लेते हैं होठों की मुस्कान
घनहर खेतों में सुरंगें बिछा देते हैं ।

कोई भी नाम दे दो
उनकी व्यवस्था में कोई संवेदना नहीं होती ।

तुम भाग्यवान हो जो महसूस कर सकते हो
गो उनकी व्यवस्था सबसे पहले संवेदना को भोंथरा करती है
फिर धीरे-धीरे जाती यादों को धुँधला कर देती है ।[65]

वियतनाम के सन्दर्भ में लिखी गई कविता की उक्त पंक्तियों में युद्धरत देश अमरीका और वियतनाम दोनों को न लेकर अमरीका को 'वे' के सर्वनाम से ज्ञापित किया गया है । कवि मानता है कि अमरीकी साम्राज्यवादी शक्ति ने वियतनाम के विध्वंस की पहल की । साम्राज्यवादी अपने स्वभाव में ही क्रूर, मानवघाती, बेरहम होते हैं, जो घने हरेभरे खेतों में बारूदी सुरंगें बिछा देते हैं । यह व्यवस्था संवेदनशून्य होती है तभी वह युद्धों में मनुष्यों को झोंक देती है । वह पहले संवेदना को नष्ट करती है फिर व्यक्ति से उसकी जातीय स्मृतियों को भी छीन लेती है । कवि मार्क्सवादी विचारदृष्टि से यहाँ स्थिति का सामना करता है । सुदूर देश के लोगों की यातना से साक्षात्कार में संवेदनाएँ उसके हृदय में उद्बुद्ध होती हैं । वह साम्राज्यवादी शक्तियों के व्यवहार-प्रमाण से अवगत है । अतः ऐतिहासिक तथ्यों के ज्ञान से संवलित निष्कर्ष को वह अपने कथन की पुष्टि के रूप में प्रयुक्त करता है ।

संवेदनात्मक उद्देश्य

समकालीन कविता में सम्वेदनात्मक उद्देश्यों की पड़ताल, वस्तुतः रचना के कलात्मक कथन की पहचान है । विचाराग्रह एवं विचारप्रयोग के कारण समकालीन कविता का समूचा वैधानिक ढाँचा और रचना प्रक्रिया परम्परित कविता और नई कविता से भी भिन्न हो जाते हैं । संवेदनात्मक उद्देश्य रचना के फलन संबंधी समस्त पहलुओं को अपने में समेट लेता है । इनमें मुख्यतः बिम्ब, प्रतीक, भाषा, संवेदना के नए सौंदर्यबोधात्मक तत्त्व आविष्ट रहते हैं । हम समकालीन कविता में इन्हीं प्रमुख तत्त्वों की पड़ताल करके उसके फलित रूपों को उद्घाटित करेंगे ।

श्रीहर्ष की कविता 'बैरिकेड' को अविकल रूप में उद्धृत करने की आवश्यकता अनुभव हो रही है ताकि उसे अछोर विश्लेषित कर रचनात्मक फलन तक पहुंचा जा सके :

हवा में हाथ नचाकर
गेंद की तरह क्रान्ति उछालने वालों ने
रास्तों, पर खड़े कर दिये हैं
नये 'बैरकेड्स'
चलने वाला हर पाँव
अपनी पीठ पर महसूस करता है

'केन्द्रीय' कुंदा
और 'गणतंत्रीय-चूहे' खोखली कर रहे हैं
सारी जमीन ।

जब भी अपने बगीचे में
ताजा मिट्टी डालकर लगाता हूँ फूल
खिलने के पहले ही तोड़ लेता है
सादी पोशाक वाला हिटलर
कौन से न्यायालय में भेजूँ शिकायत ?

मेरे सामने संकट भाषा का नहीं
गुलाम बन जाने का है ।[66]

प्रथम चार पंक्तियों में क्रान्ति का दम भरने वालों द्वारा ही, सत्ता व्यवस्था में आ जाने पर क्रान्ति के मार्ग में अवरोधक खड़े कर दिए जाने के विसंगत कार्य का व्यंग्यात्मक उल्लेख है । भारतीय लोकतंत्र में केंद्रीय सरकार का अंकुश ऐसा भयावह हो चुका है कि हर कोई एक अदृश्य-सम्भावित भय के नीचे दबा हुआ अनुभव करता है तथा भारतीय गणतंत्र में उच्चाधिकार युक्त व्यक्ति निजी स्वार्थों के वशवर्ती होकर देश को खोखला किए जा रहे हैं । कवि की चिंता का विषय यह कि वह जब भी कोई फूल लगाता है अपने बाग में अर्थात् जब भी किसी मानवीय मूल्य का रोपण करता है, उसे विकसित होने-फूलने से पहले ही सादी पोशाक वाला हिटलर (शासकवर्ग) उखाड़ लेता है । भारतीय सन्दर्भों में शासकदल का व्यक्तित्व सादी पोशाक में फौजी स्वेच्छाचार से कम नहीं है । परेशानी यह भी है कि इस छद्म हिटलर की शिकायत किसी न्यायालय में करना सम्भव नहीं । ऐसी स्थिति में कवि के सम्मुख सबसे बड़ा संकट भाषा का नहीं, आजादी गँवाकर कुछ लोगों के स्वेच्छाचारी शासन का दास बन जाने का है ।

प्रथमतः गेंद के बिम्ब में क्रान्ति का उपमान है जिसके पीछे क्रान्ति के प्रति खिलवाड़ का भाव रखने वाले लोगों की भर्त्सना का विचार व्यक्त हुआ है । 'गणतंत्रीय चूहे' सत्ताशाहों के प्रतीक हैं, जो सर्वशक्ति सम्पन्न और स्वेच्छाचारी और इस प्रकार सादी पोशाक वाले हिटलर बन गए हैं । बगीचा (देश) परिवेश का प्रतीक है, और फूल मानवीय मूल्य का । अन्त में सपाट कथन में कवि ने इस मानवघाती, अन्यायी, छद्मवेशधारी हिटलरी व्यवस्था का गुलाम बनने से इन्कार करते हुए उसका प्रतिकार किया है ।

भाषा के संकट को लेकर आपस में गुथे-उलझे देशवासियों के समक्ष, कवि ने उन्हें गुलाम बनाए जाने के षड्यंत्रकारी बड़े संकट का, पर्दाफाश किया है । अपने स्वतंत्रताकामी विचार से परतंत्र पूर्ण स्थितियों के रचाव को चीर डाला है । मानवीय प्रतिबद्धता का विचार

और पक्षधरता साहस और जोखिम उठाने का माद्दा वस्तुतः स्पृहणीय हैं । साथ ही अपनी बात को कहने में कवि ने समुचित ऐंद्रिक बौद्धिक व्यवहारों द्वारा बिम्ब प्रतीक की रचना कर विषय को ग्राह्य और आकर्षक बनाकर प्रस्तुत किया है । नये शब्दों 'केंद्रीय कुंदा' और 'जनतंत्री चूहे', की रचना द्वारा स्थिति को मूर्त करने में कवि ने सफलता प्राप्त की है । उक्त कविता अपने समय में अनिवार्य दखल देती हुई अपनी प्रासंगिकता सिद्ध कर रही है । यह कविता की सर्वोच्च सार्थकता है, जिसका निर्वाह बखूबी हुआ ।

अब हम कुछ फुटकर उद्धरणों से समकालीन कविता में बिम्ब, प्रतीक, भाषा, व्यंग्य आदि तत्त्वों की विचार सन्दर्भों में परख करेंगे :

संसद
एक दलदल है
जहाँ हर मेढक
कमल है ।[67]

संसद एक दलदल है उस दलदल में रहने वाला हर मेढक स्वयं को कमल मानता है । देश के लोकतंत्र की इससे बड़ी विडंबना क्या हो सकती है कि उसकी सर्वोच्च शक्ति विधान निर्मात्री सत्ता स्वच्छ पारदर्शी जल के सरोवर से दलीय दल - दल में परिवर्तित हो चुकी है । स्वच्छ जल में खिले कमल अपनी विसंगत भूमिका के कमल न रहकर निपट मेढक बन कर रह गए हैं । लोकतंत्रीय भावनाओं का प्रतीक स्वच्छ पारदर्शी जल दलदली अंधे शीशे में परिणत हो चुका है । उक्त रूपक के माध्यम से नई प्रतीकयोजना द्वारा कवि ने जो एक समग्र बिम्ब खड़ा किया है वह अपने वैचारिक सरोकार से स्वातंत्र्योत्तर लोकतांत्रिक मूल्यों-प्रतिमानों की विडंबना को उद्घाटित करने में सक्षम है :

अपने सारे शरीर को कारखाने की तरह सँभाले हुए
टहनियों को बन्दूकों की तरह ताने हुए
उसने अपनी जड़ों को फौजी कतारों की तरह बढ़कर
मिट्टी की तबीयत पर मोर्चा बाँध दिया है ।[68]

यहाँ 'पेड़' के व्यक्तित्व (सचेतन पेड़) तथा उसके स्वभाव-प्रकृति तथा अंगों-प्रत्यांगों का संघर्षकर्मी व्यक्ति की भांति प्रयोग हुआ है । कवि आज के व्यक्ति के संघर्ष को, साज-सज्जा, अस्त्र-शस्त्र और सामूहिक चलन को 'वृक्ष' तथा उसकी जड़ों के प्रतीकार्थों में बदलकर उद्घाटित कर रहा है । एक समय था जब वृक्ष धर्म अध्यात्म के अमूर्त विचारों को प्रेषित-मूर्त करने के लिए प्रयुक्त होता था, किन्तु आज मनुष्य के संघर्षपूर्ण जीवन और इच्छाओं से युक्त व्यवहार और विचार को मूर्त करने के लिए प्रयुक्त हो रहा है ।

इस प्रकार के प्रयोग, प्रकृति के उपकरणों-व्यवहारों से वर्तमान मनुष्य के जीवन-व्यवहार-विचार-संघर्ष को मुखर करने वाले, समकालीन कविता की अपनी एक

विशिष्टता है । समकालीन सभी प्रमुख कवियों की कविताओं से यह तथ्य प्रमाणित होता है और नई कविता से पृथक् अपनी एक पहचान देता है ।

जब वे बोलने को खड़े हुए
जानवरों की बोली बोलने लगे
कुछ शब्द अंकित करने चाहे
मासूम बच्चों की तरह कागज पर
लकीरें ही अंकित कर पाए ।[69]

कविता की भाषा-आकांक्षा और आम लोगों की भाषा-आकांक्षा में अंतर नहीं रहा । तब लोगों के बोलने, स्वयं को अभिव्यक्त करने की मजबूरी, जो पहले अस्फुट शब्द में, गूँगी भाषा या गूँगे व्यवहारों में व्यक्त होती थी, वह भीतर की बाध्यता और 'जन विद्रोह की आग में' बढ़ती हुई यहाँ तक आ पहुँची कि बोलना जरूरी हो गया । जब लोग बोलने को खड़े हुए (यह खड़ा होना बोलने की बाध्यता और सामने बोलने के समान धृष्ट और विद्रोही बोल जैसा ही तो है) तब उनके बोल जानवरों की बोली से लगे। भाषा, वैज्ञानिक अर्थों में, 'बोली' प्रदेश विशेष के लोगों की अंतरंग आशाओं-आकांक्षाओं की रंगतें लिए होती है । यहाँ यह 'बोली' वर्ग-विशेष के अर्थों में प्रयुक्त हुई है । क्योंकि :

दिनभर की विद्रूपताओं को
सहते हुए
ऐन चौराहे पर खड़े
भूख और प्यास की चादर से
मुँह ढापे ।[70]

अतः इन दिनभर (स्वतंत्रता प्राप्ति से आजतक के काल को यदि दिन मानें तो) विद्रूपताओं ने जिन्हें भूख और प्यास की समेकित रेखा पर, चौराहे पर ला खड़ा किया है; उस वर्ग विशेष की यह चौराहे की भाषा है । या यों कहें कि यह चौराहे पर खड़े वर्ग की भाषा है, जिसे व्यवस्था ने जानवरों की स्थिति में ला पटका है । भाषा में ही व्यक्ति सोचता और व्यवहार करता है । उसकी समस्त संवेदनाएँ भाषा के माध्यम से व्यक्त होती हैं । उसकी नफरत, क्रोध, उत्साह और प्यार, यों समझिए कि भाषा में ही उसकी अस्मिता है । उसकी सोच और विचार भी भाषा में घटित होता है ।

इतिहास छोटी-छोटी बातों में घटित होकर व्यक्ति को प्रभावित करता है । समकालीन जीवन की छोटी-छोटी घटनाएँ ऐतिहासिक सन्दर्भों में व्यक्ति को सोचने को उत्प्रेरित करती हैं । वह उनके पीछे निहित विचारों के हाथ और सोच को घटित देखता है । ऐतिहासिक सोच से सम्पन्न कवि ही ऐसा विश्वास अर्जित कर लेता है कि वह अपनी मामूली किन्तु सशक्त भाषा में वज्रपाश ढाल सकता है । भाषा में यह शक्ति अपनी सहज मामूली प्रकृति में विचारोद्दीप्त व्यवहार के बल पर आती हैं ।

हिन्दी कविता में नई कविताकाल में और उसके बाद भी यदाकदा उसके हिमायतियों ने भाषा का नकली संकट खड़ा कर, उस पर लम्बी-चौड़ी बहसें उकसाए रखने के प्रयत्न जारी रखे, जबकि वास्तविक संकट तो व्यक्ति के गुलाम बनाए जाने का था ।

पहले यथार्थ से नये 'संबंधों' के कारण 'ठेठपन' की नई गति के अधीन कुछ 'शब्दों की मृत्यु घोषणा'[71] जो हुई थी उसी क्रम में बढ़ते हुए, आठवें दशक में आकर युवा कवियों ने कविता को संघर्ष माध्यम बनाकर भाषा को वैचारिक ऊर्जा से समन्वित किया तथा नई दृढ़ आधारपीठिका प्रदान कर दी ।

सातवें दशक के अंत तक भाषा में स्थितियों के साथ वार्तालाप साधने के प्रयत्न हुए । अकविता के एक अंश ने जरूर भाषा के आभिजात्य को तोड़ा उसे 'स्वीकृत अर्थवत्ता से अलग'[72] दिशा की ओर चलाया, किन्तु आठवें दशक में आते-आते ये कोशिशें एकालापी मुद्राएँ बनकर रह गईं । विचारों और व्याप्त राजनीति से अलग आधुनिकता के स्वीकार एवं राजनीतिक विचारों से विरोधनुमा परहेज के कारण भाषा जिस अराजकता को प्राप्त हुई, उसे साधने के लिए उपयोगी मुहावरा गढ़ने के लिए पुनः तोड़ना और चीजों के सामने होकर देखना-पड़तालना अनिवार्य हो गया ।

अकविता व्यवहार चीजों से स्वतंत्र यों वस्तुनिष्ठ व्यवहार-निरपेक्ष, घोर व्यक्तिवादी बर्तावों के कारण अराजक और कलाकर्म के विरुद्ध पड़ने लगा था । इन अर्थों में यह काव्यव्यवहार मानवविरोधी और अधिनायकवादी होता गया था । इसे आठवें दशक में विचार और कविता के अन्तःसंबंधों के समन्वित नए उन्मेष ने तोड़ा । भद्रजन जिस आभिजात्य की भाषा के अभ्यस्त हो चुके थे, उन 'चिकने' और 'गोल' शब्दों को तोड़कर भद्रजनों की आँखों में भाषा को 'अशुद्ध' और 'भौंडा' बना देना लाजमी हो गया । भाषा को तोड़ने की यह कार्यवाही बचकाने आशयों के अधीन नहीं बल्कि सुविचारित थी । उसे उस 'जमीन' से जनसामान्य के जीवन के धरातल से उठाना ही इस बार श्रेयस्कर लगा 'जहाँ शब्द की मार और धार दीखे ।'[73] यह भाषागत कार्यवाही इसलिए भी जरूरी हो आई ताकि उसे विचार और कर्म के साथ जोड़ा जाए जिससे 'मरते हुए आदमी की पहचान का नग्न और ठोस संकेत' भाषा देना शुरू कर दे ।

भाषा से आग के एहसास तभी पैदा होते हैं जब वह जीवन और जन की आंतरिक बुनावटों के समान्तर विकसित होती है । प्रगतिवाद के साथ जनभाषा के आग्रह जो चौथे दशक में उत्पन्न हुए थे, वे कुछ ही कारगर हुए थे । नागार्जुन, केदारनाथ अग्रवाल, भगवतीचरण वर्मा, रामविलास शर्मा, भारतभूषण अग्रवाल आदि ने उसे सहजता का जो आयाम दिया, उसका बीजांकुर निराला की 'कुकुरमुत्ता', 'तोड़ती पत्थर' में हो चुका था । किन्तु वह पक्ष प्रयोगवाद, नयी कविता के भाषायी आभिजात्य की ऐंद्रियता बिम्बवादिता के पाश्चात्य आंदोलनों के कारण दब-सा गया था ।

आठवें दशक में आते-आते पुनः हिन्दी कविता में जन भाषा के आग्रह विचार को

साथ लेकर तेजी से उभरे । जन भाषा के नाम पर आंचलिक शब्दों की भरमार होने लगी । धूमिल, विजेन्द्र, ज्ञानेन्द्रपति, आलोकधन्वा, श्रीराम वर्मा आदि की कविताओं में आंचलिक भाषा व्यवहार अधिक हुआ है । विजेन्द्र इस दिशा में इतने दूर निकल गए हैं जहाँ आंचलिक शब्दों की भरमार 'पछीत', 'बय्यर', 'खटास सेंत बैठा है', 'लुहेसते', 'तीकुर', 'ढेंकुरी'[74] आदि शब्द प्रेषणीयता में आड़े आते हैं और कवि अपने अभिप्रेत में असफल हो जाता है । दूसरी ओर सहज-सरल, नगर संवेदना और मध्यवर्गीय शब्दावली बहुल मुहावरे और सक्षम प्रेषणीय भाषा एवं शब्दावली के प्रयोग में राजीव सक्सेना, दूधनाथ सिंह, ओमप्रकाश निर्मल, कुमारेंद्र पारसनाथ सिंह, रमेश गौड़, कुमार विकल, ऋतृराज, मणिमधुकर आदि अनेक कवियों ने कुशलता प्राप्त की है ।

भाषा प्रयोग के सायास प्रयत्नों और कवियों में, इस संबंध में, अतिरिक्त मोह से कार्य लेने की प्रवृत्ति को लक्ष्य करते हुए कुमारेंद्र पारसनाथ सिंह ने आग.ह करते हुए कहा है : 'अपनी भाषा को अधिक जानदार करने के लिए जहाँ हमें इन भाषाओं के शब्दों, मुहावरों और संकेतों को ग्रहण करने की जरूरत है, वहीं उससे भी अधिक जरूरत इस बात पर ध्यान देने की है कि अपने इस प्रयास में किसी अतिरिक्त मोह और / या आग्रह के कारण, क्षेत्र विशेष के जनसमूह से जुड़ने की ललक में कहीं हम, विचार और प्रेषणीयता के स्तर पर, एक विराट जनसमुदाय और अपनी तात्कालिकता से कटे तो नहीं जा रहे हैं ।'[75]

यह तथ्य है कि इधर जनभाषा के मोह में, कई कवि इतने उत्साहित लगते हैं कि वे क्षेत्र विशेष के जनसमूह से भी जुड़ नहीं पाए और विराट जनसमुदाय से भी कट-से गए हैं । विजेन्द्र की कविता इस तथ्य का बढ़िया उदाहरण है । भाषा हमें किसी उत्साही छलाँग की अनुमति नहीं देती । वैचारिक छलाँग के आदी हो चुके कई युवा-युवतर कवि, जो शोहरत पा गए थे, (हालाँकि अपने अपने राजनीतिक हलकों में उनकी पहचान अब धुँध ली होने लगी है) भाषा को भी उसी उत्साह में नाप लेना चाहते हैं; जबकि कवि की विचारदृष्टि भी उसकी चेतना का, समग्र सोच का हिस्सा होकर ही जब फलित होती है तब विचारदृष्टि और भाषा के मध्य कोई अन्तराल नहीं रह जाता । सोच के संस्कार के समान्तर ही भाषा संस्कार अपना कार्य सम्पन्न करता है ।

सन्दर्भ

1. रमेश कुंतल मेघ, क्योंकि समय एक शब्द है : (लोकभारती प्रकाशन, इलाहाबाद, प्रथम सं. 1975), पृ. 455. ❑ 2. धूमिल : संसद से सड़क तक (राजकमल प्रकाशन, दिल्ली, पटना : 1972), पृ. 11. ❑ 3. प्रारम्भ, (सं. जगदीश जतुर्वेदी, भारत भारती प्रकाशन, दिल्ली : 1963), भूमिका, पृ. 2 ❑ 4. अभिव्यक्ति-1 (सं. रमेश कुंतल मेघ, गंगा प्रसाद विमल, वितरक : राजपाल एंड संज, दिल्ली : 1965). ❑ 5. प्रारम्भ, कैलाश वाजपेयी, पृ. 44. ❑ 6. वही, जगदीश चतुर्वेदी, पृ. 26. ❑ 7. वही, नरेंद्र धीर, पृ. 78. ❑ 8. वही, पृ. 67. ❑ 9. अभिव्यक्ति-1, रमेश कुंतल मेघ, पृ. 33. ❑ 10. वही, दूधनाथ सिंह, पृ. 11. ❑ 11. वही, दुष्यंत कुमार, पृ. 40. ❑ 12. राजीव सक्सेना : आत्मनिर्वासन तथा अन्य कविताएँ (राजकमल प्रकाशन, दिल्ली,

पटना : 1966), पृ. 47. ❑ 13. प्रारम्भ, रमेश गौड़, पृ. 188. ❑ 14. विद्रोह और साहित्य, नरेन्द्र मोहन, (सं नरेन्द्र मोहन, देवेन्द्र इस्सर, साहित्य भारती, दिल्ली : 1974), पृ. 17. ❑ 15. वही, राजीव सक्सेना, पृ. 47. ❑ 16. वही, विश्वम्भरनाथ उपाध्याय, पृ. 88. ❑ 17. पहचान एक / 5, नामवरसिंह, 'भाषा का अवमूल्यन सीधी लेखक शिविर के दस्तावेज, 1970, (सं. अशोक वाजपेयी, सरगुजा, मध्यप्रदेश), पृ. 54. ❑ 18. 'पहचान एक / 5, भारतभूषण अग्रवाल (सं. अशोक वाजपेयी), पृ. 50. ❑ 19. जगदीश चतुर्वेदी : इतिहास हन्ता (ज्ञान भारती प्रकाशन, नई दिल्ली : 1970), पृ. 34. ❑ 20. अकविता-41, मोना गुलाटी, (चयन : जगदीश चतुर्वेदी, रवीन्द्रनाथ त्यागी, श्याम परमार), पृ. 59. ❑ 21. सकलदीप सिंह : श्मशानी पीढ़ी, पृ. 21. ❑ 22. अकविता-41, मोना गुलाटी, पृ. 59. ❑ 23. सतीश जमाली : एक और नंगा आदमी (लेखक द्वारा प्रकाशित, 1967), पृ. 11—12. ❑ 24. अकविता-2, नरेंद्र धीर, पृ. 23. ❑ 25. मलय राय चौधरी : जख्म (बंगला से अनुवाद : कंचन कुमार, जेब्रा बुक्स, कलकत्ता : 1966), पृ. 5. ❑ 26. राजकमल चौधरी : मुक्तिप्रसंग (नीलपत्र प्रकाशन, पटना-4 : 1966), पृ. 27. ❑ 27. क्योंकि समय एक शब्द है, पृ. 464. ❑ 28. धूमिल : संसद से सड़क तक, पृ. 135. ❑ 29. अभिव्यक्ति-1, पृ. 113. ❑ 30. राजकमल चौधरी : मुक्तिप्रसंग, पृ. 21. ❑ 31. 'ये अनुवाद जटिल, लांछित और अवांछित रहे, इनका एक हाशिया तो सामाजिक यथार्थशील वाला है लेकिन दूसरा कवि के आत्मनिर्वासन तथा मनोरोगों (साइकोपैथालाजी) वाला । यहाँ दूसरा प्रसंग ही ज्यादा संगत है । क्योंकि राजकमल की बीमारी की कई दशाएँ भारत देश की बीमारी से जरूर जुड़ी हुई हैं : 'लम्बी कविताओं का रचनाविधान; रमेश कुंतल मेघ (सं. नरेन्द्र मोहन), पृ. 124. ❑ 32. राजकमल चौधरी : मुक्तिप्रसंग, पृ. 21. ❑ 33. तन पर एक न बित्ता कपड़ा, फटी लंगोटी लांग नहीं, सदा रहे भंडवा होली के, आज दिना का स्वांग नहीं, दोऊ हाथ कीचड़ उछाल के झाड़े रौ महंगुआ । सर्वेश्वरदयाल सक्सेना : कुआनो नदी (राजकमल प्रकाशन, दिल्ली-पटना : 1973), पृ. 92. ❑ 34. बिन्दु, नन्द चतुर्वेदी (सं. नन्द चतुर्वेदी, वर्ष 4, अंक 1, मार्च-70 उदयपुर), संपादकीय । ❑ 35. 'तटस्थ', (सं. कृष्णबिहारी सहल, नवम्बर, 1970 : पिलानी, राज.), पृ. 44. ❑ 36. कानून की भाषा बोलता हुआ, अपराधियों का एक संयुक्त परिवार है । 'संसद से सड़क तक', पृ. 139 ❑ 37. 'कल्पना', (सं. बदरीविशाल पित्ती आदि, अगस्त 1974, हैदराबाद), पृ. 3. ❑ 38. विचार कविता की भूमिका : (सं. नरेन्द्र माहन, महीपसिंह, नेशनल पब्लिशिंग हाउस, दिल्ली : 1973), पृ. 128. ❑ 39. रघुवीर सहाय : हँसो हँसो जल्दी हँसो (नेशनल पब्लिशिंग हाउस, दिल्ली : 1975), पृ. 1. ❑ 40. धूमिल : संसद से सड़क तक, पृ. 122—3. ❑ 41. विचार कविता की भूमिका, कुमारेंद्र पारसनाथसिंह, पृ. 174. ❑ 42. कैलाश वाजपेयी : तीसरा अँधेरा, (राजकमल प्रकाशन, दिल्ली, पटना : 1972), पृ. 20. ❑ 43. 'इंतिज़ाम', कुंवर नारायण, धर्मयुग, 24 अप्रैल 1977 (आपातकाल में लिखित कविता-क्रम में प्रकाशित) ❑ 44. यह नया शहर, रमेश कुंतल मेघ, (अभिव्यजंना-2 (जुलाई 1976) सं. मीरा सिन्हा : कृष्णा पटेल, हावड़ा-1), पृ. 5. ❑ 45.नरेन्द्र मोहन : इस हादसे में, (शारदा प्रकाशन, नई दिल्ली : 1975), पृ. 67. ❑ 46. काला इतिहास, (सं. बलदेव वंशी, प्रवीण प्रकाशन, दिल्ली : 1977). ❑ 47. वेणु गोपाल : वे हाथ होते हैं, (अनादि प्रकाशन, इलाहाबाद, भोपाल, प्रथम संस्करण : 1967), पृ. 12. ❑ 48. गंगा प्रसाद विमल : (राधाकृष्ण प्रकाशन, दिल्ली, प्रथम संस्करण : 1967), पृ. 12. ❑ 49. विचार कविता की भूमिका, पृ. 143. ❑ 50. बलदेव वंशी : उपनगर में वापसी, (साहित्य भारती प्रकाशन, दिल्ली : 1947) पृ. 87. ❑ 51. एक सामरिक चुप्पी, कुमार विकल, समकालीन कविता की भूमिका : (सं. विश्वम्भरनाथ उपाध्याय, मंजुल उपाध्याय, दि मैकमिलन एंड कम्पनी आफ इंडिया, दिल्ली : 1976), पृ. 190. ❑ 52. वही । ❑ 53. वही, पृ. 192. ❑ 54. लेखन, कुमारेन्द्र पारसनाथ सिंह, (सं. कपिल आर्य; प्रवेशांक : अक्तूबर 1969 : कलकत्ता), पृ. 25. ❑ 55. विचार कविता की भूमिका, ज्ञानेन्द्रपति, पृ. 114. ❑ 56. वही, राजीव सक्सेना, पृ. 125. ❑ 57. समकालीन कविता की भूमिका, उद्धृत, पृ. 240. ❑ 58. निषेध, सकलदीप सिंह (सं. जगदीश चतुर्वेदी, ज्ञान भारती प्रकाशन, दिल्ली : 1972), पृ. 190. ❑ 59. सन चौहत्तर और अन्य कविताएँ

(साहित्यागार, जयपुर : 1964), पृ. 6. ❑ 60. पद्माशा : भाषा के नंगे हाथों तक (सम्पर्क : सुश्री पद्माशा, इतिहास विभाग, एम.डी.एम.कालेज, मुजफ्फरपुर, बिहार : 1974), पृ. 21. ❑ 61. 'उत्तरार्द्ध' राजकुमार कुंभज (सं. सव्यसाची, अंक-12, मथुरा : जुलाई 1976), पृ. 77–88. ❑ 62. 'कविता'-8 (सं. नन्द चतुर्वेदी, भागीरथ भार्गव, जयसिंह नीरज, अलवर), पृ. 16. ❑ 63. नरेन्द्र मोहन, इस हादसे में (शारदा प्रकाशन, नई दिल्ली : 1972), पृ. 79. ❑ 64. चन्द्रकांत देवताले : दीवारों पर खून से (राधाकृष्ण प्रकाशन, दिल्ली, प्रथम संस्करण), पृ. 75–6. ❑ 65. विश्वनाथ प्रसाद तिवारी : साथ चलते हुए (राजकमल प्रकाशन; दिल्ली, प्रथम संस्करण : 1976), पृ. 9. ❑ 66. विचार कविता की भूमिका, श्री हर्ष, पृ. 152–3. ❑ 67. रमेश कौशिक : चाहते तो (अक्षर प्रकाशन प्रा. लि. दिल्ली, प्रथम संस्करण : 1973), पृ. 59. ❑ 68. लीलाधर जगूड़ी : इस यात्रा में (साहित्य भारती, दिल्ली 51, प्रथम संस्करण : 1974), पृ. 46. ❑ 69. सुधा गुप्ता : रोशनी की शहतीर (पांडुलिपि प्रकाशन, दिल्ली : 1977), पृ. 9. ❑ 70. वही, पृ. 10. ❑ 71. प्रतिपक्ष, विजयदेवनारायण साही (संपा. जार्ज फर्नांडीज, 22 अप्रैल 1973) ❑ 72. 'लेकिन मैं समझता हूँ शब्दों के निहित अर्थ का उपयोग जहाँ पर्याप्त नहीं होता वहाँ कविता की भाषा शब्दों की स्वीकृत अर्थवत्ता से अलग हो चलती है । अकविता के एक अंश में ऐसा हुआ है' श्याम परमार : अकविता और कला सन्दर्भ (कृष्णा ब्रदर्स, अजमेर : 1968), पृ. 14. ❑ 73. नरेन्द्र मोहन : इस हादसे में, भाषा : एक कार्यवाही, पृ. 72. ❑ 74. 'वाम', विजेद्र (अंक 3 / 1970–71) ❑ 75. 'अर्थात'-चार : कुमारेंद्र पारसनाथ सिंह (सं. अक्षय उपाध्याय, भाषा विशेषांक, कलकत्ता : 1975), पृ. 18.

9

लम्बी कविता में विचारतत्त्व

लम्बी कविता : आधुनिक उन्मेष

लम्बी कविता की अवधारणा आधुनिक युगीन चेतना से उद्‌भूत है । आधुनिक जीवनानुभव अपनी प्रकृति में जटिल एवं संश्लिष्ट होने के कारण परम्परित काव्य रूपों के अस्तित्व में समा नहीं पाता । या यों कह लें कि परम्परित प्रबन्धात्मक काव्य रूप वर्तमान के संश्लिष्ट काव्यसंवेदनों को, उनकी समूची प्रकृति को सम्प्रेषित करने में असफल रहे हैं ।

प्रबन्ध काव्य का विकल्प

लम्बी कविता, प्रबन्धात्मक काव्यरूपों के विकल्प स्वरूप उत्पन्न हुई विधा है, जिसके पीछे आधुनिक युगीन स्थितियों की अनिवार्यता है । इस अनिवार्यता के तहत लम्बी कविता प्रगीत और प्रबन्ध से भिन्न विशिष्ट काव्यरूप है । प्रबन्ध के बन्ध वर्तमान के परिवर्तित अनुभव को बाँध पाने में न केवल असफल सिद्ध हो रहे हैं बल्कि वे समूचे अनुभव के लिए अपर्याप्त भी पड़ते हैं । इस अन्वेषण और उपलब्धि के आग्रह के कारण ही 'आधुनिक जीवन की उलझी हुई परिस्थितियों और जटिल सम्वेदनाओं के सन्दर्भ में परम्परागत काव्य माध्यम अपर्याप्त सिद्ध हुआ । उसे पुराने रूपविधान में अभिव्यक्त करना सम्भव न रहा ।'[1]

लम्बी कविता तथा छोटी कविता

लम्बी कविता और छोटी कविता की प्रकृति तथा तकनीक नितांत पृथक् है । ऐसा कदापि नहीं कि कुछ छोटी कविताओं को मिलाकर एक लम्बी कविता बना ली जाए । 'छोटी कविता किसी एक खंड की संश्लिष्टता, आंतरिक संगति-विसंगति की चेतना से गुजरने के कारण उसमें शिल्प का भी अपेक्षाकृत एक समरूप होता है; भाषा, बिम्ब और छन्द में एक लय दिखाई पड़ती है, मूड भी प्रायः एक ही रहता है । लेकिन लम्बी कविता अनेक खंडों

की यात्रा है । ये अनेक खंड अपने स्वभाव में एक दूसरे से विषम होकर भी सन्दर्भ से जुड़े हुए हैं ।'[2] राजीव सक्सेना ने इस सन्दर्भ में लिखा है : 'कथा तत्त्व से मुक्त लम्बी और छोटी कविता का बाह्य रूप शायद एक जैसा लग सकता है किन्तु आन्तरिक रूप एक जैसा नहीं होता, छोटी कविता एक या दो-चार-बिम्बों-प्रतीकों के इर्द-गिर्द घूमती है, जबकि लम्बी कविता बिम्बों-प्रतीकों की अजस्र धारा बन जाती है । छोटी कविता में बिम्ब, प्रतीक अत्यंत महत्त्वपूर्ण स्थान प्राप्त करते हैं, इसके विपरीत लम्बी कविता में इनका सहायक स्थान होता है, प्रमुख तत्त्व होता है अनुभव सत्य ।'[3]

इस प्रकार हम देखते हैं कि छोटी कविता अपने व्यक्तित्व में इकहरी, एकायामी और प्रकृति में बिखराव रहित होती है और लम्बी कविता संश्लिष्ट, बहुआयामी, महाकाव्यात्मक तत्त्वों से मंडित अनेक युगीन सन्दर्भों-प्रसंगों को आपस में गूंथकर युगीन मानसिकता के समानंतर उठी एक व्यापक पहचान होती है । ऊपर से दिखने वाली प्रसंगों की अराजकता के भीतर अन्विति भी लम्बी कविता को छोटी कविता से पृथक् करती है ।

लम्बी कविता तथा प्रगीत

लम्बी कविता प्रगीत से भी कई मुखर बिंदुओं पर पृथक् और विशिष्ट अन्तर रखती है । प्रगीत में अवयवों का सुगठित रूप मिलता है, जबकि लम्बी कविता में अवयवों की अन्विति उपलब्ध होती है, जिसमें बौद्धिक तटस्थता रचना विधान को अनुशासित रखती है । इसके विपरीत प्रगीत में आत्मपरकता के कारण तटस्थता नहीं रह पाती और रागात्मक लगाव की स्निग्धता ऊपर आ जाती है । प्रगीत में अनुभूति की रागात्मक प्रकृति यथार्थ की पहचान को धुँधला करती है, जबकि लम्बी कविता की अनुभति ज्ञानात्मक होने के कारण यथार्थ परक एवं धारदार होती है, जो यथार्थ को परत-दर-परत उधेड़ती हुई गहरे डूबे सत्य तक पहुँचने की छटपटाहट में लम्बी या प्रदीर्घ हो जाती है । प्रगीत में एक निश्चित मूड की एक सरल रेखीय प्रकृति निहित रहती है, जबकि लम्बी कविता अपने युगीन झुकावों, दबावों को आत्मसात कर चलने के कारण वक्र एवं संकुलाकार संरचना का परिचय देती है ।

यह भी ध्यातव्य है कि पश्चिम में लम्बी कविाता का रूप-विकास प्रायः औद्योगिक कृषि क्रान्तियों के बाद मिलता है और भारत में भी प्रायः वैसी ही स्थितियों के उद्भव से लम्बी कविता का जन्म-विकास जुड़ा है । पाश्चात्य साहित्यजगत में लम्बी कविता की धारणा की एक समृद्ध परम्परा रही है । लम्बी कविता के पक्ष में जहाँ प्रबल तर्क मिलते हैं, वहाँ उसके विपक्ष में आत्यंतिक मत भी सामने आए हैं कि लम्बी कविता का अभिव्यक्ति प्रकार अपने आप में एक अन्तर्विरोधी संज्ञा है । इस मत के पीछे लेखक की यह धारणा मुख्यतः आग्रहशील है कि कविता मूलतः प्रगीतात्मक होती है और प्रगीतात्मकता तीव्र भावावेग में ही सम्भव है । यह तीव्र भावावेग प्रदीर्घता में स्थिर नहीं रह सकता । अतः लम्बी कविता यदि सम्भव हो भी पाती है तो बीच-बीच में गद्यात्मक स्थलों के पैबंद लगा कर ही ।[4]

उक्त लेखक ने कविता के बारे में यह मत उसकी प्रगीतात्मकता को अनिवार्य तत्त्व मानकर बनाया है; जबकि आधुनिक युगीन लम्बी कविता की मूल धारणा प्रगीतात्मकता के विरुद्ध है । वह विचारात्मक प्रशांति तथा सृजनात्मक तनाव की उपज है । इसी कारण उसमें बड़े कार्य (ग्रेट वर्क) के प्रबंधतत्त्व भी सम्मिलित हो आते हैं; एक लम्बी कविता भाव की अपेक्षा विचारगत तनाव के सतत लम्बे क्रम में, कई बैठकों में भी सृजित हो सकती है । उसके लिए क्षण के तीव्र भावावेग की शर्त जरूरी नहीं ।

लम्बी कविता : लम्बाई का आयाम

लम्बी कविता की लम्बाई, प्रदीर्घता के संबंध में भी विद्वानों के अलग-अलग मत है । हरिवंश राय बच्चन उस रचना को लम्बी कविता मानते हैं 'जो लम्बी हो ।'[5] राजीव सक्सेना लम्बी कविता को "प्रबन्ध काव्य का संस्करण"[6] मानते हैं । उनके मन का आधार यह है कि "पंत, निराला, प्रसाद की लम्बी कविता एक प्रकार से लघु खंडकाव्य है । अज्ञेय की 'असाध्य वीणा' भी इसी श्रेणी में रखी जा सकती है ।"[7] रामदरश मिश्र ने लम्बी कविता की लम्बाई के विषय में लिखा है : 'लम्बी कविता वह है जो लम्बी हो और जो आज के जीवन के कई-कई घुमावदार मोड़ों से गुजरती हुई एक जटिल यथार्थ का बोध और अनुभूति उभारती हो । वह अपने सफल रूप में स्वतंत्र इकाई कही जा सकती है, असफल रूप में इसे छोटी कविताओं का फूहड़ विस्तार या द्विवेदीकालीन इतिवृत्तात्मक कविता की वंशज कह सकते हैं ।'[8] इस सन्दर्भ में नरेन्द्र मोहन का मत है : 'केवल लम्बाई में फैली हुई और प्रदीर्घ दिखने वाली कविता प्रगीत भी हो सकती है जिसमें लम्बी कविता का एक भी गुण न हो । लम्बी कविता को लम्बी बनाने वाली कोई केंद्रीय स्थिति ही होती है जिसके गिर्द सन्दर्भ, प्रसंग और अनुस्पंदन उभरते रहते हैं ।'[9] सत्यप्रकाश मिश्र 'वस्तु और सत्य के संयुक्त घोल ।'[10] में लम्बाई को देखते हैं, तो राजकुमार शर्मा 'काव्यानुभव को वस्तुनिष्ठ वैचारिक आधार से जोड़ने'[11] में लम्बाई को रेखांकित करते हैं ।

अतः हम देखते हैं कि लम्बी कविता की लम्बाई अपने आप में कोई विषय कथ्य से मुक्त न होकर आपेक्षिक एवं रचनाप्रक्रिया से आन्तरिक रूप में जुड़ी हुई 'अनिवार्यता' है । छोटी-छोटी एक ही मनःस्थिति या मुहावरे में बँधी कई कविताओं को एक साथ जोड़ देने से भी लम्बी कविता को उपलब्ध नहीं किया जा सकता, भले ही लम्बाई को बढ़ाया जा सकता है । लम्बी कविता की लम्बाई कवि की उक्त प्रकार की जबरन लम्बाई की इच्छा पर आधारित नहीं होती । अनुभव एवं विचार की प्रदीर्घ तनावयुक्त स्थिति के कई-कई अंतः प्रसंग, सन्दर्भ, संकेत आपस में संश्लिष्ट रूप में गुंथे हों और प्रदीर्घता में व्यापक संश्लिष्ट अपनी पूर्णता में फलित होना चाहिए ।

हिन्दी कविताओं में आधुनिकता की धारणाओं के समांतर हीं लम्बी कविता का विकास देखा जा सकता है, जहाँ शास्त्रीय चौखटों में जकड़ी प्रबंधात्मक तत्त्वों के तहत कथाधृत परम्परित लम्बाई नहीं, प्रत्युत वर्तमान के बिन्दु पर खड़े होकर जीवन-समाज की

लम्बी अनेकविध यातना कथा प्रमुख है; फिर भले ही वह दार्शनिक परिणति को स्वर दे या सामयिक बोध के किसी पक्ष को उठाकर मानवनियति के वर्तमान दौर को लेकर चिंताकुल हो । आख्यान की इतिवृत्तात्मकता की अपेक्षा बिम्ब और विचार को केंद्रीय स्थिति या स्थितियों की केंद्रीयता में ताना गया हो । इस तानने में सर्जनात्मक तनाव की महत भूमिका अनिवार्य है । गद्यात्मक विवरणों-विस्तारों के सहयोग से अनुभव की जटिलता को, उसके छिपे हुए पक्षों को भी खोला जाता है । हिन्दी की लम्बी कविताओं में मुक्ति बोध की 'अँधेरे में', राजकमल चौधरी की 'मुक्तिप्रसंग' आदि में इस पद्धति के श्रेष्ठ उदाहरण हैं, जिसके कारण ये कविताएँ अपनी लम्बाई की सार्थकता को सिद्ध करती हैं ।

लम्बी कविता : संरचना के निकष

1. अन्विति : लम्बी कविता में अन्विति का होना जरूरी है । बाहर से विश्रृंखल दिखने पर भी भीतर से किसी एक सूत्र में तथ्यों, प्रसंगों, सन्दर्भों का पिरोया गुँथा होना आवश्यक है, अन्यथा समूची लम्बी कविता अपने प्रभाव एवं उद्देश्य में विफल रह जाती है । लम्बी कविता में कई-कई बातों, विविध अनुभव खंडों को एक संश्लिष्ट रचना-प्रक्रिया द्वारा आपस में गूँथ कर युगीन विसंगतियों को उद्घाटित किया जाता है । रामदरश मिश्र का कथन है : 'लम्बी कविता अनेक खंडों की यात्रा है और ये अनेक खंड अपने स्वभाव में एक दूसरे से विषम होकर भी सन्दर्भ से जुड़े हुए हैं । इसलिए लम्बी कविता की भाषा, मूड, बिम्ब-विधान, छंद सभी में अनेकरूपता दिखाई पड़ती है ।'[12] यह अनेकरूपता आंतरिक अन्विति तभी अर्जित कर पाती है जब किसी सर्जनात्मक सूत्र को पकड़ कर गहरे शैल्पिक अनुशासन में उन्हें संगठित करता है । तब असंबद्ध प्रसंगों-सन्दर्भों में भी एक संबद्धता दिखती है । अनेकरूपता में एकरूपता आ जाती है ।

नरेन्द्र मोहन ने लम्बी कविता की अन्विति के दो प्रकारों का उल्लेख किया है : 'यह अनुमान किया जा सकता है कि लम्बी कविता का गठन जहाँ बिम्बात्मक हो वहाँ अन्विति आवयविक और अखंडित दिखे और जहाँ बिम्बसंकेंद्रण पर आग्रह न होकर सन्दर्भों और प्रसंगों की अन्निधि और टकराव पर बल दिया गया हो वहाँ अन्विति शिथिल और खंडित दिखे । लम्बी कविताओं में अन्विति के ये दोनों ही प्रकार - बिम्बात्मक और वैचारिक मिलते हैं ।'[13] रामदरश मिश्र के अनुसार : 'वास्तव में लम्बी कविता एक लय की अभिव्यक्ति नहीं है वरन् जिन्दगी की अनेक लयों की एक संश्लिष्ट लय है । उसमें जीवन और शिल्प दोनों के ही अनेक उतार-चढ़ाव होते हैं ।'[14]

धूमिल की कविता 'पटकथा' में रूपक द्वारा विवरणों-वक्तव्यों को केंद्रीय विचार से अन्वित किया गया है । राजकमल चौधरी की कविता 'मुक्तिप्रसंग' में तनाव केंद्रीय स्थिति में रहकर अन्विति का सूत्र बना है । मुक्तिबोध की कविता 'अँधेरे में' में कथ्य को बिंबों-प्रतीकों-संकेतों में परिवर्तित करके वैचारिक अन्विति प्रदान की गई है । सौमित्र मोहन ने 'लुकमान अली' में युगीन विसंगतियों-विडंबनाओं को एक शरारती, सिनिकल, व्यंग्य

प्रधान, कौतुकी अतर्क्य व्यवहार की तटस्थता में उद्घाटित किया है । 'लुकमान अली' अपने समय के विद्रूप और अवैध की वैध संतान है । अपने समय की विद्रूपताओं-विसंगतियों को एक चरम अतिरंजनापूर्ण व्यवहार में नंगा किया गया है । यही इस कविता की अन्विति का आधार है ।

2. नाटकीयता : नाटकीयता लम्बी कविता का अनिवार्य गुण है । बिना नाटकीयता रचनाविधान के युगीन यथार्थ की छद्मता, द्वैधता और अंतर्विरोधपूर्ण स्थिति के विविध पक्षों, रंगों, रंगतों को उघाड़ सकना सम्भव नहीं । युगीन यथार्थ के बहुरूपीपन के इस मुखौटों को छीलने-उतारने के लिए नाटकीय संरचना ही कारगर सिद्ध हो सकती है । इस यथार्थ को कई पक्षों और प्रकारों मिथकीय, फंतासीय, उलटबासीनुमा या विद्रूपीकृत करके छेड़ने-कुरेदने-उधेड़ने, उलट-पलट करके देखने से ही जाना जा सकता है, क्योंकि यह आधुनिक यथार्थ ठस्स, और ठोस नहीं बल्कि गतिशील एवं सतत परिवर्तनीय है । उसे पकड़ने की विधि भी उसके अनुरूप लोचदार हो सकती है । लोच पात्रों, स्थितियों, संबंधों, संवादों के आपसी टकराव या नाटकीय रचाव से लाई जा सकती है, जिससे स्थितियों के पीछे की स्थितियों, चेहरों के पीछे छिपे असली चेहरों और आशयों को नग्न रूप में सामने लाया जा सके । नाटकीय विधान की अनिवार्यता इसलिए भी है, क्योंकि इससे लम्बी कविता की लम्बी-एकरस प्रकृति से पाठक को उबारा जा सके । निराला की कविता 'राम की शक्ति-पूजा' मुक्तिबोध की कविता 'अँधेरे में', बलदेव वंशी की कविता 'उपनगर में वापसी' में संरचना, स्थितियों, और संवादों की नाटकीयता स्पष्ट लक्षित की जा सकती है ।

3. विचार और केंद्रीयता : समकालीन लम्बी कविता सामाजिक-राजनीतिक दबावों, टकरावों, मूल्यों, संबंधों, विसंगतियों से गुजरती है, इसलिए उसका रवैया और मुख्य सरोकार वैचारिक हो गया है । लम्बी कविता के कथ्य से लेकर संरचना तक प्रभावी दखल रखनेवाला तत्त्व विचार है, जो अन्य तथ्यों, प्रसंगों, विवरणों को अंतःसूत्रों में पकड़ता और नियोजित करता है । यह विचार मानववादी और संघर्षशील पक्ष से जुड़ा हुआ होने के कारण समूची कविता का प्राणतत्त्व भी है । समकालीन सभी कविताओं में विचार की सर्वोपरि भूमिका ही उनकी प्रासंगिकता और सार्थकता की पहचान भी है । विचार उन्हें एक ओर सामाजिक यथार्थ और कर्म से जोड़कर प्रामाणिक बनाता है तो दूसरी ओर कथ्य और संरचना प्रक्रिया के दौरान अनुशासनात्मक अंकुश का कार्य भी सम्पन्न करता है ।

लम्बी कविता में विचार की सक्रियता कथ्य-नियोजन और संरचनात्मक परिणतियों के रूप में उपलब्ध होती है । जीवन परिदृश्य में व्याप्त राजनीतिक, आर्थिक, सामाजिक, वैज्ञानिक-औद्योगिक प्रभावों के परिणामस्वरूप उभरी विसंगतियों, मूल्यहीनताओं, विडंबनाओं, एवं अमानवीय स्थितियों के चयन का कार्य विचार का एक कार्य है तो इन सन्दर्भों-प्रसंगों को कविता के समूचे ढाँचे में संश्लिष्ट रचनाविधान में ऐसे पिरो देना, अन्वित करना कि जिससे समय-जीवन की समस्त विद्रूपताएँ, सौंदर्य प्रतिमाएँ और विचारसृष्टियाँ मुखर हो उठें विचार का दूसरा कार्य है ।

लम्बी कविता की रचना प्रक्रिया भी विभिन्न प्रकार की हो सकती है । एक प्रकार तो यह है कि पूर्वनिर्मित विचार, निष्कर्ष या निर्णय किसी कविता में कथा, तथ्य, घटना या घटनाक्रम एवं समस्या का आश्रय लेकर अपना विस्तार साधता है और अंत में मतस्थापन जैसा कार्य सम्पन्न करता है जो पूर्व निर्धारित विचार या निर्णय से भिन्न नहीं जाता बल्कि उसी की पुष्टि में परवान चढ़ता है, उसे ही पुष्ट-समृद्ध करता है । इस प्रकार की कविताओं का अन्त भी प्रायः निश्चित, रूढ़ एवं सैद्धांतिक हो जाया करता है । इन कविताओं की लम्बाई भी प्रायः निर्धारित सी ही होती है क्योंकि मतस्थापन, विचार संपादन या कथा के सम्पन्न एवं समस्या के समाधान तक पहुँचकर अन्त अवश्यंभावी हो जाता है । 'परिवर्तन' (सुमित्रानन्दनपन्त), 'प्रलय की छाया' (जयशंकर प्रसाद), 'राम की शक्ति पूजा' (निराला), 'समय देवता' (नरेश मेहता), 'प्रमथ्युगाथा' (धर्मवीर भारती), 'असाध्यवीणा' (अज्ञेय), 'अस्तित्व का गीत' (राजीव सक्सेना) आदि इस प्रकारविधि की लम्बी कविताओं की कोटि में रखी जा सकती हैं । दूसरे प्रकार के अन्तर्गत अर्थ सूत्रों के तनाव और ढील के रचनाविधान के द्वारा विचार तक पहुँचा जाता है । इस विधि के अधीन तथ्यों का संकलन-चयन तथा उन तथ्यों के आधार पर अनुमान परिकल्पना एवं यथार्थ के रास्ते से किन्हीं निष्कर्षों, निर्णयों तक पहुँचने के कवि के प्रयत्न निहित रहते हैं । तर्कशास्त्र के अनुसार यह आगमनात्मक विचारपद्धति है । अधिकांश समकालीन लम्बी कविताएँ इसी विधि के निकट पड़ती हैं । मुक्तिबोध की अधिकांश लम्बी कविताएँ विशेषकर 'अँधेरे में', 'मुक्तिप्रसंग' (राजकमल चौधरी), 'पटकथा' (धूमिल), 'खंड-खंड पाखंड पर्व' (मणिमधुकर), 'उपनगर में वापसी' (बलदेव वंशी), 'नाटक जारी है' (लीलाधर जगूड़ी), 'तलघर' (प्रमोद सिन्हा), 'जारी इतिहास के विरुद्ध' (हेमंत शेष), 'वक्त की साजिश के खिलाफ' (मोहन सपरा), 'कुछ हो रहा है' (ओमप्रकाश निर्मल), 'एक मामूली आदमी का बयान' (रमेश गौड़), 'कुआनो नदी' (सर्वेश्वरदयाल सक्सेना), 'आत्महत्या के विरुद्ध' (रघुवीर सहाय), 'सुरंग से लौटते हुए' (दूधनाथ सिंह), आदि दूसरे प्रकार के अन्तर्गत रखी जा सकती हैं ।

4. अन्तहीन अन्त : समकालीन लम्बी कविता का अन्त एक अन्तहीन अन्त होता है, क्योंकि लम्बी कविता जीवनयथार्थ की गतिशीलता को लेकर चलती है जिससे उसकी लम्बाई ही नहीं उसका अन्त भी असमाप्त सा बना रहता है । लम्बी कविता की प्रकृति और संरचना सैद्धांतिक न होकर वैचारिक होती है, इसी से उसका अन्त भी प्रवहमान किसी मोड़ पर लाकर छोड़ दिया जाता है । मुक्तिबोध का यह कथन, लम्बी कविता के अन्त को समझने की दिशा में सहायक हो सकता है :

> नहीं होती, कहीं भी खतम कविता नहीं होती
> कि वह आवेग-त्वरित काल-यात्री है ।
> व मैं उसका नहीं कर्ता,
> पिता-धाता

कि वह कभी दुहिता नहीं होती,
परम स्वाधीन है वह विश्व-शास्त्री है ।[15]

लम्बी कविता 'काल यात्री' और 'परम स्वाधीन' रचना है । वह 'दुहिता' भी नहीं, तब उसका अन्त भी कवि के बस का कैसे हो सकता है ? गतिशील यथार्थ के परस्पर गुंफित रूप के कारण ही कविताएँ लम्बी भी हो जाती हैं और अंतरहित अन्त वाली भी ।

लम्बी कविता की रचनाविधि को स्पष्ट करती हुई प्रमोद सिन्हा की काव्यपंक्तियाँ उद्धृत करना भी असंगत न होगा :

अच्छी बिसाती की दुकान लम्बी कविता हुआ करती है
और आदमी
उस उपयोगिता का नजदीकी खरीदार
एक साथ कितने दायरे
आपस में उलझने नहीं पाते क्योंकि वे अस्पताल हुआ करते हैं और
उनकी नसें गले में बँधा हुआ स्कार्फ जिन्हें खुद भी पता नहीं
रहता
कि कितनी-कितनी किंवदंतियाँ
उनके विषय में गढ़ ली जाती हैं और
टेपवर्म की तरह फैलती चली जाती हैं इधर से उधर[16]

अतः लम्बी कविता यदि बिसाती की दुकान की भाँति जिंदगी के परचून को आदमी के लिए लगाए है, तो उसमें कितने-कितने दायरे भी हैं । ये दायरे उलझे हुए नहीं क्योंकि वे अस्पताल हैं, फिर इन दायरानुमा आंतरिक संरचनाओं में रोगी, नसें किंवदंतियां हैं, जो फैलती हुई इधर-से-उधर चली जाती हैं टेपवर्म की तरह । किंवदंतियों का फीताकृमि की भाँति फैलना-उलझना भी एक तथ्य है । ऐसी स्थिति में उनकी बढ़ती लम्बाई को कोई निश्चित विराम नहीं लगाया जा सकता ।

अतः लम्बी कविता की प्रविधि में अंत का खुला रह जाना, अगले क्रम की शुरुआत के लिए छूटे हुए सूत्र की तरह रहता है । समाप्तवर्तक जीवनयथार्थ के समांतर लम्बी कविता भी असमाप्त समाप्ति पर कहीं भी रुक जाती है ।

5. सर्जनात्मक तनाव : लम्बी कविता की लंबाई के आयाम में सर्जनात्मक चेतना जीवनगत तनावों की सुदीर्घ शृंखला में जकड़ी है । तनाव की स्थिति वहाँ विधायक होती है और स्वरूप द्वंद्वात्मक । लम्बी ही नहीं समकालीन छोटी कविता का उत्स भी तनाव और यातना का बिन्दु है । समकालीन कवि इस बिंदु पर स्थित हो रचनारत रहता है । उसके रचनाक्रम में प्रवृत्त होने का आधार तनाव होता है जो अनुभूति और विचार के द्वंद्व पर आधारित होता है । कवि की अनुभूति जो जीवन अनुभव से उपलब्ध होती है, उसका कवि के विचार से तालमेल नहीं बैठता / नहीं बैठ सकता अतः एक द्वंद्व गहराने लगता है जो

रचनात्मक आयाम ग्रहण कर फूट निकलता है । इस फूट निकलने की प्रविधि को साधना अनुशासन में बांधना, गहरे कलामूल्यों से जुड़ा है ।

प्रत्येक कवि की अपनी अभिव्यक्ति प्रक्रिया, संवेदना प्रक्रिया तनाव को पृथक् ढंग से तानती-फैलाती है । सर्जनात्मक तनाव की अक्षुण्णता और दीर्घता ही लम्बी कविता में चरितार्थ होती है । यह अलग बात है कि इस तनाव की आयोजना सम्पूर्ण रचना में छितराई हुई हो । बीच-बीच में अन्य विवरणों, उपकथाओं या सन्दर्भों को लाकर ढील या तनाव शैथिल्य पैदा किया जाए, जिससे तनाव का कसाव और एकतानता इतनी न बढ़े कि पाठक का धैर्य ही लड़खड़ाने लगे । फिर इससे लम्बी कविता की विशिष्ट प्रविधि के प्रतिफलन में भी कमी या स्खलन न उत्पन्न होने पाए, इसलिए भी बीच-बीच में तनाव शैथिल्य का आना अनिवार्य सा लगता है । टी. एस. इलियट ने 'तनाव की व्यापक संभाव्य विविधता'[17] के द्वारा तनाव के रचनात्मक स्तरों की ओर संकेत किया है । हिन्दी की विशिष्ट मानी जाने वाली लम्बी कविताओं में, जिनमें परिदृश्य-विस्तार भी अपेक्षाकृत अधिक है, तनाव की उक्त प्रविधि का समुचित प्रयोग हुआ है । 'राम की शक्तिपूजा', 'अंधेरे में', 'मुक्तिप्रसंग', 'पटकथा', 'उपनगर में वापसी', 'नाटक जारी है' में इस तथ्य को देखा जा सकता है ।

सर्जनात्मक तनाव को उपलब्ध करने के व्यवहार भी पृथक्-पृथक् दृष्टिगत होते हैं । बच्चन की लम्बी कविता 'दो चट्टानें अथवा सिसिफुस बरक्स हनुमान' में कवि जीवन यथार्थ, सत्य का काल्पनिक अनुमान और भावनामयी परम्परित काव्यदृष्टि को कहीं भी छोड़ नहीं सका है, इसलिए तनाव की प्रकृति भी भावाधृत होकर वर्तमान जीवन से साक्षात्कार करा पाने में और विचार के उठान में असमर्थ रही है । कविता की आरम्भिक पंक्तियाँ प्रमाण हैं :

कल्पना के
बहुत ऊँचे शैल पर
आसीन हूँ मैं ।
मैं यहाँ से देखता हूँ
सत्य का आधार लेकर —
ठोस, दृढ़तम —
उठे अनगिन भूधरों को
बीच जिनके
भ्रांति की, संदेह की, अनुमान की
बहु घाटियाँ
गहरी कुहासे भरी
सँकरी और चौड़ी
दूर तक फैली हुई हैं ।[18]

सत्य का आधार कितना भी ठोस, दृढ़तम हो किन्तु उसे देखने-अन्वेषित करनेवाली चेतना ही यदि भावनापन्न हो और दृष्टि कल्पनाप्रधान तथा संस्कारों से ग्रस्त हो वहाँ वस्तुसत्य, तर्क एवं बौद्धिकता के आधार कैसे स्थिर रह सकते हैं । कवि ने स्वयं इस तथ्य को स्वीकार किया है ।[19] 'असाध्य वीणा' (अज्ञेय), 'प्रमथ्युगाथा' (धर्मवीर भारती), आदि लम्बी कविताओं में भी तनाव का स्वरूप और प्रकृति भावनापरक है ।

विस्तृत परिदृश्य वाली लम्बी कविताओं की अपेक्षा अपेक्षाकृत संकुचित परिदृश्य वाली लम्बी कविताओं में सर्जनात्मक तनाव की एकतानता मिलती है जो विचार के आधार पर विकसित हुई है । 'जख्म' (रमेश कुंतल मेघ), 'एक मामूली आदमी का बयान' (रमेश गौड़), 'फिर वही लोग' (रामदरश मिश्र), 'अलविदा' (विजयदेवनारायण साही) आदि में इसे लक्षित किया जा सकता है ।

6. विधायक आधार : लम्बी कविता में सर्जनात्मक तनाव को रूपाकार देने वाला तत्त्व कोई केंद्रीय बिम्ब, रूपक या विचार होता है । लम्बी कविता में ऊपर से बिखरे, विशृंखल से दिखने वाले हिस्सों-भागों या अनुच्छेदों-सन्दर्भों में इसी केंद्रीय बिम्ब, रूपक या विचार के द्वारा अन्विति साधी जाती है । विविध सन्दर्भ या प्रसंग इसी केंद्रीय बिम्ब रूपक याँ विचार को गहराने में ही अपनी सार्थकता सिद्ध करते हैं । ये सभी लंबी कविता की आंतरिक संरचना को समर्पित होते हैं और इसके व्यक्तित्व को उभारते और समृद्ध करते हैं । इस केंद्रीय धुरी से निरपेक्ष विवरणात्मक लम्बाई जहाँ लम्बी कविता की धारणा को ठेस पहुँचाती है, वहाँ कोई अन्विति न साध पाने के कारण व्यर्थ और बेमानी हो जाती है ।

इस सन्दर्भ में हिन्दी की दो लम्बी कविताओं का उदाहरण देते हुए नरेन्द्र मोहन ने 'खंड खंड पाखंड पर्व' को इस कारण असफल लम्बी कविता कहा है क्योंकि समकालीन स्थितियों के ब्यौरे और प्रसंग किसी विधायक बिम्ब द्वारा अन्तःसंबद्ध न हो सके और इसी अन्तःसंबद्धता के कारण राजकमल की लम्बी कविता मुक्तिप्रसंग हिन्दी की एक विशिष्ट लम्बी कविता बन गई है ।[20]

लम्बी कविता की असफलता एक ओर उसमें जीवनस्थितियों के प्रति समरूप मनःस्थितियों की अनियोजित अभिवृद्धि करते जाना है । इस तरह उपलब्ध लम्बाई कविता को लम्बी तो बना पाती है उसके अन्तःसूत्रों को आद्यंत एक सर्जनात्मक अन्तःसंगति और समृद्धि नहीं दे पाती । इस कारण दीर्घीकरण की एकायामी आकांक्षा तो फलती है, लम्बी कविता उपलब्ध नहीं हो पाती । लीलाधर जगूड़ी की लम्बी कविता 'नाटक जारी है' (1967 से 1970 तक) लिखी गई छोटी प्रतिक्रियात्मक मनोदशाओं के 'सैंतीस' विशृंखलित कविताशों की सुदीर्घ कविता है । मजा यह है कि इसे कवि की अन्य कविताओं से भिन्न कर कोई विशिष्ट रूपक, बिम्ब, विचार या दर्शन का कोई आधार अनिवार्य नहीं ठहराता, एक अंश जहाँ रुकता है दूसरा उससे भिन्न कभी-कभी विमुख संन्दर्भ को उठा लेता है । (छब्बीस) के अन्त में —

क्रान्ति आप करते नहीं
देते हैं
आपकी सुविधा के लिए वह दैनिक धमकी है
और (सत्ताईस) के आरम्भ में —
चंगुल में । घड़ी के बाहर बजता हुआ
मैं कई दृश्यों से गुजर जाऊँगा
मगर चीजें मुझे पकड़ नहीं सकेंगी
मैं उनकी जगहें बदल दूँगा फिर भी -[21]

जैसी अतिरिक्त और अनावश्यक पंक्तियों की भरती कविता को दीर्घ बनाती जाती है । मजा यह भी है कि यदि सैंतीस के सैंतीस अनुच्छेदों की जगहें कवि बदल दे तो भी आप कवि को पकड़ नहीं पाएँगे । और यदि उनमें से कुछ को निकालकर कुछ और को डाल दिया जाए तो भी यह नाटक जारी रहेगा ।

लम्बी कविता के विधायक आधार को गहराने वाले समग्र बिम्ब, रूपक या विचार का केंद्रीय धुरी के रूप में अवस्थित होना अनिवार्य है । रूपक ही वह आधार है जो अपनी सार्थकता संरचनात्मक परिस्थितियों में उपलब्ध करता है ।

लम्बी कविता की शुरूआत

'राम की शक्तिपूजा' से पूर्व रचित छायावादी प्रकृति की दो अन्य लम्बी कविताएँ 'परिवर्तन' (पन्त, 1926), 'प्रलय की छाया' (प्रसाद, 1933) अपने रचनाविधान में अपनी रूपात्मक गीतात्मक रुचि, वैचारिक-चिंतनात्मक आधार सूत्रहीनता में बंद और बद्ध होने के कारण प्रथम लम्बी कविता होने की पात्रता अर्जित नहीं कर पातीं ।

'परिवर्तन' अपने अंश अंश खंडित कथ्य को लेकर, जो पृथक्-पृथक् कविताओं सा लगता है, वैचारिक तारतम्यता को बनाए न रख सकने की असमर्थता में प्रथम लम्बी कविता नहीं मानी जा सकती । नरेन्द्र मोहन ने 'परिवर्तन' के बारे में इस सन्दर्भ में लिखा है : "लगता है यह एक कविता न होकर अलग-अलग कविताओं का समूह है खासतौर से 'परिवर्तन' के विराट बिम्ब का चित्रण करने वाला अंश, जो स्वतंत्र कविताओं का सा आभास देता है । ऐसे में इसे एक लम्बी कविता मानने का क्या तर्क हो सकता है ?"[22]

'प्रलय की छाया' अपने लयात्मक संयोजन और रागात्मक आधार के कारण, लम्बी कविता परम्परा की प्रथम कड़ी सिद्ध नहीं होती; क्योंकि लम्बी कविता में अनुभूति की बनावट वैचारिक ज्ञानात्मक पक्षों से समृद्ध होती चलती है, जो जीवनयथार्थ से साक्षात्कार में संघर्षमुखी भी हो । 'प्रलय की छाया' का चरित्र भावुकताप्रधान और कल्पनाप्रवण रागात्मक स्वरूप का है ।

लम्बी कविता, क्योंकि आधुनिक युगीन स्थितियों की उपज है, इसलिए उसने काव्य के प्रबन्धात्मक रूप के विकल्पस्वरूप अस्तित्व ग्रहण किया है । ज्यों-ज्यों आधुनिक

मानसिकता विकसित होती गई, त्यों - त्यों हिन्दी साहित्य में, प्रबंधकाव्य के चरित्र में तात्विक दृष्टि से ढील आती गई है और अंततः 'राम की शक्तिपूजा' (निराला, 1937) जिस काव्य ढाँचे को लेकर उपस्थित हुई, वह प्रबंधात्मक कम, मुक्त-आधुनिक अधिक है, और प्रबंधात्मकता का सही विकल्प भी । इससे हिन्दी काव्य में लम्बी कविता की वर्तमान धारा की शुरुआत मानी जा सकती है । 'राम की शक्तिपूजा' में सर्जनात्मक तनाव निरंतरता, प्रदीर्घता के साथ उसके समूचे रचाव में विद्यमान है । विचार अनुभव की स्थितिपरक नाटकीयता तथा मिथकीय पुनः सृजन उसे लम्बी कविता होने के साथ एक विशिष्ट सांस्कृतिक उपलब्धि भी सिद्ध करते हैं । रामविलास शर्मा के शब्दों मे : "राम की शक्तिपूजा' महाकाव्य नहीं है खंडकाव्य भी नहीं, वह एक लम्बी कविता है, परन्तु उसमें ये सभी गुण वर्तमान हैं ।"[23] 'राम की शक्तिपूजा' अपनी सर्जनात्मकता और चेतना को लेकर हिन्दी की प्रथम लम्बी कविता मानी जा सकती है । किन्तु हिन्दी की विशिष्ट लम्बी कविता मुक्तिबोध की 'अँधेरे में' को ही माना जाएगा जो लम्बी कविता की आधुनिक धारणा को विकसित करती और आदर्शरूप प्रस्तुत करती है ।

सन्दर्भ

1. नरेन्द्र मोहन (सं.) : लम्बी कविताओं का रचनाविधान (दि मैकमिलन कम्पनी आफ इंडिया लिमिटेड, नई दिल्ली 1977), पृ. 1. ❑ 2. मतांतर, रामदरश मिश्र (सं. आनन्द प्रकाश, राजकुमार शर्मा, राजेन्द्रपाल, प्रवेशांक मार्च 1970), पृ. 26–7. ❑ 3. वही, राजीव सक्सेना, पृ. 25. ❑ 4. ए.सी. ब्रेडले : दि लांग पोइम इन दि एज आफ वर्ड्सवर्थ, : दि पोइम्स एंड थिरी ऐसेज आन पोइट्री, आर मिमले आंसन द्वारा संपादित (आक्सफोर्ड यूनिवर्सिटी प्रेस), पृ. 167. ❑ 5. 'मतांतर', पृ. 26. ❑ 6. वही, पृ. 24. ❑ 7. वही, पृ. 24. ❑ 8. वही, पृ. 26. ❑ 9. लम्बी कविताओं का रचनाविधान, पृ. 2. ❑ 10. वही, पृ. 119. ❑ 11. वही, पृ. 185. ❑ 12. 'मतांतर', पृ. 26. ❑ 13. लम्बी कविताओं का रचनाविधान, पृ. 3. ❑ 14. वही, रामदरश मिश्र, पृ. 57. ❑ 15. मुक्तिबोध, : चाँद का मुँह टेढ़ा है (भारतीय ज्ञानपीठ प्रकाशन, वाराणसी : 1964), पृ. 164. ❑ 16. प्रमोद सिन्हा : तलघर (लोक भारती प्रकाशन, इलाहाबाद : 1970), पृ. 5. ❑ 17. 'It follows also that in a long poem some parts may be deliberately planned to be less 'poetic' than others, these passages may show no luster, when extracted, but may be intended to elicit, by contrast, the significance of other parts and to unite them into a whole more significant than any of the parts. A long poem may gain by the widest possible variations of intensity. — T.S. Eliot : To Critisize The Critic And Other Essays, (Fabber and Febber, London : 1965), p. 34. ❑ 18. बच्चन : दो चट्टानें (राजपाल एंड सन्स, दिल्ली, 1965), पृ. 165. ❑ 19. 'कविता लिखने से पूर्व मैंने सोचा था कि मैं सिसिफस के बरक्स हनुमान को वस्तुसत्य, तक और बौद्धिकता के आधार पर प्रस्तुत कर सकूंगा, पर लिखना आरम्भ करते ही कल्पना, भावना और संस्कारों ने मुझे पकड़ लिया और अंत तक नहीं छोड़ा ।, वही, पृ. 164–5. ❑ 20. लम्बी कविताओं का रचनाविधान, पृ. 8. ❑ 21. लीलाधर जगूड़ी : नाटक जारी है (अक्षर प्रकाशन, दिल्ली : 1972) पृ. 136. ❑ 22. लम्बी कविताओं का रचनाविधान, पृ. 10. 23. वही, रामविलास शर्मा, पृ. 52.

10

हिन्दी की तीन विशिष्ट लम्बी कविताएँ

यह कोई संयोगमात्र नहीं कि आधुनिक युग की जितनी भी बड़ी-लम्बी रचनाएँ उपलब्ध होती हैं, उनमें 'अंधकार' की विराटता को चुनौती देने वाला संघर्ष भी उतना ही विराट है । 'राम की शक्तिपूजा' (निराला), 'असाध्य वीणा' (अज्ञेय), 'अंधेरे में' (मुक्तिबोध) कविताओं को समक्ष रख उक्त निष्कर्ष पर सहज ही पहुंचा जा सकता है । और इस अंधकार के अंत्वीय सन्दर्भों की व्यापकता-प्रासंगिकता के आधार पर ही मूल्यांकन भी किया जा सकता है ।

राम की शक्तिपूजा

'राम की शक्तिपूजा'[1] में राम के समक्ष जो विराट अंधकार उपस्थित है, उसमें वर्तमान युग का चेहरा-चरित्र स्वतः प्रकट है । इस अंधकार में आधुनिक युग की मानवीय त्रासदी के वे पक्ष उद्‌घाटित हुए हैं, जो मूल्यों के स्तर पर बाह्य से अधिक भीतर घमासान मचाए हुए हैं । इस कारण 'राम की शक्ति पूजा' का आरम्भ इस अभिप्राययुक्त सांकेतिक कथन से हुआ है :

रवि हुआ अस्त, ज्योति के पत्र पर लिखा अमर
रह गया राम-रावण का अपराजेय समर
आज का,....

राम-रावण का आज का अपराजेय समर 'ज्योति' के पत्र पर लिखा रह गया । रवि अस्त हो गया । यहाँ से यह बाहरी मूल्यपरक युद्ध भीतरी अक्षांसों में उतर आया । 'रवि अस्त हो गया' संकेतव्यंजना द्वारा कवि ने बता दिया कि अंधकार घिर आया है । आज का युद्ध निर्णायक नहीं रहा । आगे फिर युद्ध होगा युद्ध जारी रहेगा, अन्तिम निर्णय तक । अभी तो वानरवाहिनी खिन्न है । अपने नायक सहित 'चिंता-पल' में डूबी है । दूसरी ओर—

— राक्षस-पद-तल पृथ्वी टलमल
विंध महोल्लास से बार-बार आकाश विकल

राक्षस सेना में उल्लास है । उनकी पदचापों से पृथ्वी कंपित है । उनकी उल्लसित हुंकारों से आकाश विकल है । पृथ्वी-आकाश में राक्षसी उल्लास का दबदबा है । इस राक्षसी अंधकार तामसिक सत्ता के विस्तार के सम्मुख सात्विक सत्ता एवं मूल्य अभी निरस्त हैं । उनके सामने :

है अमा-निशा, उगलता गगन घन अन्धकार,
खो रहा दिशा का ज्ञान, स्तब्ध है पवन-चार,
अप्रतिहत गरज रहा पीछे, अम्बुधि विशाल,
भूधर ज्यों ध्यान-मग्न, केवल जलती मशाल,

अमावस की रात्रि का इतना प्रगाढ़ अंधकार छाया है धरती पर कि उसे और निविड़ बनाने में आकाश भी पीछे नहीं रहा । आकाश भी ऐसा लग रहा है मानो सघन अंधकार उगल रहा हो । ऐसे में दिशा का ज्ञान नहीं सूझ रहा । वायुतत्त्व भी स्तब्ध-हतप्राय है । यह बाह्य युद्ध राम के निराशाकुल मन के भीतर उतर आया है । भीतरी संघर्ष को व्यक्त करने वाले प्रतीक हैं : 'गरजता विशाल अम्बुधि', 'ध्यान-मग्न भूधर', 'जलती मशाल' । गरजता हुआ विशाल सागर पीछे है यानी यह संघर्ष भीतर 'अवचेतन की गहराइयों' तक व्याप्त है । प्रकटमन अंधकार को समक्ष पाकर समाधान में निमग्न हैं मानो ध्यान की स्थिति में है और केवल निजी चेतना ही आलोक देती हुई मशाल है । मूल्यों के धरातल पर इस विराट अंधकार को समक्ष पाकर राम संघर्ष में जूझ रहे हैं । निराला ने आज के मानवीय संघर्ष की गहनता और निविड़ विशालता का आयाम प्रस्तुत किया है । कविता के उत्तरार्द्ध में योगसाधना पद्धति की चर्चा है । राम द्वारा शक्ति की मौलिक कल्पना-आराधना हेतु योग साधना के अन्तर्गत राम का मन विविध चक्रों को भेदन करता हुआ सहस्रार चक्र तक पहुँचता है । योग के इसी सन्दर्भ को दृष्टिगत रखते हुए ही आरम्भ में पंचतत्त्वों के असंतुलन का उल्लेख हुआ है । पृथ्वीतत्त्व कंपित है, आकाशतत्त्व विकल, पवन चार (वायुतत्त्व) स्तब्ध है तो अम्बुधि विशाल (जलतत्त्व) प्रतिहत गरज रहा है, ऐसे में केवल जलती मशाल (अग्नितत्त्व) जो अत्यंत क्षीण है । अतः हम पाते हैं कि पाँचों तत्त्वों में एक प्राकृतिक संतुलन आज अनुपातहीन एवं असंतुलित हो आया है ।

अंधकार के बहुआयामी आकार और व्याप्ति के परिज्ञान के उपरान्त हम राम को संशय में घिरा पाते हैं । संशय विचार प्रक्रिया का पहला द्वार है । निराश मनःस्थिति संशय के बाद भय तक झूलती है । संशय और भय के ये संदर्भ राम को सजीव मानवीय धरातल के उस कमजोर मंच पर ला खड़ा करते हैं, जहाँ निस्सहायता की असमर्थता की दस्तकें और प्रकटतः हार की कल्पनाएँ मुँह बाए खड़ी मिलती हैं :

स्थिर राघवेन्द्र को हिला रहा फिर - फिर संशय
रह-रह उठता जग-जीवन में रावण-जय-भय,
जो नहीं हुआ आज तक हृदय रिपुदम्य-श्रान्त,

एक भी, अयुत-लक्ष में रहा जो दुराक्रान्त,
कल लड़ने को हो रहा विकल वह बार-बार,
असमर्थ मानता मन उद्यत हो हार-हार,

स्थिर राम संशय में इस कारण भय से हिल रहे हैं, क्योंकि 'जगजीवन में रावण की जय का भय' सदा के लिए स्थापित हो जाने की आशंका और हार के पीछे व्यक्ति की हार-जीत के सन्दर्भ नहीं अपितु 'जगजीवन' की चिंता है । इसलिए यह अंधकार युगों से विकसित होते आ रहे असद् के रूप में उभरता है और राम का संघर्ष सद् की चिंता और संघर्ष में परिणत हो जाता है । राम के शब्दों में, कवि ने प्रकटतः कहा भी है ।

यह नहीं रहा नर वानर का राक्षस से रण,
उतरीं पा महाशक्ति रावण से आमंत्रण,
अन्याय जिधर, है उधर शक्ति

शक्ति आज अन्याय के साथ है । व्यापक, सघन अंधकार घिरा हुआ है । राम स्वयं को असमर्थ मान रहे हैं । मन हार मानने को बाध्य है :

ऐसे क्षण अंधकार घन में जैसे विद्युत
जागी पृथ्वी-तनया-कुमारिका-छवि, अच्युत
देखते हुए निष्पलक,

पृथ्वीतनया की छवि का ऐसे घन अंधकार में कौंध जाना पुनः पंचतत्त्वों की ओर इंगित है । आकाश यदि पिता पक्ष कविता में प्रयुक्त है तो पृथ्वी माता पक्ष (पौराणिक मिथक) माना जाता है । इस कारण 'पृथ्वीतनया' शब्द भी साभिप्राय प्रयुक्त हुआ है ।

संशय, भय और हार की आशंका तथा शक्ति द्वारा रावण के पक्ष को लेकर राम के ज्योतिर्मय सारे अस्त्रों को बुझाकर क्षीण कर देने से राम में जो गहरा द्वंद्व और तनाव उभरता है, जिसके फलस्वरूप राम की आँखों से अश्रु तक ढरक पड़ते हैं, इस द्वंद्वात्मक तनाव की स्थिति को निराला ने निराशा और पराजय भाव से अभिभूत व्यक्ति की त्रासदी के रूप में अंकित किया है । प्रकृतिपुरुष राम के इस चरम तनाव और सीता का उद्धार न हो पाने के विचार मन में उभरने से होने वाले आघात से प्रकृति में स्वयं संतुलन के लिए तात्विक परिवर्तन होते हैं । ये परिवर्तन मानवीय व्यवहारों सोच के तरीकों को बदल देते हैं । निराला अध्यात्म और प्रकृति के इस रहस्य को भी यहाँ प्रतिपादित करते हैं । भारतीय धर्म-दर्शन के इस विचार को वह प्रतिपादित करते से लगते हैं, कि जब - जब अन्याय बढ़ता है तब - तब उसको मिटाने के उपाय प्रकृति स्वयं करती है । राम के अश्रु देखकर हनुमान को उद्वेग हो उठा । उनचासों पवन वाष्प को उड़ा ले गए । राम की निराशा का चरम इस कथन में लक्षित किया जा सकता है :

करता मैं योजित बार-बार शर-निकर निशित,
हो सकती जिनसे यह संसृति सम्पूर्ण विजित,

जो तेजः पुंज, सृष्टि की रक्षा का विचार
है जिनमें निहित पतनघातक संस्कृति अपार...

राम के तेजपुंज बाण बार-बार छोड़े जाने के उपरान्त भी निरस्त होते जाते हैं । रावण जो अधर्मरत है वह शक्ति को अपना लगा है और मैं धर्मरत होकर भी पराया 'रावण अधर्मरत भी अपना मैं हुआ अपर' । यह कथन राम के तनाव और द्वंद्व की पराकाष्ठा को द्योतित करता है ।

तनाव की इस स्थिति में जाम्बवान का सुझाव प्रस्तुत होता है कि आप विचलित न हों । तुम भी यह शक्ति धारण करो । शक्ति की मौलिक कल्पना और पूजन करो । रावण अशुद्ध होकर भी यदि तुम्हें त्रस्त कर सका है तो तुम शक्ति की सहायता से रावण को अवश्य ही ध्वस्त कर लोगे । और राम :

हो गए ध्यान में लीन पुनः करते विचार

इस विचारमग्न स्थिति में राम निर्णय पर पहुँच रहे हैं, जो विचारप्रक्रिया का स्वाभाविक सोपान है । अब राम आश्वस्त-स्थित हो आए । आवेगरहित राम के मुँह से जो पहले शब्द निकले वे पुनः ज्योति को संबोधित हैं :

मातः, दशभुजा, विश्व-ज्योतिः, मैं हूँ आश्रित,
मैं सिंह, इसी भाव से करूँगा अभिनन्दन ।

राम अंततः निर्णय पर पहुँचते हैं । उन्हें समाधान मिल गया है । उनमें संकल्पशक्ति जाग्रत होती है । उन्होंने अपने ज्ञानालोक में ज्योति के स्वरूप और सात्विक सत्ता का साक्षात्कार कर लिया है अपनी कल्पना में । दैवी शक्ति की दुर्गा की प्रतिमा कल्पना में साकार हो उठती है :

लख महाभाव मंगल पद-तल धँस रहा गर्व,
मानव के मन का असुर मन्द हो रहा खर्व

सात्विक शक्ति में मंगल के महाभाव को लक्ष्य कर, मानवमन के असुर के विनाश के प्रतीक को लेकर राम पूजा में जुट जाते हैं । राम की शक्तिपूजा का स्वरूप 'देवी भागवत' के नवरात्र माहात्म्य खंड पर आधृत है । अंतर केवल इतना है कि वहाँ देवर्षि नारद रावण पर विजय पाने का सुझाव राम को देते हैं और यहाँ जाम्बवान । 'शिवमहिम्नस्तोत्र' के आधार पर तथा कृत्तिवास की बंगला रामायण के आधार पर राम की पूजा पद्धति का चित्रण है । राम 108 नील कमलों से शक्ति-पूजा करते हैं :

चक्र से चक्र मन चढ़ता गया ऊर्ध्व निरलस,
... ...
चढ़ षष्ठ दिवस आज्ञा पर हुआ समाहित मन,
प्रति जप से खिंच - खिंच होने लगा महाकर्षण,

संचित त्रिकुटि पर ध्यान द्विदल देवी-पद पर,
जप के स्वर लगा काँपने थर-थर-थर अम्बर ...

यहाँ योगसाधनानिमग्न राम का मन विविध चक्रों को पार कर छठे दिन आज्ञाचक्र पर पहुँच चुका है । जप के प्रभाव से 'अम्बर' अब थर-थर काँपने लगा है । वही अम्बर (आकाशतत्त्व) जो कभी राक्षसी महोल्लास से विकल था आज सात्विक आराधना के उपरान्त राम के पक्ष में है । किन्तु यहाँ एक अत्यन्त नाटकीय स्थिति की रचना निराला ने की है । दुर्गा छिपकर 'उठा ले गई पूजा का प्रिय इन्दीवर' । अंतिम जप में पुनः व्याघात पाकर राम के दोनों नेत्र भर आते हैं । निराला राम के मुख से घोर निराशा में डूबे मानवीय दुर्बलताओं से बिंधे, बार-बार पिटे व्यक्ति के सहज-उच्छ्वसित मन के उद्गार प्रकट करवाते हैं :

धिक जीवन जो पाता ही आया है विरोध
धिक साधन जिसके लिए सदा ही किया शोध ।

इन पंक्तियों की मार्मिकता निराला के निजी जीवन की टीस और वेदना की प्रामाणिक छवि को भी उभार देती है । जीवन अनुभव से उद्भूत धारणाएँ किस प्रकार विचार की सबल वाहिका बन जाती हैं, इसका यहाँ अच्छा उदाहरण विद्यमान है । राम अंततः अपना नेत्र कमल की भाँति देवी को चढ़ाने को उद्यत हो जाते हैं । यहाँ पुनः कवि इस विचार धारणा को पुष्ट करते हैं कि उद्देश्य के साथ एकात्मता-निष्ठा जब दैहिक सीमाओं का अतिक्रमण कर जाती है, सच्ची समाधि वही है । समाधि एवं निष्ठा की इस चरम स्थिति पर पहुंच कर विजय स्वयमेव उपलब्ध हो जाती है ।

होगी जय, होगी जय, हे पुरुषोत्तम नवीन ।
कह महाशक्ति राम के बदन में हुई लीन ।

'महाशक्ति राम के बदन में लीन हो गई' की चमत्कारपूर्ण उद्भावना के पीछे गूढ़ आशय को खोलें तो पुनः व्यक्ति के संकल्प, निष्ठा और दैहिक सीमाओं के अतिक्रमण की स्थिति एवं ज्योति के अवतरण से व्यक्ति की शक्ति-क्षमता का विकास निश्चय प्रकट होता है । उक्त विचार धर्म-अध्यात्म के दार्शनिक विचार को निराला ने प्रतिपादित करने में सिद्धि पाई है । मानव मात्र की क्षमताओं-निष्ठाओं में विश्वास को लेकर यह कविता सदैव के लिए इन अर्थों में भी प्रासंगिक हो जाती है कि आधुनिक (नवीन) मानव जीवन का अंधकार चाहे कितना ही विराट क्यों न हो मानवीय आकांक्षाओं-सीमाओं से बाहर नहीं रह सकता । 'राम की शक्तिपूजा' में वीर, रौद्र, शृंगार, उद्भुत आदि भावरसों को प्रभावपूर्ण संगतियों में व्यक्त किया गया है तो ये भाव सम्पूर्ण कविता के वैचारिक आधार एवं परिणति को पुष्ट करने में सटीक रूप से प्रयुक्त हुए हैं । यों अपनी परम्परागत संरचना एवं रचनाप्रक्रिया का निराला पूर्णतः अतिक्रमण भी कैसे कर सकते थे, तो भी यह कविता अपनी विशिष्ट अन्तर्वस्तु में भावनापन्न दार्शनिक विचार को युगीन स्थितियों-दशाओं से

जोड़कर मानवी संघर्ष की जय का वृहद् आख्यान प्रस्तुत करती है । विपत्तियों के वृहदाकार अंधकार से घिरे व्यक्ति में उद्देश्य निष्ठा के रहते संशय, भय के उपरान्त संकल्प और विचार किस स्वाभाविक प्रक्रियारूप में चरितार्थ होते हैं 'राम की शक्तिपूजा' इसका अनूठा उदाहरण है । सात्विकता, ज्योति, मनुष्य की उज्ज्वल आकांक्षा एवं 'युग जीवन' के हितैषी विचार की इस जय को पौराणिक आख्यान के कथाधार पर फलित करने वाले काव्योपकरणों की चरितार्थता भी कुछ कम महत्त्व नहीं रखती । भाव, धारणा, विचार, पात्र की मनःस्थिति एवं चरित्र की प्रतिमा खड़ी करने में भाषायी उपयोग पर यहाँ कुछ विशेष नहीं कहना है । केवल एक-आध उदाहरण पर्याप्त होगा । गरजते समुद्र का बिम्बचित्र :

शत घूर्णावर्त, तरंग-भंग, उठते पहाड़,
जल राशि राशि जल पर चलता खाता पछाड़ ।

हनुमान के तीव्र वेग से समुद्र विक्षुब्ध हो उठता है । पवनपुत्र होने से पवनों के घात-प्रतिघातों से सैकड़ों पर्वताकार तरंगें उठतीं और परस्पर टकराकर गिर-छितरा रही हैं । जल के शत्-शत् वृत आकार बन और टूट रहे हैं । ऐसी गुरु-गम्भीर भाषा एवं बिम्ब योजना जो हनुमान के वेग, क्रोध एवं शक्ति को प्रतीकित कर रही है ऐसी सटीकता विरल ही देखने को मिलती है । इतना ही नहीं, कोमल भावों संवेदनों को व्यक्त करती कोमल पदावली का विन्यास अपनी भाव गरिमा के तुल्य हुआ है :

नयनों का नयनों से गोपन प्रिया संभाषण
पलकों का नव पलकों पर प्रथमोत्थान पतन
काँपते हुए किसलय, झरते पराग समुदाय,
गाते खग नव जीवन परिचय तरु मलय वलय ।

नारी और पुरुष के नयनों के प्रथम और नव संभाषण को प्रकृति प्रतीकों से जिस सटीक उपमानयोजना से अलंकरित किया गया है वहाँ प्रत्यक्ष-अप्रत्यक्ष विधान कोमलता, लालित्य की रागात्मकता को द्विगुणित कर रहा है । यह सम्पूर्ण विधान 'राम की शक्तिपूजा' के माध्यम से कवि के संवेदनात्मक उद्देश्य को चरितार्थ को यह सिद्ध कर देता है कि यह कविता हिन्दी में लम्बी कविता की शुरुआत कर, उसके चारित्रिक विशिष्ट गुणों को उभारती है । विचार संघर्ष की लड़ाई में आधुनिक मनुष्य की पक्षधरता में अपनी प्रासंगिकता अर्जित करती है ।

असाध्य वीणा

'असाध्य वीणा'[2] का कथा आधार संक्षिप्त सा है । कलासाधक वज्रकीर्ति ने अपना सारा जीवन लगाकर मंत्रपूत अति प्राचीन किरीटों तरु से इस वीणा को गढ़ा था । उत्तराखंड के गिरि आंतर से यह राजा के पास आई । राजा के सब जाने-मानें कलावंत हार गए । कोई भी उसे न साध सका । अतः वह असाध्य वीणा ही प्रसिद्ध हो गई । केशकंबली,

जिसे गुहागेह से राजा ने बुलवाया था, आया । उसे राजा ने वीणा की असाध्यता का संक्षिप्त परिचय दिया । उसके बाद केशकंबली ने अपने कंबल खोला, धरती पर चुपचाप बिछाया । केशकंबली ने झुककर उस वीणा पर तारों पर अपना मस्तक टेक दिया और स्वयं अपने को शोधना आरम्भ कर दिया । 'सघन निविड़ में वह अपने को / सौंप रहा था उसी किरीटी तरु को' । 'सम्बोधित कर तरु को, करता था नीरव एकालाप प्रियंवद' । केशकंबली अपनी कल्पना-स्मृति में तरु और तरु के माध्यम से असाध्य वीणा के रहस्य को पा गया । वे सारी ध्वनियाँ पारिवेशिक जीवनस्थितियाँ, अस्तित्वगत प्रतीतियों को स्मृत-साक्षात्कार में पा लेता है । इतना ही नहीं, केशकंबली की यह गुहार :

मैं नहीं, नहीं ! मैं कहीं नहीं ।
ओ रे तरु ! ओ बन !
ओ स्वर संभार !
नाद मय संसृति ।
ओ रस प्लावन !
मुझे क्षमा कर भूल अकिंचनता को मेरी
मुझे ओट दे ढँक ले छाले ।

'स्व' की विस्मृति एवं किरीटी तरु की स्मृति उद्बुद्ध करके आत्मवत् यह पुकार कि :

आ, मुझे भुला
तू उतर बीन के तारों में
अपने से गा
•
अपने जीवन संचय को कर छंदमुक्त !
अपनी प्रज्ञा को वाणी दे !
तू गा, तू गा

तभी समाधिस्थ संगीतकार का हाथ उठा, उंगलियाँ काँपीं, स्वर किलक उठे । इसके बाद :

नीरव पद रखता जालिक मायावी
सधे करों से धीरे धीरे धीरे
डाल रहा था जाल हेम तारों का ।

सहसा वीणा झनझना उठी
संगीतकार की आँखों में ठंडी पिघली ज्वाला-सी झलक गई
रोमांच एक बिजली-सा सबके तन में दौड़ गया ।

स्थिति-समस्या के परिज्ञान के उपरान्त संगीतकार का अपनी अन्तःलयध्वनि को साधने स्वयं की प्रकृति को पहचानने का कार्य है । यह आदिम राग-संगीत को 'मायावी

करों' से छूने हेम तारों का जाल डालने जैसा रहस्य कार्य है । कला-साहित्य की जिन सूक्ष्म अनुभूतियों, चेतना की सोई प्रतीतियों को जगाकर, अस्मिता और अध्यात्म के संकेतों को जानकर केशकंबली की उंगलियाँ थिरकीं उस थिरकन में केशकंबली का सायास कुछ भी नहीं था । 'मैं नहीं ! तू ही तू है' के भारतीय अध्यात्मदर्शन की अवधारणा के साम्य पर 'मैं नहीं, नहीं ! मैं कहीं नहीं ! ओ रे तरु ! ओ वन !' की अवधारणा को पुष्ट करता हुआ कवि संगीतकार के सपनों को 'जालिक मायावी' कहकर इस तथ्य को सिद्ध कर रहा है ।

यों, हमारा इरादा किन्हीं कवियों की यहाँ तुलना करना नहीं है, फिर भी प्रस्तुत कृति की पहचान को आसान बनाने के लिए 'तारसप्तक' के ही दूसरे कवि मुक्तिबोध की कविता 'अँधेरे में' का उल्लेख करना अनिवार्य लग रहा है । दोनों की काव्यप्रकृति को समझ लेना भी असमीचीन न होगा । मुक्तिबोध की कविता चाकू का धारदार रुख है, तो अज्ञेय की कविता उस चाकू के पलटे का मुलायम रपटीला रुख, जो न गड़ता है, न काटता-छीलता है दबाव देने पर सिर्फ एक लकीर जरूर बनाता है । स्पष्टतः अज्ञेय की कविता विचार के संघर्षपूर्ण एवं द्वंद्व तनावमय सरोकारों को नहीं, भाव की रागात्मकता एवं समग्रता को महत्त्व देती है । अज्ञेय को इस बात का पूरा भान भी है । अज्ञेय का कहना है : "मैं मानता हूँ कि भावनाप्रधान कविता छोटी ही हो सकती है, नहीं तो अपने भावों का 'पैराफ्रेज' होने लगता है ।" मुक्तिबोध की कविता विचार के बल पर ही लम्बी होती है । इसी विवशता में वह छोटी कविताएँ लिख पाने में असमर्थ से रहे हैं । विचार दृष्टि की मुखरता, परिवेशगत सन्दर्भों के फैलाव और स्थितियों के रचाव मुक्तिबोध की कविताओं को क्रम शृंखला में बाँधने और तानते हुए प्रतीत होते हैं, जबकि अज्ञेय कविता में भावसघनता, अनुभूति की चमक और संरचनागत केंद्रीयता को महत्त्व देते हैं । अज्ञेय मात्र एक लम्बी कविता 'असाध्य वीणा' लिख सके और वह भी उनकी अन्य पूर्वरचित कविताओं की भावछवियों-धारणाओं को लिए हुए हैं, जिनके रहते इस लम्बी कविता की अनिवार्यता के आगे प्रश्नचिन्ह भी लग जाता है । स्वयं अज्ञेय के शब्दों में लम्बी कविता लिख सकने की अक्षमता प्रकट है : 'लम्बी कविताएँ भी होती हैं, हो सकती हैं, पर उनको कलात्मक एकता और गठन देने वाली चीज फिर दूसरी हो जाती है भाव की संहिति और तीव्रता नहीं । वह ढंग दूसरा है, और कहूँ कि मेरा वह नहीं है ।' भाव की संहिति और तीव्रता अज्ञेय की कविता की मान्य विशेषता है । यह मानसिक रुझानों तक सीमित करके देखा जाने वाला तथ्य नहीं, बल्कि समूची कविप्रकृति की, कविव्यक्तित्व की पहचान के ये आधार भी हैं, कि मुक्तिबोध छोटी कविता लिख ही नहीं पाते तथा लम्बी कविता लिखने को अभिशप्त थे, (अपनी इस प्रवृत्ति-पहचान-अभिव्यक्ति की खोज और खतरे उठाने की सीमा तक) तो दूसरी ओर अज्ञेय लम्बी कविता की संरचनात्मक विशेषता के कारण (कलात्मक एकता और गठन के भिन्न प्रकार के कारण) लम्बी कविताएँ न लिखकर 'असाध्य वीणा' को अपवाद मानते हुए छोटी कविताओं में ही रमते हैं । इसकी बुनियाद में विचार और

अनुभूति की केंद्रीयता का अंतर है । जहाँ अज्ञेय की मजबूरी अनुभूति है, जो बुनियादी प्रस्थानबिंदु है, वहाँ मुक्तिबोध के लिए वही स्थान विचार ने लिया हुआ है । अज्ञेय की कविता का केंद्रिय बिन्दु प्रायः अनुभूति रही है, जो अपनी तीव्रता, संगठन और चमक में अधिक लम्बी समयावधि तक नहीं खिंच पाती, क्षणिक होती है । अज्ञेय उस अनुभूति और क्षण को आवयविक संगठन में बाँधने में सिद्धहस्त हैं । दूसरी ओर मुक्तिबोध विचार संवेदना (ज्ञानात्मक संवेदना) तथा उसके साथ क्षण के स्थान पर इतिहासबोध के दबाव को कभी भूल नहीं पाते ।

अज्ञेय की पूर्वापर काल में लिखी कविताओं में व्यक्त धारणाओं-विचारों को देखते हुए कहा जा सकता है कि 'असाध्य वीणा' में उन्हें एक नई अन्विति, समग्रता एवं व्यापकता उपलब्ध हुई है । 'किरीटी वृक्ष' की कई प्रतिछवियाँ और 'असाध्य वीणा' के माध्यम से व्यक्त बौद्धिक भावनाओं, दार्शनिक धारणाओं के रूपों को हम 'महावृक्ष के नीचे' कविताओं में भी देख सकते हैं

वह महारूख है
अकेला है, वन में है
तुम महारूख के नीचे
अकेले हो, वन तुम में है ।

(महावृक्ष के नीचे, पहला वाचन)

जीवन : वह धनी है, धुनी है
अपने अनुपात गढ़ता है ।
हम : हमारे बीच जो गुनी हैं
उन्हें अर्धवती शोभा से मढ़ता है ।

(महावृक्ष के नीचे : दूसरा वाचन)

वैदिक वाङ्मय में वृक्ष धर्म के अमूर्तभाव को मूर्त करने का माध्यम रहा है, बाद में देश विशेष और कभी व्यक्ति या विचार की अस्तित्वगत क्षमताओं-खूबियों को मूर्त करने वाला । किन्तु अज्ञेय के निकट यह वृक्ष जो कई कविताओं में बार-बार प्रयुक्त होता है अपनी कई-कई, नई-नई अर्थछवियों को खोजता, विस्तार देता हुआ, वह आधुनिक युगीन मानवीय अस्मिता के महाभाव के तुल्य अनेक रंगों-ध्वनियों-अर्थों को समेकित किए हुए है ।

'असाध्य वीणा' अपनी संरचनात्मक संयोजना में बौद्धिक तर्कप्रधान कौशल को लिए हुए है, किन्तु अपने तथ्य की परिणति में, संवेदनात्मक उद्देश्य के प्रतिफलन में विचार के नव रहस्यवादी स्वरूप को ही अर्जित करती है । अपने तथ्य को एक निश्चित तराश एवं क्रम देने में बौद्धिकता अपनी स्थिति को छिपा नहीं पाती । जैसे :

जो व्याकुल मुखरित वन ध्वनियों के
वृन्दगान के मूर्त रूप
मैं तुझे सुनूँ
देखूँ, ध्याऊँ
अनिमेष, स्तब्ध, संयत, संयुत, निर्वाक :
वहाँ साहस पाऊँ
छू सकूँ तुझे'

कवि यहाँ वनध्वनियों के वृन्दगान के मूर्तरूप में सामने पड़ी 'असाध्य वीणा' के माध्यम से स्मृत कल्पना द्वारा उस 'किरीटी तरु' की मूल स्थिति-प्रकृति तक पहुँचता है तथा अनेक क्रियापदों द्वारा अपनी जिस मानसिक अनुक्रिया को प्रकट करता है अनिमेष, स्तब्ध संतत, संयुत, निर्वाक वह कवि की रचनाप्रक्रिया एवं संयोजन के प्रकार को भी परिपुष्ट करनेवाली है सम्पूर्ण कविता में हम वनध्वनियों के विविध बिम्बों, जिनकी सर्वाधिक भरमार इस कविता में है, के साथ उक्त मानसिक अनुक्रियाओं को संक्षिप्त कर सकते हैं ।

मुक्तिबोध जहाँ अपने विचारों और अनुभवों को सामाजिक परिप्रेक्ष्य एवं अनुभव की सन्निधि में रखते हैं, जिससे विचार, अनुभव अपनी प्रकृति एवं अर्थसूत्रों के साथ व्यापक सन्दर्भों में फैलकर मूर्त हो उठते हैं, वहाँ अज्ञेय की इस कविता में वैयक्तिक अनुभव कला के व्यक्तिवादी विचार अनुभव से अपने सरोकारों को पुष्ट सिद्ध करते हैं । उनकी विश्वसनीयता कलावादी अनुभवों से प्रमाणित होती है । 'अँधेरे में' के कथ्य को यथार्थ की कला प्रमाणित करती है तो 'असाध्य वीणा' के कथ्य को कला का यथार्थ । अतः 'असाध्य वीणा' में कई यथार्थ स्थितियों की टकराहट से उत्पन्न विचारपद्धति के विपरीत एक विचार को सिद्ध करने की आंतरिक प्रक्रिया के कई सोपान उद्‌घाटित हुए हैं । इस संसिद्धि के लिए कवि ने जो कथा उठाई है उसके आधार पर कविता स्वयमेव आगे बढ़ती गई और एक निश्चित बिन्दु पर पहुँचकर समाप्त हो जाती है । यों वह समापनरूढ़ि को भी निभाती है । कवि ने जिस प्रकार कविता के समापन को घटित किया है, उससे छायावादी उद्देश्य भी लक्षित किए जा सकते हैं । अज्ञेय का कहना है : 'काव्य सबसे पहले शब्द है, और सबसे अंत में भी यही बात बच रहती है कि काव्य शब्द है' (तारसत्तक : दूसरा संस्करण) और शब्द को भारतीय दर्शनकारों ने ब्रह्म माना है । अब 'असाध्य वीणा' की ये पंक्तियाँ देखें :

अवतरित हुआ संगीत
स्वयंभू
जिसमें सोया है अखंड
ब्रह्मा का मौन

अशेष प्रभामय ।

तथा

डूब गए सब एक साथ
सब अलग अलग एकाकी पार तिरे ।

यहाँ 'शब्दब्रह्म' विचार है । तुलसी के 'प्रभु मूरति देखी तिन तैसी' कथन की भाँति यहाँ सबने अलग-अलग अर्थ लिए हैं । इतना ही नहीं, केशकंबली का यह कथन भी कवि के उक्त अभिप्राय को उद्‌घाटित करता है :

श्रेय नहीं कुछ मेरा
मैं तो डूब गया था स्वयं शून्य में —
वीणा के माध्यम से अपने को मैंने
सब कुछ को सौंप दिया था —
सुना अपने जो वह मेरा नहीं,
न वीणा का था :
वह तो सब कुछ की तथता था —
महाशून्य
वह महामौन
अविभाज्य, अनाप्त, अद्रवित, अप्रमेय
जो शब्दहीन
सब में गाता है ।

इस उद्धरण में नव्य रहस्यवादी विचार की प्रकृति एवं स्वरूप स्पष्ट हो जाता है । कला सिद्धि की इसी आकांक्षा को कवि अन्त में अपने साथ जोड़कर अपने आशय की इस अभिप्राययुक्त रंगत की ओर संकेत करता हुआ नहीं लगता क्या ?

नमस्कार कर मुड़ा प्रियंवद केशकम्बली । लेकर कम्बल गेहगुफा
को चला गया ।
उठ गयी सभा । सब अपने अपने काम लगे
युग पलत गया ।

प्रिय पाठक ! यों मेरी वाणी भी
मौन हुई ।

यहाँ 'यों' पर बल है । कविता तो वस्तुतः 'जो शब्दहीन/सब में गाता है' पर समाप्त हो जाती है । 'नमस्कार' के आरम्भ होने वाला यह अंतिम अंश समापिका... वाक्यपूर्ति के निमित्त आने वाली क्रिया जैसा है । यह अंश प्रक्षिप्त नहीं, समापवर्तक है । अज्ञेय को कौशल की यह खूबी प्रकट कर रहा है । उसने एक ही आघात (स्ट्रोक) से कथ्य को नए

अर्थसन्दर्भों से जोड़ दिया है । केशकंबली द्वारा 'असाध्य वीणा' को साध्य बनाने की क्रिया, कला, उपलब्धि एवं धारणा को कवि अपने साथ अपनी कलाधारणा के साथ जोड़कर दिखा देता है । क्योंकि केशकंबली की वीणा तो बजकर 'वीणा फिर मूक हो गई' पर मौन हो जाती है, पर कविता को कवि यहीं समाप्त नहीं होने देता । उसे पाठक को अपनी 'वीणा' तक लाना था । सारी कविता 'यों' पर आकर दो हिस्सों में ही नहीं बल्कि समापवर्तक तरीके (दो या दो से अधिक राशियों को अलग-अलग भाग देने पर पूरी कट जाने वाली राशि) से खोल देता है । दूसरे शब्दों में यह भी कहा जा सकता है कि समूची असाध्य वीणा अज्ञेय की कविता की सौंदर्याभिरुचि प्रक्रिया, निष्ठा एवं औचित्य को व्याख्यायित करती है । गहन कलात्मक सरोकारों और व्यक्ति की आस्था-अस्मिता की, आस्तिकता-आध यात्मिकता की अद्वितीय अभिव्यक्ति यहाँ हुई है । इस परिप्रेक्ष्य में हम देखते हैं तो असाध य वीणा अपने बुनियादी स्वभाव और संरचना में भावना-प्रधान रचना सिद्ध होती है । उसमें अनुचिंतनात्मक प्रक्रिया मौजूद है, जो भावनाप्रधान होकर द्वंद्वात्मक है, वैयक्तिक होकर तनावयुक्त है, द्वंद्वात्मक तनाव की विचार प्रक्रिया के विपरीत वह भावनाप्रक्रिया के द्वंद्व एवं तनाव को जानती है । भाषाअधिकार का इतना सक्षम, संयत, सधासिद्ध प्रयोग विरल ही दृष्टिगत होता है । भाषासंवेदना, बौद्धिक-भावनापन्न लयविधान, तर्कयुक्त अंतःसंयोजन एवं अपने समूचे प्रतिफलन में यह कविता विशिष्ट तो है पर अपनी सामयिक संघर्षकारी भूमिका (कवि के समूचे काव्य को दृष्टि में रखते हुए भी कहा जा सकता है) की उपेक्षा करने के कारण लम्बी कविता का आदर्श नहीं मानी जा सकती ।

अंधेरे में

आधुनिक युग का व्यक्ति जैसे ठेठ, सरल, सीधा नहीं रह गया, उसी प्रकार उससे भी कई गुना बढ़कर आधुनिक सत्य, संश्लिष्ट, कुटिल, वक्र एवं बहुआयामी हो गया है । इसे पकड़ पाने वाले बने बनाए तरीके, प्रकार व साँचे भी अनुपयुक्त एवं व्यर्थ हो गए हैं । सत्य की इस संश्लिष्ट प्रकृति को बाँधने के लिए नए साँचों, पद्धतियों और व्यवहारों की खोजप्रक्रिया भी कभी समाप्त नहीं हुई । परंतु इसकी अनिवार्यता भी उन्हीं को अनुभव हुई जिन्होंने सत्य की मूल प्रकृति को उसकी बीहड़ता में खोज निकालने का संकल्प ले लिया हो । बने-बनाए मार्ग एवं तरीकों से हटकर नई जरूरतों को पूरा करने के औजार स्वयं गढ़ने में पहल करनेवालों में मुक्तिबोध सबसे आगे थे । संश्लिष्ट प्रकार के सत्य को उद्घाटित करनेवाले संरचनात्मक ढाँचे भी संश्लिष्ट हो जाएँ, परम्परित आत्मपरक रूपों की अपेक्षा अतिशय प्रदीर्घ बन जाएँ तो किसका दोष है ? किन्तु सचमुच में मुक्तिबोध की लम्बी कविताओं को उनका दोष माना गया । दूसरी ओर लम्बी कविताएँ लिखना उनकी विवशता बन गई । आधुनिक सत्य को अर्जित करने के लिए पात्रों, स्थितियों-संबंधों के परस्पर टकराव के साथ व्यक्ति से समाज, समाज से राजनीति, राजनीति से ऐतिहासिक दृष्टि... यों एक पेचीदा दृश्यफलक एक साथ उठ आता है । इन सबमें परस्पर टकराहट-गूंज

एवं पहचान पैदा करना कितने जोखिम का कार्य हो सकता है । खासकर तब, जबकि परम्परित-आजमाए हुए ढाँचे, कथनप्रकार एवं कथाधार तक छोड़ देने अनिवार्य हो उठें ।

मुक्तिबोध ने 'अँधेरे में'[3] कविता में ऐसा ही किया । बल्कि अपने समूचे काव्य में 'अँधेरे में' कविता में कोई कथाधार नहीं । यह कविता आठ खंडों में विभाजित है । कविता में एक काव्य नायक उभरता है जिसके दो रूप हैं प्रीतिकर एवं अप्रीतिकर । कविता स्वप्ननुमा फैंटेसी के प्रकार को लिए है जिसमें कुछ भी घटित हो सकने की सम्भावनाएँ खुली रहती हैं । कथ्य के अनुरूप ही कई-कई आंतरिक बाह्य टकराहटों, गूँजों, अनुगूंजों के लिए... कई अर्थस्तरों को एक साथ रोशन करते चलने वाले नियोजन इस कविता में मिलते हैं । व्यक्ति के विभाजित व्यक्तित्व के भीतर-बाहर के साथ सामाजिक सरोकारों को, उनकी प्रभावित करने वाली तमाम गतिविधियों को अपने में समेटती हुई यह कविता चलती है । अतः इसमें वर्तमान सामाजिक, राजनीतिक, आर्थिक आधियों-व्याधियों के कहीं भी, कुछ भी घटित हो सकने की विश्वसनीयता बनाए रखने के लिए फैंटेसी के स्वप्नप्रकार को चुना गया है । कभी प्रकाश पुरुष उभर आता है, कभी लाल कोहरा, उस कोहरे में रक्तालोकस्नात पुरुष जो साक्षात् रहस्य है । ऐसे में प्रकट जीवन के खतरों रक्तस्नात स्थितियों, भयप्रद आहटों, पर्वतसंधि के मुहावरों, गोलाबारी की कार्यवाहियों के साथ बंदूक का हाथ लग जाना, रात में मृत्यु दल प्रोसेशन निकलना आदि घटनाओं के माध्यम से भीतरी भय, आशंका, अपराध और हिंसा के असली रूपों को प्रकट किया गया है । जैसे गंभीर और खतरनाक बात कहने के लिए गंभीरता अनुपयुक्त हो उठती है और हम मज़ाक में कुछ भी कह सकने वाली स्थिति की ओट लेकर सब कुछ कह लेते हैं, कुछ इसी प्रकार यहाँ स्वप्न फैंटेसी का सहारा लिया गया है । नायक भागता हुआ कई-कई मोड़ पार कर जाता है । उसके साथ ही दृश्यचित्र, रंग-ढंग एवं परिप्रेक्ष्य भी बदतले जाते हैं एक रहस्यमय चित्रपट की तरह ।

यह चित्रपट, अभिप्राययुक्त आँख और उसे साध कर चलाने वाले विचारानुशासित मन-मस्तिष्क के द्वारा तैयार किया गया है, इसलिए नियोजित एवं संयोजित है, सार्थक एवं साभिप्राय है ।

विचार की फिरकी सिर में घूमती है

यह विचार की फिरकी है, जो रात में निकले प्रोसेशन की फिल्म बना रही है और कई-कई चेहरों को पहचान कर सामने ला रही है । कैवेलेरी !! काले काले घोड़ों पर खाकी मिलिट्री ड्रैस, चेहरे का आधा भाग सिन्दूरी गेरुआ (स्वप्न में सब कुछ सम्भव जो है) आधा भाग कोलतारी भैरव, आबदार !! कंधे से कमर तक कारतूसी बैल्ट है तिरछा । कर्नल, ब्रिगेडियर, जनरल मार्शल आदि के जाने-बूझे चेहरों के साथ कई प्रकांड आलोचक, विचारक, जगमगाते कविगण, मंत्री भी, उद्योगपति और विद्वान, यहाँ तक कि शहर का हत्यारा कुख्यात डोमा जी उस्ताद भी है । यहाँ के भूत पिशाचकाय दीखते हैं । क्योंकि हमारे

स्वप्न हमारे अभावों या बाहरी मारों को ही पुनः विकृत रूप में प्रकट करते हैं, इसलिए 'भीतर का राक्षसी स्वार्थ अब/साफ उभर आया है/छिपे हुए उद्देश्य/यहाँ निखर आये हैं/यह शोभा-यात्रा है किसी मृत दल की ।' कट ।

एकाएक टूट गया स्वप्न व छिन्न-भिन्न हो गये
सब चित्र
जागते में फिर से याद आने लगा वह स्वप्न,
फिर से याद आने लगे अँधेरे में चेहरे
और मुझे प्रतीत हुआ भयानक
गहन मृतात्माएँ इसी नगर की
हर रात जुलूस में चलतीं,
परन्तु दिन में
बैठती हैं मिलकर करती हुई षड्यंत्र
विभिन्न दफ्तरों...कार्यालयों, केन्द्रों में, घरों में ।
हाय, हाय मैंने उन्हें देख लिया नंगा,
इसकी मुझे और सजा मिलेगी ।

जीवनयथार्थ के सत्य को उद्घाटित करने के लिए स्वप्नव्यवहार का सहारा लिया गया है । फिर स्वप्नव्यवहार से यथार्थ जीवन को प्रमाणित किया गया है...अर्थ दिया गया है । वास्तविकता के भयावने साक्षात्कार, फिर उस साक्षात्कार के भयंकर परिणामों के आसन्न भय की कल्पना इस प्रकार स्वप्न एवं यथार्थ के दृश्यों-अभिप्रायों को परस्पर तिहरे आशयों में टकराकर सत्य के असली चेहरे को निकाल कर पेश कर दिया है । व्यवस्था के मानवविरोधी षड्यंत्र में उक्त वर्गों की हिस्सेदारी और मिलीभगत को इस प्रक्रिया से गुजर कर पेश किया है कि नग्नता का कोई आयाम छुप नहीं पाता । रात और अँधेरे के मूल्यपरक अर्थसन्दर्भों से युक्त करके उनके राक्षसी स्वरूपों को कवि ने प्रकट कर दिया है । यह मुक्तिबोध के रचनाकौशल का कमाल है ।

विचार, कल्पना (स्वप्न फैंटेसी आदि) एवं संवेदना का नाटकीय संयोजन 'अँधेरे में' कविता को अद्वितीय बना देता है जिसके तहत कई तहों-स्तरों वाला यथार्थ उद्घाटित हो गया है ।

'अँधेरे में' कविता में प्रयुक्त स्वप्न के क्रमिक व्यापार और विकास प्रक्रिया के आधार पर मुक्तिबोध एक स्वप्न आदर्श खड़ा करते हैं, इससे संवेदनात्मक उद्देश्य भी स्वप्नमय हो उठा है । वह सीधे-सीधे उत्तेजित किए बिना, हौले से एक आदर्शात्मक स्वप्न टाँक जाते है जो अपनी संवेदना-विचार-कल्पना के साथ स्पृहणीय लगता है । इस सन्दर्भ में नामवर सिंह का यह कथन उपयुक्त लगता है : 'वस्तुतः अँधेरे में' कविता की अर्थवत्ता उसके स्वप्नचित्रमय वातावरण में है जो अपनी नाटकीय संरचना के द्वारा सीधे-सादे वाक्यों

को भी काव्यात्मक गूंज से अनुरणित कर देता है ।'[4] किन्तु इस कथन के आधार को स्पष्ट करनेवाली उनकी इस स्थापना से सहमत नहीं हुआ जा सकता कि 'कवि ने यथार्थ पर अँधेरे की एक चादर डालकर उसके अंदर से एक जीती-जागती स्पष्ट गोचर दुनिया अभारकर रख दिया है जो यथार्थ से भी अधिक यथार्थ मालूम होती है । इस काव्यलोक की अस्पष्टता और स्पष्टता दोनों ही स्वप्न के मानिंद हैं ।' यहाँ नामवर सिंह यह भूल जाते हैं कि अपने बाहर के समूचे परिदृश्य में व्याप्त मूल्यपरक अंधकार को, जिसे मुक्तिबोध ने नग्न यथार्थ रूप में चेतना स्तर पर देख लिया है, उसे ही अनावृत किया है, जीवन-समाज के यथार्थ रुप का ढँके हुए अंधकार को मुक्तिबोध ने अनावृत किया है यहाँ कहना उपयुक्त होगा, न कि यह कहना कि 'यथार्थ पर अंधेरे की एक चादर डाल कर... उभार कर रख दिया है ।' हाँ, उस अंधेरे को स्वप्नमयी दुनिया के अँधेरे की रंग-प्रकृति के सहयोग से वह जो क्षमताएँ पैदा करते हैं, वे अंतिम आदर्श स्वप्न के पास हमें ले जाकर खड़ा कर देती हैं । 'अँधेरे में' के कवि मुक्तिबोध के शब्दों में : 'कविता की फैंटेसी का ढाँचा तो अपना होता है किन्तु वह जीवन-तथ्यों के रंग से अनुस्यूत हाती है ।' मुक्तिबोध ने 'अँधेरे में' कविता में स्वप्न फैंटेसी के इस्तेमाल को जीवनतथ्यों की यथार्थता को अनुस्यूत करने के लिए उठाया है तथा सामूहिक मन की निगूढ़ वृत्तियों को, अनुभूत जीवन की समस्याओं को तथा जीवनदृष्टि को प्रक्षेपित किया है । इस सारे कार्यव्यापार में सृजनशील कल्पना की सक्रिय भूमिका द्वारा कविचेतना अनुभव की तिक्तता से एक आपेक्षिक दूरी कायम कर लेती है । निरावेगी, संयत एवं निर्वैयक्तिक होकर व्यापक अनुभव सूत्रों को समाहित कर लेती है । इस प्रकार कविता में फैंटेसी व्यवहार से कविता आत्मबद्धता से मुक्त रहकर सन्दर्भों से सहज ही जुड़ जाती है । आत्मपरक प्रगीत न बनकर वस्तुपरक लम्बी कविता की प्रकृति एवं विशिष्टता अर्जित कर लेती है । 'अँधेरे में' कविता में स्वप्न फैंटेसी की उक्त प्रक्रिया को घटित रूप में देखा जा सकता है । फैंटेसी रोमांटिकता में ही नहीं ले जाती बल्कि उससे यथार्थ की पहचान की क्षमताएँ भी पैदा की जा सकती हैं । इस सन्दर्भ में मुक्तिबोध का कथन है : 'रोमांटिक होने मात्र से भावना का ज्ञानात्मक आधार कमजोर नहीं होता । ज्ञानात्मक आधार कमजोर तब होता है जब कवि समाज को प्राप्त अद्यतन ज्ञान की उपेक्षा कर अद्यतन ज्ञान द्वारा सम्प्रेषित भावनाओं से दूर हटकर केवल अपने एकान्तिक निविड़ लोक में ही विचरण करते हैं । ज्ञान का अर्थ केवल वैज्ञानिक उपलब्धियों का बोध ही नहीं है, वरन् समाज की उत्थानशील तथा ह्रासोन्मुख शक्तियों का बोध भी है ।'[5]

मुक्तिबोध जैसे वैचारिक-सजग कवि की कविताओं में निर्णय की प्रकृति और निर्णय तक पहुँचने की प्रक्रिया रचना के आंतरिक दबाव, विचार और स्थिति की टकराहट में विकसित होती है । सृजन प्रक्रिया के दौरान ही वह निष्कर्षों की ढूँढ में निकलते हैं । और इसी ढूँढ का परिणाम होता है, कि रचनाएँ लम्बी होती जाती हैं किन्हीं पहुँचे हुए पूर्व निर्धारित निर्णयों-निष्कर्षों की ये कविताएँ नहीं हैं । रचनाओं की प्रदीर्घता में कविमन की

विचार और द्वंद्व की सतत टकराहट है । कभी तनाव और कभी ढील के अंतराल वहाँ मौजूद हैं । कई-कई बैठकों में, एक लम्बी अवधि तक फैली रचना अवधि वैचारिक हो सकती है । वैचारिक मनःस्थिति की प्रश्नाकुल ढूँढ पूर्वनिर्मित स्वीकृत निकर्षों को भी इसलिए नकार देती हैं, क्योंकि उनमें रचनात्मक तर्कों की पहचान धुँधली और बलात ओढ़ी हुई लगती है । इस प्रकार वह जिन निर्णयों की तलाश में निकलते हैं, वे पहले की सामाजिक-कलात्मक व्यवस्थाओं के प्रति भी शंका उत्पन्न करते हैं । इस सन्दर्भ में ये पंक्तियाँ उल्लेखनीय हैं :

अब अभिव्यक्ति के सारे खतरे
उठाने ही होंगे
तोड़ने होंगे ही मठ और गढ़ सब

'अभिव्यक्ति के खतरे' से तात्पर्य मात्र अभिव्यक्ति से नहीं, न ही 'अस्मिता की खोज' से है अपितु उससे भी आगे 'मस्तक कुंड में जलती सत् चित् वेदना, व गलती.. .मस्तक-शिराओं में तनाव दिन-रात' की ऐतिहासिक पीड़ाओं की समूची प्रतिकृति के बदले ऐच्छिक आदर्श प्रतिकृति को पाने की ढूँढ है ।

'अँधेरे में' का कविनायक 'असाध्य वीणा' के केशकंबली की आत्मलीन साधना की अपेक्षा बाह्य से अधिक जुड़ा हुआ है । सामाजिक संघर्षों को आत्मसंघर्ष बना चुका है । यहाँ अंतर-बाहर के संघर्ष के अनेक पक्ष और स्तर हैं जो अन्तःसंघर्षों से भौतिक संघर्षों तक व्याप्त हैं । 'अँधेरे में' के छोटे वृत्तों से वैश्विक वृत्तों तक जुड़ी यह शाश्वत मानवी संघर्ष की गहन कथा है, जिसे स्वप्न और फैंटेसी शैली के सम्मिलित माध्यम से परत दर परत, वृत्त दर वृत्त उघाड़ा गया है । व्यक्ति के अँधेरों के रूप-रंग, जिन व्यापक सामाजिक-सामूहिक मानवीय अँधेरों से जा मिलते हैं, उनके पीछे छिपे मानवविरोधी चेहरों, आकांक्षाओं, आशयों के रहस्यों को मुक्तिबोध बखूबी खोलते हैं । वह किसी रहस्य की रचना नहीं करना चाहते, बल्कि रहस्यों पर से पर्दा उठाना चाहते हैं ।

'अँधेरे में' में आद्यंत अंधकार की मौजूदगी का तनाव है । अँधेरे का परिज्ञान मूल्यस्तर पर भी उद्घाटित हुआ है और निराशा-हताशा के अर्थों में भी । इसी व्यापक अँधेरे के अनुभव से वह अपने परिवेश एवं अन्य हमवर्गी लोगों से जुड़ा है

अँधेरे के ओर-छोर टटोल टटोल कर
बढ़ता हूँ आगे
पैरों से महसूस करता हूँ दुनिया
मस्तक अनुभव करता है आकाश
दिल में तड़पता है अँधेरे का अंदाज
आँखें ये तथ्य को सूँघती सी लगतीं
केवल शक्ति है स्पर्श की गहरी

इस प्रकार अँधेरे को ऐंद्रिक आयामों में नापकर संवेदनाओं का विषय बनाया गया है । फिर ज्ञानात्मक पक्ष से जोड़कर प्रगतिशील द्वंद्वात्मक विचार की गहरी फिक्र का स्वरूप उभरता है :

चक्र से चक्र लगा हुआ है...
जितना ही तीव्र है द्वंद्व क्रियाओं-घटनाओं का
बाहरी दुनिया में
उतनी ही तेजी से भीतरी दुनिया में
चलता है द्वंद्व कि
फिक्र से फिक्र लगी हुई है

यह गहराता हुआ तनाव, ज्ञान के कारण ही, ज्ञान के बल पर ही प्रेम अतिशयता में परिणत होता है :

अत्यन्त उद्विग्न ज्ञान तनाव यह
सकर्मक प्रेम की वह अतिशयता
वही फटेहाल रूप !!
परम अभिव्यक्ति
लगातार घूमती है जग में
पता नहीं जाने कहाँ, जाने कहाँ
वह है ।

'अँधेरे में' का प्रकाश पुरुष कवि आदर्श परम अभिव्यक्ति, खोह में से निकल कर किसी राजदरबार में नहीं अपितु जग में जाने कहाँ-कहाँ फटेहाल घूमती है । इस प्रकार कवि का वैचारिक ऊर्जस्वित रूप-आदर्श इस कविता में जनपक्ष में समर्पित हो जाता है ।

'अँधेरे में' कविता को आलोचकों ने दुरूह बताया है । ठीक, यह कविता दुरूह है, माना । किन्तु दोष की तरह नहीं । क्या आज का यथार्थ इतना सरल-सीधा है कि आम आदमी उसे सहज बुद्धि से समझ सके ? आए दिन व्यवस्थापकीय बुद्धि दमन एवं स्वार्थ-साधन के नए-नए तरीके ईजाद करके अपने चेहरे को अनेक परतों में ढँकती-छुपाती जा रही है, उसकी इस दुरूह प्रकृति-व्यवहार को खोलने वाली रचना सरल कैसे रह जाएगी ? दुरूह सत्य-यथार्थ को प्रकट न कर सकने वाली आसानी किस काम की । परतदार पेचीदगी में छुपा यथार्थ तो सभी पेंच खोलकर ही दिखाया जा सकता है ।

अतः अपने संवेदनात्मक उद्देश्यों में कवि की सफलता के साथ हम यह भी जोड़ना चाहेंगे कि 'अँधेरे में' कविता हिन्दी की लम्बी कविताओं का एक आदर्श रूप प्रस्तुत करती है एक मानक इकाई, जो उसके तत्त्वों को बुनियादी आधार भी प्रदान करे । यह कविता अपने दृष्टिप्रक्षेप के आधार पर अपने समय से बहुत आगे की कालावधि को प्रभावित करने वाली विशिष्ट रचना है ।

सन्दर्भ

1. सूर्यकांत त्रिपाठी निराला : राम की शक्ति-पूजा (कविता संग्रह : अनामिका : 1937). ❑ 2. अज्ञेय : असाध्य वीणा (कविता संग्रह : आंगन के पार द्वार : 1961). ❑ 3. गजानन माधव मुक्तिबोध : अंधेरे में (कविता संग्रह : चाँद का मुँह टेढ़ा है : 1964). ❑ 4. नामवर सिंह : कविता के नए प्रतिमान, पृ. 160. ❑ 5. मुक्तिबोध : एक साहित्यिक की डायरी, अंतिम अध्याय.

अनुक्रमणी